Archiv für Sozialgeschichte
Beiheft 9

Archiv für Sozialgeschichte

Herausgegeben von der Friedrich-Ebert-Stiftung
in Verbindung mit dem
Institut für Sozialgeschichte Braunschweig/Bonn

Redaktion: Dieter Dowe (Schriftleitung)
Kurt Klotzbach, Hans Pelger

Beiheft 9
Ferdinand Lassalle –
Allgemeiner Deutscher Arbeiterverein
Bibliographie ihrer Schriften und der Literatur
über sie 1840 bis 1975
von Bert Andréas

Ferdinand Lassalle –
Allgemeiner Deutscher Arbeiterverein

Bibliographie ihrer Schriften und der Literatur über sie 1840 bis 1975

Von Bert Andréas

Mit einer Einleitung von Cora Stephan

Verlag Neue Gesellschaft · Bonn

CIP-Kurztitelaufnahme der Deutschen Bibliothek

Andréas, Bert:
Ferdinand Lassalle, Allgemeiner Deutscher Arbeiterverein:
Bibliogr. ihrer Schriften u. d. Literatur über sie 1840–1975 / von
Bert Andréas. Mit e. Einl. von Cora Stephan. –
Bonn: Verlag Neue Gesellschaft, 1981.
(Archiv für Sozialgeschichte: Beih.: 9)
ISBN 3-87831-336-5

© 1981 bei Verlag Neue Gesellschaft GmbH
Godesberger Allee 143, D-5300 Bonn 2
Alle Rechte vorbehalten
Druck nach Typoskript bei braunschweig-druck GmbH
Printed in Germany 1981

Dem Andenken meines Lehrers
Gustav Mayer gewidmet

Inhalt

Cora Stephan
Bemerkungen zur Rezeption Ferdinand Lassalles

I.

Die neuerdings auch in Westdeutschland zunehmende Hinwendung zur Arbeitergeschichte innerhalb der Geschichtsschreibung über Arbeiterbewegung hat mit
deutscher Gründlichkeit die Abkehr von einem ganzen Geschichtsbild mit sich
gebracht. Die Abwendung von den großen Männern und Ideen ist zugleich eine Abkehr von einer ideologisch vermittelten Sackgasse der Geschichtsforschung über
Arbeiterbewegung, in die sie der Parteienstreit um das geschichtliche Erbe gebracht hat. Im Ergebnis scheinen wir es nun jedoch mit einer ganz anderen Geschichte zu tun zu haben - einer Geschichte, in der es einen Lassalle, einen
Marx, einen Engels, zuvor die dominierenden Marksteine des historischen Feldes,
gar nicht gegeben zu haben scheint.

Da das Gegenteil noch wohldokumentiert ist, wäre hier eher nach dem Verhältnis
des Geschichtsschreibers zur Geschichte zu fragen, nach der Allmacht des
Historikers, der, indem er einmal dieses, das andere Mal jenes ins Zentrum seiner Betrachtung rückt, eine Zeitströmung seiner eigenen Gegenwart zum geschicht-
lichen Monument erstarren läßt. Es gab einmal eine Zeit, da war die Geschichte
der Arbeiterbewegung die Geschichte der theoretischen und programmatischen Auseinandersetzungen zwischen Bebel, Liebknecht, Schweitzer, Kautsky, Bernstein usw.
usf. Heute gilt als Geschichte der Arbeiterbewegung der Prozeß der Herausbildung
bestimmter, nicht zurechenbarer Einstellungen aus Produktion, Alltag und Tradition der Arbeiter, die zu Verhalten, Aktionen, Protest führen oder nicht.

Daß es so scheint, als gebe es mehrere Geschichten, die miteinander nicht kom-
patibel sind, ist sicherlich auf die Frische des Antagonismus zurückzuführen, auf
die Tatsache, daß wir auf keine Tradition der "Sozialgeschichtsschreibung von
unten" verweisen können, sondern die Notwendigkeit einer solchen zunächst nur ab-
leiten aus dem Unbehagen am Ideengeschichtlichen, aus der polemischen Spitze
gegen eine parteienpolitisch und ideologisch motivierte Ideologiekritik. Damit
geht aber wiederum viel verloren, was in der an Personen, Ideen und Organisationen orientierten Geschichtsforschung erarbeitet worden ist.

Allein im Interesse eines möglichst vielschichtigen und facettenreichen Bildes
von Arbeitergeschichte und Arbeiterbewegungsgeschichte ließe sich schon für eine

Weiterverfolgung ideengeschichtlicher Überlegungen plädieren, nicht zuletzt auch
über die "großen Männer". Mit der Bibliographie Bert Andréas' zu Ferdinand
Lassalles Werken und Schriften liegt dieses Feld für Person und Leben Lassalles
weit offen.

Nicht zu unterschätzen ist dieser Bereich historiographischer Forschung aber
insbesondere für die wissenschaftsinterne Auseinandersetzung in diesem Fach, in
der es sich selbst zum Gegenstand macht: etwa in einer Art dogmengeschichtlicher
Untersuchung der Geschichtsschreibung über die Arbeiterbewegung, in der es nicht
um die Erwägung der Motive geht, die hinter den Identifikationen der historischen Arbeiterbewegung, also des "Gegenstandes" der Geschichtsschreibung,
stecken, sondern um die der "Beobachter" selbst, um die Motive also, die die
Historiker bestimmen, die sich einem solchen Thema zuwenden.

Die folgenden Bemerkungen zur "Rezeption" Lassalles beziehen sich auf beides:
Sie spekulieren über Legendenentstehung wie Legendenbildung, über "Rezeption" und
Beschwörung.

II.

Viele Elemente, die Lassalle in seiner Agitation zusammenbrachte, waren bereits
seit längerer Zeit im Selbstverständnis der radikalen Arbeiter verankert gewesen.
Das gilt insbesondere für den Gedanken der Assoziation, des kooperativen Zusam-
menschlusses der Produzenten, ein Gedanke, der keineswegs lediglich dem "Produ-
zenteninteresse des Mittelstandes" entsprang[1], sondern in dem sich der Wunsch
nach sozialer Bindung mit der Idee einer neuen Gesellschaftlichkeit, die auf
Brüderlichkeit aufbaut, und die Vorstellung einer Alternative zur kapitalisti-
schen Industrialisierung verbanden.[2] Nur wenn man den Gang der Geschichte im
nachhinein zur "Notwendigkeit" und zum "Fortschritt" erhöht, erscheinen solche
Vorstellungen reaktionär. Es genügt jedoch anzumerken, daß höchst unterschiedliche Gruppierungen von Arbeitern keineswegs der Überzeugung waren, die Industrialisierung sei eine ausgemachte und nicht zu umgehende Entwicklung.[3]

1   *Hans Stein*, Pauperismus und Assoziation. Soziale Tatsachen und Ideen auf
    dem westeuropäischen Kontinent vom Ende des 18. bis Mitte des 19. Jahr-
    hunderts unter besonderer Berücksichtigung des Rheingebietes, in : In-
    ternational Review for Social History, Vol. I, 1936, S. 90.
2   *Shlomo Na'aman*, Lassalle, Hannover 1970, S. 581.
3   *Detlev Puls*, "Ein im ganzen gutartiger Streik". Bemerkungen zu Alltags-
    erfahrungen und Protestverhalten der oberschlesischen Bergarbeiter am
    Ende des 19. Jahrhunderts, in: Ders.(Hrsg.), Wahrnehmungsformen und Pro-
    testverhalten. Studien zur Lage der Unterschichten im 18. und 19. Jahr-
    hundert, Frankfurt am Main 1979, S. 176.

Mit dem Assoziationsgedanken knüpfte Lassalle an ein "geheiligtes Gut bester demokratischer Arbeitergesinnung".[4] Er ist eng verbunden mit dem Gedanken der "Einheit", der vielleicht das grundlegende Prinzip im Weltbild der frühen radikal-
demokratischen Arbeiterbewegung ist. Dieses Einheitsideal machte etwa eine
anarcho-syndikalistische Interpretation der Assoziation oder ihre Verwirklichung
auf "kleiner Stufenleiter" unvorstellbar. Die Assoziation war daher auch keineswegs als Mittel in einem Interessenkampf der Arbeiter gegen die Kapitalisten gedacht. Wenn Lassalle hervorhob, es gehe ihm um eine Kulturbewegung, nicht um das
Verfolgen von Sonder- oder Einzelinteressen, so traf er damit zweifellos das
Selbstbewußtsein eines großen Teils der damaligen Arbeiter. Die frühsozialisti-
sche Auffassung, daß die Arbeit den Reichtum der Nationen und damit überhaupt die
Existenz der Gesellschaft stifte, implizierte selbstverständlich, daß der
"Arbeiterstand" sich nicht mit Abschlagszahlungen begnügen konnte. Die Forderung
nach dem "ganzen Arbeitsertrag" entsprach einem Selbstbewußtsein, das mit einer
neuen Organisation der Arbeit eine neue Organisation der Gesellschaft stiften
wollte.

Aus diesem kulturellen Anspruch ergab sich auch, daß der Adressat einer solchen
Bewegung nichts geringeres sein sollte als ein Organ, das in ähnlicher Weise
beanspruchen konnte, Gesamtheit, Gesellschaftlichkeit, Allgemeinheit zu repräsen-
tieren. Die Vorstellung vom Staat als der großen Assoziation, womit natürlich
kein "bestehender Staat" gemeint war, war daher zumal für jene Arbeiter, die vereinzelt und ohne starke Bindungen produzierten, ein keineswegs fremder Gedanken-
gang. Daß die Lösung der "nationalen Frage", die Herstellung der nationalen Einheit, mit solchen Hoffnungen auf eine neue soziale und demokratische Gesellschaftlichkeit verbunden wurde, daß sie als revolutionäre Frage gestellt war, muß
nicht weiter ausgeführt werden.[5]

Auch das eherne Lohngesetz wurde - selbst wenn es im Bewußtsein einiger Fach-
arbeitergruppen vielleicht allzu sehr nach sozialem Elend statt nach sozialem
Aufstieg klang - zuvörderst als radikale Absage an Kompromisse und Abschlagszahlungen verstanden. Wenn Liebknecht noch 1872 meinte: "Was dem Arbeiter klar sein
muß, ist 1) daß die Arbeit die Quelle des Werts ist, 2) daß das Kapital die
Arbeit ausbeutet, 3) daß die Lohnarbeit durch die Assoziation ersetzt werden muß
und endlich 4) daß diese Ersetzung nur möglich im sozialdemokratischen Staat, der

---

4 *Shlomo Na'aman*, Lassalle, S. 581.
5 Ich beziehe mich im vorhergehenden und folgenden stark auf meine Arbeit
  "Genossen, wir dürfen uns nicht von der Geduld hinreißen lassen!" Aus
  der Urgeschichte der Sozialdemokratie 1862-1878, Frankfurt am Main 1977.

folglich erkämpft werden muß"[6], so reichten dazu die Lassalleschen Begründungen aus. Unabhängig vom spezifischen Ort, den diese einzelnen Konzepte in der Lassalleschen Revolutionsstrategie einnahmen, hatten sie noch Jahre nach seinem Tode einen festen Platz in Presse und Broschürenliteratur von ADAV wie SDAP. Warum sollte man nicht Lassalle lesen, der das, was man bereits wußte, wesentlich eingängiger formulierte als Marx, von dem man wenig Neues erwartete?

Die Auflösung dieser Selbstverständlichkeiten und die Ablösung von den Formulierungen und von dem Kontext, die Lassalle ihnen gegeben hatte, vollzogen sich im Verlauf eines Prozesses, der auf mehreren Ebenen stattfand.

Je weiter man sich von der kurzen optimistischen Phase der Jahre 1863 und 1864 entfernte, desto deutlicher wurde die Brüchigkeit des Lassalleschen Konstrukts, das ganz auf Revolution als Zeichen der Zeit zugeschnitten gewesen war. Lassalle hatte mit der Verknüpfung der "sozialen Assoziation" mit der "politischen Assoziation" (Staat) via Wahlrecht und Staatskredit eine Bewegung zusammenzwingen wollen, die sich bereits in ihre nationale, soziale und demokratische Komponente aufgelöst hatte. Nach 1866 wurde vollends deutlich, daß die revolutionäre Situation vorbei war. Selbst Liebknecht, der die Hoffnung lange nicht aufgegeben hatte, mußte 1869 einsehen, daß sich das preußisch geeinte Deutschland und damit auch seine politische Herrschaftsstruktur "konsolidiert" hatten.[7] Herausgelöst aus dem revolutionären Kontext und für sich genommen, waren Produktivgenossenschaften und Staatshilfe Forderungen geworden, die weder Aussicht auf absehbaren Erfolg hatten noch revolutionär waren und die vor allem die Verbindung zwischen den Interessen der Arbeiter und dem Interesse an einer gesamtgesellschaftlichen Umwälzung nicht mehr herstellen konnten. Was in Lassalles Konstrukt noch mühselig zusammengehalten wurde, die 'Dialektik' von Einzel- und Gesamtinteressen (obgleich um den Preis eines "Listens"), war jetzt endgültig auseinandergefallen. Für sich genommen wie auch im Kontext der Lassalleschen Begründung, erlaubten die alten Schlagworte weder ein Festhalten an der Revolution noch 'Tageskampf' um realistisch Erreichbares.

6 Wilhelm Liebknecht an August Geib vom 5./9.12.1872, in: *Wilhelm Liebknecht. Briefwechsel mit deutschen Sozialdemokraten*, hrsg. von *Georg Eckert*, Assen 1973, S. 447.
7 Vgl. *Cora Stephan*, "Genossen...", S. 108 ff.

III.

Während Lassalle sich noch die große kulturelle Kraft einer "Volksbewegung" vorstellte, hatte sich sowohl im ADAV als auch später in der SDAP im Laufe der sechziger Jahre der Akzent immer mehr auf Arbeiter im Sinne der "industriellen" Arbeiter verschoben, eine Akzentverlagerung, die allerdings zunächst wohl mehr theoretisch antizipiert wurde, als auf ein tatsächliches Übergewicht zurückzuführen war. Die an Stärke zunehmende Streik- und Gewerkschaftsbewegung, die schließlich auch von den beiden Fraktionen der politischen Arbeiterbewegung zur Kenntnis genommen werden mußte[8], förderte zudem die Erkenntnis, daß in einem Stadium der zunehmenden "Konsolidierung" der herrschenden Ordnung der vage Verweis auf die Produktivassoziationen als Ideal einer sozialistischen Zukunft kaum mehr hinreichte. Trotz der damit einhergehenden faktischen Anerkennung von "Sonderinteressen" war man jedoch nicht gewillt, den Anspruch auf gesamtgesellschaftliche Lösung der "sozialen Frage" (im emphatischen Sinn) aufzugeben. Die als notwendig empfundene neue Verbindung von Einzel- und Gesamtinteresse fand - in einer Art paradigmatischen Übergangs vom Konzept der Revolution zum Konzept des Klassenkampfs - erst im Laufe der siebziger Jahre ihre Begründung in der jetzt vor allem den Marxschen Schriften entnommenen These von der historischen Tendenz des Kapitalismus. Nun erkannte man zwischen Gegenwart und Revolution eine Phase des Klassenkampfs, in der die Aufgabe der Arbeiter darin bestehe, mit dem Verfolgen ihrer eigenen Interessen die historische Tendenz des Kapitalismus auf Konzentration und Zentralisation voranzutreiben, bis er einen Zustand der Vergesellschaftung (und der Klassenpolarisierung) erreicht hätte, in dem er "reif" für den Sozialismus sei. Hier boten die Marxschen Schriften in der Tat bessere Interpretationshilfen als die revolutionsstrategischen Schriften Lassalles. Folgerichtig erschien die Genossenschaftsidee als 'Alternative' zur Industrialisierung jetzt reaktionär, an ihre Stelle trat die Forderung nach beschleunigter Entwicklung des Kapitalismus und nach möglichst viel Großbetrieb,

---

8   Selbst der Lassalle'sche ADAV, der aus dem ehernen Lohngesetz Lassalles den strikten Verzicht auf Lohnkämpfe ableitete und für die gewerkschaftliche Organisation und Streiks ein Ablenken vom revolutionären Ziel der Arbeiterbewegung bedeutete, steuerte unter dem Eindruck der machtvollen Streikbewegung Ende der 60er - Anfang der 70er Jahre zeitweise in eine konziliantere Richtung: Angesichts konkreter Streikfälle akzeptierte man zumindest "das notwendige Eintreten der *politischen* Strikes" (Bericht über die Webersche Spielwarenfabrik in Marburg, Freie Zeitung Nr. 91 vom 27.9.1869) oder man unterstützte konkrete Forderungen, betonte jedoch zugleich, "im Prinzip" sei man gegen Arbeitseinstellungen (Freie Zeitung Nr. 265 vom 18.11.1872).

der von den Arbeitern später leicht übernommen werden könne. Der ökonomische
Kampf, wie es bald hieß, beschränkte sich jetzt auf das Vorantreiben der inneren
Triebkräfte des Kapitalismus, der politische Kampf richtete sich gegen eine
"reaktionäre" Machtstruktur, die als der fortschrittlichen ökonomischen Dynamik
aufgesetzt erschien. Es ist daher nicht weiter inkonsequent, wenn sich trotz
schärfster Gegnerschaft zum Bismarckstaat ein gewisser Hang zum Staatssozialismus breit machen konnte, der die Differenz zwischen Tageskampf und Revolutions-
erwartung wieder aufheben wollte, indem er ihre "Dialektik" auf den objektiven
Gang ökonomischer Notwendigkeiten reduzierte. Dieser Staatssozialismus fand
weniger bei Lassalle die interpretierende Stütze, als vielmehr in einer den
Marxschen Schriften entnommenen Vorstellung vom historischen Gang des Kapitalismus. Ihm wurde nicht durch politische oder theoretische Erkenntnisse ein Ende
bereitet, sondern durch Bismarcks Sozialistengesetz.[9]

IV.

Dieser kursorische Verweis auf die einer Veränderung des strategischen Bezugs-
rahmens entsprechende theoretisch-ideologische Umorientierung in der frühen deutschen Sozialdemokratie vor 1878 soll jedoch nicht implizieren, daß es hier rein
um einen rationalen Prozeß der Erlangung besserer Einsicht gegangen wäre. Die
Fraktionskämpfe, die bald unter dem Banner "Marx oder Lassalle" ausgetragen wurden, waren offenkundig zweierlei: innere Kämpfe um die Macht im Verlauf der
Herausbildung einer Organisation wie auch Ausdruck des 'klassischen' Verlaufs
einer paradigmatischen Auseinandersetzung.

Da die "marxistischen" Eisenacher in der Historiographie insbesondere der DDR
zumeist im Vordergrund standen, schenkte man den Fraktionskämpfen im ADAV vor
1869 und insbesondere in den siebziger Jahren wenig Aufmerksamkeit. So wird zumeist auch übersehen, daß das Phänomen des "spezifischen Lassalleanismus" seit
Lassalles Tod ein bedeutendes Medium innerparteilicher Auseinandersetzungen war.
Das prinzipientreue Festhalten des ADAV und des Mende-Hatzfeldtschen LADAV "an
der Organisation", d.h. an den Statuten, wie sie Lassalle festgelegt hatte, war

9   Vgl. vor allem einen Artikel im Vorwärts aus dem Jahre 1878, der wahr-
    scheinlich von *Wilhelm Liebknecht* stammt (Staatssozialismus, in: Vor-
    wärts, Nr. 42 vom 10.4. und 43 vom 12.4.1878) sowie eine frühere Arbeit
    von *Joseph Dietzgen*: Daß der Sozialist kein Monarchist sein kann (Volks-
    staat, Nr. 71 vom 13.8. und 72 vom 15.8.1873). Beide sind wiederabge-
    druckt in *Cora Stephan*, "Genossen...", S. 283 ff.

nicht nur ein Kuriosum sektenhafter Verbohrtheit, sondern diente - wie die Auseinandersetzungen um den Fall Bernhard Beckers, des ersten Nachfolgers Lassalles, oder aber die Kritik an Schweitzers Gewerkschaftspolitik sowie an seiner Amtsführung nach der Vereinigung von LADAV und ADAV im Jahre 1869 zeigt - zugleich als widersprüchliches Kampfmittel um die Führung innerhalb der Organisation.[10] Das Statut des ADAV garantierte dem Präsidenten zwar äußerste Machtvollkommenheit, der Vorwurf des Statutenbruchs konnte daher jedoch ebenso wirkungsvoll *gegen* den Präsidenten gerichtet werden. Das Festhalten am "spezifischen Lassalleanismus" muß also auch auf dem Hintergrund wechselnder Fraktionierungen und interner Kämpfe innerhalb der Organisation erklärt werden, in denen es jeweils unterschiedliche Funktionen hatte. Viele ADAVer dürften nicht deshalb zu den Eisenachern gestoßen sein, weil diese sie mit Argumenten gegen die Politik des ADAV überzeugt hätten, sondern weil die Gruppe um Liebknecht und Bebel dezidiert die Symbole der Macht ablehnte, die die Führungsspitze des ADAV zur Ausschaltung unbotmäßiger Mitglieder einsetzte. Die Funktion, die der Bezug auf Lassalle innerhalb der Fraktionskämpfe hatte, *und* die Infragestellung der spezifischen Verbindung von Assoziation und Staat gaben der paradigmatischen Debatte in der Sozialdemokratie ihren besonderen Charakter und führten dazu, daß die Sieger die besiegte Position in Bausch und Bogen ablehnten, ohne daß dies in jeder Hinsicht begründet gewesen wäre. Eine tiefergehende Auseinandersetzung mit dem Lassalleanismus blieb daher zunächst auch aus.

Die mythische Verehrung Lassalles in ADAV und insbesondere LADAV[11] - die übrigens nicht darüber hinwegtäuschen sollte, daß sich im ADAV durchaus früher als in der SDAP die "realistische" Einsicht in die Veränderung der Kampfbedingungen durchgesetzt hatte - gibt keine besonderen Rätsel auf. Lassalle war durch seinen frühen Tod zum Märtyrer der Bewegung geworden. Mit der Entfernung von einer revo-

---

10 Vgl. Die Geschichte der Social-demokratischen Partei in Deutschland seit dem Tode Ferdinand Lassalle's (zusammengestellt und actenmäßig belegt aus den beiden Organen der Partei, dem "Social-Demokrat" in Berlin und dem "Nordstern" in Hamburg), Berlin 1965 (der Autor ist wahrscheinlich *Eugen Richter*) oder: Herr J.B. von Schweitzer und die Organisation des Lassalle'schen ADAV. Ein Antrag an den Vorstand von *Fritz Mende*, Leipzig 1869.

11 Vgl. hierzu die äußerst materialreiche Studie von *Heiner Grote*, Sozialdemokratie und Religion. Eine Dokumentation für die Jahre 1863 bis 1875, Tübingen 1968. Zu den "legitimen" Formen des Lassallekultes rechnet Grote etwa, daß die Lassalle-Totenfeiern am 31. August nach 1872 häufig demonstrativ gegen den "Sedan-Festdusel" gerichtet waren und daß die Arbeiter "in ihren Wohnungen bewußt Lassallebilder statt bourgeoiser Kaiserbilder" aufhängten (*ebda.*, S. 18).

lutionären Situation nahm die Heldenverehrung zu. Lassalle wurde zu einem Symbol
für die Ungebrochenheit revolutionärer Hoffnung sowie dafür, daß die Arbeiterbewegung und ihre Organisationen eine geistige, eine kulturelle und geschichts-
mächtige Kraft bleiben würden. Dieser Mythos verfestigte sich darüber hinaus
jedoch dadurch, daß er Hand in Hand ging mit der Verteufelung Lassalles, die die
gegnerische Fraktion der Heiligsprechung entgegensetzte.

Die Abrechnung Brackes mit dem "Lassalleschen Vorschlag"[12] ist ein Beispiel für
die Dynamik solcher 'innerparteilichen' Diskussionen, die schließlich zu einer
völligen Verdrängung des alten 'Paradigmas' führten. Daß Bracke es noch 1873 für
nötig befand, zu einem Rundumschlag gegen den Lassalleschen Vorschlag der Produktivassoziationen mit Staatshilfe auszuholen, sagt weniger über die Aktualität
dieses Konzepts in dem Lassalle verehrenden ADAV als vielmehr über sein Über-
dauern in der SDAP. Zu diesem späten Zeitpunkt hatte die Genossenschaftsidee in
der Mitgliedschaft der SDAP eine fast noch stärkere Bastion als im ADAV. Bracke
setzt in seiner Schrift nun auch den symbolischen Wert des Bezugs auf Lassalle
ein und diskriminiert Genossenschaftsidee wie Staatshilfe mit der Diskriminierung
der spezifischen Verbindung, die sie bei Lassalle erhalten hatten. Aus ihrem historischen Kontext gerissen, war diese Verbindung in der Tat nichts weiter als
Apotheose des Bestehenden. In Brackes weitverbreiteter Schrift wird nun auch begründet, daß die Forderung nach Assoziation in ihrem Wesen nicht nur unrealisier-
bar sei, sondern auch reformistisch. Revolutionär sei nur das "Entwicklungs-
gesetz der modernen Gesellschaft", das die Kapitalisten zu den wahren Anstiftern
der Revolution mache. Mit dieser Argumentation war jedoch die letzte Möglichkeit
vertan, die Genossenschaftsidee - die doch immerhin einen auf Selbsttätigkeit
und auf solidarische Arbeitsbeziehungen verweisenden Charakter hatte - aus dem
Lassalleschen Kontext herauszulösen. Übrig blieb die recht passive und farblose
Vorstellung einer Übernahme kapitalistischer Großbetriebe durch die siegreiche
Arbeiterklasse.

Nebenbei bemerkt, war die Stilisierung Lassalles zum Sinnbild eines Staatssozialisten und preußischen Agenten ein vortreffliches Mittel, die eigenen
staatssozialistischen Neigungen zu kaschieren.

---

12 *Wilhelm Bracke*, Der Lassalle'sche Vorschlag. Ein Wort an den 4. Kongreß
    der sozialdemokratischen Arbeiterpartei, Braunschweig 1873.

V.

In der Kontroverse "Marx oder Lassalle" waren die Würfel im Verlauf der achtziger
Jahre zugunsten von Marx und Engels gefallen, die nun als internationale Revolutionäre dem nationalen Staatssozialisten und Reformer Lassalle entgegengesetzt
wurden. Eine seit dem Bekenntnis der Sozialdemokratie zur Pariser Kommune und
vor allem seit Bismarcks Reichstagsrede im Jahre 1878, in der er Lassalle, den
wahren deutschen Patrioten, einer vaterlandslosen Sozialdemokratie entgegen-
hielt, von Konservativen gern gepflogene Vereinnahmung Lassalles für wahres
Deutschtum ist ein weiterer Grund für die Verfestigung des Vorurteils vom "nationalen" bzw. "staatsidealistischen" Lassalle in der Sozialdemokratie. Daran
änderte sich auch nach dem Fall des Sozialistengesetzes wenig, doch die Frage
"Lassalle oder Marx" war so wenig Lebensfrage der Partei, daß die halbwegs sach-
lichen, dem 'historischen' Lassalle zweiffellos gerechter werdenden Interpretationen von Mehring oder Bernstein höchstens noch bei den unversöhnlichen Kämpfern
der ersten Stunde wie etwa Bebel Widerspruch hervorriefen. Selbst in den re-
visionistischen Theorieangeboten von Bernstein war die Indienstnahme von Lassalle
als nationalem Sozialreformer Nebensache[13]; seine Erhebung zum Heros eines "nationalen Sozialismus" blieb im wesentlichen den Nationalsozialen um Naumann
und Göhre vorbehalten.[14]

Die Aufnahme Lassalles in die Galerie großer nationalgesinnter Deutscher ging
denn auch vor allem auf die Interpretationen von Brandes, Wagner und Oncken zurück und stieß in der Presse der Sozialdemokratie (insbesondere wieder bei
Bernstein und Mehring) durchaus auf Ablehnung. Eine Ausnahme bildete vielleicht
Mehring, als er in seinem nach 1911 verschärften Stellungskrieg gegen die partei-
interne Marxorthodoxie anläßlich einer Auseinandersetzung mit Kautsky über die
historische Bedeutung von Lassalle im Jahre 1913 plötzlich nationale Akzente
setzte und gar eine "Lassalle-Renaissance" wähnte. Marx' Stern sei im Sinken,

---

13 Zum Verhältnis von Lassalle und Revisionismus vgl. *Wolf-Ulrich Jorke*,
    Rezeptions- und Wirkungsgeschichte von Lassalles politischer Theorie in
    der deutschen Arbeiterbewegung. Von der Aufhebung des Sozialistenge-
    setzes bis zum Ausgang der Weimarer Republik, Bochum 1973, S. 93 ff.
14 Vgl. etwa *Politikus*, Marx oder Lassalle? Eine Entscheidung von grundle-
    gender Bedeutung für die Arbeiterpolitik der Gegenwart, Görlitz 1903,
    S. 53: "Und kommt erst der Augenblick, wo diesen Kämpfern ein Feuergeist
    von der Art eines Lassalle ersteht, dann hat auch die Stunde des Marxis-
    mus geschlagen, und der nationale Sozialismus hält seinen Einzug zum
    Wohle des deutschen Volkes, und nicht zum mindesten zum Wohle des deut-
    schen Arbeiters, in dessen Hand in Wirklichkeit die Zukunft des gesamten
    deutschen Volkes ruht."

denn man habe erkannt, "daß eine nationale Arbeiterpartei zunächst an ihre
Existenzbedingungen innerhalb der Nation gebunden ist".[15] Diese Verbindung von
Lassalle mit einer These, die nicht viel mehr als Selbstverständliches aussagt,
scheint allerdings stark gebunden an Mehrings Kreuzzug gegen den prinzipienge-
treuen "Übermarxismus" der "Marxpfaffen" und "Zionswächter des Marxismus", die
sich in der Gestalt von Kautsky diesen Etiketten angemessen verhielten, so daß
die Debatte wenig mehr demonstrierte als das Unverständnis beider für die
wechselseitigen Positionen.[16]

Trotz der Ausgaben von Werken und Briefen Lassalles und der Bemühungen von Franz
Mehring oder Gustav Mayer läßt sich in der Literatur nach der Jahrhundertwende
keine "Rezeption" Lassalles feststellen und nur bedingt ein Einsatz des Symbol-
gehaltes seiner Person und seines Werkes. Diese Indienstnahme setzt in der
Sozialdemokratie selbst erst nach 1913 ein.

Sie nahm ihren Ausgangspunkt in der mit der Bewilligung der Kriegskredite im
August 1914 einsetzenden Suche nach Legitimationshilfe bei den "Vätern" der
SPD. Die wohlmeinenden Aufforderungen von bürgerlicher Seite an die Partei,
"zurück zu Lassalle" zu gehen, fanden jetzt ein Echo. Allerdings war nun noch
weniger als zuvor von einer Rezeption seiner Schriften zu sprechen.

Oncken hatte immer wieder gemahnt, auch die Sozialdemokratie brauche "eine Welt-
ansicht, in der für alle Lebensbedürfnisse der deutschen Nation Luft und Licht
gelassen ist, sie braucht ein neues Ethos, das Nationalstaat und soziale Frage
in einen innerlichen Zusammenhang zu bringen imstande ist - und das kann ihnen
von ihren historischen Führern eigentlich nur Lassalle geben [...]".[17] Mit der
Intention, Lassalle dem deutschen Volk nahezubringen, begründet Feigl 1910 eine
Auswahl der Reden und Schriften Lassalles, in der es heißt, der stets "von gut
nationalem Geiste beseelte" Lassalle sei von Bedeutung nicht nur für die Arbeiter, sondern für die "Deutschen schlechthin".[18] In den zwanziger Jahren dieses

---

15 *Franz Mehring*, Über den Gegensatz zwischen Lassalle und Marx, in: Die
    Neue Zeit, 31. Jg., Bd. 2, Nr. 39 vom 27.6.1913 (Mehring zitiert hier
    eine eigene Rezension aus dem Grünberg-Archiv von 1912). Vgl. auch *ders.*,
    Ein Parteijubiläum, in: Die Neue Zeit, 31. Jg., Bd. 1, Nr. 22 vom 28.2.
    1913, sowie *Karl Kautsky*, Lassalle und Marx, in: Die Neue Zeit, 31. Jg.,
    Bd. 2, Nr. 40 vom 4.7.1913.
16 Vgl. dazu *W.-U. Jorke*, S. 239 ff.
17 *Hermann Oncken*, Lassalle, eine politische Biographie, 3. erw. Aufl.,
    Stuttgart/Berlin 1920, S. 514.
18 *Hans Feigl*, Lassalles Leben und Wirken, in: Ferdinand Lassalle. Reden
    und Schriften, in Auswahl herausgegeben, Wien 1920 (1. Aufl. 1910),
    S. 15.

Jahrhunderts wird man nun auch in den Kreisen der SPD nicht müde zu betonen, daß
Lassalle in die Ehrengalerie deutscher Geistesgrößen gehöre. Gerade im Augen-
blick - schreibt Haenisch 1925 - lebe Lassalle nicht mehr nur seiner Partei.
"Er lebt oder er sollte doch leben *dem ganzen deutschen Volke.*"[19]

Die Chance, mit Lassalle eine Vaterfigur nationalen Deutschtums aufzurichten,
wurde von der SPD in den zwanziger Jahren keineswegs so vernachlässigt, wie Thilo
Ramm rückschauend meint. Es war nicht Mangel an nationalem Ethos in der SPD, der
statt ihrer der NSDAP erlaubte, "in diese Lücke" zu stoßen.[20] Allerdings wäre
das Interesse an einem nationalen Lassalle auf seiten der Sympathisanten der
Nationalsozialisten wohl kaum sehr weit gediehen, da Lassalle - wie sich ein
Maenner 1926 ausdrückt - aufgrund seines jüdischen "Blutes" im Unterschied zu
Bismarck "kein nationaler Urtrieb" eigen sei: "Mit dem Deutschtum verknüpfte ihn
nicht seine Rasse und nur eine erlernte, nicht eine vom Urvater her ererbte
Sprache. Das deutsche Volk wurde von ihm nicht wie ein lebenswarmer Körper ge-
liebt, nur von seinem rechnenden Verstand als Stein eines Schachbretts er-
faßt."[21]

Dennoch glaubte man nach 1933 in Teilen der emigrierten SPD offenbar, in puncto
nationaler Mythos etwas versäumt zu haben. Mit positivem Bezug auf den "Volks-
sozialismus" Wenzel Jakschs forderten Wilhelm Sollmann und Fritz Tejessy 1936
unter der Parole "Mit Lassalle!" eine sozialdemokratische Politik, über welcher
"der Geist Ferdinand Lassalles waltet". Eine "Staatsgesinnung im Geist Lassalles"
sei dem Mißbrauch des Staates durch den Nationalsozialismus entgegenzusetzen:
"Staatsgesinnung aber ist Machtgesinnung".[22] Mit dem "Willen zur Macht" solle der
Kampf um das deutsche Volk und die deutsche Nation aufgenommen werden, "die
ganze Skala der nationalen Gefühlswelt" entfesselt[23] und jenes lassalleanische

---

19   Ferdinand Lassalle. Der Mensch und Politiker in Selbstzeugnissen.
      Herausgegeben und eingeleitet von *Konrad Haenisch*, Leipzig 1925, S. 23.
20   *Thilo Ramm*, Ferdinand Lassalle. Ausgewählte Texte, Stuttgart 1962,
      S. XXII f. Auch *Thilo Ramm* sieht die Bedeutung Lassalles 1953 darin, daß
      er der "Theoretiker eines nationalen Sozialismus und Kommunismus" sei;
      Ferdinand Lassalle als Rechts- und Sozialphilosoph, 2. verb. Aufl., Mei-
      senheim a. Gl. 1956 (1. Aufl. 1953), S. 215.
21   *Ludwig Maenner*, Ferdinand Lassalle. Reden und Schriften, Berlin 1926,
      S. 17 und S. 15.
22   (Auf diese Debatte machte mich Ursula Langkau-Alex aufmerksam.) *Fritz
      Tejessy*, Mit Lassalle!, in: Neuer Vorwärts, Nr. 147 vom 5.4.1936, Bei-
      lage.
23   *Wilhelm Sollmann*, Sozialistische Machtpolitik, in: Zeitschrift für So-
      zialismus, 2. Jg., Nr. 24/25, Sept./Okt. 1935, S. 763.

"Vestafeuer" entzündet werden, "das den Glauben an die höheren menschlichen und unzerstörbaren gesellschaftlichen Werte des Sozialismus erhält".[24] Auch hier ging es nicht um eine Rezeption Lassalles, ging es auch nicht um einzelne seiner Ideen oder seine Theorie. Offenbar glaubte man Lassalles Person oder vielmehr das Bild, das man sich im Laufe der Jahre von ihm gemacht hatte, am ehesten dazu geeignet, dem Nationalsozialismus einen sozialdemokratischen großen Mythos entgegenzusetzen.

Lassalle wurde jedoch nicht nur als nationale Galeonsfigur eingesetzt. Ausgerechnet er, der nicht gerade als Ausbund von Tugendhaftigkeit betrachtet werden konnte, wurde im Laufe der Zeit zum Vorbild für Sittenstrenge. In den Jubelreden Kampffmeyers und Mayers zum hundertsten Geburtstag des "Erweckers" 1925 wird eine "neue Sittlichkeit" hervorgehoben, die den Arbeiterstand in der Weimarer Republik zum "Träger einer kommenden höheren Kultur und Gesittung" gemacht habe. Arbeiterbewegung und Kulturbewegung seien "zu einer menschheitsbeglückenden Einheit" verschmolzen.[25] Mit dem Verweis auf das Erbe Lassalles verlangt Mayer den Arbeitern das Gelübde ab, "streng und anspruchsvoll über die Reinheit ihrer Gesinnungen und die Tadellosigkeit ihrer Handlungen" zu wachen.[26] Das ist freilich der Stil von Festreden, der uns heute nicht mehr so geläufig sein mag. Doch es entbehrt nicht einer gewissen Ironie, wenn auch zum hundertsten Geburtstag der SPD im Jahre 1963 in der Bundesrepublik ein bekannter Historiker - der übrigens als wünschenswert vermerkt, "Marx hätte nie gelebt" - die hervorstechendste Eigenschaft in der Tradition der SPD das "Tüchtige" und "menschlich Anständige" nennt.[27] Das hat etwas Saubermännisches, das man nur schwer mit einer so facettenreichen Gestalt wie Lassalle in Verbindung bringt.

Das Kapitel über "Lassalle und deutsche Werte" wäre unvollständig, ließe man den vielleicht wichtigsten Punkt unerwähnt, in dem Lassalle immer wieder Referenz ist: der Staat. Insbesondere mit dem Eintritt der SPD in die "Regierungsverantwortung" in der Weimarer Republik fehlt es nicht an Begründungen für die Notwendigkeit einer Beteiligung der Arbeiterschaft an dem Staat, der ja essentiell

24   Andreas Howald, Machtbewußter Sozialismus. Der Sprung über Rhodos, in: Neuer Vorwärts, Nr. 149 vom 19.4.1936, Beilage.

25   "Einen neuen 'Gott' gab Lassalle der Arbeiterklasse" - Paul Kampffmeyer, Lassalle. Ein Erwecker der Arbeiterkulturbewegung, Berlin 1925, S. 25, 27, 36.

26   Gustav Mayer, Lassalles Weg zum Sozialismus. Festrede zu seinem 100. Geburtstage, gehalten vor der Arbeiterschaft seiner Geburtsstadt am 13. April 1925, Berlin 1925, S. 15.

27   Golo Mann, Hundert Jahre deutsche Sozialdemokratie, in: Die Neue Gesellschaft, 10. Jg., H. 3, Mai/Juni 1963, S. 185 und 189.

"der ihre" sei (Hilferding). Andererseits machte sich "das Fehlen einer **sozia**-
listischen Staatslehre schmerzlich fühlbar".[28] Renner zieht den Schluß: "Wir
brauchen eine Lehre von der Nation, eine Lehre vom Staat und finden bei Marx nur
Hindeutungen auf sie [...]. Bei Lassalle aber finden wir ein geschlossenes Gedankensystem [...]."[29]

Auf ein Gedankensystem dieser Art glaubte die SPD nach 1945 allerdings verzich-
ten zu können, denn "Ballast abwerfen" konnte nicht heißen, an die Stelle des
einen - Marx - nun einen anderen zu setzen. Ihre Staatlichkeit und ihre Entwicklung zur "Volkspartei" ließen der SPD jedoch viele Türen offen für die spätere
Interpretation, sie sei ja gar keine "neue" SPD, die aus einem Bruch mit der
Tradition entstanden sei, sie habe ja vielmehr wieder an die Anfänge der Sozialdemokratie angeknüpft. Und so galt Lassalles "Staatsideal", ein "frühes
sozialistisches Ja zum demokratischen Staat", bald wieder als eine der Ursachen
dafür, daß die SPD "in den Staat hineinging und dort ihren angemessenen Platz
fand".[30] "Die alte, neue Volkspartei"[31] bedurfte des Rückgriffs auf "das
sozialreformerische", durch Lassalle verkörperte Element in der sozialdemokratischen Tradition[32] allerdings erst weit nach Godesberg - wohl angesichts des vor
allem links formulierten Vorwurfs des Theoriedefizits und infolge der Erkenntnis, daß die sich erhaltenden Traditionen in der Mitgliedschaft und die massive
Erbschleicherei der SED eine allzu flinke oder gar völlige Aufgabe lieber
Kampfestraditionen nicht tunlich machten.

---

28 *Kurt Schumacher*, Der Kampf um den Staatsgedanken in der deutschen Sozial-
    demokratie (Diss. Münster 1926), Stuttgart 1973, S. 135.
29 *Karl Renner*, Lassalles geschichtliche Stellung, in: Die Gesellschaft, 2.
    Jg., 1925, Nr. 3, S. 322.
30 *Carlo Schmid*, Ferdinand Lassalle und die Politisierung der deutschen Ar-
    beiterbewegung, in: Archiv für Sozialgeschichte, 3. Jg., 1963, S. 20.
31 *Golo Mann*, Hundert Jahre deutsche Sozialdemokratie, a.a.O., S. 189. -
    "Die Sozialdemokratie [...] ist staatsbejahend, und nach dem Godesberger
    Programm ist es ihr gelungen, auch zu *scheinen*, was sie ist und was sie
    immer war" (*Horst Lademacher*, Marxismus, Geschichte und Sozialdemokra-
    tie, in: Die Neue Gesellschaft, 7. Jg., H. 2, März/April 1960, S. 133).
32 *Immanuel Geis*, Die Bewegung ist alles, in: 100 Jahre SPD, Sonderheft des
    Vorwärts, 1963, S. 70. Man muß allerdings hinzufügen, daß der Rückgriff
    auf die Tradition insbesondere von der Seite der Historiker ausging und
    nicht als tagespolitischer Ruf erscholl.

VI.

Person und Leben Lassalles erlauben offenbar eine eigentümliche Identifikation,
die, das liegt auf der Hand, weniger auf die historische Person als vielmehr
auf die Verherrlicher und Mythenbildner schließen läßt. Shlomo Na'amans Frage,
was denn die Historiker eigentlich davon abgehalten habe, zu erkennen, daß
Lassalle so ganz und gar nicht dem von ihnen fabrizierten Bild entspricht[33],
wäre auf die Politiker auszudehnen: Welche Geisteshaltung drückt sich in einer
Mystifizierung aus, die im Gegenstand des Mythos so viel Widerstand hätte finden können?

Wenn wir mit Na'aman davon ausgehen können, daß eine Rezeption der Gedanken und
der historischen Wirkung Lassalles gar nicht stattgefunden hat, dann entspringt
der Mythos um Lassalle nicht seinen 'Gedanken', sondern einem ganz anderen
Mythos: dem, daß 'Gedanken' weltverändernde Kraft haben. Dieser Mythos - der
ohne Zweifel nicht völlig unbegründet ist, obzwar nicht die Kühnheit der Idee,
sondern die Bedürfnisse in einer historischen Situation über ihre Wirkung ent-
scheiden - bestimmt noch die Debatten um das Verhältnis von Marxismus und
Arbeiterbewegung in der Bundesrepublik nach 1945 bzw. in den sechziger Jahren.
Die Untersuchungen darüber, ob Marx nun "an Bord" der alten SPD gewesen sei oder
nicht, haben zwar notgedrungen zu keinem Ergebnis geführt, dokumentieren aber
beredt die Wortgläubigkeit ihrer Verfasser. Wer von der 'Verantwortlichkeit' der
Wissenschaftler redet, nimmt häufig auch gern an, daß ihren Theorien eine so
explosive Kraft innewohnt, daß sie nur gut gepolstert und schwer bewacht trans-
portiert werden können. Dieser intellektuellen Hybris, diesem Wunschdenken entspricht übrigens der intellektuelle Hochmut von Marx, Engels, Lassalle, die ohne
weiteres die welterschütternde Wirkung ihrer Werke voraussetzten. Dabei haben
allerdings die meisten 'Bannerträger' revolutionärer Bewegungen zuvor auch
gründlich in sie hineingehorcht, und keine 'Idee' ergreift die Massen, die
nicht ein Echo bei ihnen findet. Für die ideengeschichtliche Retrospektive hin-
gegen gilt vielfach das Ergebnis, daß oft weniger die Gedanken und Theorien an
sich 'gewirkt' haben, als der Glaube daran, daß sie eine Wirkung hätten. Der
"Tatmensch" Lassalle, der dennoch mit dem Wort, mit der Idee Geschichte machen
wollte und der tatsächlich noch hundert Jahre später als "Erwecker" einer Bewegung weltgeschichtlichen Ranges gilt, ist wohl für jeden Intellektuellen ein
Faszinosum, der sich keine Illusionen über seine geheimen Wünsche macht. Wir

---

33 *Shlomo Na'aman*, Lassalle, S. 617. "Wenn Lassalle Erfolg gehabt hat, so
    bei den Historikern. Diese haben die Folgerichtigkeit seines Handelns
    nie in Zweifel gezogen" (*ebda.*).

wissen, wie intensiv sich Bernstein mit Lassalle immer und immer wieder ausein-
andergesetzt hat, wie oft Mehring zu seiner Ehrenrettung angetreten ist, wie
viele Jahre seines Lebens Gustav Mayer dem Nachlaß Lassalles gewidmet hat - all
diese Leistungen waren sicher nicht nur Ausdruck zeitgeschichtlichen Interesses
oder historiographischer Integrität, sondern einer sehr viel unmittelbareren
Identifikation.

Der Historiker, dem sich alles vom Wort her aufschlüsselt, findet einen gleich-
gesinnten Verehrer Lassalles im Politiker, der von der Macht der Rede überzeugt
ist: der Vollblutpolitiker Lassalle, dessen demagogisches Talent nicht nur im
Gerichtssaal, sondern auch vor den 'Massen' das Blatt des Schicksals wenden
kann! Auch die demokratische, volksverbundene Sozialdemokratie setzte stets
große Hoffnungen auf große Männer, und in einer Zeit der moralisch einwandfreien,
pragmatisch-praktischen Saubermänner des Proletariats mochte man für den "lei-
denschaftlichen Mensch[en] und Politiker" Lassalle trotz seiner Verfehlungen
wieder Verständnis haben.

Diese Mischung von Begeisterung und Ablehnung zeigt sich insbesondere dann, wenn
über Lassalles ruhmloses Ende berichtet wird - ein Bericht, den kaum eine biographische Skizze oder Einleitung in irgendeiner Auswahl seiner Werke auslassen
kann, obwohl niemand - und das zu Recht - auf die einschränkende Bemerkung verzichtet, diese unerfreuliche Begebenheit sei natürlich "sattsam" bekannt. Doch
gerade diese sattsam bekannten Geschichten um Liebesleben und Tod Lassalles sind
wichtig für das, was als Besonderheit der Persönlichkeit Lassalles gilt[34]:
"Theorie und Leben sind bei ihm in einer einzigartigen Weise verschmolzen."[35]
Nun ist die Tatsache, daß Lassalle für die Eroberung einer Frau - eines "Weib-
chens" - nicht nur sein Leben, seinen politischen Ruf, seine Organisation aufs
Spiel setzte, sondern auch aufgrund seiner Agitation geknüpfte politische Kon-
takte benutzte, zwar sicherlich erst im vergleichsweise prüden 19. Jahrhundert
Gegenstand besonderer Betrachtung. Sie mußte vor allem aber für die spezifische
Tugendhaftigkeit anstrebende deutsche Arbeiterbewegung ein Rückfall in die deka-
denteste bourgeoise demi-monde sein. Bei allem Verständnis dafür, "daß der
Politiker von Geblüt, der Mann, der im rationalen Umgang mit der Macht Wesens-
bejahung finden will, immer auch ein starkes, akzentuiertes 'persönliches' Leben
haben wird", vermißt man doch selten die Einschränkung, Lassalle habe sich jedoch "schließlich ins allzu Persönliche" verirrt.[36] Doch es ist wohl nicht nur

---

34   Der Roman "Lassalle" von *Stefan Heym* widmet sich diesem in der Tat er-
      giebigen Stoff ausführlichst.
35   *Thilo Ramm*, Ferdinand Lassalle, Ausgewählte Texte, Vorwort.
36   *Carlo Schmid*, Ferdinand Lassalle, a.a.O., S. 7.

Schönfärberei, wenn in der Literatur die "leidenschaftliche" und "irrationale"
Hingabe an die Eroberung Helene von Doenniges' zugleich als Ausdruck für die
besonders "blutvolle" Persönlichkeit des "ganzen Menschen" Lassalle genommen
wird - ist man nicht eher die schamvollen Teilmenschen wissenschaftlicher Tugend
und keimfreier politischer Unanfechtbarkeit gewohnt, die wenig risikofreudigen
Verwalter der Macht, die Damen und Herren ohne Unterleib, sehnt man sich nicht
vielleicht nach Vorbildern, denen alles gestattet scheint, was sich der Politiker, der Wissenschaftler, der Historiker im Interesse des moralisch einwandfreien Standpunkts und Charakters und der 'Objektivität' verwehren muß?

Daß bei einem solchen libidinösen Verhältnis zum Gegenstand der Verehrung oder
Verteufelung Projektionen sexueller Art nicht ausbleiben, ist ein bekanntes
Phänomen. So vermutet der eine bei Lassalle ungesunde, überbordende jüdische
Zügellosigkeit[37], der andere, dem Lassalle mit Richard Wagner der "Typus des
bedeutenden Menschen unserer Zukunft" ist, "welche ich die germanisch-jüdische
nennen möchte", hat Lassalle ähnlich, wenn auch positiv vor Augen: "Durchwühlt
vom starken Sexualismus seiner Rasse und voll naiver Lust am erotischen
Spiel".[38] Es sei nicht verschwiegen, daß sich Haenisch auch die Fehlleistung
nicht erspart, davon zu sprechen, der Schuß des Duellpartners Lassalles habe
"das Gefäß dieses kostbaren Geistes vernichtet".[39] Der Schuß Janko Racovitas
traf den Unterleib Lassalles.

So peinlich diese Projektionen auch sein mögen, so zweifelhaft scheint mir andererseits eine Ehrenrettung Lassalles, die ihm nun "psychische Impotenz" attestie-
ren läßt - verbunden gar mit dem Argument, Lassalles angestrengte Agitations-
arbeit und seine großen wissenschaftlichen Leistungen hätten ihm gar keine Zeit
für "sexuelle Ausschweifungen" gelassen.[40] Hieße das nicht wieder gut protestan-
tisch, daß 'große' Persönlichkeiten, die höchste kulturelle Glanzleistungen
vollbringen, nur unter dem Berstschutz von Entsagung und Lustlosigkeit gedeihen
dürfen?

---

37 *Ludwig Maenner*, Reden und Schriften.
38 *Konrad Haenisch*, Ferdinand Lassalle. Der Mensch und Politiker in Selbst-
    zeugnissen, S. 1; *ders.*, Lassalle, Mensch und Politiker, Berlin/Leipzig
    1923, S. XXIII.
39 *Ders.*, Ferdinand Lassalle. Der Mensch und Politiker in Selbstzeugnissen,
    S. 23.
40 *Helmut Hirsch*, Ferdinand Lassalle. Eine Auswahl für unsere Zeit, Bremen
    1963, S. XXX.

VII.

Diese kurze Blütenlese von Aussagen zu Ferdinand Lassalle unterstreicht die
mittlerweile wohlbegründete Annahme, daß die Macht von Ideen nur zum geringsten
Teil nach aufklärerischen Vernunftbegriffen erklärt werden kann. Die Idee ge-
biert sich nicht aus der Idee, Handeln ist selten von Theorien angeleitet. Daß
Wissenschaft die Funktion von Mythen übernehmen kann und umgekehrt, schränkt die
historische Bedeutung von Ideen nicht ein. Im Gegenteil: Das öffnet einer Ideen-
geschichte ein weit größeres Spektrum. Eine Beschäftigung mit Lassalle muß sich
also nicht darauf beschränken, seine "Wirkung" in der Untersuchung der "immanen-
ten Schlüssigkeit" seiner Theorie, ihres Realitätsgehaltes oder ihres Verhältnisses zu konkurrierenden Theorieentwürfen aufzuspüren. Auch die Nichtrezeption
bietet ein weites Feld für ideengeschichtliche Spekulation. Und nicht zuletzt
sind die Untersuchung von Legendenbildung und die Legendenkritik das hervor-
ragendste Medium einer Selbstreflexion der Historiographie bzw. derer, die sie
betreiben.[41]

---

41 Vgl. das Nachwort des Herausgebers, in: Ferdinand Lassalle, Arbeiterle-
    sebuch und andere Studientexte, hrsg. von *Wolf Schäfer*, Reinbek bei Ham-
    burg 1972, S. 192.

Bert Andréas
Vorbemerkung

Die hier vorgelegte Bibliographie ist die Ergänzung und Fortführung einer
1963 unter ungünstigen Umständen entstandenen ersten Fassung.[1] Sie soll
eine empfindliche Lücke schließen: Obwohl Lassalle und mehr noch die anfänglich von ihm geleitete Bewegung unbestreitbar einen ganz bestimmten
Platz in der Geschichte der deutschen Arbeiterbewegung sowie in der mit ihr
befaßten Literatur einnehmen, ist er niemals bibliographisch bestimmt worden.

Sämtliche Marx/Engels-Texte sind in einer Anzahl mehr oder weniger brauch-
barer Bibliographien nachgewiesen worden und jetzt allgemein zugänglich
in Werk-Ausgaben und zahllosen Neudrucken vieler Einzelschriften. Kautskys
und Bebels Schriften sind seit längerer Zeit bibliographisch erfaßt[2] und
die Mehrings sogar zum größten Teil neugedruckt worden[3]. Seit 60 Jahren erscheinen dagegen nur noch gelegentlich einzelne Schriften Lassalles als Studientexte in Auswahlausgaben.

In der Historiographie hat sich seit dem ausgehenden 19. Jahrhundert über
Bernstein, Mehring, Oncken und G. Mayer bis Na'aman das Lassalle-Bild mehrfach verändert. Die hier vorgelegte Arbeit will diese Bilder nicht beurteilen
und soll vor allem Lassalle nicht bewerten. Ihre Aufgabe ist es, Lassalles Ge-
samtwerk und seine Verbreitung zu situieren und zu dokumentieren[4].

Die erste "Liste der Werke Lassalle's" hat Joh. Philipp Becker fünf Jahre
nach Lassalles Tod im Genfer *Vorboten* (August 1869, S. 126 f.) veröffentlicht.

---

1 *Bibliographie der Schriften von Ferdinand Lassalle in Archiv für Sozialgeschichte* Hannover 1963, Bd. III, S. 331-423.
2 BLUMENBERG, WERNER *Karl Kautskys literarisches Werk. Eine bibliographische
 Übersicht* 's-Gravenhage 1960, 158 S.; SCHRAEPLER, ERNST *August-Bebel-Bio-
 graphie* Düsseldorf [1962], 169 S.
3 MEHRING, FRANZ *Gesammelte Schriften* Berlin [DDR] 15 Bände, 1960-1966.
4 Über den Einfluß der Agitation Lassalles und des ADAV um 1865 sagte Bebel rückschauend: "Ich bin [...] wie fast alle, die damals Sozialisten
 wurden, über Lassalle zu Marx gekommen. Lassalles Schriften waren in un-
 seren Händen, noch ehe wir eine Schrift von Marx und Engels kannten" (BE-
 BEL, AUGUST *Aus meinem Leben* Stuttgart 1910, Bd. I, S. 131). Ähnliches
 stellte noch etwa 25 Jahre später Leßner fest, als er 1883 während mehrerer Monate Vorträge im Londoner Communistischen Arbeiter-Bildungs-Verein
 gehalten hatte: "Bei dieser Gelegenheit habe ich den Mangel wahrgenommen,
 welcher über die so ausgezeichneten Sachen von Marx und Dir unter den
 jungen Leuten herrscht. Von dem Lassalle wissen sie alle" (Leßner an
 Engels, 16. Oktober 1883, IISG).

Sie führte die Titel der 25 wichtigsten Bücher und Broschüren an. Erst 50 Jahre später stellte der Herausgeber einer Auswahl von Lassalle-Texten eine etwas vollständigere Liste von 30 Titeln zusammen, der er auch einen Nachweis
von 18 Briefveröffentlichungen und 26 Titeln über Lassalle beigab (S. 182-
192 in B 58). Den bis 1963 vollständigsten und verläßlichsten Überblick über
die Lassalle-Texte und -Briefe sowie die ADAV-Literatur gewährte der 1924 erschienene Antiquariatskatalog von Prager (C 705). Stammhammers Bibliographie[5]
hatte es auf etwas mehr als 100 Titel für die drei Kategorien zusammen gebracht, aber mit vielen Wiederholungen und Ungenauigkeiten, da er sich häufig auf unkontrollierte Angaben aus zweiter Hand (Anzeigen, Bibliographien,
Zitate usw.) gestützt hatte. Der 1927/28 fertiggestellte Katalog der Bibliothek der SPD[6] verzeichnete 29 verschiedene Titel von Lassalle (mit etwa 70
Neudrucken und Übersetzungen), mit einigen Ungenauigkeiten.

VERLAGSGESCHICHTLICHES *Agitationstexte von 1865 bis 1878*

Die Verlagsgeschichte der Lassalleschen Agitationsschriften nach Lassalles
Tod bis zur Sozialistengesetzgebung spiegelt getreulich die durch erbitter-
te Fraktionskämpfe, Spaltungen und Sektenbildung gekennzeichnete Geschichte
des ADAV von 1864-1878 wider. Ihrem Agitationscharakter entsprechend, wurden
die Schriften gleichzeitig und nacheinander von den verschiedenen neben- und
gegeneinander tätigen Organisationen herausgegeben und vertrieben, die je-
de für sich Anspruch darauf erhoben, der einzige Bewahrer und Hüter des
Lassalleschen Gedankenguts und der berechtigte Erbe seiner Organisation zu
sein. Daneben dürfte die Tatsache eine Rolle gespielt haben, daß der Broschü-
renverkauf einige der wenigen Einnahmequellen der notorisch armen Arbeiterorganisationen war.

Lassalle hatte die Verlagsrechte aller seiner Schriften Lothar Bucher vermacht, der sie aber nur für die wissenschaftlichen Schriften beanspruchte
(vgl. A 37 1880), während er die Rechte an den politischen Schriften bald
der Gräfin Hatzfeldt überließ, die ihrerseits diese Rechte Julius Röthing
übertrug. Röthing war ein Leipziger Mitglied des ADAV, der getreuer Gefolgs-
mann Sophie von Hatzfeldts blieb in allen Kämpfen und vorübergehenden Ver-
söhnungen mit den Organisationen von Schweitzers, Mendes usw. Röthing war dem-

5   STAMMHAMMER, JOSEF *Bibliographie des Socialismus und Communismus* Jena
    1893, 1900, 1909, IV-303; IV-403-[1]; [4]-473 S.
6   *Bibliothek der sozialdemokratischen Partei Deutschlands. Systematischer
    Katalog* Berlin 1927, 3 Bde. [2]-XVIII-1019 S.

nach im Recht, wenn er sich 1876 als "der wirkliche Verleger" der Lassalleschen Schriften bezeichnete. Er gebrauchte diesen Ausdruck in einer Rede[7],
die einigen Aufschluß über die Verlagsgeschichte verschafft; sie wird im
folgenden benutzt, zusammen mit Daten aus der ergänzten Bibliographie.

Auffällig ist die verhältnismäßig lange Pause von fünf Jahren nach Lassalles
Tod, in denen seine Schriften nur ganz vereinzelt neu aufgelegt wurden: Von
1865 bis 1869 waren insgesamt 11 Ausgaben erschienen. Erst ab 1870 (7 Ausgaben) läßt die Verlagstätigkeit wieder auf einen Aufschwung der Agitation
schließen, von 1870 bis 1874 erschienen mindestens 45 Broschüren, d.h. etwa
die Hälfte aller in der hier betrachteten Zeitspanne von vierzehn Jahren zwischen Lassalles Tod und dem Erlaß des Sozialistengesetzes erfaßten Agitationsschriften Lassalles.

Von 1865 bis 1878 sind, außer zwei Neudrucken durch die ursprünglichen Verleger (A 40 und A 54), 19 verschiedene Titel in 90 Ausgaben mit 13 verschiedenen Verlagsbezeichnungen erschienen. Am häufigsten wurden von 1865 bis 1878
veröffentlicht: das *Offene Antwortschreiben* (zwölfmal), das *Arbeiterlesebuch*
(elfmal), das *Arbeiterprogramm* (achtmal) und *Über Verfassungswesen* (sieben-
mal). Die Vielzahl der Verleger vermindert sich bei näherem Zusehen auf hauptsächlich drei, die unter jeweils wechselnden Verlagsbezeichnungen (soweit Ihring & Co in Berlin und Röthing in Leipzig in Frage kommen) zusammen 76 der
90 Ausgaben herausbrachten.

Julius Röthing veröffentlichte allein 48 verschiedene Ausgaben, davon 22 unter seinem eigenen Namen (1868 bis 1878; einige Ausgaben ließ er bei Fr.
Thiele, dem Drucker der Eisenacher drucken, z.B. A 54), die anderen unter dem
jeweiligen Namen der hatzfeldttreuen ADAV-Nachfolgeorganisationen. Von 1872
bis 1875 ließ Röthing bei Wilhelm Bracke in Braunschweig drucken (der seit
1869 Ausschußmitglied der Eisenacher war), dessen Name seit 1872 neben dem
Röthings auf dem Titelblatt erschien. Um Bracke für den niedrigen Druckpreis
zu entschädigen, erklärte sich Röthing damit einverstanden, daß Bracke jeweils einige hundert Exemplare der von ihm gedruckten Titel für eigene Rechnung vertrieb. Es scheint, daß dieser diese Toleranz etwas zu weit auslegte;
jedenfalls behauptete Röthing in seiner Rede vom August 1876, Bracke habe
für eigene Rechnung größere Mengen des *Arbeiterlesebuchs* nach Nürnberg geliefert, zum Schaden des Verlegers, bei dem deshalb "keine Bestellungen mehr

---

7   Die Rede wurde gehalten auf der 1. Generalversammlung (28. bis 31. August
    1876 in Altona) des nach dem Gothaer Vereinigungskongreß 1875 in Ham-
    burg neugegründeten ADAV (vgl. C 717 und C 718). Ein Jahr später über-
    trug Röthing seine Rechte der Hamburger Organisation. Vgl. Anmerkung 8.

eingingen". Als Bracke schließlich gar eine Schrift Lassalles, deren Verlagsrechte Röthing vorher vom ursprünglichen Verleger erworben hatte (A 22), selbständig verlegte, nahm Röthing dies zum Vorwand, die Beziehungen abzubrechen.
Die Arbeitsgemeinschaft zwischen beiden mußte jedoch schon 1875 aus einem politischen Grunde aufhören: Bis dahin hatten sie zwar verschiedenen Fraktionen
der sozialistischen Bewegung angehört, doch hatte sie der gemeinsame Gegensatz ihrer Organisationen zu dem erst von von Schweitzer und später von Hasselmann und Hasenclever beherrschten ADAV geeint.

Röthing blieb der am 24. Mai 1875 in Gotha vollzogenen Einigung der Eisenacher
mit dem ADAV fern und schloß sich der einigungsfeindlichen Hamburger Gruppe
um C.A. Bräuer an, die am 28. August 1875 einen neuen ADAV gründete. Röthing
wurde im November 1875 dessen Präsident und gab 1877 die von der Generalversammlung 1876 beschlossenen *Originalausgaben* heraus (A 22, A 33, A 41, A 45,
A 53, A 54, A 66)[8]. Die Notwendigkeit solcher Neuausgaben auch den Erstdruk-
ken hatte Röthing begründet mit dem Fehlen "wichtiger Worte, Zeilen und selbst
Sätzen" in den nicht von ihm bis 1876 besorgten Ausgaben - für das von ihm
angeführte Beispiel A 54 trifft diese Behauptung aber keinesfalls zu; denn
alle Ausgaben des Textes bis 1876 folgen wortgetreu der Erstausgabe mit zwei
oder drei ganz unwesentlichen Änderungen der Interpunktionen.

Der neben Röthing tätigste Herausgeber war die alte ADAV-Organisation kurz
vor und nach ihrer Vereinigung mit den Eisenachern zur Sozialistischen Arbeiterpartei Deutschlands. Diese Ausgaben erschienen alle in Berlin und wurden von
zwei verschiedenen Druckereien hergestellt. Die erste hatte schon im November
und Dezember 1867 als "Ihring & Co." von Schweitzers *Social-Demokrat* gedruckt
und nach dessen Eingehen und von Schweitzers Abtreten (Ende März 1871) den
Neuen Social-Demokrat (1871 bis 1876) sowie die von Johann Most geleitete *Berliner Presse* (1876 bis 1878), die offiziellen Berliner Organe der seit Mai
1875 vereinigten sozialdemokratischen Partei. Die Druckerei änderte mehrfach
den Namen: "Ihring & Haberlandt" (1870 bis 1872), "C. Ihring" (November 1872
bis September 1873), "C. Ihring's Wwe (A. Colbatzky)" (September 1873 bis März
1874), "C. Ihring Nachf. (A. Berein)" (März 1874 bis Mai 1875). Schließlich

---

8 In den Hamburger "Anträge[n] zur Generalversammlung" figurierte als Punkt
   3: "Die Agitationsschriften Ferd. Lassalle's nach dem *Original* drucken
   zu lassen" *(Social-Demokrat* Hamburg, 19. August 1876, Jahrg. III, Nr. 34,
   S. 1). Röthing erklärte dazu 1877: "Das Bedürfniß nach Lassalle'schen
   Schriften sei längst vorhanden, vor allem sei es nothwendig, sie genau
   nach dem Original herzustellen [...] seinerseits würde er das Verlags-
   recht, was ihm allein zusteht, so lange der Allgemeine deutsche Arbeiter-
   verein besteht, der Commission ohne Nutznießung überlassen" (S. 21 in
   C 719).

trat an ihre Stelle ab September 1875 die kurz vorher gegründete "Allgemeine Deutsche Associations-Buchdruckerei, Eingetragene Genossenschaft"[9].

Von den 33 bei den beiden Berliner Druckereien hergestellten Ausgaben Lassallescher Agitationsschriften erschien etwa die Hälfte von 1876 bis 1878, das heißt, sie können als offizielle Ausgaben durch die Gothaer Einheitspartei, die spätere SPD, bezeichnet werden. Die Zahl ist nicht genau zu bestimmen, da einige Ausgaben ohne Angabe der Jahreszahl erschienen und zu den anderen eine besondere Gruppe gehört, welche der Untersuchung mehrere schwer lösbare Aufgaben stellte.

Die Titel dieser Gruppe von 11 Schriften in 22 verschiedenen Ausgaben geben als Erscheinungsort und Verleger an "Chicago, Charles Ahrens", nennen aber keinen Drucker und als Erscheinungsjahr entweder "1872" (in der untenstehenden Liste: a) oder überhaupt kein Erscheinungsjahr (in der Liste: b). Schließlich weisen 4 Titelblätter weder Ort noch Verleger oder Erscheinungsjahr auf (in der Liste: c).

1. A 40   a 1872   40 S.   b o.J.   36 S.
                                    Dritte Auflage
                                    o.J.   39 S.[10]

2. A 49   a 1872   44 S.   b o.J.   44 S.

3. A 54   a *Dritte Auflage*   b o.J.   24 S.
             1872   32 S.

4. A 59   b o.J.   20 S.

5. A 66   a *Vierte Auflage*
             1872   72 S.
             1872   96 S.[11]   b o.J.   96 S.[11]

---

9   Die Einzelheiten nach dem Impressum des *Neuen Social-Demokrat* von 1871 bis 1876. Die letztgenannte Druckerei war eine nach der Vereinigung des alten ADAV mit den Eisenachern entstandene Neugründung. In ihrem am 18. Juli 1875 ernannten Aufsichtsrat waren ehemalige ADAVer (z.B. Hasenclever) und ehemalige Eisenacher (z.B. Ignaz Auer) vertreten.

10 Es ist keine seitenidentische andere Ausgabe gefunden worden, deren Auflagerest ein Tarntitelblatt (auf dem Lassalles Name mit "sss" erscheint) erhalten hätte. Ignaz Auer führt diese Ausgabe in *Nach zehn Jahren* S. 108 (Neudruck 1913: S. 339) mit "Chicago (Berlin) 1879" an. Wie weiter unten im Text erläutert wird, handelt es sich bei der Angabe "(Berlin)" um eine Ergänzung Auers zu seiner Quelle und bei der Jahreszahl um das Jahr der Verbotsveröffentlichung im offiziellen *Reichs-Anzeiger* (das Verbot war am 30. Dezember 1878 in Liegnitz erlassen worden; vgl. ATZROTT S. 5, Nr. 44). Demnach würde es sich bei dieser Tarnausgabe um einen kurz vor dem Inkrafttreten des Sozialistengesetzes 1878 in Berlin erschienen Neudruck handeln.

11 Diese Ausgabe entspricht der Röthingschen Hamburger *Originalausgabe* von 1878.

6. A 70   1872 118 S.   b o.J. 118 S.

7. A 73 a 1872 40 S.   b o.J.   40 S.

8. A 77   c o.O., o.J. 24 S.[12]

9. A 87 a 1872 VIII-208 S.   b o.J. VIII-208 S.

10. A 94 a 1872   39 S.

11. B 7 a 1872   84 S.

Allen 1874 und 1877/78 von Ihring in Berlin hergestellten Ausgaben (mit Aus-
nahme· von A 59) entsprechen völlig satz- und seitenidentische Chicagoer Ausgaben der Kategorien a, b und c (1a, 2a, 2b, 3a, 5a, 6a, 7b, 8c, 9a, 10a, 11a).
Von den in denselben Jahren durch Röthing in Leipzig und Hamburg herausgegebenen Ausgaben gilt dasselbe für 1b, 4b und 5b[13]. Die Identität ist in jedem
Falle einwandfrei erwiesen durch das Vorkommen derselben charakteristischen
Druckfehler und -eigentümlichkeiten, wie Zierbuchstaben und -leisten, beschä-
digte Buchstaben und Druckunsauberkeiten in den Chicagoer und den in Deutschland gedruckten Ausgaben.

Eine erste Hypothese, die vermutete, die Chicagoer Ausgaben seien dort 1872
hergestellt und ihre Matrizen den Herausgebern in Deutschland zugeschickt
worden, die sie jeweils mit neuen Titelblättern versahen, die ihre eigenen
Verlagsangaben trugen, stellte sich als aus technischen Erwägungen unwahrscheinlich heraus[14]. Eine andere Möglichkeit wäre, daß sehr beträchtliche Teile von 1872 in Chicago hergestellten Auflagen an Ihring und Röthing verschifft
und dann von ihnen mit ihren eigenen Titelblättern (mit späteren Jahreszahlen)
versehen worden wären. Aber auch diese Hypothese hat sehr wenig Wahrscheinlichkeit für sich: Sie würde z.B. das Bestehen einer bemerkenswert starken
lassalleanischen Organisation in Chicago voraussetzen, von der bisher nichts
bekannt geworden ist - außerdem würde sie eine entsprechend schwächere Organisation in Deutschland bedingen, über deren wirkliche Stärke und Druckkapa-
zität jedoch tatsächliche Feststellungen vorliegen[15]. Schließlich ist eine

---

12   Weitere Tarntitelblätter der Kategorie "c" haben Nr. 1 (39 S.), Nr. 2
      (19 S.) und Nr. 5 (96 S.) der Liste. Für sie sind keine entsprechenden
      Ihringschen Ausgaben gefunden worden.

13   Für die Ausgabe 3b wurde keine entsprechende Röthingsche Ausgabe gefunden.

14   Biegsame und unzerbrechliche Papiermatrizen werden erst seit 1885 verwen-
      det. Bis dahin kannte man nur die schlecht transportablen und zerbrech-
      lichen Gipsmatrizen, die außerdem nur geringe Neuauflagen zuließen, weil
      sie schnell abnutzten.

15   Das Berliner Organ des ADAV *Neuer Social-Demokrat* hatte Anfang 1873 etwas
      weniger als 10.000 Abonnenten, davon allein 2.559 in Berlin und 3.328 in
      Hamburg-Altona (vgl. *Concordia* Berlin, 6. März 1873, Nr. 99, S. 80); im·
      August 1874 meldete der *Neue Social-Demokrat* sogar 18.000 Abonnenten (Jg.
      IV, 1874, Nr. 99, S. 3). Die vom *Neuen Social-Demokrat* gemachten Abonnen-
      tenangaben wurden vom Leipziger *Volksstaat* wiederholt bestritten (z.B.

Chicagoer Ausgabe identisch mit einer 1877 von Ihring veröffentlichten (1a)
und eine andere mit einer von Röthing ebenfalls 1877 veröffentlichten (5a).
Die hypothetische Chicagoer lassalleanische Organisation hätte also gleicher-
maßen enge Beziehungen zu zwei Organisationen unterhalten, die sich seit
Sommer 1875 feindlich gegenüberstanden.

Eine plausible Hypothese scheint die folgende zu sein: Die Chicagoer Ausgaben sind mehr oder weniger große Teile normaler Auflagen, die Ihrings Nach-
folgerfirmen und Röthing in Deutschland hergestellt hatten, die aber in Zeiten besonders heftiger Verfolgungen sozialistischer Organisationen ein Tarntitelblatt erhalten haben. Solche Zeiten waren die Ära Tessendorf und die
Jahre des Sozialistengesetzes.

Nach den Januarwahlen 1874 (bei denen der ADAV 180.320 Stimmen erhalten hatte, d.h. 9.000 mehr als die Eisenacher SDAP) setzte eine Periode verschärfter
Verfolgungen ein, von denen besonders der Berliner ADAV betroffen wurde und
bei denen ein gerade nach Berlin versetzter Staatsanwalt sich derart besonders hervortat, daß die sozialistische Geschichtsschreibung die Jahre 1874
bis 1876 nach ihm "die Ära Tessendorf" genannt hat. Am 8. Juni 1874 fand
bei allen bekannteren Berliner ADAV-Mitgliedern eine Haussuchung statt, und
am 25. Juni 1874 wurde der ADAV in Berlin "vorläufig" (am 18. März 1875 endgültig) verboten. In den ersten sieben Monaten des Jahres 1874 wurden allein
in Preußen 104 Prozesse durchgeführt, bei denen 87 Lassalleaner zu 212 Monaten Gefängnis verurteilt wurden. Man kann annehmen, daß die Tessendorfschen
Verfolgungen die Vereinsleitung (oder den Verleger/Drucker) dazu bewogen haben, die Agitationsschriften durch den fiktiven Verlagsvermerk zu tarnen und
damit den ADAV und die Druckerei gegenüber Tessendorf abzuschirmen[16].

Außer einer Röthing/Brackeschen Ausgabe von A 59 (die also vor ihrer Trennung durch den von Röthing nicht befolgten Gothaer Einheitsbeschluß vom Mai
1875 entstanden sein muß) sind für die Jahre 1875 und 1876 keine als in
Deutschland gedruckt bezeichneten Agitationsausgaben gekannt geworden. Das
gleiche gilt für die Zeit des Sozialistengesetzes, Ende 1878 bis September
1890. Am 1. Juni 1875 trennte sich der alte ADAV von seiner bisherigen Druk-

---

17. August 1872, Nr. 66, S. 3/I), aber sie sprechen doch für den neuen
Elan in der Agitation, der sich auch in gesteigerter Verlagstätigkeit äu-
ßerte.

16   Röthing hat zwar am Ende der Ära Tessendorf in C 718 die "Nachdrucke in
Chicago (Charles Ahrens)" als von seinen eigenen unabhängige selbständige
Ausgaben behandelt - er konnte aber schwerlich anders tun, wenn er nicht
die deutschen Verleger und Drucker der Verfolgung durch Tessendorf preis-
geben wollte.

kerei (die letzte bei ihr gedruckte Nummer des *Neuen Social-Demokrat* erschien
am 31. Mai 1875), und hinfort zeichnete das vormalige Mitglied des ADAV
H. Rackow als Verleger, aber eine Druckerei ist während der Monate Juni, Juli
und August nicht angegeben. Erst ab 22. September 1875 zeichnet für den Druck
des Organs die neugegründete parteieigene "Allgemeine Deutsche Associations-
Buchdruckerei"[17] (vgl. Anmerkung 9).

Eine zweite verschärfte und bedeutend längere Verfolgungswelle begann Ende
1878 mit dem "Gesetz gegen die gemeingefährlichen Bestrebungen der Sozialdemokratie". Es wurde am 21. Oktober 1878 rechtsgültig und blieb bis zum 28.
September 1890 in Kraft. Während dieser Zeit wurden u.a. 1.300 nichtperiodi-
sche sozialistische Druckschriften verboten, darunter alle Agitationstexte
Lassalles[18].

Bei mehreren der Broschüren 1-11 (z.B. 1a und 7a) ist als erste Initiale ein
Buchstabe aus einer charakteristischen Zierschrift verwendet worden[19], die
nachweislich die Druckerei Ihring auch bei anderen Drucksachen verwendet hat,
so z.B. für einen zweiseitigen Druck von C 76, der undatiert ist und den
Druckvermerk "Druck von C. Ihring Nachfolger (Adolf Berein) in Berlin" trägt,
d.h. zwischen dem 15. März 1874 und dem 30. Mai 1875 gedruckt worden ist (vgl.
den Text zu Anmerkung 9).

Es kommen mehrere Chicagoer Ausgaben vor, bei denen das Titelblatt nicht mit
der ihm beim Bogendruck benachbarten Seite 16 zusammenhängt, sondern ein
nach Abtrennung des ursprünglichen Titelsblatts bis auf einen schmalen Falz-
rand auf diesen geklebtes neues Titelblatt ist. Dies ist z.B. der Fall bei
1a: Bei der Berliner Ausgabe von 1874 hängen das Titelblatt und Seite 16 zusammen, dagegen hat die Chicagoer Ausgabe ein angeklebtes Titelblatt, wie auch

---

17   Eine Zusammenfassung der wichtigsten Daten und Fakten der Ära Tessendorf
      von 1874 bis 1876 enthält C 585 (Ausgabe 1960, S. 442-452).
18   Die für die Geschichte der deutschen Arbeiterbewegung sehr wichtige Pe-
      riode ist u.a. dargestellt in C 585 (Ausgabe 1960, S. 129-166, 387-400).
      Für die Beschlagnahmungen vgl. AUER, IGNAZ *Nach zehn Jahren. Material und
      Glossen zur Geschichte des Sozialistengesetzes* London 1890, Bd. II (Neu-
      druck: Nürnberg 1913) und STERN, LEO *Der Kampf der deutschen Sozialde-
      mokratie in der Zeit des Sozialistengesetzes 1878-1890. Die Tätigkeit der
      Reichs-Commission* Berlin [DDR] 1956, 2 Bde., insbesondere über die Ver-
      bote der Nummern 1, 2, 3, 4, 5, 7, 8 und 9 der Liste.
19   Der damalige Bibliothekar der Newberry Library in Chicago, dem für diese
      und andere lokale Auskünfte Dank geschuldet ist, hat mehrere Spezialisten
      der Chicagoer Druckereigeschichte konsultiert. Nach ihrer übereinstimmen-
      den Meinung spricht die Vielfalt der bei den Chicagoer Ausgaben, auch auf
      den Titelblättern, verwendeten Schriften für Druck in Deutschland: Nach
      dem Großen Brand (Oktober 1871) habe im Chicago der 70er Jahre keine ein-
      zige Presse über **eine** so reiche Schriftenauswahl verfügt (Stanley
      Pargellis an BA, 24. April 1961).

die Berliner Ausgabe von 1877. Alle drei Ausgaben sind satzidentisch. Es handelt sich demnach um eine 1874 in Berlin gedruckte Ausgabe, der erst 1875 oder 1876 während der Ära Tessendorf ein Chicagoer Titelblatt, dann nach deren Abflauen während der Verschnaufpause 1877 ein Berliner Titelblatt mit dem neuen Verlagsnamen angeklebt wurde. Bei dieser letzten Variante dürfte es sich nur um einen kleineren Restbestand gehandelt haben, denn davon wurde nur 1 Exemplar gefunden.

Alle untersuchten Chicagoer und Berliner Ausgaben haben dieselben damals zum Broschieren verwendeten farbigen Falzrücken in ganz denselben auffälligen Farbtönen, welche die vom Berliner Verlag vertriebenen Broschüren auch anderer Texte zeigen.

Die Ausgaben 3a, 5a, 7a und 9a sind in einem Sammelband enthalten, den der damals 18jährige spätere Volksbeauftragte Otto Landsberg in Berlin aus dem Besitz eines alten Berliner Lassalleaners erwarb, der die Broschüren nach 1878 gelegentlich bei Versammlungen gekauft und später hatte binden lassen[20]. Ein anderer von Landsberg bei derselben Gelegenheit erworbener Sammelband enthält 8c und 11a. Von der Ausgabe 5a kommt außerdem ein Ende 1878 beschlagnahmtes Exemplar vor in "Acta des Kön. Pol. Präs. zu Berlin, betr. Lassalle'sche Schriften"[21].

Der Polizeisekretär Otto Atzrott veröffentlichte "im amtlichen Auftrage" und zur Behördenbenutzung 1886 in Berlin *Sozialdemokratische Druckschriften und Vereine, verboten auf Grund des Reichsgesetzes gegen die gemeingefährlichen Bestrebungen der Sozialdemokratie vom 21. Oktober 1878* (VII-[1]-111 S.), sowie 1888 einen *Nachtrag* (VII-[1]-46 S. Es handelt sich dabei um eine alphabetisch geordnete, numerierte Zusammenstellung von 1.218 seit dem Inkrafttreten des Gesetzes bis April 1888 verbotenen Druckschriften und Vereinen. Die Verbote wurden meistens vom Polizeipräsidenten des Bezirkes ausgesprochen, in dem ein Exemplar der Druckschrift beschlagnahmt worden war. Atzrott gibt in jedem Fall den Verfasser, Titel, Ort und Verlag der Druckschrift an sowie Ort und Datum des Verbots[22]. Seine Zusammenstellung ent-

---

20 Mündliche Mitteilung Landsbergs an BA (1952), bei der er sich für die Datierung des Erwerbs auf die Katalognummer des Bandes stützte. Der Band, jetzt in BA, enthält außerdem das Flugblatt C 76, das Festprogramm C 262 und Röthings Ausgaben von A 45 (1872) und A 94 (1876).
21 Im Staatsarchiv Potsdam (ehem. Landeshauptarchiv Brandenburg). Die Akte enthält Briefwechsel mehrerer Polizeipräsidenten über verschiedene Schriften Lassalles nach Inkrafttreten des Sozialistengesetzes.
22 Beide Bände Atzrotts sind in einem einbändigen Faksimile neuerschienen 1971 (jetzt J.H.W. Dietz Nachf., Berlin/Bonn). IGNAZ AUER veröffentlich-

hält u.a. die Titel 1-11 der oben mitgeteilten Liste und darunter die Chicagoer Ausgaben 1a, 3, 10a und 11a, die sämtlich in Deutschland beschlagnahmt worden waren: 1a in Liegnitz (Verbot am 30. Dezember 1878), 3 in Offenbach (Verbot am 26. Mai 1879), 10a in Breslau (Verbot am 24. März 1880), 11a in Offenbach (Verbot am 27. Dezember 1881).

Wenn Auer (vgl. Anmerkung 18), der für sein Kapitel "Verbote der nicht periodischen Druckschriften" Atzrotts Zusammenstellung benutzte, zu 1a und 10a "Chicago (Berlin)" angibt (Ausgabe 1889: S. 107 und 108; Ausgabe 1913: S. 338 und 339), so kann er damit kein Doppelverbot sowohl einer Berliner als einer Chicagoer Ausgabe andeuten wollen, denn Atzrott führt keine Verbote Berliner oder anderer Ausgaben dieser Titel an. Auers Angabe "(Berlin)" ist also als Ergänzung anzusehen, die besagt, daß es sich in Wirklichkeit um in Berlin gedruckte Ausgaben handelt. Damit bestätigt Auer den Tarncharakter zumindest der zur Zeit des Sozialistengesetzes in Deutschland zirkulierenden Chicagoer Ausgaben. Als Mitglied des Aufsichtsrates der "Allgemeinen Deutschen Associations-Buchdruckerei" seit ihrer Gründung im Sommer 1875 (vgl. Anmerkung 9) gehörte Auer zu denjenigen, denen das Tarnmanöver bekannt sein mußte: Die von der Druckerei 1877 und 1878 hergestellten Ausgaben von A 40, A 54, A 59 und A 94 kommen sowohl mit Berliner Originaltitelblättern als auch mit Chicagoer Tarntitelblättern vor.

Das Ergebnis einer Untersuchung nach dem Vorkommen von Chicagoer Ausgaben in amerikanischen und in europäischen Sammlungen spricht deutlich für ihren Ursprung in Deutschland: Sie kommen in den Bibliotheken deutscher Arbeitervereine der 70er Jahre bedeutend häufiger vor als in amerikanischen Bibliotheken.

Ein Sammelband des "Arbeiter-Fortbildungs-Verein, Crimmitschau" enthält die Nrn. 2b, 3b und 4b[23], ein anderer des "Arbeiter-Bildungsverein in Genf" enthält 1b, 2b, 4b, 5b, 6b, 7b und 9b[24]. Die Library of Congress in Washington

---

te 1890 in London den Bd. II seines *Nach zehn Jahren* (vgl. Anmerkung 18), in dem er sich für das Kapitel "Verbote der nicht periodischen Druckschriften" auf Atzrotts offizielle Zusammenstellung stützte.

23 Einige Broschüren tragen noch einen zweiten Besitzerstempel "Aug. Friedrich Colditz, Crimmitschau". Der jetzt in BA befindliche Band enthält noch die zweite Ausgabe von A 33 (ca. 1870) und die erste Ausgabe von A 45 (1863), sowie die vom "Social-demokratischen Arbeiter-Verein zu Mainz" 1870 herausgegebene Broschüre *Social-Demokratisches*.

24 Der früher in BA befindliche Band ist seit 1960 im Besitze von Ludwig Rosenberger in Chicago, dem ich gerne danke für seine bereitwilligen Auskünfte. Der Band enthält noch die erste Ausgabe von A 53 und A 77 (1874). Die Bibliothek des Genfer Arbeiter-Bildungsvereins fand ich 1954 wieder auf und übergab die meisten in ihr noch vorhandenen 1.500 Bücher und Broschüren dem SSA (vgl. den Neudruck des *Katalog der Bibliothek des*

besitzt keine einzige Chicagoer Ausgabe, hat dagegen aber A 39 in einer Leipziger Ausgabe von 1878. Die Newberry Library in Chicago sammelt Lokalveröffentlichungen[25] - sie besitzt jedoch nur ein Exemplar von 6a, führt aber in ihrem Katalog sechs Berliner Ausgaben von 1874 (A 49, A 70, A 87, B 7) und 1877 (A 94 und A 98) an sowie zwei Röthingsche Ausgaben von 1871 und 1873 (A 49 und A 51) und schließlich eine Zürcher Ausgabe von A 40. In der Chicagoer Privatsammlung LR sind zwar sämtliche elf Nummern der Liste vertreten, aber für acht ist erwiesen, daß sie erst 1960 aus der alten Genfer Arbeiter-Vereins-Bibliothek in die Sammlung LR gelangt sind. Die Bestandsaufnahme in der amerikanischen Nationalbibliothek DLC und den Chicagoer Spezialsammlungen ICN und LR ergibt also folgendes Bild: Von den elf Chicagoer Ausgaben befindet sich nur ein einziges Exemplar (6a) in den beiden öffentlichen Sammlungen, und höchstens drei sind in den letzten 50 Jahren aus Antiquariaten in die Spezialsammlung LR gelangt. Die öffentlichten Sammlungen besitzen aber zehn Berliner und Leipziger Ausgaben der elf Titel aus den Jahren 1870 bis 1878, die Sammlung LR über 50. In drei ungefähr vergleichbaren deutschen Sammlungen (PRA, SPD, BA) befinden sich dagegen zusammen 32 Chicagoer Ausgaben.

Eine größere Rolle des lassalleanischen Flügels der deutschen Arbeiterbewegung in Chicago ist nur für eine bedeutend jüngere Periode als die hier betrachtete verbürgt[26]. Für eine solche Rolle in den frühen 70er Jahren des vorigen Jahrhunderts würde einzig und allein die stattliche Anzahl der unter dem Namen Charles Ahrens und 1872 datierten (oder undatierten) Chicagoer Ausgaben sprechen, falls bewiesen werden könnte, daß sie tatsächlich in Chicago hergestellt worden sind. Im vorhergehenden sind mehrere Gründe angeführt, die daran erheblich zweifeln lassen. Auch der Name Charles Ahrens führt zu keinem positiven Ergebnis: Es lassen sich zwar in der fraglichen Periode fünf Personen dieses Namens in Chicago nachweisen, aber keiner von ihnen war Drucker oder Verleger[27].

Allgemeinen Arbeiter-Vereins in Genf von 1896 Zürich 1975, [2]-45-[2] S.). Der Verein hat von Ende 1839 bis nach dem I. Weltkriege bestanden, und manche Bücher tragen bis zu 5 verschiedene Stempel, angefangen mit dem des jungdeutschen Lesevereins der 30er Jahre des vorigen Jahrhunderts bis zur "Deutsche[n] Gruppe des Parti Communiste Genf", die in den zwanziger Jahren dieses Jahrhunderts die Bibliothek verwaltete.

25   Die Newberry Library erwarb bei der Reorganisierung der älteren Crerar Library 1955 deren gesamten Socialistica-Bestand.

26   In einem Brief vom 1. und 2. Mai 1891 an August Bebel apostrophiert Engels den "Chicagoer 'Vorbote' (der für mehr spezifische Lassalleaner - in Chicago - schreibt, als in ganz Deutschland existieren)" (MEW Bd. 38 S. 94).

27   Die Chicagoer Adreßbücher der 1870er Jahre verzeichnen einen Arbeiter, einen Schuhmacher, einen Angestellten, einen Dienstmann und einen Hausierer des Namens.

Einer von ihnen könnte als Depothalter für einen Arbeiterverein aufgetreten sein und die Broschüren vertrieben haben, jedoch taucht der Name in keinem der Berichte über die deutsche sozialistische Bewegung Chicagos dieser Jahre auf[28]. In der vorhergehenden Darstellung ist auf eine Berücksichtigung der Geschichte der deutschen Arbeiterorganisationen in Chicago verzichtet worden. In der Literatur liegen nur einige unzusammenhängende Angaben vor[29], und bei einer Durchsicht der wenigen erreichbaren Jahrgänge der Chicagoer deutschsprachigen Presse von 1869 bis 1880 wurde keine Erwähnung oder Anzeige weder von Charles Ahrens noch von einer lassalleanischen Organisation gefunden[30].

Ein kurzer Blick auf die dem Erscheinen der hier in Frage stehenden Broschüren vorhergegangene Entwicklung der deutschen Arbeiterorganisationen in Chicago zeigt noch keinen Ansatz zu einer dort tätigen spezifisch lassalleanischen Organisation. Mehrere der in Chicago seit den frühen 50er Jahren bestehenden deutschen Arbeitervereine radikaler und republikanischer Richtung kamen Anfang der 60er Jahre unter den Einfluß von Marx' Freund Joseph Weydemeyer und dessen Freunden, besonders Hermann Meyer und Eduard Schlegel[31]. Die Vereine hatten schon 1863 einen Delegierten zum Kongreß der deutschen Radikalen in Cleveland geschickt, und 1866 sowohl als 1869 trat Schlegel als Delegierter des deutschen "Republikanischen Arbeiter-Vereins" von Chicago auf den nationalen Arbeiterkongressen in Baltimore auf. Vor dem Kongreß von 1869 forderte er "besonders energisch [...] die Emancipation der Arbeiterklasse von den bürgerlichen politischen Parteien"[32] und den Achtstundentag. Ende 1870 wurde die erste Sektion der Internationale in Chicago gegründet. Im Juli 1871 beschloß der "Social-Politische Arbeiter-Verein" in Chicago, "die wichtigsten socialen Broschüren drucken zu lassen", um der nach dem Fall der Kommune einsetzenden Sozialisten-

---

28 Der *Vorbote* enthält 1874 und 1875 mehrere Anzeigen anderer Broschürenverkäufer, so z.B. von "H. Schlüter, 433 Sedgewick Street", bei dem "alle socialistischen Schriften zu haben sind" (*Vorbote* Chicago, 1. Mai 1875, Nr. 6, S. 4/II).

29 Zu den kontrollierten Quellen gehören, außer den klassischen Werken Hillquitts, Commons' und Foners: SORGE, Fr. A. *Die Arbeiterbewegung in den Vereinigten Staaten* (eine Serie von 25 größeren Artikeln in NZ 1890-1895); SCHLÜTER, H. *Die Internationale in Amerika* (Chicago 1918); *Der Volksstaat* Leipzig 1871 und 1872 (insgesamt etwa ein Dutzend Korrespondenzen aus New York und Chicago); *Der Vorbote* Chicago 1873 (WHi), 1874-1876 (FGF).

30 Durchgesehen wurden: *Chicagoer Arbeiter-Zeitung* 1879-1880 (ICN), *Chicagoer Volkszeitung* 1877 (ICN), *Illinois Staats-Zeitung* Chicago 1866-1880 (ICN), *Der Vorbote* Chicago 1873 (WHi), 1874-1876 (FGF), 1877-1880 (IC). Nicht gefunden wurden die folgenden in Chicago erschienenen Blätter: *Der Arbeiter* (1869-1870), *Der Deutsche Arbeiter* (1870-1871), *Die Reform* (1866-?), *Volks-Zeitung* (1874-1876).

31 Schlegel wird von Schlüter als "Lassalleaner" bezeichnet.

32 Vgl. F.A. SORGE op. cit. NZ 22. Juni 1891, Jg. IX, Bd. 2, S. 44.

hetze entgegenzuwirken[33]. Dieser Verein war eine von drei Organisationen desselben Namens in Chicago, die sich Ende Dezember 1870 der Internationale angeschlossen hatten[34]. Im März 1872 sprach auf einer "von den Parteigenossen in Chicago" abgehaltenen Kommunefeier Carl Klings, ehemaliges Mitglied der Solinger ADAV-Gemeinde[35]. Im Sommer 1872 vertraten Klings, Hermann Meyer und Rudolf Starke die drei Chicagoer Sektionen der Internationale auf dem 1. Förderationskongreß in New York[36]. Die "im Herbst 1872 [...] frisch eingewanderten deutschen Arbeiter beider damaligen Richtungen (Lassalleaner und Eisenacher)" und ihre Streitigkeiten in Chicago erwähnt zwanzig Jahre später Sorge[37], jedoch ohne eine lassalleanische Organisation anzuführen.

ZUR BIBLIOGRAPHIE

Die *Abteilung A* enthält die Titel aller aufgefundenen gedruckten Texte Lassalles (einschließlich der hektographierten Vervielfältigungen wie A 71), chronologisch nach dem Zeitpunkt ihres Entstehens geordnet. Die Abdrucke einzelner Erklärungen Lassalles und Auszüge aus seinen Reden in parteifremden Blättern wurden nur dann nachgewiesen, wenn kein Abdruck in der Arbeiterpresse vorlag (z.B. A 60). Mit Ausnahme der Scheidungsklage A 13c wurden nicht aufgenommen die zahlreichen im Verlaufe der für die Gräfin Hatzfeldt geführten Prozesse von Lassalle verfaßten Schriftsätze, von denen mehrere umfangreiche als Manuskript gedruckt sind[38]. Die von Lassalle an verschiedene Behörden gerichteten Eingaben, Gesuche, Proteste und Beschwerden sind chronologisch auf-

---

33 Die erste Veröffentlichung des Vereins war "eine der gediegensten Parteischriften", nämlich das Kommunistische Manifest, das im Juli 1871 erschien. Als Verleger zeichnete der Verein, und die Broschüre wurde "Gedruckt von M. Hofmann, 124 Süd-Franklin-Straße, Chicago". Die dabei verwendete Schrift ist eine andere als die für die Chicagoer Ausgaben von Lassalle-Texten benutzte. Bei der Herausgabe des Manifests hat wahrscheinlich ein sehr nahe bei Chicago wohnender anderer Freund von Marx, Sigfrid Meyer, eine Hauptrolle gespielt. Vgl. ANDREAS, B. *Le Manifeste Communiste de Marx et Engels. Histoire et Bibliographie 1848-1918* Mailand [1963], Nr. 59.
34 In den Arbeitervereinen und in den Sektionen der Internationale in Chicago spielten mehrere ehemalige ADAVer aus Berlin eine Rolle, die sich aber schon 1866 mit Liebknecht vom ADAV abgewandt hatten. Zu ihnen gehörten Sigfrid Meyer und August Vogt. Vgl. FREYMOND, J. *La Première Internationale [...] Textes établis et annotés par Bert Andréas et Miklós Molnár* Genf 1971, Bd. III, note 876.
35 Vgl. *Der Volksstaat* Leipzig, 12. Juni 1872, Nr. 47, S. 1. Der Ausdruck "Parteigenossen" läßt vermuten, daß es sich um eine Gruppe der Eisenacher Richtung handelte. Über ein späteres Auftreten Klings' als Redner der "Arbeiter-Partei von Illinois" berichtet der Chicagoer *Vorbote* am 17. Oktober 1874, Nr. 35, S. 2
36 Vgl. *Der Volksstaat* Leipzig, 7. September 1872, Nr. 72, S. 2 f.
37 F.A. SORGE op. cit. NZ 16. Dezember 1891, Jg. X, Bd. 1, Nr. 13. S. 389.
38 Einige solche Drucksachen befinden sich in SUBD und UBK. Mehring hat zwei Fragmente nachgedruckt in C 581a.

geführt in B 10 (S. 160-163). Ihre von G. Mayer in Aussicht gestellte Veröffentlichung ist unterblieben[39]. Nicht berücksichtigt wurden Gelegenheitsgedichte
(einige sind gedruckt in N VI), mit Ausnahme eines Fragments, das mit des jungen
Lassalle öffentlichem Auftreten zusammenhängt (A 9a), und eines anderen (A 23a),
das eine Rolle in der Lassalle-Diskussion gespielt hat, namentlich in C 421.
Einige Briefe, die Lassalle für eine kleinere (A 25a, A 32) oder größere Öffentlichkeit bestimmt hatte (A 83, A 84), wurden deshalb in die Abteilung A aufgenommen.

Mehrere Artikel belletristischer Art, aus den fünfziger Jahren, wurden nicht
aufgefunden[40]. Der Frankfurter *Volksfreund für das Mittlere Deutschland* druckte
seit Mai 1863 Lassalle-Texte mindestens so eifrig wie der von Lassalle finanziell
unterstützte Hamburger *Nordstern*, und mehrere Texte sind nur durch den *Volksfreund*
bekannt (A 68a, A 72a, A 72d, A 73a). Es ist anzunehmen, daß auch der Jahrgang
1864 solche Texte enthielt, aber es wurde kein Exemplar dieses Jahrgangs gefunden.

Die *Abteilung B* enthält die Gesamtausgaben und Auswahlen Lassallescher Texte sowie die Briefveröffentlichungen. Die Beibehaltung der chronologischen Reihenfolge
auch für diese Abteilung erschien geboten, einmal weil sie die Veröffentlichung
jener Briefe hervortreten läßt, die schon vor der Nachlaßausgabe Gustav Mayers
B 65 erschienen waren (und die deshalb größtenteils nicht in sie aufgenommen
wurden), zum andern, weil nur eine chronologische Anordnung die Entwicklung der
Lassalle-Forschung veranschaulichen kann.

Die *Abteilung C* enthält Schriften für und wider Lassalle und den ADAV, mit Ausnahme solcher, die wegen in ihren enthaltener Erstveröffentlichung von Briefen
der Abteilung B zugeteilt wurden, wie z.B. B 1 und B 71. Hier sind insbesondere
die kleineren Arbeiten derjenigen Verfasser berücksichtigt worden, deren For-

---

39 G. Mayer verzichtete auf ihren Abdruck, "weil sie [...] in den Akten-
    stücken über Bismarcks Sozialpolitik, die Hans Rothfels bearbeitet, bald
    ihren Platz erhalten werden" (N VI, S. 382). Rothfels'beabsichtigte Ver-
    öffentlichung ist nicht erschienen.
40 Engels spricht in einem Brief vom 4. Mai 1880 an Paul Lafargue von einem
    Beitrag Lassalles im "feuilleton d'un seul numéro" der *Neuen Rheinischen
    Zeitung*. Diese Behauptung ist ebensowenig richtig, wie Engels' kurze Be-
    schreibung der damaligen Stellung Marx' und der NRhZ zu Lassalle in dem-
    selben Brief: Vgl. A 13e, A 15, A 16, A 19b, A 19c, A 19f, A 19g, A 19i,
    A 20, A 21, A 23.
    Der von Engels erwähnte Beitrag im Feuilleton müßte vor Dezember 1848
    erschienen sein, denn Lassalle wurde am 22. November 1848 verhaftet und
    erst am 5. Juli 1849, nach dem Eingehen der NRhZ, entlassen. Das von Georg
    Weerth geleitete Feuilleton enthielt bis Ende November vier Artikelserien
    und sieben kleinere Artikel ohne Verfasserangabe. Sie sind sämtlich von
    Bruno Kaiser (und wohl zu Recht) Georg Weerth zugeschrieben und in dessen
    Sämtliche Werke (Berlin [DDR] 1957, Bd. IV) neugedruckt worden.

schungen das Lassalle-Bild in der Geschichtsschreibung recht eigentlich bestimmt
haben. Auf die Einbeziehung biographischer Artikel in Enzyklopädien, Lexika und
biographischen Handbüchern wurde, mit Ausnahme von C 384a und C 685a, verzichtet.
Dagegen wurden mehrere belletristische Arbeiten aufgenommen, die der Agitation
des ADAV dienten, wie C 76, C 345, C 817. Von den zahlreichen Gelegenheits-
artikeln zum hundertsten Geburtstag wurden vornehmlich solche bemerkenswerter
Verfasser (360, C 381) oder Erscheinungsorte (C 66, C 67) aufgenommen. Eine
größere Anzahl von Geburtstagsartikeln ist in C 208 nachgewiesen.

Die Titel erscheinen in der Orthographie der Originale. Zwischen [ ] gesetzte
Titel sind keine Originaltitel. Dem Erstdruck folgt die Angabe des Abdrucks in
den drei Hauptausgaben: RS für B 21, GRS für B 60 und N für B 65. In dem darauf
folgenden Erläuterungstext ohne Quellennachweis angeführte Briefe sind entweder
in B 65 oder in einer anderen der in Abteilung B nachgewiesenen Ausgaben gedruckt, die über das Namenregister aufzufinden ist. Die deutschen Nach- und Neudrucke der Texte bis 1975 sind chronologisch geordnet; ihnen folgen die nach
Sprachen gruppierten Übersetzungen. Bei Zeitungsdrucken ist von der Bezeichnung
nichtpaginierter Seiten durch [ ] abgesehen worden. Bei der Einreihung der ohne
Jahreszahl erschienenen Drucksachen in die Chronologie wurden berücksichtigt:
die Aktivitätsperiode der Drucker, die Umstände ihrer Zusammenarbeit mit dem ADAV,
die Nationalbibliographien, Anzeigen u.s.w. Widmungen und Eigentumsvermerke werden nachgewiesen, wenn es sich um solche von Lassalle oder von in der Arbeiterbewegung hervorgetretenen Persönlichkeiten handelt.

Für die Abteilung A ist grundsätzlich die Numerierung der ersten Fassung beibehalten worden, da seitdem mehrfach in der Literatur auf sie Bezug genommen worden
ist, z.B. in B 91. Die neu aufgenommenen Titel haben der Chronologie entsprechende
aber mit a, b u.s.w. ergänzte A-Nummern erhalten. Die Berichtigung irriger Da-
tierungen in der ersten Fassung machte es in vier Fällen erforderlich, in der
jetzt vorgelegten Fassung zu ändern: A 64 in A 65, A 65 in A 64, A 78 in A 80,
A 82a in A 82b.

Entsprechend der gegenüber der ersten Fassung erheblichen Erweiterung der Abteilungen B und C konnte die alte Numerierung nicht beibehalten werden. Für die erste
Fassung waren die Sammlung BA, alte Notizen und die Bibliographien C 208 und C 705
sowie der Katalog der SPD (vgl. Anmerkung 6) benutzt worden. Die vorliegende, bedeutend erweiterte Fassung verwertet ausgedehnte Forschungen in mehr als 200 Archiven und Bibliotheken und Korrespondenz mit etwa 50 anderen. Trotzdem sind einzelne nachweislich erschienene Ausgaben nicht gefunden worden, z.B. eine Leipziger
Ausgabe (1873) von A 51. Einzelne Unika (z.B. C 707, C 958, C 963) sind der Berlin
Sammlung von Karl Gragert in Berlin verdankt.

Für die Erfassung und Einschätzung der Chicagoer Ausgaben war (wie schon bei der ersten Fassung) die Hilfe Ludwig Rosenbergers in Chicago wertvoll[41]. Die Friedrich-Ebert-Stiftung in Bonn und das Genfer Institut universitaire de hautes études internationales ermöglichten eine längere Studienreise in den USA, die es erlaubt hat, die Mehrzahl der dortigen wichtigeren öffentlichen und privaten Sammlungen in die Untersuchung einzubeziehen. H.-G. Schumann in Darmstadt stellte selbstlos das unveröffentlichte Manuskript einer von ihm zusammengestellten Lassalle-Bibliographie (vgl. C 815) zur Verfügung. Die ihr entnommenen Titel (z.B. C 71, C 788) sind entsprechend gekennzeichnet. Toni Offermann in Bonn stellte nach Lektüre des Manuskripts der vorliegenden Arbeit eine Liste sachlicher Ergänzungen zusammen. Die ihr entnommenen Daten sind ausgewiesen.

Für die Ausgaben der Abteilungen A und B werden die öffentlichen Sammlungen angegeben, die ein Exemplar besitzen, wobei die Zahl der Nachweise auf sechs beschränkt ist. Privatsammlungen wie KG und LR werden hier nur angegeben, wenn keine weiteren Besitzer bekanntgeworden sind. Die große Lassalle-Sammlung des Moskauer IML wurde bei den Nachweisen nur in zweiter Linie berücksichtigt, weil sie westlichen Forschern nur schwer zugänglich ist.

Für die Abteilung C wird der Standort des benutzten Exemplars angegeben. Das gelegentliche Fehlen eines Standortes bei einzelnen Titeln erklärt sich aus dem Verlust des Manuskripts der ersten Fassung, in der solche Nachweise aus Raummangel nicht gedruckt werden konnten. Einige Ausgaben konnten nicht eingesehen werden, weil sie in Fernleihe oder beim Binder waren. In diesen Fällen ist nach der Karteikarte bibliographiert und dies angegeben worden. Das Manuskript ist im Sommer 1975 abgeschlossen worden, aber die erhebliche Druckverspätung erlaubte die Aufnahme mehrerer seitdem erschienenen Titel in die Abteilung C.

IUHEI Genf   Bert Andréas

---

41 Die Titel aller in der Sammlung LR vorhandenen Schriften von und über Lassalle sind inzwischen angegeben in ZAFREN, HERBERT F. *Judaica* [...] *In the Library of Ludwig Rosenberger, Chicago, Illinois* Cincinnati 1971 (S. 412-417) und den Nachträgen von 1974 (S. 44) und 1979 (S. 55-56).

Abkürzungen

AAS	Arbetarrörelsens Arkiv	STOCKHOLM
ABA	Arbejderbevaegelsens Bibliotek og Arkiv	KOPENHAGEN
AK	Studienbibliothek der Kammer für Arbeiter und Angestellte	WIEN
ANFÄNGE	ANDREAS / GRANDJONC / PELGER *Anfänge des demokratischen Internationalismus* [...] Erscheint 1983.	
ASD	Archiv für soziale Demokratie	BONN
BA	Sammlung Bert Andréas, im Institut Universitaire de Hautes Etudes Internationales	GENF
BAB	Biblioteca Academiei	BUKAREST
BAF	Bundesarchiv	FRANKFURT
BAK	Bundesarchiv	KOBLENZ
BCL	Bibliotheque Cantonale et Universitaire	LAUSANNE
BDIC	Bibliothèque de Documentation Internationale Contemporaine	PARIS
BIF	Biblioteca dell'Istituto Giangiacomo Feltrinelli	MAILAND
BIW	Bibliothek des Instituts für Weltwirtschaft	KIEL
BM	British Library, im British Museum	LONDON
BMV	Bibliothèque Municipale	VERVIERS
BNF	Biblioteca Nazionale	FLORENZ
BNP	Bibliothèque Nationale	PARIS
BNS	Bibliothèque Nationale "Cyrille et Méthode"	SOFIA
BPU	Bibliothèque Publique et Universitaire	GENF
BRB	Bibliothèque Royale Albert Ier	BRÜSSEL
BSB	Bibliothek des Schweizerischen Gewerkschaftsbundes	BERN
BUL	Biblioteka Uniwersytecka	LODZ
CMB	Carl Menger Bibliothek, in der Handels-Universität	TOKYO
CStH	Hoover Library	STANFORD
DBL	Deutsche Bücherei	LEIPZIG
DBZ	ANDREAS / GRANDJONC / PELGER *Die Deutsche Brüsseler-Zeitung. Faksimile-Druck mit Einführung* Brüssel 1980.	
DLC	Library of Congress	WASHINGTON
DSB	Deutsche Staatsbibliothek	BERLIN [DDR]
EAB	Erzbischöfliche Akademie, Bibliothek	PADERBORN
FUB	Bibliothek der Freien Universität	BERLIN

GNM	Germanisches Nationalmuseum	NÜRNBERG
GRS	B 65	
GRÜNBERG	*Archiv für die Geschichte des Sozialismus und der Arbeiterbewegung*, Herausgegeben von Carl Grünberg, Leipzig 1910 bis 1930	
HA	Herwegh Archiv, im Dichter Museum	LIESTAL
HBSA	Hamburger Bibliothek für Sozialgeschichte und Arbeiterbewegung	HAMBURG
HEINSIUS	*Allgemeines Bücher-Lexikon* [...] *von Wilhelm Heinsius* Leipzig 1831 - 1892	
HINRICHS	*Hinrichs Bücher-Catalog* Leipzig 1842 - 1916	
HKB	Historische Kommission zu Berlin, Bibliothek	BERLIN
HLB	Hessische Landesbibliothek	WIESBADEN
HLD	Hessische Landes- und Hochschulbibliothek	DARMSTADT
HSAD	Hauptstaatsarchiv	DÜSSELDORF
IC	Chicago Public Library	CHICAGO
ICN	Newberry Library	CHICAGO
IEV	Institut Emile Vandervelde	BRÜSSEL
IHF	Industrie- und Handelskammer	FRANKFURT a.M.
IISG	Internationaal Instituut voor Sociale Geschiedenis	AMSTERDAM
IMLB	Institut für Marxismus-Leninismus	BERLIN [DDR]
IMLM	Institut für Marxismus-Leninismus	MOSKAU
IMT	Institut Maurice Thorez	PARIS
IRSH	*International Review for (of) Social History,* Leiden 1936-1939 und Assen 1956 -	
IZD	Institut für Zeitungsforschung	DORTMUND
JAK	C 390	
JNUL	Jewish National and University Library	JERUSALEM
KAYSER	*Vollständiges Bücher-Lexikon* [...] *von Christian Gottlieb Kayser* Leipzig 1834 - 1912	
KBK	Det Kongelige Bibliotek	KOPENHAGEN
KG	Kurt Gragert (Privatsammlung)	BERLIN
KHB	Kirchliche Hochschule, Bibliothek	BERLIN
KMH	Karl Marx Haus, Bibliothek	TRIER
KMU	Karl Marx Universität, Bibliothek	LEIPZIG
KOR	KORMANOVA, Z. *Materiały do bibliografii druków socjalistycznych na ziemiach polskich w latach 1866-1918* (2. Auflage). Warschau 1949	
KP	Klementinum	PRAG
LAB	Landesarchiv	BERLIN
LBD	Landesbibliothek	DETMOLD
LBN	Leo Baeck Institute	NEW YORK
LBO	Landesbibliothek	OLDENBURG
LR	Ludwig Rosenberger (Privatsammlung)	CHICAGO
LSE	London School of Economics, Library	LONDON
MEW	*Karl Marx / Friedrich Engels. Werke* Herausgegeben vom Institut für Marxismus-Leninismus beim ZK der SED, Berlin [DDR] 1956-1968, 39 Bde und 2 Ergänzungsbände	
MGZ	Museumsgesellschaft	ZÜRICH
MS	Manuskript	

N	B 65	
NFW	Zentralbibliothek der deutschen Klassiker	WEIMAR
NN	New York Public Library	NEW YORK
NNUT	New York University Libraries, Tamiment Library	NEW YORK
NSA	Niedersächsisches Staatsarchiv	HANNOVER
NSG	Niedersächsische Staats- und Universitäts-bibliothek	GÖTTINGEN
OCH	Hebrew Union College Library	CINCINNATI
OIT	Ohara Institute for Social Research	TOKYO
ÖNB	Österreichische National-Bibliothek	WIEN
PIB	Parttörténeti Intézete	BUDAPEST
PRA	C 705	
RS	B 21	
RUB	Ruhr-Universität	BOCHUM
SAD	Stadtarchiv	DESSAU
SADü	Stadtarchiv	DÜSSELDORF
SAF	Stadtarchiv	FRANKFURT a.M.
SAH	Stadtarchiv	HAMBURG
SAK	Stadtarchiv	KÖLN
SAL	Stadtarchiv	LEIPZIG
SBB	Stadtbibliothek	BERLIN [DDR]
SBB*	Stadtbibliothek, Sondersammlungen	BERLIN [DDR]
SBBi	Stadtbibliothek	BIELEFELD
SBK	Stadtbibliothek	KONSTANZ
SBL	Stadtbibliothek	LÜBECK
SBM	Bayerische Staatsbibliothek	MÜNCHEN
SBMa	Stadtbibliothek	MAINZ
SBW	Stadtbibliothek	WUPPERTAL
SBWo	Stadtbibliothek	WORMS
SIH	Slawisches Institut der Universität	HEIDELBERG
SLB	Sächsische Landesbibliothek	DRESDEN
SLD	Stadt- und Landesbibliothek	DORTMUND
SPD	*Bibliothek der Sozialdemokratischen Partei Deutschlands. Systematischer Katalog.* Berlin 1927, 3 Bde.	
SPKB	Staatsbibliothek, Preußischer Kulturbesitz	BERLIN
SPKM	Staatsbibliothek, Preußischer Kulturbesitz	MARBURG
SSA	Schweizerisches Sozialarchiv	ZÜRICH
SSB	Stadtarchiv und Stadtbibliothek	BRAUNSCHWEIG
ST	STAMMHAMMER, JOSEF *Bibliographie des Socialismus und Communismus.* Jena 1823-1909, 3 Bde.	
StAD	Staatsarchiv	DRESDEN
StAH	Staatsarchiv	HAMBURG
STB	Stadtbibliothek	BERLIN
SUBD	Stadt- und Landesbibliothek	DÜSSELDORF
SUBH	Staats- und Universitätsbibliothek	HAMBURG
UBA	Universiteits-Bibliotheek	AMSTERDAM
UBB	Universitäts-Bibliothek	BONN
UBBa	Universitäts-Bibliothek	BASEL
UBE	Universitäts-Bibliothek Erlangen-Nürnberg	ERLANGEN

UBF	Universitätsbibliothek	FREIBURG i.B.
UBG	Universiteits-Bibliotheek	GENT
UBGi	Universitätsbibliothek	GIESSEN
UBH	Universitäts-Bibliothek	HEIDELBERG
UBHB	Universitäts-Bibliothek der Humboldt-Universität	BERLIN [DDR]
UBI	Universitäts-Bibliothek	INNSBRUCK
UBJ	Universitätsbibliothek	JENA
UBK	Universitäts-Bibliothek	KÖLN
UBM	Universitäts-Bibliothek	MÜNSTER i.W.
UBMa	Universitäts-Bibliothek	MARBURG Lahn
UBMü	Universitäts-Bibliothek	MÜNCHEN
UBT	Universitäts-Bibliothek	TÜBINGEN
UBW	Uniwersytet Wrocławski Bibliotek	WROCŁAW
UBWi	Universitätsbibliothek	WIEN
UMLP	Ústav Marxismu-Leninismu	PRAG
USBF	Universitäts- und Stadtbibliothek	FRANKFURT a.M.
VGA	Verein für Geschichte der Arbeiterbewegung	WIEN
WHi	State Historical Society	MADISON
WLL	Institute of Contemporary History and Wiener Library	LONDON
WLS	Württembergische Landesbibliothek	STUTTGART
WMU	Wisconsin University Memorial Library	MADISON
ZAL	ZALESKI, EUGENE *La Russie 1725-1907*, *La Russie 1908-1917*, Paris 1956, 2 Bde.	
ZBG	Zentralbibliothek der Gewerkschaften	BERLIN [DDR]
ZBL	Zentralbibliothek	LUZERN
ZBZ	Zentralbibliothek	ZÜRICH
ZStA	Zentrales Staatsarchiv der DDR	MERSEBURG

Bibliographie

A Die Schriften Lassalles

A 1   REISEBESCHREIBUNG VON MEINEM LIEBLINGSWINKEL BIS ZUR
STUBENTÜR

MS

N VI S. 6-10

Schulaufsatz vom August 1840

BA FUB IISG   A 2   [FERDINAND LASSALLES TAGEBUCH] *Herausgegeben und mit einer*
IMLB SUBD SUBH   *Einleitung versehen von Paul Lindau.* Breslau, Schlesische
Buchdruckerei, Kunst- und Verlags-Anstalt vormals S. Schott-
laender, 1891, in-16, 259 S.

Das Tagebuch wurde geführt von Januar 1840 bis zum Sommer
1841. Lindau hat den Text zuerst veröffentlicht in *Nord und
Süd*, Bd. LVII, Heft 169-170. Zwei von ihm ausgelassene längere
Eintragungen (von etwa Pfingsten und Sommer 1841) hat Gustav
Mayer nach dem Manuskript veröffentlicht in N I, S. 54-63.
Mayers Handexemplar obiger Ausgabe mit den Verbesserungen des
von Lindau teilweise korrumpierten Textes ist jetzt im IISG.

Vgl. B 43 und C 170.

BA FUB IISG IMLB   [FERDINAND LASSALLE. TAGEBUCH DES LEIPZIGER HANDELSSCHÜLERS.
KMH UBK   MAI 1840 BIS MAI 1841] Berlin-Wilmersdorf, Verlag der Wochenschrift "Die Aktion", (Franz Pfemfert), 1918, in-8, 88-[6] S.

ASD BA HBSA   [FERDINAND LASSALLES TAGEBUCH] *Herausgegeben und mit einem
IMLB SUBD   Nachwort versehen von Friedrich Hertneck.* Berlin, Weltgeist-
Bücher Verlags-Gesellschaft, [1926], in-16, 140-[1] S.

Weltgeist-Bücher Nr. 152-153. Der Lindausche Text verbessert
nach Gustav Mayers Handexemplar.

Russisch St. Petersburg, Zvonarev, 1901, 263 S. (herausgegeben
von B.N. Jevonarev); Petrograd 1918, 168 S.; Petrograd, Izd.
Petrogr. Soviet Rab. i Krasnoarm., 1919, 167-[1] S.

A 3   ÜBER DIE ERKLÄRUNG DER HERREN KOLLOFF, SCHUSTER UND HAMBERG.
F.

UBW   *Breslauer Zeitung*, 25. September 1841, Nr. 224, S. 1606.

N VI S. 31-33

Parteinahme für Heinrich Heine gegen Salomon Strauß, datiert
vom 24. September 1841. Zugeschrieben von Gustav Mayer.

Vgl. C 552.

A 4   ZUR ERKLÄRUNG DES HERRN DR. DAVIDSON IN NO. 222 DER LEIPZIGER
ALLGEMEINEN ZEITUNG.

MS

BA BM JNUL   *Bulletin des Leo Baeck Instituts*, Tel Aviv, 1966, Jahrg. IX,
LR OCH   Nr. 36, S. 335-338.

Über Rabbinatsstreitigkeiten in der Breslauer jüdischen Gemeinde. Der Artikel war für eine unbekannte Zeitung bestimmt, die
ihn nicht aufnahm. Gustav Mayer hat das Manuskript kommentiert
in C 557. Der Artikel wurde veröffentlicht zusammen mit A 9 a
und mit einem Kommentar von Alex Bein in C 106.

A 5   WIE KONNTEN DIE ALTEN BEI IHREM AUSGEBILDETEN RECHTSGEFÜHL DIE SKLAVEREI DULDEN ?

MS

N VI S. 10-12

Schulaufsatz, den Gustav Mayer auf "1842/43" datiert.

A 6   KANN DIE REALBILDUNG DIE KLASSISCHE BILDUNG ERSETZEN ?

MS

N VI S. 12-16

Schulaufsatz, den Gustav Mayer auf "1842/43" datiert.

A 7   STOIKER ODER EPIKUREER

MS

N VI S. 17-20

Schulaufsatz, den Gustav Mayer auf "1842/43" datiert.

A 8   ANSPRACHE AN LESSINGS GEBURTSTAG

MS

N VI S. 20-23

Schulaufsatz, den Gustav Mayer auf "Januar 1842 (oder auch 1843)" datiert.

A 9   DER VIELWISSER

MS

N VI S. 23-27

Schulaufsatz, den Gustav Mayer auf "1842/43" datiert.

A 9a   [SPOTTGEDICHT AUF DEN JÜDISCHEN LEHR- UND LESEVEREIN IN BRESLAU]

MS

BA BM JNUL
LBN LR OCH

Bulletin des Leo Baeck Instituts, Tel Aviv 1966, Jahrg. IX, Nr. 36, S. 338-341.

Gustav Mayer zitiert einige Zeilen in C 557 und datiert das Gedicht auf "1843". Das Gedicht wurde zusammen mit A 4 vollständig und mit einem Kommentar veröffentlicht von Alex Bein in C 106.

A 10   GRUNDZÜGE ZU EINER CHARAKTERISTIK DER GEGENWART MIT BESONDERER BERÜCKSICHTIGUNG DER HEGEL'SCHEN PHILOSOPHIE

Zeitschrift für moderne Philosophie, Breslau 1843, Nr. 1.

N VI S. 55-74.

Der im Sommer 1843 geschriebene Aufsatz ist gezeichnet "F. Lassal". Er füllt in der handschriftlich hergestellten Studentenzeitschrift die ganze erste Nummer (44 1/4 Spalten), ohne damit beendet zu sein; weitere Nummern sind erschienen, jedoch nicht erhalten geblieben. Lassalle veröffentlichte in ihnen noch mindestens einen Artikel *Zur Religionsphilosophie des Christenthums*. Das von Gustav Mayer für seinen Abdruck des

Textes benutzte Exemplar der ersten Nummer der Zeitschrift
befindet sich im Lassalle-Nachlaß. Die Wrocławer Bibliotheken teilten mit, keine Nummern der Zeitschrift zu besitzen.
Die Nachlässe der Mitherausgeber der Zeitschrift, R. von
Gottschall und M. von Wittenburg, gelten als verschollen.

A 10a   [ÜBER DEN HANDEL UND ÜBER DEN WEBERAUFSTAND]

MS

N I S. 99-105

Brief an den Vater, vom 12. Juni 1844.
Nach seiner Übersiedelung an die Berliner Universität schickte Lassalle mehrere ausführliche Manuskripte zu einzelnen
Themen in Briefform an seine Eltern und Freunde. In diesen
"Manuskriptbriefen" fand die Selbstverständigung des Studen-
ten ihren Niederschlag. Gustav Mayer veröffentlichte vier
dieser Texte, die bewahrt geblieben waren (A 10a, A 10b,
A 10c und A 12a). Ebenfalls als Manuskriptbriefe anzusehen
sind die Texte A 24a und A 25a sowie die an Sofija Sontzova
gerichtete sogenannte "Seelenbeichte" vom Oktober 1860
(Brief Nr. 7 in B 11).

A 10b   [ÜBER JUDENTUM UND GESCHICHTE]

MS

N I S. 106-114

Brief an die Mutter, vom 30. Juli 1844

A 10c   [ÜBER ADEL, STAAT, INDUSTRIE UND KOMMUNISMUS]

MS

N I S. 114-136

Brief an den Vater, vom 6. September 1844. Von Lassalle
"Brief über die Industrie" genannt (in A 12).

A 11   PHILOSOPHIE DES GEISTES

MS

N VI S. 82-88

Konzept für eine größere Arbeit, das Gustav Mayer auf "1844"
datiert.

A 11a   [HULDIGUNGSREDE]

MS

UBW

Zeitschrift des Vereins für Geschichte Schlesiens,
Breslau 1928, Bd. LXII, S. 206-208.

Am 15. März 1844 von Lassalle als Sprecher der Verbindung
der Raczeks in Breslau gehaltene Huldigungsrede für den Alt-
philologen Friedrich Haase. Veröffentlicht nach Lassalles
Manuskript in Haases Nachlaß. Lassalle erwähnt die Rede noch
eingangs seines Briefes an Haase vom 15. November 1857
(N II S. 136 und B 81a S. 208).

A 12   [GEGEN PROFESSOR REGENBRECHT]

MS

N VI S. 39-44

Für die liberalen Stadtverordneten Breslaus, wahrscheinlich
im August 1845, verfaßte Erklärung über die Ausweisung von
Itzstein und Hecker.

A 12a   MEIN KRIEGSMANIFEST AN DIE WELT

MS

N I S. 213-231

Brief an Arnold Mendelssohn, Alexander Oppenheim und Albert
Lehfeldt, von Mitte September 1845. Von Lassalle so genannt
am Ende seines Textes, den Gustav Mayer nach einer Abschrift
Mendelssohns druckt. Diese Abschrift (19 1/4 S. in-fol.) befindet sich im Lassalle-Nachlaß (III/16 in C 104).

A 13   "SEINER MAJESTÄT !"

MS

N VI S. 44-47

Entwurf zu einer Eingabe der Breslauer Stadtverordneten an
den preußischen König, über die Gewissens- und Denkfreiheit.
Von Gustav Mayer datiert auf "Ende 1845 oder Anfang 1846".

A 13a   [AN DIE REDAKTION DER "TRIERSCHEN ZEITUNG"]

ASD

Trier'sche Zeitung, 20. Januar 1847, Nr. 20, S. 4.

Datiert und unterzeichnet "Paris, den 9. December 1846. F.
Lassalle." Die Erklärung ist gegen den *Rheinischen Beobachter* gerichtet, der berichtet hatte, Lassalle sei nach seiner Vernehmung am 24. November 1846 im Kassetten-Prozeß gegen Oppenheim nach Paris "verschwunden [...] um dort mit seinem Freunde, dem Dr. Mendelssohn, zu überlegen", mit welchen Artikeln er der Gräfin Hatzfeldt in ihrem Prozeß gegen ihren Mann helfen könne. Lassalle leugnet dies und cha-
rakterisiert den *Rheinischen Beobachter* als "jenes Blatt,
das in politischen Dingen conservativer als die Regierung
und in Privatsachen polizeilicher als die Polizei zu sein
strebt." Gleichzeitig schrieb er an seinen Vater, er be-
fürchte, der Graf Hatzfeldt werde Lassalles Verfasserschaft mehrerer zum Prozeß in der *Mannheimer Abendzeitung*
und der *Trier'schen Zeitung* erschienener Artikel entdecken,
und er versuche deshalb in Paris "ein Individuum aufzu-
treiben, welches die Verfasserschaft und Verantwortlichkeit für alle vorhergegangenen und beliebig folgenden Artikel übernimmt" (N I, S. 292). Nach Lassalles anonym erschienenen Artikeln über den Hatzfeldt-Prozeß in den beiden genannten Blättern habe ich nicht gesucht.

A 13b   [GEGEN DEN GRAFEN HATZFELDT]

IISG

Deutsche-Brüsseler-Zeitung, 7. Februar 1847, Nr. 11, S. 2.

Der anonyme Verfasser der "Privatkorrespondenz" vom "Anfang
Februar" ist nicht nur über Einzelheiten der Anklagepunkte
und die Verhältnisse des Grafen sehr genau unterrichtet, er
zitiert auch aus einem Erkenntnistext des Gerichts, der nur
den Prozeßbeteiligten bekannt sein konnte. Die *Deutsche-Brüsseler-Zeitung* war nicht nur in Deutschland verboten, sondern
im Anfang ihres Erscheinens im Rheinland auch völlig unbe-

kannt, da die ersten dorthin verschickten Exemplare sämtlich
am 4. Februar 1847 in Köln beschlagnahmt worden waren. Lassalle war aber im Januar 1847 auf der Rückreise von Paris
über Brüssel gekommen und kann dabei das im Bahnhofsverkauf
erhältliche Blatt kennengelernt haben. Er mag in ihm eine
günstige Gelegenheit gesehen haben, die ihm in Deutschland
unmöglich gewordene Pressekampagne gegen Hatzfeldt in einem
dem Rheinland nahen deutschsprachigen Organ wieder aufzunehmen. Vielleicht hat Wilhelm Wolff Lassalle auf das Blatt aufmerksam gemacht. Sie hatten sich 1843 in Breslau kennengelernt, und Wolff war Anfang 1847 Redakteur einer Brüsseler
deutschen Presse-Agentur. Er wurde ab Ende Februar 1847 re-
gelmäßiger Mitarbeiter der *Deutschen-Brüsseler-Zeitung*.
Die *Deutsche-Brüsseler-Zeitung* vom 1. April 1847, Nr. 26,
S. 3 brachte eine Notiz über Lassalles am 26. März 1847 in
Köln-Deutz auf Anstiften des Grafen Hatzfeldt erfolgte Verhaftung:
Vgl. *DBZ* Anmerkung 143.

IISG SUBD   A 13c   SCHEIDUNGSKLAGE [ALS MANUSCRIPT GEDRUCKT]. O.O., [1847],
                           in-4, 131 S.

Ohne Druckvermerk. Die Scheidungsklage der Gräfin Sophie
von Hatzfeldt hat Lassalle am 6. November 1847 dem Königlichen Landgericht in Düsseldorf überreicht. Über die soziale
und politische Bedeutung des Textes sagt Lassalle in seinem
eigenen Prozeßbericht (A 13e): "Der Präsident verliest
mehrere Briefe des Angeklagten, in denen das Hatzfeldtsche
Verhältnis vom socialistischen, bald vom Hegelschen, bald
vom politischen Standpunkte aus besprochen wurde" *(Neue
Rheinische Zeitung* Köln, Nr. 70, S. 2/iii). Dagegen
rein juristisch und ohne politische Zielsetzung ist eine
ebenfalls gedruckte spätere *Denkschrift* [...] *in Sachen
der Scheidungs-Beklagten Gräfin Sophia von Hatzfeldt* [...],
[Köln, Du Mont-Schauberg, 1850], in-4, 100 S., SUBD und UBK.
Vgl. C 648 S. 85, 87 und 796-797.

                   A 13d   "IM INTERESSE MEINER EHRE [...]"
IISG   *Berliner Zeitungs-Halle*, 25. Februar 1848, Nr. 48, S. 2.

Datiert und unterschrieben "Berlin, 14. Februar 1848. F.
Lassalle". Nach der Verurteilung Mendelssohns wegen Kas-
settendiebstahls (vgl. A 13a) am 11. Februar konnte Lassalle
erwarten, wegen der moralischen und intellektuellen Urheber-
schaft des Diebstahls angeklagt zu werden (vgl. A 14 und
A 19). Er sprach sich hierüber in einer Erklärung vom 14.
Februar aus, die er am 15. Februar der *Berliner Zeitungs-
Halle* zugehen ließ, wobei er verlangte, "daß die weitläufi-
ger gehaltene und detaillirte Erklärung in der von ihm ge-
währten Fassung und vollständig gedruckt würde" (*Berliner
Zeitungs-Halle*, 23. Februar 1848, Nr. 46, S. 2). Der Bezirks-
zensor versagte die Druckerlaubnis, so daß die zwölf schließlich am 25. Februar gedruckten Zeilen nur "Derjenige Theil
der Lassalle'schen Erklärung, welcher die Druckerlaubniß
erhalten hat" (redaktionelle Vorbemerkung), sind.

Die *Berliner Zeitungs-Halle* vom 22. Januar 1848, Nr. 19,
Beilage S. 2 hatte bereits eine undatierte und "Gräfin von
Hatzfeldt" unterschriebene Erklärung gebracht ("Ich habe
es für unter meiner Würde gehalten [...]") über ihre Verurteilung zu 2 Monaten Gefängnis infolge einer "Verschwen-

54

dungs-Klage". Wahrscheinlich ist dieser Text Lassalle zu-
zuschreiben.

IISG   A 13e   AN DEN KÖNIGL. SENAT DES RHEINISCHEN APPELATIONSGERICHTS-
                       HOFES ZU CÖLN. [Köln, 1848], in-4, 16 S.

                       Die Eingabe ist datiert und unterzeichnet "Geschrieben
                       am 23. März 1848 zu Cöln im Gefängnis. F. Lassalle".

              A 13f   KRIMINAL-PROZEDUR GEGEN FERDINAND LASSALLE WEGEN VER-
                       LEITUNG ZUM DIEBSTAHL

BA IISG IMLM   *Neue Rheinische Zeitung* Köln, 6. August 1848, Nr. 67,
KMH SUBD UBK   Zweite Beilage S. 2; 8. August, Nr. 69, Beilage S. 2;
                       9. August, Nr. 70, Beilage S. 1-2; 10. August, Nr. 71,
                       Beilage S. 1-2; 11. August, Nr. 72, S. 2; 12. August,
                       Nr. 73, Beilage S. 2; 18. August, Nr. 79, Beilage S. 2;
                       20. August, Nr. 81, Beilage S. 2; 23. August, Nr. 83,
                       S. 2; 24. August, Nr. 84, Beilage S. 2; 25. August,
                       Nr. 85, Beilage S. 2; 26. August, Nr. 86, S. 4 - Bei-
                       lage S. 1; 3. September, Nr. 93, Beilage S. 2.

                       Die Berichterstattung ist bedeutend ausführlicher als
                       die der *NRhZ* über den Prozeß *A 22*. Der Nachlaß Lassalles
                       enthält die Manuskripte der Berichte (IV/21 in C 104),
                       die vermutlich zur Herstellung des Textes *A 19* dienen
                       sollten. Der Bericht in Nr. 69 enthält einen Teilabdruck
                       von Lassalles Brief an Heine vom Anfang Oktober 1846
                       (N I S. 269-274; B 95 S. 178-183). In der Nr. 86 ist
                       eine vom 24. August 1848 datierte "Erklärung" des Redak-
                       teurs Heinrich Bürgers gegen die *Kölnische Zeitung*, wel-
                       che die Berichte der *NRhZ* "ungetreu und wesentlich un-
                       vollständig" nachdruckte. Im Lassalle-Nachlaß befindet
                       sich ein Brief Lassalles an Bürgers (vom 19. August 1848)
                       über eben diese Berichterstattung (vgl. A 15 und A 19).

BA BIF FUB   A 14   MEINE VERTHEIDIGUNGS-REDE WIDER DIE ANKLAGE DER VERLEI-
IISG SUBD ZBZ   TUNG ZUM CASSETTEN-DIEBSTAHL, GEHALTEN AM 11. AUGUST 1848
                       VOR DEM KÖNIGLICHEN ASSISENHOFE ZU CÖLN UND DEN GESCHWOR-
                       NEN. VON F. LASSALLE.
                       Köln, Verlag von Wilh. Greven (Herzogstraße 1), [Druck
                       von Wilh. Clouth in Köln], 1848, in-8, 80 S.

                       RS III S. 307-387

                       Ein Exemplar der Broschüre, mit der Widmung "Seinem
                       Georg Herwegh. F. Lassalle" befindet sich in einem Konvo-
                       lutband in HA, zusammen mit den Erstausgaben von A 22,
                       A 39, A 41, A 42, A 51, A 52 und A 66.

                       W. Clouth war bis Ende August 1848 der Drucker der
                       Neuen Rheinischen Zeitung.

ASD IMLB KP UBBa   IDEM Breslau, Druck und Verlag der Schles. Volksbuch-
WMU ZBZ   handlung H. Zimmer & Co, 1878, in-8, 74 S.

                       IDEM New York 1882 in B 15.

                       IDEM Berlin 1893 in B 21.

                       IDEM Leipzig 1899 in B 27.

                       Italienisch Rom 1904 in B 28, Bd. V, S. 35-99 (über-
                       setzt von Antonio Rovini).

A 15 AN DIE REDAKTION DER KÖLNISCHEN ZEITUNG

BA KMH IISG
IMLM LSE
SUBD

Neue Rheinische Zeitung, Köln, 17. August 1848,
Nr. 77/78, Beilage S. 2.

Gegen verfälschende Prozeß-Berichterstattung (vgl.
A 19). Datiert vom 13. August 1848 und unterzeichnet
"F. Lassalle". Die *Kölnische Zeitung* verweigerte die
Aufnahme der Erklärung.
Vgl. A 13e, *NRhZ* Nr. 86 Bürgers' Erklärung gegen die
Kölnische Zeitung.

A 16 ZUR WARNUNG

BA KMH IISG
IMLM LSE
SUBD

Neue Rheinische Zeitung, Köln, 17. August 1848, Nr.77/78,
Beilage S. 2.

Die vom 14. August 1848 datierte und "F. Lassalle" unterzeichnete Erklärung ist gegen Karl Grün gerichtet.

A 17 "DIE 'ZUR BERUHIGUNG' VON HERRN CARL GRÜN [...]"

BA KMH IISG
IMLM LSE
SUBD

Neue Rheinische Zeitung, Köln, 31. August 1848, Nr. 90,
S. 4.

Vom 26. August 1848 datierte und "F. Lassalle" unterzeichnete Duplik auf Grüns Replik in der *Neuen Rheinischen
Zeitung* vom 25. August 1848. Zur Streitfrage zwischen Grün
und Lassalle vgl. *Neue Rheinische Zeitung* Nr. 98 vom 9.
September 1848, S. 4, Erklärungen von Ammons und Grüns.

A 18 AN DEN KÖNIGL. GENERAL-PROKURATOR IN KÖLN, HRN. NICOLO-
VIUS, HOCHWOHLGEBOREN

SUBD

Düsseldorfer Zeitung, 2. September 1848, Nr. 240, Beilage
S. 1-2.

Die Protestadresse in der Korrespondenz "Düsseldorf, vom
1. September" wurde in einer Volksversammlung in Düsseldorf
am 30. August 1848 angenommen und "mit 1200 Unterschriften
bedeckt." Sie fordert die Freilassung des am 28. August
wegen Verbreitung seines Gedichtes "Die Todten an die Lebenden" verhafteten Freiligrath. Lassalle gehörte der Deputation an, die am 31. August die Adresse Nicolovius
überbrachte (vgl. MANFRED HÄCKEL *Freiligraths Briefwechsel
mit Marx und Engels* Berlin [DDR] 1968, Bd. I, S. XLVIII).
Das Konzept der Adresse, "das sich in Lassalles Nachlaß
fand, zeigt, daß er sie verfaßt hat" (Gustav Mayer in
N II, Vorwort, S. 1).

BIF DSB FUB
IISG SBZ SUBD

A 19 DER CRIMINAL-PROZESS WIDER MICH WEGEN VERLEITUNG ZUM
CASSETTEN-DIEBSTAHL ODER: DIE ANKLAGE DER MORALISCHEN
MITSCHULD. EIN TENDENZ-PROZESS VON F. LASSALLE. I. LIE-
FERUNG. ENTHALTEND: 1. VORWORT. - 2. DEN ANKLAGE-ACT WIDER
MICH, NEBST BESCHLUSS DES RHEIN. APPELLATIONSGERICHTSHOFES
VOM 12. MAI 1848. - 3. MEIN VOR JENER ENTSCHEIDUNG VOM 12.
MAI DEM RHEIN. APPELLATIONSGERICHTSHOFE EINGEREICHTES
MEMOIRE. - (AUF KOSTEN DES VERFASSERS).
Cöln, Commissions-Verlag von Greven (Herzogstraße),
[Düsseldorf, Buchdruckerei von Hermann Voß], 1848,
in-8, 55 S.

"Der gänzlich verfälschte Bericht, welchen die Kölnische
Zeitung [...] geliefert hat", veranlaßte Lassalle, "die
Verhandlungen selbst in aktenmäßiger Treue in einer Bro-

schüre herauszugeben" (A 14 S. 80, *Nachbemerkung*). Ihm
standen für die Redaktion die Manuskripte seiner eigenen
Berichte in der *Neuen Rheinischen Zeitung* (vgl. A 13 e)
und ein Protokoll von fremder Hand über die Verhandlungen
vom 10. und 11. August 1848 zur Verfügung (IV/20 in C 104).
Es scheint nur die erste Lieferung erschienen zu sein,
und zwar im September 1848.
Vgl. C 23.

A 19a HOHE VERSAMMLUNG!

SUBD

Düsseldorfer Zeitung, 13. November 1848, Nr. 301, Beilage
S. 3.

Datiert "Düsseldorf, den 12. November 1848. (Folgen die
Unterschriften.)". Protest einer Düsseldorfer Volksversammlung vom 11. November 1848 gegen die Verlegung der
Nationalversammlung. Lassalle gehörte der Redaktionskom-
mission an und trug der Versammlung die Adresse zur Annahme vor.

SUBD

IDEM in *Düsseldorf 1848. Bilder und Dokumente. Herausgegeben vom Stadtarchiv Düsseldorf*. Düsseldorf, Bastion-
verlag, 1948, S. 64-65.

A 19b AN DIE EXPEDITION DER NEUEN RHEINISCHEN ZEITUNG

BA IISG IMLM
KMH SUBD UBK

Neue Rheinische Zeitung, Köln, 10. November 1848, Nr. 139,
Beilage S. 1.

Datiert und unterzeichnet "Düsseldorf Dienstag, den 7.
Novbr. F. Lassalle". Reklamation wegen der in Düsseldorf
noch nicht eingetroffenen Nr. 136 vom 7. November 1848.
Lassalles Text geht eine "Mehrere Abonnenten der Neuen
Rheinischen Zeitung" unterzeichnete und "Ratingen, den
1. November 1848" datierte Reklamation ähnlicher Art voran.

A 19c AN DIE LANDGEMEINDEN

BA IISG IMLM
KMH SUBD UBK

Neue Rheinische Zeitung, Köln, 14. November 1848, Nr. 142,
Zweite Ausgabe S. 1.

Der "Die Bürger Düsseldorfs" unterzeichnete nichtdatierte
Aufruf verurteilt die Auflösung der Nationalversammlung in
Berlin und fordert die Landbevölkerung auf, "wenn der Angriff auf uns erfolgt [...] zu unserem Schutze herbeizu-
eilen!" Na'aman schreibt den Aufruf und seine Veröffentlichung in der *Neuen Rheinischen Zeitung* Lassalle zu
(C 648, S. 157).

A 19d AN DIE PREUSSISCHE NATIONAL-VERSAMMLUNG ZU BERLIN

SUBD

Düsseldorfer Zeitung, 15. November 1848, Nr. 303, S. 4.

Die von Lassalle verfaßte Adresse wurde von der Versammlung des Düsseldorfer Volksklubs am 14. November 1848
angenommen. Sie erklärt die Bereitschaft des Landsturms
"im ganzen Rheinland", sich zu "erheben und nach Berlin
zu eilen, um für die Freiheit zu siegen oder sich für
sie in Stücke hauen zu lassen". - Lassalle hatte sich
noch in einer Versammlung am 11. November gegen das Auf-
stellen von Freischaren ausgesprochen. Seine Sinnesände-
rung wurde möglicherweise durch einen undatierten Brief
von Marx an ihn bewirkt, in dem es heißt: "Beschließt
in euren Clubbs [...] Freischaren nach Berlin." (MEW
Bd. XXXIX, S. 520).

SAK   A 19e   [AUFRUF]

O.O., o.J., in-4, [1] S.

Subskriptionsliste und Aufruf "zur Beschaffung von Verteidigungsmitteln", datiert "Düsseldorf, den 16. November 1848" und unterzeichnet von den sechzehn Mitgliedern der Verteidigungs-Kommission, darunter "Lassalle". Auf der Einzahlungsliste figuriert "F. Lassalle 5 Thaler bezahlt". Die Liste ist "paraphirt zum Protocoll vom 23. November 1848" (Unterschrift unleserlich) und "zum Protocoll vom 4.I.49 F. Lassalle."
Vgl. C 648, S. 157.

     A 19f   DÜSSELDORF, 17. NOV.

BA IISG IMLM
KMH SUBK UBK

Neue Rheinische Zeitung, Köln, 21. November 1848, Nr. 148, S. 1.

Die anonyme Korrespondenz berichtet über die Permanenzerklärung des Offizierkorps der Bürgerwehr und die provisorische Ernennung Cantadors zu ihrem Chef. Der Text wird Lassalle zugeschrieben von Na'aman (C 648, S. 157).

     A 19g   BEKANNTMACHUNG. [Düsseldorf 1848], Franck'sche Buchdruckerei, Neustr. 617, in-fol., 1 S.

BA

Plakat, datiert und unterschrieben "Düsseldorf, 18. November 1848. Das Präsidium der permanenten Volks-Versammlung". Der von Lassalle verfaßte Text fordert zur Steuerverweigerung auf, die von einer Volksversammlung in der Bockhalle beschlossen worden war. Diese Versammlung war einberufen worden infolge eines "Aufrufs" vom 14. November des Rheinischen Kreisausschusses der Demokraten, den Marx und Schneider II zeichneten und den die *Neue Rheinische Zeitung*, Köln, 15. November 1848, Nr. 143, S. 1 veröffentlicht hatte (neugedruckt MEW Bd. VI, S. 20). In einem undatierten Brief (aber wohl vom 15. November 1848) hatte Marx Lassalle aufgefordert, "*Allgemeine Steuerverweigerung* [...] zu propagiren" (*Beiträge zu Geschichte der deutschen Arbeiterbewegung* Berlin [DDR] 1965, Jahrg. V, Nr. 4, S. 672). Das von Lassalle geschriebene Manuskript der Bekanntmachung ist nach 1967 aus der Akte des Landgerichts Düsseldorf (Rep 4/128 Bd. IV) verschwunden.
Vgl. auch A 21a.

BA IISG IMLB
KMH SUBD UBK

Neue Rheinische Zeitung, Köln, 22. November 1848, Nr. 149, S. 1.
In der Korrespondenz "÷Düsseldorf, 19. Novbr."

SUBD

Düsseldorf 1848 [...] Düsseldorf 1948, S. 63-64.

Faksimile von Lassalles Manuskript.

     A 19h   BEKANNTMACHUNG [Düsseldorf 1848], Franck'sche Buchdruckerei, Neustr. 617, in-fol., 1 S.

Plakat, datiert und unterzeichnet "Düsseldorf 20. Nov. 1848. Im Namen der Volksversammlung. Die Deputation". Der Text der Bekanntmachung ist nur aus dem Faksimiledruck von Lassalles Manuskript bekannt, es darf aber angenommen werden, daß er wie die vorhergehende Bekanntmachung als Plakat gedruckt wurde. Es wird zur Zahlungseinstellung der Mahl- und Schlachtsteuer aufgerufen. Die

Neue Rheinische Zeitung, Köln, 22. November 1848, Nr.149, S. 1 berichtete in der Korrespondenz "+Düsseldorf, 19. Novbr.", daß am 18. November eine Deputation, der u.a. Lassalle und Cantador angehörten, von dem Steuerrendanten erreicht habe, daß ihre Bedingungen angenommen und die Mahl- und Schlachtsteuer abgeschafft worden sei.

SUBD

Düsseldorf 1848 [...] Düsseldorf 1948 vor S. 57.

Faksimile des eigenhändigen Entwurfes Lassalles.

IDEM Düsseldorf 1975 S. 11 (Faksimile) in C 474

A 19i LIEBER STANGIER!

BA IISG IMLM
KMH SUBD UBK

Neue Rheinische Zeitung, Köln, 20. April 1849, Nr. 277, Zweite Ausgabe S. 1.

Datiert und unterzeichnet "In Eile, Düsseldorf, 21. November. F. Lassalle". Der Brief fordert den Landwirt Johann Stangier in Völsen (Kreis Altenburg) auf, beigelegte Plakate (wohl A 19g und A 19h) abdrucken und verteilen zu lassen, sowie "mit einigen hundert Mann" mit Waffen und·Munition nach Düsseldorf zu marschieren, wo "der Kampf sehr bald los" gehen werde. Lassalle duzt Stangier. Der Brief, eines der Hauptbelastungsstücke gegen Lassalle, ist gedruckt in der Anklageschrift (vgl. C 658 a). Das Original des Briefes ist nach 1967 aus der Akte des Landgerichts Düsseldorf (Rep 4/128 Bd. V) verschwunden.

BA KMH IISG
IML SUBD
UBK

A 20 "HERR INSTRUKTIONSRICHTER!"

Neue Rheinische Zeitung, Köln, 14. Januar 1849, Nr.195, Zweite Ausgabe S. 1.

Datiert und unterschrieben "Geschrieben im Gefängniß zu Düsseldorf, 11. Dezember 1848. F. Lassalle". Lassalle war am 22. November 1848 verhaftet worden und angeklagt, "durch Reden an öffentlichen Orten und Plakate die Bürger zur Bewaffnung" und zum "Bürgerkrieg zu erregen versucht zu haben."
Eine Düsseldorfer Korrespondenz vom 2. Februar 1849 berichtete, ein Wachtmeister der Ulanen habe einen "strengen Verweis" erhalten, weil er den Text A 20 in einem Bierlokal öffentlich vorgelesen hatte (*Neue Rheinische Zeitung*, Köln, 6. Februar 1849, Nr. 214, S. 1). Das Manuskript ist jetzt im Kölner Stadtarchiv.

BA BIF SADU

LASSALLE'S SCHREIBEN AN DEN INSTRUCTIONSRICHTER HRN. EBERMAIER. (AUS DER NEUEN RHEINISCHEN ZEITUNG). [Düsseldorf], Druck der Stahl'schen Buchhandlung (W. Kaulen), [1849], in-8, [4] S.

A 21 AN DIE REDACTION DER NEUEN RHEIN. ZTG.

BA KMH IISG
IMLM LSE
SUBD

Neue Rheinische Zeitung, Köln, 11. Februar 1849, Nr. 219, S. 1.

R I S. 196 - 197.

Datiert und unterschrieben "8/1. 49. Düsseldorf Gefängniß. F. Lassalle." Darstellung eines von Tätlichkeiten begleiteten heftigen Zusammenstoßes zwischen Lassalle

und dem Gefängnispersonal und einer anschließenden Auseinandersetzung mit dem Gefängnisdirektor und dem Unter-
suchungsrichter. Lassalle schickte den Brief mit einem
Begleitschreiben vom selben Datum an den Untersuchungs-
richter Ebermaier, in dem er Beförderung seines Briefes
verlangt und Ebermaier "nochmals darauf aufmerksam" macht,
daß dieser "keinerlei Recht" habe, Lassalle "der Preßfrei-
heit zu berauben, keinerlei Recht eine Censur auszuüben."
Marx druckte in der *Neuen Rheinischen Zeitung* eine Zusammenfassung des Lassalleschen Textes, ohne Titel, in der Korrespondenz "*Köln, 10. Februar." Bernstein druckt einen Auszug aus diesem Texte. Die vollständige Zusammenfassung ist
gedruckt in MEW Bd. VI, S. 267-269. Gustav Mayer veröffentlichte das Begleitschreiben an Ebermaier nach Lassalles
Konzept in N II, S. 6-7. Die Originale der beiden Briefe
sind jetzt im Kölner Stadtarchiv.

IDEM Berlin 1919 in B 59 (S. 52-54).

SUBD	A 22	MEINE ASSISEN-REDE, GEHALTEN VOR DEN GESCHWORNEN ZU DÜSSELDORF AM 3. MAI 1849, GEGEN DIE ANKLAGE, DIE BÜRGER ZUR BEWAFFNUNG GEGEN DIE KÖNIGL. GEWALT AUFGEREIZT ZU HABEN. VON F. LASSALLE. Düsseldorf, Schaub'sche Buch-handlung (W.H. Scheller), [1849], in-8, [2]- 76 S.

Die Rede wurde bereits vor der Verhandlung gedruckt und
schon im April verbreitet.
Marx und Engels nahmen ebenfalls im März und April in der
Neuen Rheinischen Zeitung Stellung zur Anklage und denun-
zierten die Verschleppungsmanöver der Gerichtsbehörden.
Vgl. C 247a, C 247b, C 247c, C 537a.

BA FUB IISG
IMLB LR WMU

IDEM Düsseldorf, Schaub'sche Buchhandlung (W.H. Scheller),
[Druck der Stahl'schen Buchhandlung (W. Kaulen)], [1849],
in-8, [2]-76-[2] S.

RS I S. 206-289

Die Ausgabe ist identisch mit der vorigen, enthält aber zusätzlich (auf der ersten der beiden nicht paginierten Seiten am Schluß) einen kurzen Text *Zur gef. Notiz für den
Leser!*, in dem Lassalle erklärt, er habe darauf verzichtet,
seine Rede im Gerichtssaal zu halten, um dagegen zu pro-
testieren, daß "durch einen Act der Willkür" die öffent-
leichkeit ausgeschlossen worden war. Die zweite nicht pa-
ginierte Seite enthält den Druckervermerk. Der zusätzliche
Text fehlt in allen späteren Ausgaben mit Ausnahme von RS I
und der anderen von Bernstein veranstalteten Ausgaben.

Vgl. C 363.

BA IISG IMLB
UBG UBK UMLP

IDEM Leipzig, Verlag des Allgemeinen Deutschen Arbeiter-
vereins (Zu beziehen durch J. Röthing, Neukirchhof),
1870, in-16, 79 S.

BA HBSA IISB
IMLB UBBA UBK

IDEM Braunschweig, Druck und Verlag von W. Bracke jr.,
1875, in-16, 80 S.

BA LR

Es existieren auch Exemplare, die auf dem Titelblatt
"1875", aber auf dem Umschlag "1876" tragen. Ein solches
Exemplar in der Sammlung BA trägt die Widmung "Dem deutschen Verein in Bern das Mitglied Carl Moor. 18. März
1878".

IDEM New York 1882 in B 15.

BA IISG IMLB
KMH SUBH UBK

IDEM London, German Cooperative Printing and Publishing
Co., 1889, in-8, 62-[2] S.

Sozialdemokratische Bibliothek Nr. XXVII.

BIF BPU IISG
IMLB SSA WMU

IDEM Berlin, Verlag der Expedition des "Vorwärts" Berliner Volksblatt (Th. Glocke), 1892, in-8, 101-[3] S.
Vgl. B 21

IDEM Leipzig 1899 in B 27

BA FUB HBSA
IMLB SBW UBK

IDEM Berlin, Verlag Buchhandlung Vorwärts Paul Singer
G.m.b.H. (Hans Weber, Berlin), 1913, in-8, 101-[3] S.

ASD BA IMLB
KP LR UMLP

MARX / LASSALLE *Unter der Anklage des Hochverrats. Zwei
Gerichtsreden aus dem Jahre 1849. Mit Vorwort von Engels
(1885) und Anhang: Aus Artikeln der "Neuen Rheinischen
Zeitung" (1848). Neu herausgegeben mit Einleitung und
Fremdwörterverzeichnis von Dr. H. Duncker.* Berlin, Inter-
nationaler Arbeiter-Verlag, 1930, in-8, 120 S.

Elementarbücher des Kommunismus Nr. 18

Italienisch Rom 1899, 68 S. (vgl. B 28).

Russisch St. Petersburg 1870 in B 5; St. Petersburg
1905 in B 37; o. O., 1906, 95 S. (unter dem Titel
Rol' proletariata i buržuazii v 1848 g. v Germanij,
mit Vorwort von N. Trockij S. 3-38).

A 23   DÜSSELDORF, 4. MAI

BA KMH IISG
IMLM SUBD
UKB

Neue Rheinische Zeitung, Köln, 6. Mai 1849, Nr. 291,
Zweite Ausgabe S. 4.

RS I S. 201-205

Über den zweiten Verhandlungstag im Prozeß gegen Lassalle
und Weyers. Nach Bernstein handelt es sich um eine "wahrscheinlich von Lassalle selbst herrührende Darstellung"
(RS I S. 201), die Bernstein teils in Zusammenfassung,
teils wörtlich nach der *Neuen Rheinischen Zeitung* wieder-
gibt. Bernsteins Zuschreibung könnte sich auf eine Mitteilung Engels' stützen (vgl. B 21), der Marx während dessen
Abwesenheit von Köln (Mitte April bis zum 9. Mai 1849) in
der Redaktion vertrat.

A 23a   FRAGMENTE

MS

N IV S. 403-408

Fragment eines Gedichts an Sophie von Hatzfeldt. Das Ent-
stehungsdatum ist unbestimmt.

Vgl. C 421

A 24   GESCHICHTE DER SOZIALEN ENTWICKLUNG

MS

N VI S. 92-155

Wahrscheinlich zwischen Oktober 1850 und April 1851 während
Lassalles Haft entstandene Exzerpte Und Notizen, die Lasal-
le dann als Konzept dienten zu Vorträgen, die er im Frühjahr 1852 vor Arbeitern in seiner Düsseldorfer Wohnung
(wahrscheinlich mehrmals) hielt.
Das Manuskript (60 S. in-fol.) befindet sich im Lassalle-
Nachlaß (III/17 in C 104).

Vgl. C 225a (S. 281), C 560 und C 639.

IDEM Reinbek 1972 in B 92 (S. 7-47 mit Kürzungen).

A 24a   [ÜBER PERSÖNLICHKEIT UND LIEBE]

MS

N IV S. 12-48

Undatierter Manuskriptbrief (vgl. A 10a) an Sophie von Hatzfeldt, den Gustav Mayer auf "anfangs der fünfziger Jahre"
datiert.

Vgl. C 551

A 24b   [BERICHTIGUNG]

SUBD   *Düsseldorfer Zeitung*, 10. Oktober 1852, Nr. 244, S. 4.

Kurze redaktionelle Zusammenfassung einer Berichtigung
Lassalles vom 8. Oktober 1852, zu deren "vollständigem Abdruck wir [...] uns nicht veranlaßt sehen." Lassalle hatte
(wohl am 7. Oktober 1852, Vernehmung Rösers) einer Sitzung
des Assisenhofes im Kölner Kommunistenprozeß beigewohnt
und war gewaltsam aus dem Saale entfernt worden. Ihm wurde
für die Dauer des Prozesses der Aufenthalt in Köln unter-
sagt.
Eine Kopie der Berichtigung befindet sich, zusammen mit
einer von Bein auf "Anfang Oktober 1852" datierten Berichtigung an die *Neue Preußische Zeitung*, im Nachlaß Lassalles
(IV/60b und 60c in C 104). Ein Druck der letzteren wurde
nicht gefunden.

A 24c   AN DEN KÖNIGLICHEN GENERALPROKURATOR IN KÖLN

MS

N VI S. 382-384

In der Eingabe verlangt Lassalle die Rückgabe der bei ihm
anläßlich einer Haussuchung "im Laufe des sogenannten Kom-
munistenprozesses" beschlagnahmten Briefe. Mayer druckt
nach dem undatierten Konzept Lassalles im Nachlaß, das er
auf "wohl aus dem Jahre 1853" datiert.

A 25   BERICHT ÜBER HERRN F. LASSAL

MS

BA BIF IISG   GRÜNBERG 1922, Jahrg. X, Heft 2/3, S. 400-410
IMLB KMH SSA

Von Gustav Mayer herausgegebener fingierter Spitzelbericht Lassalles über sich selbst, den er wahrscheinlich
im Mai 1855 verfaßt und dem Berliner Polizeipräsidenten
zugespielt hat.

Vgl. C 555

Russisch in *Pecat' i Revolucija*, Moskau 1925, Bd. IV,
S. 71-87 (eingeleitet von P. Vinogradskaja).

A 25a [REISEBERICHTE AUS DEM ORIENT]

MS

N VI S. 157-234

Fünf Schilderungen kultureller und politischer Zustände auf
dem Balkan und in der Türkei, die Lassalle vom September
bis November 1856 bereiste. Die Berichte waren für Lassalles
Familie und einen kleinen Freundeskreis bestimmt. Lassalle
hat sie später auch Marx zur Lektüre überlassen, der sie
in seinem Auftrag an Lothar Bucher weitergab (Lassalle an
Marx, 9. Juni 1862).

BA FUB IISG   A 26   DIE PHILOSOPHIE HERAKLEITOS DES DUNKLEN VON EPHESOS.
IMLB KMH SUBD   NACH EINER NEUEN SAMMLUNG SEINER BRUCHSTÜCKE UND DER
                       ZEUGNISSE DER ALTEN DARGESTELLT VON FERDINAND LASSALLE.
                       Berlin, Verlag von Franz Duncker (W. Besser's Verlags-
                       handlung), [Druck von Duncker & Weidling, Berlin], 1858,
                       2 Bde in-8, XVIII-379-[1]; IV-[2]-478 S.

GRS VII und VIII

Den bereits 1846 zum größten Teil ausgearbeiteten Text
(vgl. VARNHAGEN VON ENSE *Tagebuch* Bd. III. S. 438, Eintragung vom 11. September 1846) hat Lassalle 1855-1857
endgültig redigiert. Das Vorwort ist vom August 1857 datiert. Die Reinschrift einer Selbstanzeige des Werkes
(5 1/4 S. fol.) befindet sich im Nachlaß (IV/25 in C 104).

Das Manuskript einer Selbstanzeige (5 1/4 S. in-4) befindet
sich in Lassalles Nachlaß (C 104, III/29 b). Es konnte
nicht festgestellt werden, ob sie im Druck erschienen ist.
Die beiden Bände erschienen schon im Herbst 1857: Der Berliner Polizeipräsident von Zedlitz-Neukirch schickte das
ihm von Lassalle dedizierte Exemplar am 17. Oktober 1857
zurück (vgl. C 104, II, 3, u).
Lassalle schickte Exemplare des Buches mit Begleitschreiben u.a. an Alexander von Humboldt (Fragment in ASD),
Richard Lepsius, Jacob Bernays, Friedrich Creuzer.
Das Begleitschreiben Lassalles an K.L. Michelet, vom 6.
November 1857, bei Übersendung der beiden Bände, ist ab-
gedruckt in *Der.Gedanke*, Berlin 1861, Bd. II, S. 70. Am
gleichen Orte auch der Dankbrief Michelets an Lassalle,
vom 22. November 1957, der ein philologisches Detail dis-
kutiert, sowie Lassalles Antwort darauf, vom 23. November
1857 (S. 70-71). Derselbe Bd. II enthält auch eine anonyme
Besprechung des Werkes (S. 28-33). Ein Exemplar mit der
Widmung "Seinem Georg Herwegh. F. Lassalle" in Bd. I in
HA.
Das Titelblatt des Bd. I in der Varnhagen-Sammlung in
SPKB trägt den handschriftlichen Vermerk "Geschenk vom
Verf. Varnhagen."
Die Bibliothek der SPD besaß ein Exemplar (Nr. 32046)
mit einer Anstreichung, die laut Nikolajewsky möglicher-
weise von Marx herrührte.

Vgl. B 3a und C 386.

IDEM *Neudruck*. Leipzig, Barsdorf, 1892.
Nach Schumann

IISG WMU   IDEM *Neue Ausgabe. Herausgegeben von E. Schirmer.*
Leipzig, Verlag von E. Schirmer, [1906], 2 Bde in-8,
XXVII-[3]-1152 S.
Bde. VI-IX von B 27.

IDEM Hildesheim, Olms, 1973.
Photographische Reproduktion der Ausgabe von 1858.

SPKB   A 27   FRANZ VON SICKINGEN. HISTORISCHE TRAGÖDIE IN FÜNF AKTEN.
ALS MANUSCRIPT GEDRUCKT. Berlin, Druck von Duncker &
Weidling, 1858, in-8, [2]-224 S.

Das vom Frühjahr 1857 bis Frühjahr 1858 geschriebene
"deutsch-nationale Drama" (wie Engels es genannt hat)
war von Lassalle als politisches Agitationsstück in der
Art der Lessingschen und Schillerschen Dramen gedacht.
Das Exemplar in SPKB enthält die handschriftliche Widmung "In inniger und bewundernder Freundschaft Fräulein
Ludmilla Assing überreicht vom Verfasser".

Vgl. A 32 und C 729.

FUB IMLB   FRANZ VON SICKINGEN. HISTORISCHE TRAGÖDIE IN FÜNF AKTEN.
ALS BÜHNENMANUSCRIPT GEDRUCKT. Berlin, Druck von Duncker
& Weidling, 1858, in-8, [4]-205-[2] S.

Im Exemplar in FUB von fremder Hand (um Lassalles Anony-
mat zu wahren) eine *Bemerkung des Autors für die Bühnen,*
die "Außer der ohnehin schon sehr verkürzten Gestalt,
in welcher das Drama hier im Vergleich zu dem im Buchhandel erschienenen, schon gedruckt vorliegt", weitere Kürzungen fakultativ stellt. Lassalle ließ den
Text "durch einen Freund anonym" (Vorwort der Buchausgabe von 1859) im Juli 1858 bei der Intendantur des
Königlichen Hoftheaters in Berlin einreichen. Dieser
Freund war der Redakteur des *Kladderadatsch* Ernst
Dohm (vgl. Dohm an Lassalle, 1. Oktober 1858).

BA FUB IISG   FRANZ VON SICKINGEN. EINE HISTORISCHE TRAGÖDIE, VON
IMLB SBW ZBZ   FERDINAND LASSALLE. Berlin, Verlag von Franz Duncker
(W. Besser's Verlagshandlung), [Druck von Duncker &
Weidling in Berlin], 1859, in-8, XVI-224 S.

RS III S. 419-598   GRS I S. 151-345

Nach der am 31. Januar 1859 erfolgten Ablehnung des
Stückes durch die Intendantur des Hoftheaters veröffentlichte Lassalle den vollständigen ersten Text
unter seinem Namen mit einem vom 4. Februar 1859 datierten Vorwort (vgl. A 31). Die in den zweiten Text
in Fußnoten eingefügten Regieanweisungen sind hier
weggelassen. Lassalle schickte am 6. März 1859 drei
Exemplare an Marx, von denen je eines für Engels und
Freiligrath bestimmt war. Ein Exemplar mit der Widmung "Seinem Georg Herwegh FL" in HA. Im Jahre 1863
bemühte sich Herwegh um eine Aufführung des Stückes
bei Franz von Dingelstedt in Weimar, die jedoch nicht
zustande kam. Die Uraufführung fand erst 1969 in Oldenburg statt (vgl. C 729). Für die Sickingen-Debatte
zwischen Marx/Engels und Lassalle siehe Register der
Titel und Themen.

HBSA

IDEM in *Social-Demokrat*, Hamburg, 20. September 1874, Jahrg. II. Nr. 39 - 12. Juni 1875, Jahrg. III, Nr. 24.

IISG IMLB NNUT
SBW WMU ZBZ

IDEM *Zweite Auflage*. Berlin, Verlag von Franz Duncker, (W. Besser's Verlagshandlung), [Druck von Duncker & Weidling in Berlin], 1876, in-8, XVI-224 S.

Von der vorhergehenden Auflage nur durch das neue Titelblatt unterschieden.

IISG

IDEM *Für die Bühne bearbeitet und eingerichtet von O.G. Flüggen*. Leipzig, Verlag von August Schupp, 1896, in-8, 100 S.

IISG KP

IDEM Leipzig, Druck und Verlag von Philipp Reclam jun., o.J., in-16, 182 S.

Zuerst erschienen um 1905 und bis 1933 mehrfach neugedruckt.

IDEM Leipzig 1911, 180 S.

Die Ausgabe ist angeführt in *Handbuch für Arbeiterbibliothekare*. Wien, Wiener Volksbuchhandlung, Ignaz Brand & Co., 1914, S. 41.

ASD BA IISG
IML

IDEM Berlin, Weltgeist-Bücher Verlags-Gesellschaft, [1925], in-16, 188-[2] S.

Weltgeist-Bücher Nr. 85-86

BPU USBF

IDEM *Mit einem Nachwort von Rüdiger Kaun*. Stuttgart, Philipp Reclam jun., [1974], in-8, 192 S.

Das Nachwort begründet die Neuherausgabe mit der Wichtigkeit der Marx/Engels'schen Kritik des Textes für die marxistische Ästhetik. Diese Kritik wird resümiert.

Englisch in *The Daily People*, New York, 10. April - 8. Mai 1904 (übersetzt von Daniel De Leon); New York, New York Labor News Company, 1910, IV-149 S. (dieselbe Übersetzung, mit einem Vorwort De Leons).

Russisch St. Petersburg, 1873, [4]-III-[1]-259 S. (übersetzt von A. und S. Kril'; St. Petersburg, Zemlja, o.J., 215 S. (dieselbe Übersetzung).

BA BM BIF
IISG SUBD

A 28

GOTTHOLD EPHRAIM LESSING. VON F. LASSALLE. *Demokratische Studien. 1861.* [...] *herausgegeben von Ludwig Walesrode*. Hamburg, Otto Meißner, 1861, S. 475-505.

RS I S. 401-423   GRS VI S. 159-188

Ursprünglich im November 1858 als Besprechung von Adolf Stahrs Buch *G.E. Lessing, sein Leben und seine Schriften* (Berlin, Guttentag, 1858, 2 Bde.) geschrieben. Lassalle hat das Erscheinen in den *Demokratischen Studien* verhindern wollen, als er erfuhr, daß in demselben Jahrbuch eine Arbeit von Carl Vogt erschien, gegen dessen Verleumdungen sich Marx gerade in *Herr Vogt* (Ende 1860 in London erschienen) verteidigt hatte.
Den Text von 1858 hat Lassalle auch für einen Vortrag *Ueber die culturhistorische Bedeutung Lessings* benutzt, den er auf Einladung am 6. April 1861 im Verein "Vor-

wärts" in Berlin hielt. Eine Zusammenfassung des Vortrags durch D'Ercole erschien in *Der Gedanke*, Berlin 1861, Jahrg. I, Bd. II, S. 67-68.

ABA BIW IMLB NNUT SUBD ZBZ

IDEM *Originalausgabe. 2. Auflage.* Hamburg, Allgemeiner deutscher Arbeiter-Verein. Zu beziehen durch Lorenz Harms, Springeltwiete Nr. 16, Verlag von Julius Röthing in Leipzig, [Druck von Oswald Schmidt in Reudnitz - Leipzig], 1877, in-8, 31 S.

BA BIW FUB HKB IISG IMLB

GOTTHOLD EPHRAIM LESSING VOM CULTURHISTORISCHEN STANDPUNKT. VON FERDINAND LASSALLE. *Originalausgabe. 3. Auflage.* Leipzig, Verlag von Julius Röthing, [Druck von Oswald Schmidt, Reudnitz-Leipzig], 1880, in-8, 32 S.

IDEM New York 1882 in B 15

IDEM Bremen 1963 in B 89   (S. 82-108).

Italienisch Rom 1907, 21 S. (vgl. B 28).

Russisch St. Petersburg 1870 (vgl. B 5); St. Petersburg 1882 (S. 21-45 in B 14); St. Petersburg 1889 (vgl. B 14); St. Petersburg 1905 (vgl. B 37).

A 29

FERDINAND LASSALLE. DIE HEGELSCHE UND DIE ROSENKRANZISCHE LOGIK UND DIE GRUNDLAGE DER HEGELSCHEN GESCHICHTSPHILOSOPHIE IM HEGELSCHEN SYSTEM. VORTRAG, GEHALTEN IN DER SITZUNG DER PHILOSOPHISCHEN GESELLSCHAFT VOM 29. JANUAR 1859.

UBA

Der Gedanke, Berlin 1861, Bd. II, S. 123-150.

GRS VI S. 15-60

Vgl. C 761

ABA BA IISG IMLB SSA

IDEM in NZ, 28. September 1904, Jahrg. XXIII, Bd. I, Nr. 1, S. 12-17; 12. Oktober, Nr. 3, S. 85-96.

Vgl. Mehrings Einleitung C 594

FUB IISG KP

IDEM Leipzig, Wilhelm Heims, 1927, in-8, 30 S.

IMLB UBK

IDEM *2. Auflage.* Leipzig, Wilhelm Heims, 1928, in-8, 30 S.

Russisch in *Pod znamemem marksizma*, Moskau 1925, Nr. 4, S. 11-37 (mit einer Einleitung von A. Deborin, S.5-10).

BA FUB IMLB SUBD UBK ZBZ

A 30

DER ITALIENISCHE KRIEG UND DIE AUFGABE PREUSSENS. EINE STIMME AUS DER DEMOKRATIE. Berlin, Verlag von Franz Duncker (W. Besser's Verlagshandlung, [Druck von Duncker & Weidling in Berlin], 1859, in-16, [4]-73-[1] S.

Diese anonyme Ausgabe erschien Ende Mai 1859 (vgl. Kichniawy an Lassalle, 8. Juni 1859). Ein Exemplar dieser Ausgabe "mit Anmerkungen" und mit "einigen Randstrichen von Engels" wird von B. Nikolajewsky angeführt in einer Liste der Bücher aus dem Besitze von Marx und Engels, die sich um 1927 in der Bibliothek der SPD befanden (die Liste in BA, CStH und IISG).Im Katalog SPD trägt das Exemplar die Nr. 30865.

BA BM FUB IISG
IMLB UBK

DER ITALIENISCHE KRIEG UND DIE AUFGABE PREUSSENS. VON
FERDINAND LASSALLE. ZWEITE AUFLAGE. Berlin, Verlag von
Franz Duncker (W. Besser's Verlagshandlung), [Druck von
Duncker & Weidling in Berlin], 1859, in-8, VI-73-[1] S.

RS I S. 297-364   GRS I S. 21-112

Die zweite Auflage erschien mit einem vom 16. Juni 1859
datierten *Vorwort zur zweiten Auflage* (S. III-VI), in
dem Lassalle erklärt, weshalb er die Anonymität verlas-
sen hat, und den bisherigen Kriegsverlauf als Bestäti-
gung seiner Darlegungen auffaßt. Ein Exemplar mit der
Widmung "Seinem Georg Herwegh FLassalle" in einem Konvolutband von Lassalleschen Erstausgaben in HA, der
außerdem die Texte A 40, A 45, A 49, A 53, A 54, A 59,
A 70, A 73, A 91, A 94 und A 98 enthält.

IDEM New York 1882 in B 15.

IDEM Leipzig 1892 (vgl. B 27).

IDEM Berlin 1926 in B 76.

Italienisch Rom 1899, 52 S. (vgl. B 28).

Russisch St. Petersburg 1870 und 1874 in B 5; St. Petersburg 1882 (S. 76-147 in B 14); St. Petersburg 1889
(vgl. B 14).

Tschechisch Prag 1902 (S. 111-178 in B 30, übersetzt
von A. Winter).

A 31   VORWORT

S. V-XVI von A 27 (Buchhandels-Ausgabe).

RS III S. 401-409   GRS I S. 124-136

Das vom 4. Februar 1859 datierte Vorwort ist unterzeichnet *Der Verfasser*. Alle Nachdrucke sowie die englische
Übersetzung von A 27 enthalten das Vorwort.

A 32   "ÜBER DIE FORMELLE TRAGISCHE IDEE [...]"
MS

RS III S. 410-418   GRS I S. 137-148   N III S. 151-158

Den "kleinen Aufsatz [...] über die eigentliche formelle
Grundidee" von A 27 hat Lassalle im Februar 1859 "für
einige Bekannte [...] zum Privatgebrauch" geschrieben
(Lassalle an Marx, 6. März 1859, bei Übersendung des
Buches und des Aufsatzes). Im Nachlaß befinden sich noch
zwei unvollständige Entwürfe (5 S. in-8 und 4 S. in-4)
sowie eine Reinschrift (15 S. in-4) des Aufsatzes (III/
29b in C 104).

ABA BA IISG
IMLB SSA

IDEM in NZ, 27. Juli 1891, Jahrg. IX, Bd. II, Nr. 45,
S. 590-597.

Erstveröffentlichung durch Bernstein (vgl. C 119), dem
Engels das Manuskript aus Marx' Nachlaß für seine Bearbeitung von B 21 zur Verfügung gestellt hatte.

IDEM Stuttgart 1902 in B 29.

In den unter *Sickingen-Debatte* nachgewiesenen Wiedergaben
des Briefwechsels Marx/Engels/Lassalle zu diesem Thema
erscheint der Aufsatz stets nach dem Briefe Lassalles an
Marx vom 6. März 1859.

A 32a MARX, KARL, ZUR KRITIK DER POLITISCHEN OEKONOMIE,
1. HEFT, BERLIN 1859

Lassalle hat eine Besprechung von Marx' Werk (dessen
Drucklegung er vermittelt hatte) "bei seinem Erscheinen
in einem ihm zugänglichen Blatte" veröffentlicht, laut
Bernstein (S. 183 in C 122). Für diese Besprechung wurden
die Berliner *Volks-Zeitung*, *Berliner Reform* und Wiener
Presse, sowie der Frankfurter *Volksfreund für das mittlere
Deutschland* vergeblich durchgesehen. Eine anonyme Be-
sprechung im Leipziger *Literarisches Centralblatt für
Deutschland* (3. Dezember 1859, Nr. 49, S. 783-784), das
Lassalle möglicherweise las (er erwähnt es in einem
Brief an seinen Vater im Januar 1860), ist ohne Zusammen-
hang mit Lassalles Anzeichnungen in seinem Exemplar des
Buches (im IMLM).
Lassalles Handexemplar kam nach Lothar Buchers Tod (1892)
in den Handel und wurde 1908 (vgl. C 53a) im Katalog des
Berliner Antiquariats von Max Perl beschrieben. Oncken
zitiert diese Beschreibung, nach der das Buch "ganz von
Lassalle durchgearbeitet [wurde], fast auf jeder Seite
finden sich Randbemerkungen, größere oder kleinere Notizen und Unterstreichungen von seiner Hand. Das Buch ist
stellenweise mit Papier durchschossen, worauf sich gleich-
falls Notizen finden" usw., mit einigen Zitaten der
Lassalleschen Bemerkungen (C 669 3. Auflage S. 530-531
und 4. Auflage S. 552). Lassalle benutzte dieses Handexemplar bei der Redaktion des Textes A 87.
Eine im April 1859 von Lassalle verfaßte und der Wiener
Presse zugeschickte· Besprechung von Engels' *Po und Rhein*
(dessen Drucklegung Lassalle ebenfalls vermittelt hatte)
ist offenbar nicht veröffentlicht worden (vgl. Lassalle
an Marx [etwa Mitte Mai 1859]).

IISG A 32b "CF. P. 12 NACH COURNAT [...]"

MS

MARX, KARL *Das Elend der Philosophie. Antwort auf Proud-
hons "Philosophie des Elends". Nach der deutschen Übersetzung von Eduard Bernstein, Karl Kautsky und Friedrich
Engels neu herausgegeben mit Kommentar und Annotationen
von Hans Pelger* Berlin/Bonn, 1979, S. LXXXI, 211, 218,
222-225, 227, 229, 230, 232, 233, 237, 253, 276-277, 282-
284.

Lassalles Randglossen in seinem Exemplar der 1847 erschienenen *Misère de la philosophie* dürften entstanden
sein, als er den Druck von Marx' *Kritik der politischen
Oekonomie* vermittelte, in der Marx seinen Text von 1847
mehrfach zitiert. Lassalle arbeitete damals schon einige
Zeit "mit großer Konzentration an einem ökonomischen
Werke [...], das aber erst in zwei Jahren so weit sein
dürfte" (Lassalle an Marx, 22. Oktober 1858). Lassalles

Exemplar der *Misère* enthält keine Widmung, er wird
es also wohl nicht von Marx erhalten haben, den er etwa
im August 1848 kennenlernte. Es ist aber nicht ausgeschlossen, daß Lassalle, der Proudhon Ende 1844 durch
Karl Grün in Paris kennengelernt hatte, Marx' Schrift
gegen ihn schon kurz nach ihrem Erscheinen, z.B. durch
Sophie von Hatzfeldt, erhalten hat, die den Verleger
der *Misère* zu der Zeit in Brüssel besuchte (vgl. ANFÄNGE
erste Anmerkung zu Dokument Nr. 85).

BPU DSB FUB **A 32c** **VORWORT ZUR DRITTEN AUFLAGE [...]**
SUBK UBK ZBZ

*Briefe von Alexander von Humboldt an Varnhagen von
Ense aus den Jahren 1827 bis 1858. Nebst Auszügen aus
Varnhagen's Tagebüchern, Briefen von Varnhagen und
Andern an Humboldt.* Leipzig, F.A. Brockhaus, 1860,
S. I-VIII.
Der "Berlin, den 10. März 1860. Ludmilla Assing" da-
tierte und unterzeichnete Text "stimmt vom ersten bis
zum letzten Worte überein" mit dem Entwurf von Lassalles
Hand, den Oncken in Ludmilla Assings Nachlaß fand, der
außerdem 120 Briefe Lassalles an sie enthält (S. 440-
441 in B 53). Die von Ludmilla Assing mit Lassalles
Hilfe herausgegebene Briefsammlung hatte großes Aufsehen
erregt, und ihr war öffentlich das Recht bestritten
worden, Humboldts Briefe zu veröffentlichen. Lassalles
Text, der "alle charakteristischen Merkmale seiner Dialektik" (a.a.O.) aufweist, versucht das Recht und die
Verpflichtung zur Veröffentlichung nachzuweisen.
Im Lassalle-Nachlaß befinden sich 2 Konzepte und ein
Entwurf eines Briefes Lassalles vom 13. März 1860 an
eine unbekannte Redaktion (VIII/243 a in C 104), in
denen er leugnet, an der Veröffentlichung beteiligt
gewesen zu sein.
Lassalle forderte namens Ludmilla Assings am 11. März
1860 Marx auf, den ehemaligen Mitarbeiter der *Neuen
Rheinischen Zeitung* Ferdinand Wolff zu fragen, ob er
bereit sei, das Buch ins Französische zu übersetzen.
Auf diese Anfrage antwortete Engels in seinem Brief
vom 15. März 1860 an Lassalle (der Brief ist in N III
irrtümlich datiert "15. Februar 1860"), Marx habe an
Wolff geschrieben. Wolff hat Lassalle wahrscheinlich ab-
lehnend geantwortet (vgl. Anhang "Briefe an Lassalle").
Die französische Übersetzung des Buches nach der 3. Auflage, besorgt durch einen Schweizer Übersetzer, erschien
im Sommer 1860 im Verlag von L. Held (Genf-Paris-Brüssel),
ohne die Vorworte der deutschen Ausgabe.

BA BIF BM **A 33** **FICHTE'S POLITISCHES VERMÄCHTNISS UND DIE NEUESTE**
IISG SUBD **GEGENWART. EIN BRIEF VON F. LASSALLE.**

*Demokratische Studien [...] herausgegeben von Ludwig
Walesrode.* Hamburg, Otto Meißner, 1860, S. 59-96.

RS I S. 369-395   GRS VI S. 67-102

Der Brief besteht aus Zitaten von Fichtes 1813 verfaßten
(und 1846 postum veröffentlichten) Notizen zur Frage der
nationalen Einheit der Deutschen, die Lassalle durch
kurze zustimmende Kommentare verbindet. Der einzige längere Text Lassalles kommentiert das erste Zitat, in dem
Fichte für die Republik eintritt.

SBB★ SUBH

IDEM [*Als Manuscript gedruckt*], [Druck von R. Bittner in Berlin], [1860], in-8, 32 S.

Nach dem Titel ist "Ein Brief" weggefallen. Den Sonderdruck hat Lassalle selber herstellen lassen, denn die *Demokratischen Studien* wurden in einer Hamburger Druckerei gedruckt. Das Exemplar in SUBH trägt den handschriftlichen Eigentumsvermerk "Schlobohm". Dieselbe Bibliothek besitzt einen Konvolutband mit neun Erstausgaben Lassallescher Texte, mit demselben Eigentumsvermerk. Lassalle erwähnt "Sch." in Düsseldorf Anfang 1859 (an Franz Duncker), und Willms erwähnt Schlobohm am 1. Dezember 1863, ebenfalls in Düsseldorf (an Lassalle). Schlobohm war Mitunterzeichner der Kölner Solidaritätsadresse an Lassalle vom 12. April 1863, in der er unter der Nr. 607 erscheint (vgl. C 340).

BA BIF IISG
KMH SBB★ UBK

IDEM *Zweite Auflage*. Leipzig, Verlag des Lassalle'schen Allgemeinen Deutschen Arbeitervereins, zu beziehen durch Julius Röthing, Neukirchhof 45, [Druck von Hüthel & Legler in Leipzig],o.J., in-16, 32 S.

Röthing gibt obige Wohnadresse zuerst 1868 an (vgl. A 41) und verließ sie 1870 (vgl. A 40).

BA CMB FUB
IMLB LAB ZBZ

IDEM *Dritte Auflage*. Leipzig, Zu beziehen durch Julius Röthing, Neukirchhof 36, [Druck von C.E. Grohmann in Leipzig], 1871, in-8, 22 S.

UBK WHI
WMU LR

IDEM *Vierte Auflage*. Leipzig, Verlag von Julius Röthing, Körnerstr. 15, [Druck von Thiele & Freese in Leipzig], 1874, in-8, 22 S.

BA FUB IISG
IMLB KMH ZBZ

IDEM *Originalausgabe. 2. Auflage*. Hamburg, Allgemeiner deutscher Arbeiter-Verein. Zu beziehen durch Lorenz Harms, Springeltwiete Nr. 16. Verlag von Julius Röthing in Leipzig, [Druck von Oswald Schmidt in Reudnitz-Leipzig], 1877, in-8, 22 S.

IDEM Leipzig 1899 in B 27

Italienisch Rom 1907, 23 S. (vgl. B 28).

Russisch St. Petersburg 1870 in B 5.

A 33a [AN DIREKTOR SCABELL]

IZD

Neue Preußische (Kreuz-) Zeitung, Berlin, 26. Juni 1860, Nr. 147, S. 3 Feuilleton.

Ausführliche Darstellung eines harmlosen Vorfalls anläßlich einer Ernst-Moritz-Arndt-Feier im Victoria Theater, bei dem das Publikum Partei gegen Lassalle ergriffen hatte. Der Brief ist datiert und unterzeichnet "Berlin, 20. Juni. F. Lassalle" und an den Direktor des Theaters gerichtet.

A 33b AN DIE LÖBLICHE REDACTION DER NEUEN PREUSSISCHEN ZEITUNG

IZD

Neue Preußische (Kreuz-) Zeitung, Berlin, 26. Juni 1860, Nr. 147, S. 3 Feuilleton.

Berichtigung der entstellenden Darstellung des Vorfalles
bei der Arndt-Feier, den die *Neue Preußische Zeitung*
am 20. Juni 1860 (Nr. 142, S. 3 Feuilleton) veröffentlicht hatte. Die Berichtigung ist datiert und unterzeichnet "Berlin, 22. Juni 1860. F. Lassalle".

A 33c EINLEITUNG IN DIE THEORIE DER ERWORBENEN RECHTE UND
DER COLLISION DER GESETZE

BM HLD *Preußische Gerichts-Zeitung*, Berlin, 14. November 1860,
Jahrg. II, Nr. 47/48, S. 185-191.

Vorabdruck aus der Einleitung (S. 3-27, 34-35 und 49)
und dem Kapitel I (S. 53-62 und 72-84) des Bd. I von
A 37. Der Text weicht nur unbedeutend in wenigen Aus-
drücken von dem Buchtext ab, aber die großen Fußnoten
Lassalles sind weggelassen. Michelet veröffentlichte
in *Der Gedanke* Berlin 1861, Jahrg. I, Bd. I, Nr. 2,
S. 177-178, eine Notiz über diese "Ankündigung und Pro-
be eines größeren Werkes", in der er Lassalles Argu-
mente gegen Savigny zustimmend zusammenfaßt.

Vgl. C 365.

HA A 33d AN DAS HOHE HAUS DER ABGEORDNETEN. BESCHWERDE DER GRÄ-
FIN HATZFELDT ÜBER WIDERRECHTLICHE EIGENTHUMSVERLETZUNG.
(ALS MANUSCRIPT GEDRUCKT.) o.O., [Druck von Franz
Duncker's Buchdruckerei in Berlin], o.J., in-4, 15 S.

Die Beschwerde ist datiert vom 2. Januar 1861 und unterzeichnet von der Gräfin Hatzfeldt. Sie bezieht sich auf
eine vom 14. Dezember 1860 datierte und ebenfalls von der
Gräfin unterzeichnete Eingabe *An das Gesammtministerium des
Staats* (S. 3-15) wegen zu Unrecht erhobener Stempelsteuer,
die vom Finanzminister zurückgewiesen worden war. Dieser
zweite Text enthält eine ausführliche und sehr scharfe
Kritik des preußischen Staates. Mehring erklärt dazu in
C 581a, "daß beide [Texte] der Feder Lassalles entflossen
sind. Form und Inhalt lassen nicht den geringsten Zweifel
daran übrig."

HA A 33e NACHTRAG ZUR PETITION VOM 2. JANUAR 1861. O.O., [Druck von
G. Jansen in Berlin], o.J., in-4, 7-[1] S.

Das an "Hohe Kammer!" adressierte Dokument ist nicht datiert und von der Gräfin Hatzfeldt unterzeichnet. Es ist
kurz nach dem 11. Februar 1861 verfaßt worden, wie aus den
ersten Worten erhellt: "[...] den soeben auf meine Eingabe
an das Gesammt-Ministerium erhaltenen abermals abschlägigen
Bescheid des Herrn Finanzministers von Patow vom 11. Februar
1861." Dieser Bescheid ist auf der nicht paginierten letzten
Seite gedruckt. Der zweifellos ebenfalls von Lassalle verfaßte Text demonstriert dem Parlament, daß "Preußen ein
Land ist, in welchem - nach der Ansicht des Herrn von Patow -
jeder Beamte besser weiß, mit mehr Autorität und mit größerem
Anspruch auf Gültigkeit zu erklären vermag, was gesetzlich
ist, als der gesetzgebende Körper, an den ich die Ehre habe
zu schreiben." Mehring hat diesen Text nicht gekannt, denn
er schreibt am Schluß seines Kommentars zu A 33d "Ueber
den weiteren Verlauf der Sache [...] vermögen wir nichts zu
sagen."

A 34   [AN DIE "NATIONALZEITUNG" IN BERLIN]

MS

N II S. 228-234

Brief an den Redakteur der *Nationalzeitung*, Friedrich
Zabel, vom 16. Januar 1861, in dem Lassalle den preußischen Amnestie-Erlaß als Illusion kritisiert und um Abdruck des Briefes bittet. Zabel druckte den Brief nicht,
plagiierte aber seinen Inhalt im Leitartikel der Nr. 28
der *Nationalzeitung* vom 17. Januar 1861 (vgl. Lassalle
an Marx, 19. Januar 1861).

A 35   [AN DIE REDAKTION DER "VOLKS-ZEITUNG" IN BERLIN]

MS

N VI S. 242-243

Der vom 18. Januar 1861 datierte Brief konstatiert und
kommentiert das Plagiat der *Nationalzeitung* und verlangt
Abdruck dieses sowohl als des Briefes A 34. Der Redakteur der *Volks-Zeitung*, Aaron Bernstein, verweigerte dies,
und Lassalle nahm das zum Anlaß, um zu dem Herausgeber,
seinem Verleger Franz Duncker und Lina Duncker die Beziehungen abzubrechen.

A 36   DIE AMNESTIE. DIE BERLINER DEMOKRATISCHE PRESSE. HERR
ZABEL UND DAS GEISTIGE EIGENTUM. EINE VIELSEITIGE
HISTORISCHE CHARAKTER-ANEKDOTE, ERZÄHLT VON F. LASSALLE.

MS

N VI S. 245-246

Anfang einer unvollendet gebliebenen Broschüre zu A 34
und A 35, in der Lassalle "dieses ganze Sauzeug hiesiger
demokratisch tuender Blätter" charakterisieren wollte.
Vgl. Lassalle an Marx, 19. Januar 1861

BA FUB IISG   A 37   DAS SYSTEM DER ERWORBENEN RECHTE. EINE VERSÖHNUNG DES
IMLB SUBD UBK   POSITIVEN RECHTS UND DER RECHTSPHILOSOPHIE VON FERDINAND
LASSALLE. IN ZWEI THEILEN. - ERSTER THEIL. DIE THEORIE
DER ERWORBENEN RECHTE UND DER COLLISION DER GESETZE UNTER
BESONDERER BERÜCKSICHTIGUNG DES RÖMISCHEN, FRANZÖSISCHEN
UND PREUSSISCHEN RECHTS DARGESTELLT. - ZWEITER THEIL.
DAS WESEN DES RÖMISCHEN UND GERMANISCHEN ERBRECHTS IN
HISTORISCH-PHILOSOPHISCHER ENTWICKLUNG. Leipzig, F.A.
Brockhaus, [Druck von F.A. Brockhaus in Leipzig], 1861,
2 Bde. in-8, XXIV-517; VIII-608 S.

GRS IX - XII

Geschrieben von 1860 bis 1861. Die *Vorrede* ist datiert
und unterzeichnet "Berlin, 27. März 1861. Ferdinand
Lassalle". Der Verlagskontrakt zwischen F.A. Brockhaus
und Lassalle, vom 21. November 1860, hat sich erhalten
im Archiv des Verlegers in Wiesbaden. Ein von Lassalle
Marx gewidmetes Exemplar wird nachgewiesen in B. KAISER
und I. WERCHAN *Ex Libris Karl Marx und Friedrich Engels*
Berlin 1967, S. 121-123. Ein von Lassalle Engels gewidmetes Exemplar befand sich laut Nikolajewsky unter der
Nr. 33193a in der Bibliothek der SPD (vgl. A 30). Ein

Exemplar mit (in Bd. I) der Widmung "Seinem Georg Herwegh. FLassalle" in HA. Größere Fragmente sind gedruckt in RS III S. 735-875.

Vgl. A 33c, C 365.

FUB KP UBBA
UBK USBD ZBZ

IDEM *Zweite Auflage, herausgegeben von Lothar Bucher.*
Leipzig, F.A. Brockhaus, 1880, 2 Bde. in-8, XXII-431-
[1]; VII-[1]-504 S.

IDEM Leipzig 1899 in B 27.

Französisch Paris, V. Giard & E. Brière, 1904, 2 Bde.
(übersetzt nach der 2. Auflage, von J. Bernard, J.
Molitor, G. Mouillet und A. Weill, mit Vorwort von
Ch. Andler).

Russisch St. Petersburg 1906 (nur Fragmente nach RS III
in Bd. III von B 37.

UBA

A 38 UEBER DIE CULTURHISTORISCHE BEDEUTUNG LESSINGS

Der Gedanke, Berlin 1861, Bd II, S. 67-68.

Vortrag, den Lassalle am 3. März 1861 im Verein "Vorwärts" gehalten hat. *Der Gedanke* druckt eine Inhalts-
angabe, in welcher das gesprochene Wort in geschriebenes abgewandelt ist. Der Text weicht nur unbedeutend
von Lassalles Manuskript (III/36b in C 104) ab, mit dem
Gustav Mayer ihn verglichen hat (vgl.N VI S. 264, wo
im Titel "culturhistorische" verdruckt ist in "welt-
historische"). Möglicherweise hat Lassalle sein Manuskript für den Abdruck zur Verfügung gestellt, denn
in demselben Bande ist sein Vortrag A 29 gedruckt.

A 38a VORREDE

GRS IX S. 29-44

Die Vorrede zu A 37 ist datiert und unterzeichnet
"Berlin, 27. März 1861. Ferdinand Lassalle". In GRS
auch Buchers Vorwort zur Auflage von 1880.

IDEM Leipzig 1880 S. V-XX in A 37.

Mit einem "Vorwort zur zweiten Auflage", datiert "im
August 1880", in dem Bucher Marx' Adresse über die
Pariser Kommune zitiert und meint, Lassalle würde
"nicht die Feder gegen das deutsche Schwert geführt
[...] haben".

ABA IMLB SUBH
UMLP

VORREDE ZUM SYSTEM DER ERWORBENEN RECHTE. VON FERDI-
NAND LASSALLE. MIT DER NACHSCHRIFT LOTHAR BUCHERS.
München, Druck und Verlag von M. Ernst, 1885, in-8,
17 S.

Sammlung gesellschaftswissenschaftlicher Aufsätze,
Nr. 2. Die "Nachschrift" ist Buchers Vorwort von 1880.

BA FUB IISG
IMLB KMH SUBD

IDEM *Zweite Auflage* München, Druck und Verlag von
M. Ernst, 1894, in-8, 17-[1] S.

Mit einer "Anmerkung des Herausgebers" Eduard Fuchs,
datiert "München, 1. März 1894", auf der nichtpagi-
nierten Seite. Diese Ausgabe erschien auch mit der
Jahreszahl "1895" auf dem Umschlag.

BA		IDEM Stuttgart 1962 in B 88 (S. 3-16).

UBA IDEM in NORBERT REICH (Herausgeber) *Marxistische und sozialistische Rechtstheorie*. [Frankfurt a.M.], Athenäum-Verlag, [1972], S. 25-32.

Mit einigen Kürzungen.

A 38b AN DEN KÖNIGLICHEN POLIZEI-PRÄSIDENTEN

MS

MEW XV S. 623-633, 636-637

Um mit ihm "persönlich über etwaige gemeinschaftliche literarisch-politische Unternehmen zu sprechen" (Marx an Lassalle, 7. März 1861), d.h. vor allem über Lassalles Vorschlag, mit Marx und Engels gemeinsam in Berlin eine Tageszeitung zu gründen (vgl. Lassalle an Marx, 19. Januar 1861), hielt sich Marx vom 17. März bis 11. April 1861 bei Lassalle in Berlin auf. Während dieser Zeit verfaßte Lassalle auf Marx' Bitte (vgl. MEW Bd. XV Anmerkung 326) vier Schriftsätze, welche die Wiederherstellung von Marx' preußischer Staatsbürgerschaft beantragten. Die von Marx unterzeichneten Dokumente sind datiert vom 19. und 25. März, 6. und 11. April 1861. Der Antrag wurde endgültig im November 1861 abgelehnt.

Vgl. B 48.

FUB IISG IMLB A 39 HERR JULIAN SCHMIDT, DER LITERATURHISTORIKER, MIT
KMH SUBD UBK SETZER-SCHOLIEN HERAUSGEGEBEN VON FERDINAND LAS-
SALLE. Berlin, Druck und Verlag von G. Jansen, 1862, in-16, 174 S.

RS III S. 609-724   GRS VI S. 199-342

Das nicht unterzeichnete Vorwort ist "Berlin, 22. März 1862" datiert. Die Anmerkungen des "Setzerweibes" sind von Lothar Bucher geschrieben. Lassalle kritisiert Schmidts *Die Geschichte der deutschen Literatur seit Lessing's Tod* (Leipzig 1858, 4. Auflage). Ein von Lassalle Marx gewidmetes Exemplar wird unter Nr. 241 bei KAISER und WERCHAN *Ex Libris* nachgewiesen. Ein Exemplar mit dem handschriftlichen Vermerk "Aus dem Nachlaß Dr. Jacobys von mir gekauft. Dr. [unleserliche Unterschrift]" befindet sich in SBB*. Das obere Ende des Titelblattes dieses Exemplares ist abgerissen. Es enthielt wahrscheinlich eine Widmung Lassalles an Johann Jacoby: Der 1882 erschienene Antiquariatskatalog Nr. 55 *Bibliothek Dr. Joh. Jacoby*, (Ferd. Raabe's Nachf. in Königsberg) führt unter Nr. 3845 diese Ausgabe an mit dem Vermerk "M. Lassalles eigenhänd. Widmung." Ein Exemplar mit der Widmung "Seinem Georg Herwegh FL" befindet sich in dem bei der Erstausgabe von A 14 erwähnten Konvolutband von Erstausgaben in HA.

BA CMB FUB IDEM Leipzig, Verlag von J. Röthing (Neukirchhof),
IISG IMLB KBK [Druck von Hüthel & Legler in Leipzig], 1872, in-8, 108 S.

Angezeigt im *Volksstaat*, Leipzig, vom 26. Juni 1872.

74

ASD BA FUB
IML SBB SBW

IDEM *3. Auflage*. Leipzig, Verlag von J. Röthing, Sternwartenstr. 25 b, [Druck von Oswald Schmidt in Reudnitz-
Leipzig], 1878, in-8, 108 S.

Schon angezeigt im Leipziger *Vorwärts* vom 2. Dezember
1877.

BNP IMLB

IDEM *3. Auflage*. Culm a.W., Commissions-Verlag Anton
Metz, [Druck von Oswald Schmidt in Reudnitz-Leipzig],
1878, in-8, 108 S.

IDEM New York 1882 in B 15.

ASD BA FUB
IML SBB* SBW

IDEM *4. Auflage*. Leipzig, Verlag von Jul. Röthing,
Sternwartenstr. 38, [Buchdruckerei R. Teubner, Biel
(Schweiz)], 1886, in-8, 108 S.

Italienisch Rom 1907, 111 S. (vgl. B 28 übersetzt
von E. Zaniboni).

Russisch St. Petersburg 1870 in B 5.

FUB IMLB KBK   A 40
KMH LAB ZBZ

UEBER DEN BESONDERN ZUSAMMENHANG DER GEGENWÄRTIGEN
GESCHICHTSPERIODE MIT DER IDEE DES ARBEITERSTANDES.
EIN VORTRAG GEHALTEN AM 12. APRIL 1862 IM BERLINER
HANDWERKER-VEREIN DER ORANIENBURGER VORSTADT, VON
FERDINAND LASSALLE. Berlin, Druck und Verlag von Carl
Nöhring, Prinzenstraße 27, 1862, in-8, S. 47.

RS II S. 9-50 GRS II S. 145-202.

Die "erweiterte und angepaßte Bearbeitung" von A 24
(vgl. S. 183 in C 648) wurde von Marx bezeichnet "als
schlechte Vulgarisation des 'Manifests' und andrer
von uns so oft gepredigten Sachen" (an Engels, 28.
Januar 1863). Nach Bernstein waren Arbeiter "die Mehrheit des Publikums vor dem Lassalle sprach" (S. 98 in
C 134). In einer *Vorbemerkung* erklärt Lassalle, "Aehn-
liche Gründe, wie die welche den Druck" von A 41 (d.h.
"mehrfaches Andringen") veranlaßt hatten, hätten ihn
zur Veröffentlichung des Vortrages bestimmt. Dieser
kurze Text in RS II S. 8, in GRS II S. 144.

Die Broschüre erschien Ende Juni 1862 in 300 Exemplaren,
die sofort beschlagnahmt wurden, bis auf 50 Exemplare,
die zufällig gerettet wurden (S. 180 in B 10). Das Exemplar in IMLB trägt auf S. 3 Eduard Bernsteins Namenszug.

Nach der Lektüre der Broschüre lud das Leipziger Komitee mit einem Schreiben vom 4. Dezember 1862, das Dammer, Fritzsche und Vahlteich unterzeichneten (N V S. 59-
61, neugedruckt in B 94 S. 352-353), Lassalle ein, "sich
an die Spitze der Bewegung zu stellen und die Leitung
derselben in die Hand zu nehmen". Lassalle antwortete
am 13. Dezember 1862 zwar zustimmend (B 45 S. 382-385,
neugedruckt in B 94 S. 367-371), verschob aber nähere
Besprechungen auf Ende Januar 1863. Sie fanden schließlich erst im April 1863 in Leipzig statt (vgl. B 94
S. 296-297). Dammer bemühte sich seit Januar 1863 um
den Vertrieb des ersten Züricher Druckes des Textes.

Vgl. C 431.

BA FUB IISG
IMLB KMH SUBD

ARBEITERPROGRAMM. UEBER DEN BESONDERN ZUSAMMENHANG DER GEGENWÄRTIGEN GESCHICHTSPERIODE MIT DER IDEE DES ARBEITERSTANDES. VON FERDINAND LASSALLE. Zürich, Verlag von Meyer & Zeller, 1863, in-8, 4 -44 S.

Die Broschüre erschien Anfang Januar 1863. Die Verleger waren 48er Flüchtlinge. Über den schlechten Verkauf dieser wie der anderen bei ihnen verlegten Lassalleschen Broschüren (A 45, A 49, A 51, A 52, A 53, A 54 und A 70) vgl. Meyer & Zeller an Lassalle, 31. März 1863, und Lassalles Schreiben an dieselben, das Gustav Mayer zitiert in N V, S. 128. Nach einer Aufstellung von Willms (im ADAV-Hatzfeldt-Archiv, IISG und ASD) hatte er am 28. April 1864 noch 215 Exemplare im Depot, von denen er bis zum 20. Oktober desselben Jahres 26 verkaufte und 158 gratis verschickte.

IISG

IDEM in *Nordstern*, Hamburg, 10. Januar 1863, Nr. 194, S. 2; 17. Januar, Nr. 195, S. 3-4; 24. Januar, Nr. 196, S. 2-3; 31. Januar, Nr. 197, S. 4; 14. Februar, Nr. 199, S. 2-3; 21. Februar, Nr. 200, S. 3-4.

Der Abdruck ist von einigen Kommentaren begleitet.

BA IMLB SUBD
UBBa UBF UBK

IDEM *Zweite Auflage*. Zürich, Verlag von Meyer & Zeller, 1870, in-16, 39 S.

CMB IISG SBB*
UBBa UBK WMU

IDEM *Dritte Auflage*.Leipzig, Verlag des Lassalle'schen Allgemeinen Deutschen Arbeitervereins, (Zu beziehen durch J. Röthing, Neukirchhof 36), [Druck von Hüthel & Legler in Leipzig], 1870, in-8, 40 S.

SSA

[IDEM]in *Die Tagwacht*, Zürich, 28. Mai 1870, Jahrg. I, Nr. 15 - 25. Juni, Nr. 19.

Große Auszüge, etwa zwei Drittel des Textes, unter dem Titel "Der moralische Einfluß der Lebensstellung auf die Menschen".

IISG

IDEM in *Das Felleisen*, Zürich, 27. Januar - 19. Oktober 1872, Nr. 2, 5-15, 18, 19 und 21, im Feuilleton.

ASD IISG IMLB
SSA ZBZ

IDEM Zürich, Herausgegeben von sämmtlichen Gewerkschaften des Bezirkes Zürich, [Separatdruck aus dem Feuilleton des "Felleisen"], 1872, in-8, 30 S.

Der Separatdruck erschien Ende November 1872 (Anzeige im *Felleisen* vom 23. November 1872, Nr. 23, S. 4) in einer Auflage von 2000 Exemplaren (vgl. *Tagwacht*, Zürich, 2. Dezember 1873, Nr. 71, S. 4).

ABA HBSA IISG
IMLB KL UBG

IDEM Leipzig, Verlag von Jul. Röthing, In Commission bei W. Bracke jr., in Braunschweig, [Druck von W. Bracke jr. in Braunschweig], 1874, in-8, 36 S.

ICN IISG IMLB
LR SUBD WMU

IDEM Berlin, Druck und Verlag von C. Ihring Nachf. (A. Berein), 1874, in-8, 40 S.

BA SBB

IDEM Berlin, Druck und Verlag der Allg. Deutschen Associations-Buchdruckerei (E.G.), 1877, in-8, 40 S.

ABA BA HBSA
IMLB

IDEM *Dritte Auflage.* O.O., o.J., in-8, 39 S.

Die Ausgabe ist nicht identisch mit der 39seitigen
von 1870. Auf dem Titelblatt erscheint Lassalles
Name mit "sss". Vgl. weiter oben *Verlagsgeschichtliches.*

FUB IMLB RL
SUBH UBK WMU

IDEM Chicago, Charles Ahrens, o.J., in-8, 36 S.

Die Karteikarte in UBK gibt als Erscheinungsjahr
"[1874]" an. Vgl. weiter oben *Verlagsgeschichtliches.*

ABA BA IISG
IMLB SSA UBH

IDEM Chicago, Charles Ahrens, 1872, in-8, 40 S.

Vgl. weiter oben *Verlagsgeschichtliches.*

IDEM New York 1882 in B 15

BA FUB IISG
IMLB KMH SSA

IDEM Hottingen-Zürich, Verlag der Volksbuchhandlung,
1887, in-8, 31 S.

Sozialdemokratische Bibliothek Nr. X.

Auf Beschluß des Kongresses der Arbeitervereine der
Westschweiz am 9. Juni 1889 wurde diese Ausgabe zusammen mit den 1884 und 1885 in derselben Sammlung erschienenen Broschüren *Kommunistisches Manifest* von
Marx/Engels und *Gesellschaftliches und Privateigenthum*
von Eduard Bernstein in einem Sammelband geheftet, dessen "Anschaffung für neueintretende Mitglieder obliga-
torisch" gestellt wurde.

ABA DSB HBSA
IISG IMLB UMLP

IDEM Berlin, Verlag des "Vorwärts", Berliner Volksblatt
(Th. Glocke),[Druck von Max Bading, Berlin SW.], 1891
in-8, 31 S.

IDEM Leipzig 1899 in B 27.

BA IISG IMLB
SSA UBK

IDEM *Mit Vorbemerkungen herausgegeben von Eduard
Bernstein.* Berlin, Verlag: Buchhandlung Vorwärts,
Berlin SW 68, Lindenstr. 69 (Hans Weber, Berlin),
[Vorwärts Buchdruckerei und Verlagsanstalt Paul
Singer & Co., Berlin SW. 68, Lindenstr. 69], 1907,
in-8, 47 S.

ASD BA SSA

IDEM *Mit Vorbemerkungen herausgegeben von Eduard
Bernstein.* Berlin, Verlag: Buchhandlung Vorwärts,
Berlin SW. 68, Lindenstr. 69 (Hans Weber, Berlin),
[Vorwärts Buchdruckerei und Verlagsanstalt Paul
Singer & Co., Berlin SW. 68, Lindenstr. 69], 1909,
in-8, 47 S.

BA BIF HBSA
IISG IMLB UMPLP

IDEM *Mit einer Einleitung von Franz Mehring. Herausgegeben im Auftrage des Vorstandes der Sozialdemokratischen Landesorganisation Hamburgs und der Vorstände der Sozialdemokratischen Vereine von Altona,
Ottensen u. Wandsbek. Agitations-Ausgabe.* Hamburg,
Verlag von Erdmann Dubber, [Druck: Hamburger Buchdruckerei und Verlagsanstalt Auer & Co. in Hamburg],
1909, in-8, 68 S.

Sammlung sozialistischer Schriften Nr. 7

Mehrings Einleitung ist neugedruckt in der Ausgabe
von 1923 (siehe weiter unten) und in MEHRING, F.
Gesammelte Schriften Berlin [DDR] 1963, Bd. IV,
S. 314-326.

IDEM Wien 1911 in B 43 (S. 151-197).

ABA ASD IISG   IDEM *Mit Vorbemerkungen herausgegeben von Eduard*
IMLB UMLP   *Bernstein.* Berlin, Verlag: Buchhandlung Vorwärts
                 Paul Singer G.m.b.H., Berlin SW. 68 (Hans Weber,
                 Berlin), [Druck Buchhandlung Vorwärts Buchdruckerei
                 und Verlagsanstalt Paul Singer & Co., Berlin SW. 68,
                 Lindenstr. 69], 1912, in-8, 47 S.

ASD BA IISG   IDEM *Mit Vorbemerkungen herausgegeben von Eduard*
IMLB KP   *Bernstein.* Berlin, Verlag: Buchhandlung Vorwärts
                 Paul Singer G.m.b.H., Berlin SW. 68, [Vorwärts Buch-
                 druckerei, Berlin SW. 68], 1919, in-8, 47-[1] S.

BA BIF BIW   IDEM *Mit einer Einleitung von Dr. Hermann Heller.*
IISG SBB UBK   Leipzig, Druck und Verlag von Philipp Reclam jun.,
                 [1919], in-16, 72 S.

                 Reclams Universal Bibliothek **Nr. 6048.**
                 Bis 1930, vielfach neu aufgelegt in derselben Sammlung.

ABA IISG IMLB   IDEM Berlin 1919 in WERNER SOMBART *Grundlagen und*
UBK   *Kritik des Sozialismus.* Bd. II, S. 3-37.

BA FUB IISG   IDEM *Mit Vorbemerkungen herausgegeben von Eduard*
IMLB KP UMLP   *Bernstein.* Berlin, Buchhandlung Vorwärts, Berlin
                 SW. 68, 1920, in-8, 47 S.

BA FUB IISG   IDEM *Mit einer Einleitung von Franz Mehring unter*
IMLB SBW SUBH   *Hinzufügung eines Fremdwörterverzeichnisses neu*
                 herausgegeben von Hermann Duncker. Berlin, Vereini-
                 gung Internationaler Verlagsanstalten G.m.b.H.,
                 [Druckerei des "Gothaer Volksblatt", 1923, in-8,
                 58-[1] S.

                 Elementarbücher des Kommunismus Nr. 6
                 Die Einleitung Mehrings ist die zuerst in der Ham-
                 burger Ausgabe von 1909 erschienene.

ASD IISG   IDEM *Mit einer Einführung von Konrad Haenisch.*
                 Hamburg, Selbstverlag des Bildungsausschusses der
                 Sozialdemokratischen Partei Groß-Hamburg, [Auer-
                 druck, Hamburg 36], 1925, in-8, 43 S.

                 Hamburger Arbeiterbibliothek **Nr. 1**

IMLB   IDEM *Herausgegeben und erklärt von Prof. B. Wel-
                 mert.* Paderborn, Druck und Verlag von Ferdinand
                 Schöningh, o.J. [1926], in-8, 52 S.

                 *Ferdinand Schöninghs Dombücherei. Schülerhefte von
                 deutscher Art* **Nr. 27**

                 IDEM Berlin 1926 in B 76.

BA HBSA IMLB SUBH UMLP	IDEM *Mit Vorrede von Paul Kampffmeyer. Erläutert von Eduard Bernstein.* Berlin, Verlag J.H.W. Dietz Nachfolger G.m.b.H., Berlin SW 68, Lindenstr. 3, [Vorwärts Buchdruckerei, Berlin], 1928, in-8, 47-[1] S. Umschlagtitel, das Titelblatt ist ein Faksimile der Erstausgabe von 1862.
ASD DSB IMLB	IDEM Offenbach a.M., Bollwerk-Verlag, 1946, in-8, 44 S. *Sozialistische Dokumente. Schriftenreihe Demokratie und Sozialismus* **Nr. 1.**
FUB SUBH USBF	IDEM [*Herausgegeben von August Skalweit*]. Frankfurt a.M., Vittorio Klostermann, 1948, in-8, 92 S. *Sozialökonomische Texte* **Nr. 9.** Mit einem Vorwort des Herausgebers (S. 3-14) und dem Text A 54 (S. 53-92). IDEM Stuttgart 1962 in B 88 (S. 133-172) IDEM Bremen 1963 in B 89 (S. 174-221). IDEM Wien 1964 in B 90 (S. 43-78). IDEM München 1970 in B 91 (S. 22-60).
IMLB	IDEM Leipzig, Zentral-Antiquariat der DDR, 1971, in-8, [2]-31 S. Faksimiledruck der Hottinger Ausgabe von 1887. *Bulgarisch* Sevlievo, P. Mutafow, 1892, 40 S. (aus dem Russischen übersetzt); Tarnovo, P.H. Panajotov, 1892, 52 S. (aus dem Russischen übersetzt); Sewliewo, Mutafow, 1896, 40 S. (Zweite Auflage der Ausgabe von 1892). *Dänisch* Kopenhagen 1874 (übersetzt von Vilh. Rasmussen, Hefte 1-3, S. 1-49 in B 8); Kopenhagen, Social-Demokraten. 1878 (übersetzt von A.E. Jensen, vgl. *Dansk Bogfortegnelse* 1869-1880, S. 105); *Social-Demokraten,* Kopenhagen, 11. April - 3. Juni 1891, Nr. 86, 90-95, 98, 101, 117, 121, 124, 130; Kopenhagen 1891, 49 S. (Broschürenausgabe der vorhergehenden Übersetzung); Kopenhagen 1900, 49 S. (zweite Auflage der Broschüre, *Socialistiske Skrifter* Nr. 12); Kopenhagen 1948, 46 S. übersetzt von C.L. Skjoldbo, Vorwort von Ernst Christiansen). *Englisch* London 1884, IV-[5]-59-[1] S. (übersetzt von Edward Peters, herausgegeben von der Social-Democratic Federation); London, Social-Democratic Federation, o.J. (ca. 1890); vgl. ST I, S. 126); New York, International Publish. Co., 1899, 62 S. (die Übersetzung von Peters); London, Twentieth Century Press, 1909, 31 S.; New York 1914 in *The German Classics of the nineteenth and twentieth centuries. Masterpieces of German Literature* Bd. X, S. 396-432 (im gleichen Band auch A 49 und Ã 54).

Finnisch S. 28-74 in *Tulevaisuutta Kohti. Sosiaali-poliittisia esitelmia* Helsinki 1905, [8]-218-[3] S. Übersetzt von N.R. af Ursin, u.d.T. *Työväen ohjelma.* Eine zweite Auflage erschien im gleichen Verlag 1906.

Flämisch Gent 1903 (*Germinal* Heft 13, mit Anmerkungen von Emile Vandervelde).

Französisch in *La Liberté,* Genf, 24. Oktober - 12. Dezember 1868 (übersetzt von Alexander Serno-Solovievitch); in *Revue Socialiste,* Paris 1888, S. 113-132; Paris 1902 (S. 141-193 in B 34); Gent 1903, 60 S. (*Germinal* Heft 13 mit den Anmerkungen der flämischen Ausgabe, von Vandervelde).

Hebräisch Tel Aviv (1924 oder 1925), 48 S. (übersetzt von D. Kilai, [*Sozialwissenschaftliche Bibliothek*] Nr. 1).

Italienisch Rom 1903, 33 S. (vgl. B 28); Mailand o.J., [6]-XXIX-[2]-53-[3] S. (*Biblioteca di cultura socialista* Nr. 2, zusammen mit A 54).

Japanisch Tokyo 1928, 129 S. (mit Erläuterungen des Übersetzers Shinzo Koizumi, S. 60-129; eine zweite Auflage erschien in Tokyo 1946, 146 S.).

Jiddisch London, Worker's Friend Office, 1889, [2]-III-[1]-42 S. (übersetzt von Philipp Krantz, dem Redakteur des Wochenblattes *Der Arbeiter Freint,* in dessen Verlag die Broschüre erschien).

Norwegisch in *Vort Arbeide,* Kristiania, 24. Oktober - 19. Dezember 1885.

Polnisch [Lemberg 1877]; Lemberg 1888 (= KOR S. 163); Paris 1889 (vgl. B 19); Warschau 1905, 48 S. und Warschau 1905, 36 S.; Warschau 1907; Krakau 1912 (= KOR S. 163); New York 1912, 48 S. (übersetzt von T. Radwański).

Russisch Zwei handgeschriebene Übersetzungen von 141 und 48 S. (die letztere hektografiert) befinden sich in IMLM. St. Petersburg 1865, in *Sovremennik* Bd. CX, Nr. 9, S. 173-216 (übersetzt von E.K. Vastson); St. Petersburg 1870/1871 in B 5; Genf 1872, 54 S.; Moskau 1874 in B 5; Genf 1883, 46 S.; Tarnow 1892, 52 S.; Genf 1902, 48 S.; Genf 1904 (JAK S. 13); Odessa, Burevestnik, 1905, 34 S.; Odessa, Burevestnik, 1905, 36 S. (zweite Ausgabe); Odessa, Kopelman, [1905], 39 S.; St. Petersburg 1905, 39 S.; St. Petersburg, 'Molot', 1905, 39 S.; Moskau 1905, 48 S.; Rostov a.D. 1905, 48 S.; St. Petersburg 1906, 40 S.; St. Petersburg, Proletariat, 1906, 96 S. (mit A 41 und A 45); St. Petersburg 1906 in B 37; St. Petersburg 1906 in B 39; St. Petersburg 1906 in A 87; Petrograd 1918, 32 S.; Petrograd 1918, 32 S. (zweite Auflage); Petrograd, Gos. izd., 1919, 39 S.; Moskau 1920 in B 61; Kharkow o.J., 51 S.

Schwedisch Stockholm, Albert Bonnier, [1885], 54 S. (übersetzt von Axel Lundeberg, mit einleitender Charakteristik Lassalles von Axel F. Akerberg); Stockholm, Socialdemokratisk Arbetareparties Förlag, 1906, 45-[5] S. (eine zweite und eine dritte Auflage der Übersetzung von Lundeberg).

Serbokroatisch in *Mlada Srbadija* 1872, Nr. 26-29; in
Radnicke novine 1906, Nr. 7-22, in *Radnik* 1906, Nr.
32; Belgrad 1907, 37 S. (mit Kürzungen, in W. LIEBKNECHT
O porezima).

Tschechisch Prag 1902 (übersetzt von K. Nováček, S. 207-
247 in B 30).

Ukrainisch O.O. 1903, [3]-51-[1] S. (übersetzt von M.
Polubotka, *Literaturno-naukova biblioteka* RUP Nr. 3);
O.O., 1915, 57 S. (herausgegeben von der Ukrainischen
Sozialrevolutionären Partei).

Ungarisch Budapest 1914 und 1919 (vgl. B 52); Budapest 1919, 48 S.

BA FUB IISG IMLB KMH UBK	A 41	UEBER VERFASSUNGSWESEN. EIN VORTRAG GEHALTEN IN EINEM BERLINER BÜRGER-BEZIRKS-VEREIN VON FERDINAND LASSALLE. Berlin, Verlag von G. Jansen, [Druck von Trowitzsch und Sohn in Berlin], 1862, in-8, 32 S.

RS I S. 471-498 GRS II S. 25-61

Auf S. [3] eine *Vorbemerkung* Lassalles, der erklärt,
"Auf mehrfaches Andringen" den "ursprünglich nicht für
den Druck" bestimmten Vortrag zu veröffentlichen. Der
Vortrag wurde zuerst am 16. April 1862 im Bezirksver-
ein in Friedrichstadt gehalten und in den folgenden
Wochen in mehreren Vereinen wiederholt. Eine ausführliche Besprechung der Schrift, mit Auszügen, erschien
in der *Berliner Reform* am 11., 12. und 18. November
1862. Nach einer Aufstellung von Willms (im ADAV-Hatzfeldt-Archiv, IISG und ASD) hatte er am 28. April 1864
noch 1436 Exemplare im Depot, von denen er bis zum 20.
Oktober desselben Jahres 34 verkaufte und 1340 gratis
verschickte. Ein von Lassalle Marx gewidmetes Exemplar
befand sich laut Nikolajewsky unter der Nr. 33491a
in der Bibliothek der SPD (vgl. A 30).

BIF IISG IMLB
KMH

IDEM Leipzig, Verlag des Lassalle'schen Allgemeinen
Deutschen Arbeitervereins, zu beziehen durch J. Rö-
thing, Neukirchhof 45, [Druck von Oswald Kollmann in
Leipzig], 1868, in-8, 30-[1] S.

Das Exemplar im IMLB befindet sich in einem Konvolutband aus dem Besitze von Clara Zetkin (vgl. A 77).

BIF FUB IISG
NNUT

IDEM *Dritte Auflage.* Leipzig, Verlag des Lassalle'-
schen Allgemeinen Deutschen Arbeitervereins (Zu beziehen durch J. Röthing, Neukirchhof), [Druck von
Hüthel & Legler in Leipzig], 1870, in-8, 30 S.

ASD CMB IMLB
KP RL ZBZ

IDEM *Vierte Auflage*. Leipzig, Verlag von Jul. Röthing,
[Druck von Hüthel & Legler in Leipzig], 1872, in-8,
30 S.

BA IISG KBK
SUBH UBG UBK

IDEM *Fünfte Auflage*. Leipzig, Verlag von Jul. Röthing,
In Commission bei W. Bracke jr. in Braunschweig, 1873,
in-8, 27 S.

Schumann führt (wohl nach HEINSIUS und HINRICHS) eine
34seitige "5." Ausgabe bei "Bracke, Braunschweig" an.
Die Angaben von Verlag und Jahr dürften auf Grund einer

der Vertriebsanzeigen Brackes in 1874 entstanden sein. Ich bin einer 1874 erschienenen Ausgabe nicht begegnet.

IMLB

IDEM O.O., o.J., in-8, 19 S.

Die Ausgabe erschien ohne Verlags- und Druckvermerk. Vgl. weiter oben *Verlagsgeschichtliches*.

BA FUB HBSA
IISG IMLB SUBH

IDEM *Sechste Auflage*. Berlin, Druck und Verlag der Allgemeinen Deutschen Associations-Buchdruckerei, Eingetragene Genossenschaft, 1877, in-8, 56 S.

Enthält auch A 45 und A 53.

ABA BIW IMLB

IDEM *Originalausgabe. 2. Auflage*. Hamburg, Allgemeiner deutscher Arbeiter-Verein. Zu beziehen durch Lorenz Harms, Springeltwiete Nr. 16, Verlag von Julius Röthing in Leipzig, [Druck von Oswald Schmidt in Reudnitz-Leipzig], 1877, in-8, 32 S.

IDEM New York 1882 in B 15.

ASD HBSA IISG

IDEM Berlin, Verlag der Expedition des "Vorwärts" Berliner Volksblatt (Th. Glocke), [Druck von Max Bading, Berlin SW, Beuth-Strasze 2], 1892, in-8, 88 S.

Enthält auch A 45 und A 53. Vgl. B 21.

IDEM Leipzig 1899 in B 27.

BA IISG IMLB
KMH KP UMLP

UEBER VERFASSUNGSWESEN. DREI ABHANDLUNGEN VON FERDINAND LASSALLE. UEBER VERFASSUNGSWESEN, VORTRAG. WAS NUN? ZWEITER VORTRAG. MACHT U. RECHT, OFFENES SENDSCHREIBEN. *Neue Ausgabe, mit Einleitungen versehen von Eduard Bernstein*. Berlin, Verlag: Buchhandlung Vorwärts, Berlin SW. 68, Lindenstr. 69, Hans Weber, Berlin, [Vorwärts Buchdruckerei und Verlagsanstalt Paul Singer & Co., Berlin SW. 68], 1907, in-8, 86-[2] S.

Enthält auch A 45 und A 53.

SSA

Auch ohne Jahreszahl, von denselben Matrizen gedruckt.

ASD BA BIF
FUB HBSA IMLB

UEBER VERFASSUNGSWESEN, VON FERDINAND LASSALLE. *Mit einer Einleitung von Franz Mehring. Herausgegeben im Auftrage des Vorstandes der Sozialdemokratischen Landesorganisation Hamburgs und der Vorstände der Sozialdemokratischen Vereine von Altona, Ottensen und Wandsbek. Agitations-Ausgabe*. Hamburg, Verlag von Erdmann Dubber, [Hamburger Buchdruckerei und Verlagsanstalt Auer & Co., in Hamburg], 1908, in-8, 100 S.

Sammlung sozialistischer Schriften Nr. 5. Enthält auch A 45 und A 53.

Mehrings Einleitung ist neugedruckt in MEHRING, F. *Gesammelte Schriften* Berlin [DDR] 1963, Bd. IV, S. 294-313.

IDEM Wien 1911 in B 43 (S. 119-149).

BA IISG IMLB UMLP	IDEM *(Mit Anmerkungen)*. Wien, Verlag der Wiener Volksbuchhandlung Ignaz Brand & Co., Wien VI, Gumpendorferstraße 18, "Vorwärts", Wien V, 1913, in-16, 32 S. *Lichtstrahlen* Nr. 25. Mit Kürzungen. Das Exemplar im IMLB kommt aus der Bibliothek Clara Zetkins.
BA SSA	IDEM Berlin, Verlag: Buchhandlung Vorwärts Paul Singer G.m.b.H., Berlin SW. 68, (Hans Weber, Berlin), [Vorwärts Buchdruckerei und Verlagsanstalt Paul Singer & Co., Berlin SW. 68], o.J., in-8, 86-[2] S. Von den Matrizen der Bernsteinschen Ausgabe von 1907 gedruckt. Erschien ca. 1919.
ABA BA FUB IISG IMLB UMLP	IDEM *Mit einer Einleitung von Franz Mehring und einem Fremdwörterverzeichnis als Anhang.* Berlin, Vereinigung Internationaler Verlags-Anstalten G.m.b.H., [Druckerei des "Gothaer Volksblatt"], 1923, in-8, 86-[2] S. *Elementarbücher des Kommunismus* Nr. 5. Mit einer "Vorbemerkung" von Hermann Duncker S.[5]. Enthält auch A 45 und A 53. IDEM Berlin 1926 in B 76.
BA HBSA IISG SUBH UMLP	IDEM Wien, Verlag der Wiener Volksbuchhandlung, Wien, 6. Bez., Gumpendorferstraße 18, [Für den Inhalt verantwortlich Julius Braunthal, Redakteur. - Druck: "Vorwärts". - Sämtliche in Wien V, Rechte Wienzeile 97], 1926, in-8, 22-[1] S. Umschlagtitel. Mit einem "Nachwort".
BA IISG	IDEM Wien, Verlag der Organisation Wien der Sozialdemokratischen Partei, 1926, in-8, 23-[1] S. *Wiener Sozialdemokratische Bücherei*
ASD BA IISG IMLB	IDEM *Mit einer Einleitung von F. Mehring (1908). Herausgegeben von H. Duncker. 2. durchgesehene und vermehrte Auflage.* Berlin, Internationaler Arbeiter-Verlag G.m.b.H., 1930, in-8, 94 S. *Elementarbücher des Kommunismus* Nr. 5. Mit Dunckers Vorwort zur Auflage von 1923 und einem neuen Vorwort von ihm, vom 1. November 1930. Enthält auch A 45, A 47, A 48 und A 53.
ASD DSB USBF	IDEM Offenbach a.M., Bollwerk-Verlag, 1946, in-8, 32 S. *Sozialistische Dokumente. Schriftenreihe Demokratie und Sozialismus* Nr. 5.
SSB SUBH	IDEM Braunschweig, Georg Westermann, 1949, in-16, 56 S. *Westermanns Quellen und Darstellungen zur Gemeinschaftskunde* Nr. 6 Mit einer Einleitung von Hermann Kindt.

BA IMLB

IDEM *Sonderausgabe MCMLVIII.* Darmstadt, Wissenschaftliche Buchgesellschaft, [1958], in-8, 57 S.

Libelli **Nr. XLI**
Fotomechanischer Nachdruck aus GRS II, einschließlich
Bernsteins "Vorbemerkung".

IDEM Stuttgart 1962 in B 88 (S. 58-84).

IDEM Wien, 1964 in B 90 (S. 79-100).

IDEM München 1970 in B 91 (S. 61-86)

Bulgarisch Ruse 1891, 50 S. (aus dem Russischen über-
setzt); Tafar-Pasardschik 1892 (in der 2. Auflage von
Siromaska pravdina, Nachdruck der vorhergehenden
Übersetzung); Sofia 1905, 41 S. (übersetzt von Georgi
Bakalov); Sofia, Znanie, 1925, 30 S.

Dänisch in *Social-Demokraten,* Kopenhagen, 16.-20. Mai
1877, Nr. 110-114 (übersetzt von "A.E.", wahrscheinlich
A.E. Jensen).

Finnisch Kuopio, [Arbeiterverlag], 1911, in-8, 58 S.
(zusammen mit A 45, übersetzt von Yrjö Sirola).

Flämisch Gent 1910 (*Germinal* Nr. 6).

Französisch in *Almanach de la question sociale* (Paris
1895) S. 110-124 (übersetzt von Edouard Vaillant);
Paris 1900, 36 S. (dieselbe Übersetzung); Paris 1902
(S. 3-36 in B 34); Gent 1910, 32 S. (*Germinal* Nr. 6);
Paris 1910, 30 S.

Italienisch Rom 1902, 44 S. (zusammen mit A 45; vgl.
B 28); Mailand, Ambrosiana, [1945], 107 S. (mit A 45
und A 53 und einer Einleitung von A. Groppali).

Japanisch Tokyo 1930, III-[1]-191 S. (übersetzt von
Tokusaburo, mit Mehrings Vorwort S. 3-51).

Jiddisch [London], [Allgemeiner jüdischer Arbeiter-
Bund in Rußland und Polen], 1898, 24 S.; London 1903,
30-[1] S. (zweite Auflage der vorigen); New York 1916
(in A 87); Jekaterinoslaw, Ferlag Di Welt, 1918.

Polnisch Paris, Adolf Reiff, 1891, 48 S. (mit A 45 und
Auszug aus A 53); Warschau 1905, 1906 und 1907 (45 S.,
Neudrucke der vorigen Ausgabe); Warschau 1910 (mit A 45
und A 53); Krakau 1912, 77 S. (mit A 45); Warschau
1960.

Rumänisch Bukarest 1946, 64 S. (mit biographischer Einleitung von C. Dobrogeanu-Gherea, S. 5-31 und Vorwort
des Übersetzers I. Gruia, S. 35-37; vgl. C 224).

Russisch Zwei hektographierte Broschüren ohne Ortsangabe und ohne Jahreszahl (74 S. und 80 S.) mit Übersetzungen von A 41 und A 45 durch Saïtzev befinden sich
im IMLM; St. Petersburg 1870 in B 5; Moskau 1874 in B 5;
Genf 1876, 32 S.; Genf 1897, 31 S.; Moskau 1897, 53 S.
(hektographiert); Carouge-Genf 1900, 47 S.; Genf 1903,
29 S.; Genf 1903, 31 S.; Genf 1904 (JAK S. 17); Kiew
1905, [2]-IV-32 S.; Odessa 1905, 32 S.; Rostov a.D.
1905, 74 S. (mit A 45 und A 53); St. Petersburg 1905,

64 S. (mit A 45); Odessa 1905, 31 S. (eine 2. Auflage
erschien im gleichen Jahre, vgl. JAK S. 17); St. Petersburg 1905, 63 S. (mit A 45); Odessa 1905, 23 S.;
Odessa 1905, VII-23 S.; Odessa, o.J., 36 S.; St. Petersburg 1906, 98 S. (mit A 45 und A 53); St. Petersburg
1906, 64 S. (mit A 45); St. Petersburg 1906 (vgl. A 40);
St. Petersburg, Lvovič, 1906 (JAK S. 18); St. Petersburg, Vrublevskov, 1906 (JAK S. 18); St. Petersburg
1906 (in B 37 Bd. II); St. Petersburg [1910] in L.
DJUGI Občestvo, ličnost i gosudarstvo S. 62-77 (übersetzt von A. Bett, mit der Einleitung Bernsteins von
1907, S. 59-61); Moskau 1920 (in B 61).

Serbokroatisch in *Mlada Srbadija* 1872, Nr. 3-5 und 11-
12; Novi Sad 1875, 79 S. (mit A 45; übersetzt von Nik.
Marković); Belgrad 1907, 102 S. (mit A 45, Übersetzung
und Vorwort von Dušan Popović).

Spanisch Madrid 1931, 158 S. (mit Mehrings Einleitung
von 1908; übersetzt von W. Roces); Buenos Aires 1946,
159 S.

Tschechisch Prag 1902 in B 30 (übersetzt von K. Beránek);
Prag 1947, 31 S. (übersetzt aus dem Französischen von
Hana Zaloudková).

Ukrainisch O.O., 1904, 48 S. (übersetzt von Ivan Franko);
o.O. 1915, 44 S. (dieselbe Übersetzung); o.O. 1915, 35 S.
(dritte Ausgabe der Übersetzung Frankos).

Ungarisch Budapest 1899 in B 26 (mit A 53, übersetzt
von Brutus); Budapest 1912, 26 S. (übersetzt von Sándor
Fazekas); Budapest 1917, 71 S. (mit A 45); Budapest 1914
und 1919 (vgl. B 52); Budapest 1919,61 S. (zusammen mit
A 45, übersetzt von Béla Somógyi).

A 41a [WAHLBRIEF FÜR FRANZ ZIEGLER]

UBK *Breslauer Morgen-Zeitung*, 4. Oktober 1876, Nr. 232, S. 71.

BM *Volks-Zeitung*, Berlin, 5. Oktober 1876, Jahrg. XXIV, Nr.
223, Beiblatt S. 1.

Von einem Breslauer Korrespondenten dazu aufgefordert,
schlug Lassalle im April 1862 Ziegler vor, er solle sich
im Wahlkreis Schlesien als Kandidat für das preußische
Abgeordnetenhaus stellen und ihm ein curriculum vitae
schicken. Ziegler ging darauf ungern ein, schickte aber
Daten über seinen politischen Lebenslauf am 2. Mai 1862
an Lassalle, der "noch am gleichen Tage" (laut N V,
S. 10) einen Brief an seinen Breslauer Korrespondenten
schickte, in dem er Zieglers Mitteilungen verwertete
und die Wahl Zieglers empfahl, der "in der Kammer die
Fortschrittspartei unterstützen und zugleich kräftig
fortentwickeln" werde.

Der Brief wurde erst bei Zieglers Tod eingangs des Nach-
rufes "Erinnerungen an Franz Ziegler" veröffentlicht und
dort irrtümlich "aus dem Jahre 1861" datiert. Er ist unterzeichnet "Dein F. Lassalle.". Die *Volks-Zeitung* übernahm ihn aus der *Morgen-Zeitung*.

BA FUB IISG IMLB SUBD ZBZ   **A 42**   DIE PHILOSOPHIE FICHTE'S UND DIE BEDEUTUNG DES DEUTSCHEN VOLKSGEISTES. FESTREDE GEHALTEN BEI DER AM 19. MAI 1962 VON DER PHILOSOPHISCHEN GESELLSCHAFT UND DEM WISSEN-SCHAFTLICHEN KUNSTVEREIN IM ARNIMSCHEN SAALE VERANSTALTETEN FICHTEFEIER, VON F. LASSALLE. Berlin, Druck und Verlag von G. Jansen, 1862, in-8, 35 S.

RS I S. 431-461   GRS VI S. 111-152

Ein Faksimile der ersten Seite des Manuskripts in C 406. Das Exemplar in SUBD trägt die handschriftliche Widmung "Seinem Ferdinand Kichniavy [sic]. F. Lassalle." (Ein Faksimile dieser Widmung befindet sich in B 89 auf Seite XXXVII). Vgl. B 42, C 172a. Ein von Lassalle Engels gewidmetes Exemplar befand sich laut Nikolajewsky (vgl. A 30) unter der Nr. 30829 in der Bibliothek der SPD.

KMU SSA   IDEM Dresden, Verlag von J. Rößner, [Druck von Wilh. Brummer in Dresden, Töpferg. 11], 1871, in-8, 24 S.

SSA   Dieselbe Ausgabe auch mit der Verlagsangabe "Leipzig, Verlag von Julius Röthing".

BIF IISG IMLB LR UBG ZBZ   IDEM *Zweite Auflage*. Leipzig, Verlag von Julius Röthing, In Commission bei W. Bracke jr. in Braunschweig, [Druck von W. Bracke jr. in Braunschweig], 1873, in-8, 26 S.

FUB IISG IMLB KMH SUBD ZBZ   IDEM Berlin, Druck und Verlag der Allg. Deutschen Associations-Buchdruckerei (E.G.), 1877, in-8, 26 S.

FUB IISG IMLB LAB UBK ZBZ   IDEM *Vierte Auflage*. Leipzig, Verlag von Julius Röthing, [Druck von Oswald Schmidt in Reudnitz-Leipzig], 1879, in-8, 27 S.

IDEM Wien 1911 in B 43 (S. 377-411).

Italienisch Rom 1899, 26 S. (vgl. B 28).

Russisch St. Petersburg 1870 in B 5; St. Petersburg 1905 in B 37.

    A 43   AN DEN KÖNIGLICHEN OBER-STAATSANWALT AM K. KAMMERGERICHT ZU BERLIN. F. LASSALLE.

DSB   *Berliner Reform*, 4. Juli 1862, Nr. 153, Beilage S. 1-2.

RS II S. 151-156

Vom 28. Juni 1862 datierte Beschwerde wegen bei Lassalle unternommener Haussuchung nach den 50 nicht gefundenen Exemplaren von A 40. Die *Reform* druckte den Text mit einigen unbedeutenden Kürzungen. RS bringt den Text in der Wiedergabe von A 51

IDEM Zürich 1863 in A 51 (S. 38-43).

Russisch St. Petersburg 1870 und Moskau 1874 in B 5.

    A 44   [NATIONALÖKONOMISCHE VORTRÄGE]

MS

N VI S. 249 - 260

Fragment eines Vortrages, den Gustav Mayer als "unzwei-
felhaft [...] im Oktober oder November 1862" entstanden
bezeichnet. Das Manuskript (20 S. in-fol.) befindet sich
im Lassalle-Nachlaß (III/37 in C 104). Erstabdruck eines
Teiles in C 554.

BA FUB IISG   A 45   WAS NUN? ZWEITER VORTRAG ÜBER VERFASSUNGSWESEN,
IMLB KMH UBK   GEHALTEN VON FERDINAND LASSALLE. Zürich, Verlag
von Meyer & Zeller, [Leipzig, Druck von A. Edelmann],
1863, in-8, 41-[1] S.

RS I S. 506-535   GRS II S. 77-115

Der Vortrag, eine Fortsetzung von A 41, wurde in verschiedenen Bürger-Bezirks-Vereinen am 17. November und
10. Dezember 1862 sowie am 12. Januar 1863 gehalten.
Die Broschüre ist am 24. Dezember 1862 erschienen
(Lassalle an Sophie von Hatzfeldt, 24. Dezember 1862).
Auf einen Angriff der *Volks-Zeitung* (vgl. C 113) gegen
den Vortrag antwortet Lassalle mit einer Erklärung
(vgl. A 47). Über den Verkauf der Broschüre gilt das
zur Züricher Ausgabe von A 40 Gesagte.

Ein Exemplar in IMLB trägt die handschriftliche Widmung
"Hr. Tischler Heymann. F.L.".

Ein Exemplar aus dem Besitze Marx' mit der handschriftlichen Anmerkung Lassalles "Ganz entstellt durch Druckfehler" befand sich laut Nikolajewsky (vgl. A 30) unter
der Nr. 33491b in der Bibliothek der SPD.

ASD FUB KP   IDEM Dresden, Verlag von J. Rößner, [Druck von Wilh.
LR UBG UBK   Brummer in Dresden, Töpferg. 11], 1871, in-8, 28 S.

BA CMB IMLB   IDEM *Zweite Auflage*. Leipzig, Verlag von Julius Röthing,
KMH LR   [Dresden, Druck von Wilh. Brummer, Töpferg. 11], 1872,
in-8, 28 S.

BNP IISG KP   IDEM *Dritte Auflage*. Leipzig, Verlag von Jul. Röthing.
SUBH UBK ZBZ   In Commission bei W. Bracke jr. in Braunschweig, 1873,
in-8, 26 S.

ABA IMLB   IDEM *Originalausgabe. 2. Auflage* Hamburg, Allgemeiner
deutscher Arbeiter-Verein. Zu beziehen durch Lorenz
Harms, Springeltwiete Nr. 16. Verlag von Julius
Röthing in Leipzig, [Druck von Oswald Schmidt in Reud-
nitz-Leipzig], 1877, in-8, 41 S.

IDEM Berlin 1877 in A 41.

IDEM Berlin 1892 in A 41.

IDEM Leipzig 1899 in B 27.

IDEM Berlin 1907 in A 41.

IDEM Hamburg 1908 in A 41.

IDEM Berlin [1919] in A 41.

IDEM Hamburg 1923 in A 41.

IDEM Berlin 1926 in B 76.

IDEM Berlin 1930 in A 41.

IDEM München 1970 in B 91 (S.87-115).

Finnisch Jyväskylä, [Arbeiterdruckerei], 1911, in-8, 56 S. (übersetzt von Aki Ahtiainen); Kuopio, [Arbeiterverlag], 1911, in-8, 58 S. (zusammen mit A 41, übersetzt von Yrjö Sirola).

Französisch Paris 1902 in B 34.

Italienisch Rom 1902 in A 41; Mailand 1945 in A 41.

Jiddisch New York 1916 in A 87.

Polnisch Paris 1891 in A 41; Warschau 1905 in A 41; Warschau 1906 in A 41; Warschau 1907 in A 41; Warschau 1910 in A 41; Krakau 1912 in A 41.

Russisch O.O., o.J. in zwei hektographierten Ausgaben von A 41 im IMLM; St. Petersburg 1870 und Moskau 1874 in B 5; Rostov o.J. in A 41; St. Petersburg 1905 in A 41; St. Petersburg 1906 in A 41; St. Petersburg 1906, 31 S.; St. Petersburg 1906 in B 37, Bd. II; St. Petersburg 1906 in A 40; St. Petersburg 1906 in A 87.

Serbokroatisch Novi Sad 1875 in A 41; Belgrad 1907 in A 41.

Ungarisch Budapest 1899 in A 41; Budapest 1917 in A 41; Budapest 1919 in A 41.

A 46   ASPROMONTE UND DIE POESIE

DSB   *Berliner Reform,* 18. Dezember 1862, Nr. 298, S. 2.

ZBZ   *Zürcher Intelligenzblatt,* 28. Dezember 1862, Nr. 308, S. 1152.

Herweghs anläßlich der Verwundung Garibaldis bei Aspromonte geschriebenes Gedicht mit einem "F.L." gezeichneten Kommentar. Lassalles Text ist neugedruckt in B 24.

A 47   GEEHRTER HERR REDAKTEUR

LAB   *Vossische Zeitung,* Berlin, 13. Januar 1863, Nr. 10, 1. Beilage S. 4-5.

RS I S. 536-539   GRS II S. 116-120

Die Erklärung ist datiert und gezeichnet "Berlin, 10. Januar 1863. F. Lassalle". Sie ist eine Erwiderung auf den gegen den Vortrag A 45 gerichteten Artikel der *Volks-Zeitung* vom 10. Januar 1863 "Ueberspanntheit und Abspannung" (vgl. C 113).

BUL   IDEM *Berliner Reform,* 13. Januar 1863, Nr. 10, S. 1.

Unter dem Titel "Eine Replik", ohne Datum.

IDEM Berlin 1930 in A 41 (S. 82-84).

A 48   ERWIDERUNG

LAB   *Vossische Zeitung,* Berlin, 15. Januar 1863, Nr. 12, 1. Beilage S. 6.

RS I S. 539-542   GRS II S. 121-124

Die Erwiderung ist datiert und unterzeichnet "Berlin, 14. Januar 1863. F. Lassalle". Sie ist gegen die *Volks-Zeitung* gerichtet, welche auf die Erklärung A 47 geantwortet hatte. Ein unvollständiger Entwurf Lassalles zu einem an die Redaktion der *Volks-Zeitung* gerichteten Brief vom Januar 1863 befindet sich im Nachlaß (VIII, 243 b in C 104).

IDEM Berlin 1930 in A 41 (S. 84-86).

BA FUB IISG A 49 DIE WISSENSCHAFT UND DIE ARBEITER. EINE VERTHEIDIGUNGS-
IMLB KMH UBK REDE VOR DEM BERLINER CRIMINALGERICHT GEGEN DIE ANKLAGE
DIE BESITZLOSEN KLASSEN ZUM HASS UND ZUR VERACHTUNG
GEGEN DIE BESITZENDEN ÖFFENTLICH ANGEREIZT ZU HABEN,
VON FERDINAND LASSALLE. Zürich, Verlag von Meyer & Zeller, [Druck von Otto Wigand in Leipzig], 1863, in-8, 53-[1] S.

RS II S. 59-111 GRS II S. 215-284

Am 16. Januar 1863 gehaltene Verteidigungsrede in erster Instanz des Prozesses gegen Lassalle wegen der Rede A 40. Für den Verhandlungsbericht und das Urteil vgl. A 51 und A 52. Ein Exemplar mit der Widmung "Seinem Georg Herwegh FL" in HA. Über den schlechten Verkauf der Schrift vgl. das zu A 40 Gesagte.

IMLB KP LR IDEM Dresden, Verlag von J. Rößner, [Druck von Wilh.
UBG UKB ZBZ Brummer, Dresden, Töpferg. 11], 1872, in-8, 47 S.

IISG IMLB LR IDEM Leipzig, Verlag von J. Röthing, In Commission bei
SUBD UBK UMLP W. Bracke jr. in Braunschweig, [Druck von W. Bracke jr. in Braunschweig], o.J., in-8, 43- 1 S.

Die Ausgabe erschien zwischen 1873 und 1875 (vgl. weiter oben *Verlagsgeschichtliches*). HEINSIUS und KAISER geben als Erscheinungsjahr "1874" an. Bracke führte diesen Titel noch an in seiner Verlagsanzeige im Leipziger *Vorwärts* vom 2. Dezember 1877.

BA FUB HBSA IDEM Berlin, Druck und Verlag von C. Ihring Nachf. (A.
IISG IMLB LR WMU Berein), 1874, in-8, 44 S.

IDEM Chicago, Charles Ahrens, o.J., in-8, 44 S.

Vgl. weiter oben *Verlagsgeschichtliches*.

IISG SSA IDEM Chicago, Charles Ahrens, 1872, 44 S.

Vgl. weiter oben *Verlagsgeschichtliches*.

IDEM New York 1882 in B 15.

BA IISG IMLB IDEM Hottingen-Zürich, Verlag der Volksbuchhandlung,
KMH SUBH UBK 1887, in-8, 38- 2 S.

Sozialdemokratische Bibliothek Nr. **XV.**

ABA ASD BA IDEM Berlin, Verlag der Expedition des "Vorwärts"
BPU IISG IMLB Berliner Volksblatt (Th. Glocke), 1892, in-8, 61-[3] S.

Vgl. B 21.

IDEM Leipzig 1899 in B 27.

BA HBSA IISG
IMLB KP UMLP

IDEM *Neue Ausgabe mit einer Vorbemerkung und Anmerkungen von Eduard Bernstein,* Berlin, Buchhandlung Vorwärts, Berlin SW. 68 (Hans Weber, Berlin), [Vorwärts Buchdruckerei Paul Singer & Co., Berlin SW. 68, Lindenstr. 69], 1908, in-8, 55 S.

IDEM Wien 1911 in B 43 (S. 199-263).

BA FIB FUB
IMLB KP UBK

IDEM Berlin, Verlag: Buchhandlung Vorwärts Paul Singer G.m.b.H. Berlin, [Vorwärts Buchdruckerei], 1919, in-8, 55-[1] S.

IDEM Berlin 1919 in B 59   (S. 83-143).

DSB IMLB

IDEM *Mit einer Einleitung von Dr. Gustav Mayer, der Anklage des Staatsanwalts beim Königlichen Stadtgericht zu Berlin wider den Privatmann Ferdinand Lassalle und einem Bildnis Lassalles von Karl Bauer.* Berlin Otto Hendel Verlag (Hermann Hillger), [1919], in-8, 88 S.

Hendel-Bücher Nr. 2482.

Die Einleitung auf S. 5-9, die vom 4. November 1862 datierte Anklageschrift auf S. 11-18.

ABA IISG IMLB
UBK

IDEM Berlin 1919 in WERNER SOMBART *Grundlagen und Kritik des Sozialismus.* Bd. II S. 38-82.

IDEM München 1970 in B 91 (S. 121-169).

IMLB

IDEM Leipzig, Zentralantiquariat der DDR, 1971, in-8, 53 S.

Faksimiledruck der Hottinger Ausgabe von 1887.

Dänisch in dem Freidenker-Organ *Den frie Tanke,* Kopenhagen, 1. Januar - 4. Juni 1882, Jahrg. V, Nr. 1-13, 15, 16, 20-23.

Englisch New York 1900, 84 S. (übersetzt von Thorstein B. Veblen); New York 1914 in *The German Classics* (vgl. A 40) Bd. X S. 433-489 (die vorige Übersetzung).

Französisch Paris 1902 in B 34 (S. 75-140).

Italienisch Rom 1900, 44 S. (vgl. B 28)

Japanisch Tokyo 1949, 173 S. (zusammen mit A 54, übersetzt von Masamichi Inoki; eine zweite Auflage erschien Tokyo 1953, 160 S.).

Jiddisch New York 1916 in B 56 (S. 7-72, übersetzt von J.A. Merison).

Polnisch Warschau 1905 (vgl. KOR S. 164).

Russisch St. Petersburg 1870 und Moskau 1874 in B 5; St. Petersburg 1905 in B 37; Odessa 1905, 56 S.; Odessa 1917, 63 S.

Tschechisch Prag 1894 in der Beilage *Volné listy* zu Nr. 1, 33, 65, 97 und 129 des Jahrganges IV der Zeitschrift *Sociálni demokrat* (übersetzt von Josef Krapka-Náchodský).

Ungarisch Budapest, Vass, 1905, 71 S.; Budapest 1914 und 1919 (vgl. B 52); Budapest, Europa, 1945, 127 S. (übersetzt von Sándor Pál).

A 50   HERR REDACTEUR!

IZD   *Neue Preußische (Kreuz-)Zeitung*, Berlin, 18. Januar 1863, Nr. 15, S. 3 Feuilleton.

Erwiderung auf eine in der *Neuen Preußischen Zeitung* am 16. Januar 1863 erschienene Glosse, in der A 47 und A 48 zitiert sind. Lassalle bezeichnet seine frühere Freundschaft mit Franz Duncker als ein Verhältnis "streng *persönlicher* Natur; es hatte nicht die geringste Beziehung auf" die von Duncker herausgegebene *Volks-Zeitung*. Die Erklärung ist datiert und unterschrieben "F. Lassalle, Berlin, den 16. Januar 1863."

ABA BA FUB   A 51   DER LASSALLESCHE CRIMINALPROZESS. ZWEITES HEFT. DIE
IMLB SUBD UBK   MÜNDLICHE VERHANDLUNG NACH DEM STENOGRAPHISCHEN BE-
RICHT. Zürich, Verlag von Meyer & Zeller, [Druck von Otto Wigand in Leipzig], 1863, in-8, 52 S.

RS II S. 115-164

Von Lassalle sind nur die beiden einleitenden Absätze, einige eingeschobene Bemerkungen und kürzere Fußnoten sowie in einer langen Fußnote der Text A 43 (S. 38-43). Die Broschüre ergänzt A 49; sie erschien etwa Anfang Februar 1863 (vgl. Lewy an Lassalle, 12. Februar 1863). Das Exemplar in IMLB befindet sich in einem Konvolutband aus dem Besitze Clara Zetkins.

IMLB LR UBK   IDEM Dresden, Verlag von J. Rößner, [Druck von Wilh.
WMU   Brummer, Töpferg. 11], 1872, in-8, 32 S.

IDEM Leipzig, Verlag von Jul. Röthing, 1873.

Die Ausgabe ist angeführt bei ST II S. 183; die Bibliothek der SPD besaß ein Exemplar (vgl. SPD S. 346).

IDEM New York 1882 in B 15.

ASD IMLB LR   IDEM Berlin, Verlag der Expedition des "Vorwärts" Berliner Volksblatt (Th. Glocke), 1892, in-8, 128 S.

Enthält auch A 52. Vgl. B 21.

IDEM Leipzig 1899 in B 27.

Italienisch Rom 1908, 42 S. (vgl. B 28).

Russisch St. Petersburg 1870 und Moskau 1874 in B 5; St. Petersburg 1905 in B 37.

ASD DLC HA   A 52   DAS CRIMINAL-URTHEIL WIDER MICH MIT KRITISCHEN RAND-
IISG IMLM KP   GLOSSEN ZUM ZWECK DER APPELLATIONSRECHTFERTIGUNG
BEARBEITET VON FERDINAND LASSALLE. ALS MANUSCRIPT GEDRUCKT. O.O., [Druck von Otto Wigand in Leipzig], o.J., in-16, 79 S.

BA FUB IMLB   DER LASSALLE'SCHE CRIMINALPROZESS. DRITTES HEFT. DAS
KMH SUBH UBBa   URTHEIL ERSTER INSTANZ MIT KRITISCHEN RANDNOTEN ZUM
ZWECK DER APPELLATIONSRECHTFERTIGUNG BEARBEITET VON

FERDINAND LASSALLE. Zürich, Verlag von Meyer & Zeller, [Druck von Otto Wigand in Leipzig], 1863, in-16, 79-[1] S.

RS II S. 167-238

Das Heft beschließt die Darstellung des Prozesses (vgl. A 49 und A 51). Das Exemplar in IMLB befindet sich in einem Konvolutband aus dem Besitze Clara Zetkins.

ABA BA BIF
IMLB NNUT SUBD

IDEM *Zweite Auflage*. Leipzig, Verlag von Julius Röthing. In Commission bei W. Bracke jr. in Braunschweig, [Druck von W. Bracke jr. in Braunschweig], 1873, in-16, 72 S.

IDEM Berlin 1892 in A 51.

IDEM Leipzig 1899 in B 27.

Italienisch Rom 1909, 58 S. (vgl. B 28).

Russisch St. Petersburg 1870 und Moskau 1874 in B 5; St. Petersburg 1905 in B 37.

LR   A 53   MACHT UND RECHT. OFFNES SENDSCHREIBEN VON F. LASSALLE. O.O., o.J., in-8, 4 S.

RS I S. 545-550   GRS II S. 129-138

Die Erklärung ist datiert und unterschrieben "Berlin, 7. Februar 1863. F. Lassalle". In einer *Vorbemerkung* vom 13. Februar 1863 erklärt Lassalle, die *Berliner Reform* und die *Vossische Zeitung* hätten die Aufnahme der Erklärung verweigert und er veröffentliche sie deshalb als "Flugblatt".
Der Titel ist dem des gegen die Regierung gerichteten Leitartikels der *Berliner Reform* vom 31. Dezember 1862, Nr. 307 entnommen, der A 41 und A 45 zustimmend anführt und sich den dort vorgebrachten Argumenten anschließt.

Die Erklärung schließt die Polemik über Lassalles Rede A 41 ab. Vgl. A 45, A 47, A 48 und A 50.
Der Text erschien ohne Verlagsangabe und ohne Druckvermerk. Dies und die Tatsache, daß der Terminus "Flugblatt" auf einen Text von 4 Seiten Kleindruck eher anwendbar ist als auf eine Broschüre von 15 Seiten, scheint die Annahme zu rechtfertigen, das Flugblatt sei im Februar 1863 und vor der Zürcher Ausgabe erschienen.

BA FUB IISG
IMLB KMH UBK

IDEM Zürich, Verlag von Meyer & Zeller, [Druck von Otto Wigang in Leipzig], 1863, in-16, 15-[1] S.

Nach einer Aufstellung von Willms (im ADAV-Hatzfeldt-Archiv, IISG und ASD) hatte er am 28. April 1864 noch 500 Exemplare im Depot, von denen er bis zum 20. Oktober desselben Jahres 30 verkaufte und 304 gratis verschickte.

BA FUB LR
UBK

IDEM Leipzig, zu beziehen durch Julius Röthing, Neukirchhof, [Druck von Sturm und Koppe (A. Dennhardt) in Leipzig], 1870, in-8, 8 S.

ASD BA DSB
IMLB LR UBK

IDEM *Dritte Auflage*. Leipzig, Verlag von Julius Röthing, 1872, in-8, 8 S.

BA IISG SBB*   IDEM *Vierte Auflage*. Leipzig, Verlag von Jul. Röthing.
SUBD SUBH WMU   In Commission bei W. Bracke jr. in Braunschweig, [Druck
                  von W. Bracke jr. in Braunschweig], 1873, in-8, 8 S.

ABA BIW IMLB   IDEM *Originalausgabe. 2. Auflage*. Hamburg, Allgemeiner
                  deutscher Arbeiter-Verein. Zu beziehen durch Lorenz Harms,
                  Springeltwiete Nr. 16, Verlag von Julius Röthing in Leip-
                  zig. [Druck von Oswald Schmidt in Reudnitz-Leipzig], 1877,
                  in-16, 15 S.

                  IDEM Berlin 1877 in A 41.

                  IDEM New York 1882 in B 15.

                  IDEM Berlin 1892 in A 41.

                  IDEM Leipzig 1899 in B 27.

                  IDEM Berlin 1907 in A 41.

                  IDEM Hamburg 1908 in A 41.

                  IDEM Berlin 1919 in A 41.

                  IDEM Berlin 1923 in A 41.

                  IDEM Berlin 1930 in A 41.

                  IDEM München 1970 in B 91 (S. 116-120).

                  Italienisch Rom 1907, 7 S. (vgl. B 28); Mailand 1945 (in
                  A 41).

                  Polnisch Warschau 1910 in A 41.

                  Russisch St. Petersburg 1870 und Moskau 1874 in B 5;
                  O.O., 1883, 11 S. (hektographiert); St. Petersburg 1905
                  in B 37; Rostov a.D. 1905 in A 41; St. Petersburg
                  1906 in A 41.

                  Ungarisch Budapest 1899 in A 41; Budapest 1914 und
                  1919 (vgl. B 52).

BA FUB IISG   A 54   OFFNES ANTWORTSCHREIBEN AN DAS CENTRAL-COMITE ZUR
IMLB KMH UBK   BERUFUNG EINES ALLGEMEINEN DEUTSCHEN ARBEITER-CON-
                     GRESSES ZU LEIPZIG, VON FERDINAND LASSALLE. Zürich,
                     Verlag von Meyer & Zeller,[Druck von Otto Wigand
                     in Leipzig], 1863, in-8, 38 S.
                     RS II S. 409-445 GRS III S. 41-92

                     Das Leipziger Zentralkomitee war im November 1862
                     konstituiert worden, in ihm hatten die Mitglieder
                     des Arbeitervereins "Vorwärts" (Roßmäßler, Dammer,
                     Fritzsche, Vahlteich) die Führung, der sich kurz
                     vorher von dem alten gewerblichen Arbeiter-Bildungs-
                     Verein getrennt hatte, in dem Bebel eine führende
                     Rolle spielte.
                     Das "officielle Manifest der Bewegung" (Lassalle an
                     Dammer, 13. März 1863) ist unterzeichnet und datiert
                     "Ferdinand Lassalle. Berlin, den 1. März 1863". Es
                     ist die Antwort auf eine offizielle Einladung des
                     Zentralkomitees an Lassalle, seine Ansichten zu for-

mulieren (Dammer an Lassalle, 11. Februar 1863 in
RS I S. 115-116, neugedruckt in B 94 S. 352-359).
Lassalle formuliert zum ersten Male das eherne
Lohngesetz und begründet mit ihm die beiden programmatischen Forderungen des ADAV: Staatshilfe
für Arbeiter-Produktivgenossenschaften und das
allgemeine Wahlrecht. Diese drei Themen kehren
in allen folgenden Agitationsreden und -schriften
wieder.
In einem Brief vom 6. März 1863 an die Gräfin Hatzfeld erwartet Lassalle von diesem "Manifest [...]
ungefähr eine Wirkung [...] wie die Thesen an der
Wittenberger Schloßkirche", und er gibt zu, daß es
"in eine bereits vorhandene praktische Bewegung
fällt" (N IV, S. 340).

Die Broschüre erschien am 16. März 1863 (vgl. Dammer
an Lassalle, 26. März 1863) in einer Auflage von
10 000 Exemplaren (vgl. Meyer & Zeller an Lassalle,
31. März 1863). Dammer und Vahlteich in Leipzig,
Lassalle in Berlin, Lewy in Düsseldorf und andere
vertrieben sie - d.h. verteilten sie meistens gratis an Mitglieder von Arbeiter- und Handwerkerver-
einen - , der Kommissionär K. F. Köhler versorgte
den Buchhandel.

Vgl. C 23a, 23c, 46, 411a, 633, 666a, 678, 762b
und *Register* Ehernes Lohngesetz.

IDEM Zürich, Verlag von Meyer & Zeller [Druck von
Otto Wigand in Leipzig], 1863, in-8, 38 S.

Ende April ließ Lassalle einige tausend Exemplare nachdrucken (Lassalle an Dammer, 25. April 1863), die in
den ersten Maitagen ausgeliefert wurden (vgl. *Neue
Frankfurter Zeitung* vom 3. Mai 1863). Nach einer Aufstellung von Willms (im ADAV-Hatzfeldt-Archiv, IISG
und ASD) hatte er am 28. April 1864 noch 786 Exemplare
im Depot, von denen er bis zum 20. Oktober desselben
Jahres 109 verkaufte und 634 gratis verschickte.

BIF FUB IMLB   IDEM 2. *Auflage.* Zürich, Verlag von Meyer & Zeller,
KMH UBBa   1868, in-8, 35 S.

ASD IMLB SBB*   IDEM Leipzig, Verlag des Lassalle'schen Allgemeinen
SSA   deutschen Arbeiter-Vereins. Zu beziehen durch J. Röthing,
                  Neukirchhof Nr. 45, [Druck von Oswald Kollmann in Leip-
                  zig], 1868, in-8, 35 S.

                  Das Exemplar in IMLB befindet sich in einem Konvolut-
                  band aus dem Besitze Clara Zetkins.

FUB   IDEM *Vierte Auflage.* Leipzig, Verlag des Lassalle'-
                  schen Allgemeinen Deutschen Arbeitervereins. Zu be-
                  ziehen durch J. Röthing, Neukirchhof Nr. 45, [Druck
                  von Oswald Kollmann in Leipzig], 1869, in-8, 32 S.

SSA   IDEM in *Die Tagwacht*, Zürich, 6. August 1870, Jahrg. I,
                  Nr. 25 - 27. August, Nr. 28.

                  Größere Auszüge unter dem Titel "Das eherne Lohngesetz".

BA CMB FUB IISG LR UBK	IDEM *Fünfte Auflage*. Leipzig, Verlag von J. Röthing, Neukirchhof Nr. 36, [Leipzig, Druck von Fr. Thiele], 1871, in-8, 32 S. Thiele war der Drucker des Organs der Eisenacher *Der Volksstaat*.
WMU	IDEM *Zweite Auflage*. Leipzig, Verlag von Julius Röthing. In Commission bei W. Bracke jr. in Braunschweig, [Druck von W. Bracke jr. in Braunschweig], 1873, in-8, 26 S.
BA BNP DSB IMLB SUBD	IDEM *Vierte Auflage*. Berlin, Druck und Verlag von C. Ihring Nachfolger (A. Berein), o.J. [1874], in-8, 32 S.
BA DLC IISG IMLB LR SSA	IDEM *Sechste Auflage*. Leipzig, Verlag von J. Röthing. In Commission von W. Bracke jr. in Braunschweig, [Druck von W. Bracke jr. in Braunschweig], o.J., in-8, 32 S.
ZBZ	Bracke druckte für Röthing zwischen 1873 und 1875. Diese Ausgabe kommt auch ohne den Druckvermerk auf S. 32 vor.
BA IMLB	IDEM Chicago, Charles Ahrens, o.J., 24 S. Eine Äquivalent-Ausgabe mit einem deutschen Impressum wurde nicht gefunden. Die Ausgabe entspricht vermutlich einer *Dritte[n] Auflage*, die bei C. Ihring Nachfolger 1873 oder 1874 erschienen sein dürfte.
ABA BIW	IDEM *Originalausgabe. 2. Auflage*. Hamburg, Allgemeiner deutscher Arbeiter-Verein. Zu beziehen durch Lorenz Harms, Springeltwiete Nr. 16, Verlag von Julius Röthing in Leipzig, [Druck von Oswald Schmidt in Reudnitz-Leipzig], 1877, in-8, 35 S. Erschien auf Beschluß der zweiten Generalversammlung des (Hamburger) ADAV in 1000 Exemplaren nach September 1877. Vgl. weiter oben *Verlagsgeschichtliches*. Es scheint, daß eine erste Hamburger Ausgabe von der Organisation der SDAP schon 1875 oder früher vertrieben worden war. Röthing bezeichnete sie im August 1876 (vgl. C 718) als "durch Geib, Hamburg" veranstaltete Ausgabe.
FUB ICN IMLB SBB* SUBH UBBa	IDEM *Fünfte Auflage*. Berlin, Druck und Verlag der Allg. Deutschen Associations-Buchdruckerei (E.G.), o.J., in-8, 32 S. Die Ausgabe erschien in der ersten Hälfte 1878, offenbar in sehr großer Auflage, denn in der *Berliner Freie Presse* vom 14. Juni 1878 (Jahrg. III, Nr. 136, S. 4) werden "1000 Ex. zu 50 Mark" angeboten.
BA IMLB SSA SUBH	IDEM *Dritte Auflage*. Chicago, Charles Ahrens, 1872, in-8, 32 S. Vgl. weiter oben *Verlagsgeschichtliches*. IDEM New York 1882 in B 15.

ASD HBSA IISG	IDEM Berlin, Verlag der Expedition des ''Vorwärts'' (Th. Glocke), [Druck von Max Bading, Berlin SW.], 1895, in-8, 63-[1] S.
	Vgl. B 21. Mit Bernsteins Vorbemerkung (S. 3-16) und A 61 (S. 54-63).
	IDEM Leipzig 1899 in B 27.
BA BIF IISG IMLB USBF	IDEM in *Aus der Waffenkammer des Sozialismus*. Frankfurt a.M. 1904, III. Halbjahrsband (Juli-Dezember 1904), S. 72-95.
BA FUB IISG IMLB SSA UBK	IDEM *Durchgesehen, mit Einleitung und Anmerkungen versehen von Ed. Bernstein*. Berlin, Verlag: Buchhandlung Vorwärts, Berlin SW. 68, Lindenstr. 69 (Hans Weber, Berlin), 1907, in-8, 71 S.
	Mit A 61 auf S. 61-71
SSA	IDEM Karlsruhe 1911 in KARL DIEHL und PAUL MOMBERT *Ausgewählte Lesestücke zum Studium der politischen Ökonomie Band II* S. 101-135.
	Eine zweite Auflage erschien 1919, eine dritte 1921.
	IDEM Wien 1911 in B 43 (S. 265-309).
BA FUB IMLB KMH UBBa UMLP	IDEM *Mit Anhang: Die französischen Nationalwerkstätten von 1848. Durchgesehen, mit Einleitung und Anmerkungen versehen von Ed. Bernstein*. Berlin, Buchhandlung Vorwärts Paul Singer G.m.b.H., Berlin SW. 68, Lindenstr. 3, 1919, in-8, 71 S.
	Von den Matrizen der Ausgabe von 1907 gedruckt.
ABA IISG IMLB UBK	IDEM Berlin 1919 in WERNER SOMBART *Grundlagen und Kritik des Sozialismus*. Bd. II, S. 83-109.
	IDEM Berlin 1926 in B 76.
BA FUB HBSA IMLB KP UMLP	IDEM *Herausgegeben und eingeleitet von Friedrich Hertneck*. Berlin, Weltgeist-Bücher Verlags-Gesellschaft, o.J., in-8, 57 S.
	Weltgeist-Bücher Nr. 258. Erschienen etwa 1927.
FUB IMLB KP LAB	IDEM *Mit einer Vorrede von Paul Kampffmeyer*. Berlin, J.H.W. Dietz Nachf., 1928, in-8, IV-41 S.
	IDEM Frankfurt a.M. 1948 in A 40.
	IDEM Stuttgart 1962 in B 88 (S.173-204).
	IDEM Bremen 1963 in B 89 (S. 223-262).
	IDEM Wien 1964 in B 90 (S. 101-130).
	IDEM München 1970 in B 91 (S. 170-201)
ASD BA IISG IMLB	IDEM Berlin/Bonn-Bad Godesberg 1973 in DIETER DOWE und KURT KLOTZBACH *Programmatische Dokumente der deutschen Sozialdemokratie* S. 103-136.

Dänisch Flensburg, o.J. in-8, 32 S. (herausgegeben
von Max Richard Schulz, einem jungen Berliner Arbeiter;
eine Verkaufsanzeige erschien ab 21. Juni 1872 im Kopen-
hagener *Socialisten* und ab 26. Juni 1872 in *Flensborg
Avis*. Die Ausgabe sollte offenbar Hasenclevers Wahl-
kampagne in Nordschleswig unterstützen; vgl. CALLESEN,
G. *Die Arbeiterbewegung in Nordschleswig 1872-1878*
[...] in *Zeitschrift der Gesellschaft für Schleswig-
Holsteinische Geschichte* Kiel 1975, Bd. 100, S. 199-
200); Kopenhagen 1874, (Heft 4 in B 8); in *Social-
Demokraten* Kopenhagen, 20. September - 3. Oktober
1878, Nr. 217-228.

Englisch Cincinnati o.J., 33 S. (übersetzt von
John Ehmann und Fred Bade; laut Union Catalog Di-
vision, DLC, 1879 erschienen); New York, International Publishing Co., [1901] 46 S. (dieselbe
Übersetzung); New York 1914 in *The German Classics*
(vgl. A 40) Bd. X, S. 490-520 (übersetzt von E.H.
Babbit).

Französisch in *Revue Socialiste*, Paris 1888, S. 5-
30 (übersetzt von Pierre Pontonié); Paris 1902 in
B 34 (S. 195-237).

Italienisch Rom 1903, 28 S. (vgl. B 28); Mailand
o.J. in A 40.

Japanisch Tokyo 1923 (S. 183-250 in der Übersetzung
von DIEHL-MOMBERT, durch Motoyuki Takabatake und
Ko Abe); Tokyo 1949 und 1953 (zusammen mit A 49).

Jiddisch New York 1916 in A 87.

Polnisch O.O., o.J., 24 S. (KOR S. 63 nennt Genf
als Verlagsort und als Erscheinungsjahr irrtümlich
1889: Das Exemplar in BPU ist am 12. Juni 1888 eingetragen); Paris 1889 in B 19.

Russisch St. Petersburg 1870 und Moskau 1874 in B 5;
Genf 1876, 40 S.; Genf 1903, 38 S.; St. Petersburg
1905 in B 37; Odessa 1905, 44 S.; Moskau 1905,
47 S.; St. Petersburg 1906 in A 87; St. Petersburg
1906 in B 39; Moskau 1920 in B 61.

Tschechisch Prag 1902 in B 30 (S. 249-294, übersetzt von K. Beránek).

Ungarisch Budapest 1914 und 1919 (vgl. B 52).

BA IISG   A 55   STATUT DES DEUTSCHEN ARBEITER-VEREINS. [Druck von
Otto Wigand in Leipzig], o.J., in-8, 2 S.

Im März/April 1863 entstandener Entwurf in 6 Paragraphen, der nicht von Lassalle, sondern von dem
abgesetzten Bürgermeister von Brandenburg, Franz
Ziegler, verfaßt war und den Lassalle "vor dem Druck
zwar genehmigt, hier und da abgeändert und vorläufig
gebilligt" hat (Lassalle an Röser, 12. Mai 1863).
In der Präambel, die "Leipzig, den 23. April 1863"
datiert und für das Komitee von Vahlteich und Dammer
unterzeichnet ist, heißt der Verein bereits "Allgemeiner". Der Entwurf wurde mit der Broschüre A 54
"nach verschiedenen Städten Deutschlands versandt"
(B 10 S. 22). Lassalle brachte den Entwurf am 16.

April 1863 mit nach Leipzig, und am 25. April verließ das Flugblatt die Druckerei (vgl. Dammer an
Lassalle, etwa 25. April, und Lassalle an Dammer,
27. April 1863). Der Text ist neugedruckt in B 94
(S. 417-418).

IISG SUBDü   A 56   STATUT DES ALLGEMEINEN DEUTSCHEN ARBEITER-VEREINS.
O.O., [Druck von Reinhold Baist in Frankfurt am
Main], o.J., in-8, 4 S.

RS II S. 887-890   GRS IV S. 246-250

Datiert "Leipzig, den 23. Mai 1863" und unterzeichnet
von den zehn Vereinsgründern "J. Vahlteich, J. Schöpp-
ler, Otto Dammer, Th. [sic!] Audorf, W. Heymann, H.
Hillmann, R. Lässig, G. Lewy, F.C.A. Perl, Th. Yorck",
mit Angabe des Ortes, der sie mandatiert hatte. Das
endgültige Statut, der von Lassalle im Mai 1863 abge-
änderte und ergänzte Text A 55, enthält 7 Paragraphen
und eine *Uebergangsbestimmung*. Die Änderungen bestehen
in einer Vergrößerung der Präsidentenbefugnisse (vgl.
B 35), aber auch in einigen Präzisierungen der demokratischen Rechte der Mitglieder. Lassalle ließ
20 000 Exemplare der Statuten drucken, laut B. Becker
(B 10, S. 71). Daß die von Baist gedruckte die erste
Ausgabe ist, darf man annehmen nach der Mitteilung
Vahlteichs an Heß vom 26. Mai 1863, "die gedruckten
Statuten [...] werden Ihnen sobald als möglich durch
unsern Kassierer Herrn Buchdrucker Baist in Frankfurt
zugesandt werden." Die erste und die letzte Seite
dieser Ausgabe in Faksimile auf S.120 und 121 von C 134.

BM SLB   IDEM in *Deutsche Allgemeine Zeitung*, Leipzig, 29.
April 1863, Nr. 98.

Mit einem Begleitschreiben, das datiert und unterzeichnet ist "Leipzig, 23. April 1863. Für das Comité zur
Gründung eines Allgemeinen Deutschen Arbeitervereins.
J. Vahlteich, O. Dammer". Die *Deutsche Allgemeine
Zeitung* druckte den Text noch einmal am 27. Mai 1863
(vgl. A 67b). Text und Begleitschreiben neugedruckt
in B 94 S. 417-418.

BUL   IDEM in *Berliner Reform* 1. Mai 1863, Nr. 100. S. 3.

Text und Begleitschreiben.

IISG   IDEM in *Nordstern*, Hamburg, 6. Juni 1863, Nr. 215, S. 2-3.

IDEM Leipzig 1865 in C 297.

BA   IDEM O.O., [Druck von R. Bittner in Berlin], o.J.,
in-8, [4] S.

KG   IDEM [Erfurt, Ohlenroth'sche Buchdruckerei], o.J.,
in-8, [4] S.

KG   IDEM [Druck von R. Bergmann in Berlin, Hellweg 7],
o.J., in-8, [2] S.

Datiert "Berlin, im October 1868", ohne Unterschrift.
Ohne die Übergangsbestimmung. Bergmann druckte den
Social-Demokrat vom 18. Oktober 1868 bis 4. März 1870.

BA	IDEM [Druck von Hüthel & Legler in Leipzig], o.J. in-8, [2] S.

Nach dem Text ein Beschluß der Chemnitzer Generalversammlung vom 5. Juli 1868, der Statutenänderungen für "bis zum 1. Juli 1873 unzulässig" erklärt, und der "Erneut [wurde] in der Generalversammlung zu Halle a.S. am 30. December 1869", Unterzeichnet "Der Präsident: Fritz Mende." Ohne die Übergangsbestimmung.

BA IISG	IDEM [Druck von Ihring und Haberlandt in Berlin], o.J., in-8, [4] S.

Ohne die Übergangsbestimmung (S. [1-2]), mit A 68 (S. [3-4]).

ASD KG	IDEM [Druck von C. Ihring in Berlin], o.J., in-8, [4] S.

Die in der Generalversammlung im Januar 1870 in Berlin geänderten Statuten, mit dem Geschäftsreglement. Ihring druckte den *Neuer Social-Demokrat* vom 12. November 1872 bis 19. September 1873.

IDEM Berlin 1874 in B 7 (S. 55-58).

HBSA	IDEM in *Social-Demokrat*, Hamburg, 4. September 1875, Jahrg. III, Nr. 36, S. 1.

Datiert "Hamburg, den 31. August 1875".

BA KG	IDEM [Buchdruckerei des Neuen Wohnungs-Anzeiger (F.W. Körting), Berlin], o.J., in-8, [2] S.

KG	IDEM [Druck von Bär & Herrmann in Leipzig], o.J., in-8, [4] S.

SUBH	IDEM Hamburg, Verlag: Allgemeiner deutscher Arbeiter-Verein, Druck von C. Scheibenhuber, Kielerstr. 1, 1881, in-8, 18 S.

Der Titel lautet *Statut und Organisations-Bestimmungen des Allg. deutschen Arbeiter-Vereins von Ferdinand Lassalle*. Die Broschüre enthält außer den vom Allgemeinen deutschen Arbeiterkongreß am 31. August 1875 in Hamburg (vgl. C 717) angenommenen leicht geänderten Texten A 56 (S. 3-5) und A 68 (S. 6-9) die Texte A 71 (S. 9-12), A 76 (S. 12-14), A 79 (S. 14-16) und A 92 (S. 16-18).

BA SAH	IDEM [Druck von C. Scheibenhuber, Hamburg, Kielerstr. 1], o.J., in-8, [2] S.

Der Titel ist ergänzt mit *von 1881. (Sitz Altona)*. Das Exemplar in SAH wurde mit Begleitschreiben an die Polizeibehörde am 10. August 1881 eingereicht, nachdem sich die Altonaer ADAV Gruppe als selbständige Organisation konstituiert hatte, weil der "ältere Verein [...] Antisemitenversammlungen" abhielt (SAH, Polizeibehörde, Politische Polizei, Bd. 2, Blatt 3/4).

BA IISG | IDEM Hamburg, Verlag: Allgemeiner deutscher Arbeiter-Verein, Druck von Heinr. Barkow, Altona, Friedrichs-baderstr. 13, 1899, in-8, 18 S.

Nachdruck der ersten Ausgabe von 1881, mit demselben abgeänderten Titel.

IDEM Dresden 1912 in C 805.

IDEM München 1970 in B 91 (S. 422-424).

IDEM Assen 1975 in B 94 (S. 864-865).

Russisch St. Petersburg 1870 und Moskau 1874 in B 5; St. Petersburg 1905 in B 37.

A 57 [NOTIZEN ZUR "ARBEITERFRAGE"]

MS

N VI S. 268-273

Konzept zu der Rede A 59, von dem einige Stellen in A 66 verwendet worden sind. Der Titel rührt von der Gräfin Hatzfeldt her.

A 58 VEREHRLICHE REDAKTION!

MS

N V S. 135-137

Vom 11. April 1863 datierter Brief, der eine Zeitungs-redaktion (möglicherweise die der *Berliner Reform*) auf-fordert, laufend über Beschlüsse von Arbeiterversamm-lungen zu berichten, die sich für die Gründung des ADAV erklärten, sowie die beigefügte Notiz A 58a aufzunehmen.

A 58a ARBEITER-ANGELEGENHEITEN

MS

N V S. 137-138

Notiz über den Beschluß der Hamburger Arbeiterversamm-lung vom 28. März 1863, der dem Text A 54 zustimmt, und Wiedergabe des Beschlusses.

BA IISG IMLB
KMH SUBH

A 59 ZUR ARBEITERFRAGE. LASSALLE'S REDE BEI DER AM 16. APRIL ABGEHALTENEN ARBEITERVERSAMMLUNG. NEBST BRIEFEN DER HERREN PROF. WUTTKE UND DR. LOTHAR BUCHER. Leipzig, Selbstverlag des Autors. Zu beziehen durch Dr. Otto Dammer. Leipzig, Hospitalstraße 12, [Druck von Otto Wigand in Leipzig], o.J., in-8, 23-[1] S.

RS II S. 463-484 GRS III S. 117-146

Die Rede wurde stenographisch aufgenommen; Lassalle schickte die Korrektur der Übertragung am 21. April 1863 an Dammer. Die Broschüre erschien Ende April (vgl. Dammer an Lassalle, 1. Mai 1863) in einer Auf-lage von wahrscheinlich 2000 Exemplaren, die gratis verbreitet wurden. Lassalle erhielt 800 Exemplare für Berlin, Baist für Frankfurt mindestens 200, Lewy in Düsseldorf 500 Exemplare. Vgl. Lassalle an Dammer, 30. April, 3. und 8. Mai 1863.

Vgl. C 765

HA SBB UBK	IDEM Leipzig, Selbstverlag des Autors. Zu beziehen durch Dr. Otto Dammer. Leipzig, Hospitalstraße 12, o.J., in-8, 23 S.

Die Ausgabe hat keinen Druckvermerk, aber die mit der der vorigen Ausgabe identische Typographie beweist, daß sie vom gleichen Satz bei Wigand gedruckt worden ist, der jedoch bei dem Nachdruck seinen Firmennamen wegließ. Er hatte schon für den ersten Druck den Verlag abgelehnt und darauf bestanden, daß die Broschüre in Lassalles Selbstverlag erschien (vgl. Lassalles Briefwechsel mit Dammer, zweite Aprilhälfte 1863).

BA FUB IMLB KMH UBBa	IDEM Leipzig, Selbstverlag des Autors. Zu beziehen durch Dr. Otto Dammer. Leipzig, Hospitalstr. 12, [Druck von Hüthel & Legler in Leipzig], o.J., in-8, 24 S.

Die Druckerei ist nachweislich erst 1866 gegründet worden (Mitteilung des Museums für Geschichte der Stadt Leipzig), und sie arbeitete für Röthing mindestens seit 1870 (vgl. A 40), wenn nicht schon früher (vgl. A 33). Die Ausgabe dürfte also um 1870 erschienen sein, vielleicht als buchstabengetreuer Nachdruck der vorhergehenden, denn sonst wäre die Angabe von Dammers Adresse unerklärlich: Er ist am 27. September 1864 von Leipzig nach Hildburghausen verzogen (vgl. C 948) und hat seit dem 2. November 1864 seine Tätigkeit für den ADAV eingestellt (vgl. C 951).

BA BIF IISG IMLB SBB* USBF	IDEM *Dritte Auflage*. Leipzig, Verlag des Lassalle'schen Allgemeinen Deutschen Arbeitervereins. Zu beziehen durch J. Röthing, Neukirchhof Nr. 45, [Druck von Oswald Kollmann in Leipzig], 1869, in-8, 24 S.
FUB IISG IMLB LAB UBG WMU	IDEM *Für die Ausgabe verantwortlich der Verleger*. Dresden, Verlag von J. Rößner, [Druck von Wilh. Brummer, Töpferg.] 11, 1872, in-8, 16 S.
BA BNP IMLB KP LR UBBa	IDEM *6. Auflage*. Leipzig, Verlag von Jul. Röthing. In Commission bei W. Bracke jr. in Braunschweig, [Druck von W. Bracke jr. in Braunschweig], 1875, in-8, 20 S.
BA IMLB LR	IDEM Chicago, Charles Ahrens, o.J., in-8, 20 S.

Vgl. weiter oben *Verlagsgeschichtliches*. Da diese Ausgabe nicht identisch ist mit der *6. Auflage*, dürfte sie einer nicht gefundenen Auflage entsprechen, die als 4. oder 5. Auflage zwischen 1874 und 1876 in Berlin erschien.

BA FUB IMLB KMH SBB USBF	IDEM *Siebente Auflage*. Berlin, Druck und Verlag der Allgemeinen Deutschen Associations-Buchdruckerei, Kaiser-Franz-Grenadier-Platz 8a, 1876, in-8, 23 S.
	IDEM New York 1882 in B 15.
BA FUB HBSA IISG IMLB SSA	IDEM Hottingen-Zürich, Schweizerische Volksbuchhandlung, 1884, in-8, 24 S.

BA SSA

Ein Rest der Auflage wurde als "Beilage 2" dem Bd. III der *Sozialdemokratischen Bibliothek*, London 1890, beigebunden.

IDEM Leipzig 1899 in B 27.

IDEM Karlsruhe 1920 in KARL DIEHL und PAUL MOMBERT *Ausgewählte Lesestücke zum Studium der politischen Ökonomie* Bd. XI, S. 192-214.

IDEM Berlin 1926 in B 79 (S. 247-277).

IDEM München 1970 in B 91 (S. 202-223).

Italienisch Rom 1903, 34 S. (vgl. B 28).

Russisch St. Petersburg 1870 und Moskau 1874 in B 5; St. Petersburg 1905 in B 37; Rostow a.D. 1905 (übersetzt von P. Rumancev); St. Petersburg 1906, 32 S. (dieselbe Übersetzung); Moskau 1920 in B 61.

Ungarisch Budapest, Ferenczy, [1892], 31 S. (übersetzt von F. Ferdinand Károly); Budapest 1919, 48 S. (übersetzt von Béla Somógyi).

A 60 ERKLÄRUNG

IMLB

IISG

Berliner Reform, 24. April 1863, Nr. 95, S. 3.

Mitteldeutsche Volks-Zeitung, Leipzig, 25. April 1863, Jahrg. II, Nr. 93, S. 2.

Datiert und unterzeichnet "Berlin, 22. April 1863. F. Lassalle", Lassalle erklärt seine Bereitschaft, auf Einladung in einer Arbeiterversammlung seine Ansichten gegen die Schulze-Delitzsch'schen zu verteidigen. Eine "Berlin, 30. April 1863, I.A. Dittmann" unterzeichnete "Entgegnung" des Berliner Arbeitervereins veröffentlichte die *Berliner Reform*, 1. Mai 1863, Nr. 100, S. 3.

IDEM Berlin 1907 in C 134 (S. 110).

IDEM Assen 1975 in B 94 (S. 861).

A 61 DIE FRANZÖSISCHEN NATIONALWERKSTÄTTEN VON 1848. EINE HISTORISCHE RÜCKSCHAU VON FERDINAND LASSALLE.

BM

Deutsche Allgemeine Zeitung, Leipzig, 2. Mai 1863, Nr. 110, Beilage S. 1-2.

RS II S. 446-455 GRS III S. 95-107

Der Artikel ist datiert und unterzeichnet "Berlin, 24. April 1863. F. Lassalle." Lassalle sandte den Artikel der *Vossischen Zeitung*, die ihn jedoch nicht druckte, worauf er ihn Ende April (vgl. seinen undatierten Brief an Dammer, ca. 30. April 1863) an seinen Verleger Brockhaus (der Eigentümer der *Deutschen Allgemeinen Zeitung* war) schickte, den er um eine Anzahl Separatabzüge des Artikels bat, wie aus einem unveröffentlichten Briefe von Brockhaus an Lassalle vom 1. Mai 1863 hervorgeht (im Nachlaß: C 104 VIII/29; Kopie in IISG).

LBN   IDEM [Düsseldorf, Stahl'sche Buchdruckerei, Graben-straße], o.J., in-folio, [2] S.

Dem Titel folgt (*Der Verfasser bittet sämmtliche deutsche Zeitungsredactionen, die einiges Gefühl für Wahrheit und Ehre haben, den nachstehenden Aufsatz abzudrucken.*) Das Flugblatt haben die Düsseldorfer Anhänger Lassalles drucken lassen und in etwa 100 Exemplaren vor dem 7. Mai 1863 verbreitet. Vgl. Lewy an Lassalle, 7. Mai 1963.

UBK   IDEM in *Rheinische Zeitung*, Düsseldorf, 4. Mai 1863, Nr. 181, S. 1.

BA   IDEM in *Norddeutsche Allgemeine Zeitung*, Berlin, 5. Mai 1863, Nr. 103, Beilage S. 2.

SAF   IDEM in *Volksfreund für das Mittlere Deutschland*, Frankfurt/M., 6. Mai 1863, Nr. 54, S. 2-3; 8. Mai, Nr. 55, S. 1-2.

IISG   IDEM in *Nordstern*, Hamburg, 16. Mai 1863, Nr. 212, S. 1-2; 23. Mai, Nr. 213, S. 3-4.

      IDEM Berlin 1864 in A 87.

SBB*   IDEM in *Der Agitator*, Berlin, 17. Dezember 1870, Jahrg. I, Nr. 39, S. 2-3; 24. Dezember, Nr. 40, S. 2-3.
(Nachdruck Berlin/Bonn 1978).

      IDEM Berlin 1874 in B 7.

      IDEM New York 1882 in B 15.

      IDEM Hottingen-Zürich 1888 in B 18.

      IDEM Berlin 1895 in A 54.

      IDEM Berlin 1907 in A 54.

      IDEM Berlin 1919 in A 54.

      Russisch St. Petersburg 1870 in B 5; in mehreren Einzelausgaben von A 87.

      Tschechisch Prag 1902 in B 30.

   A 62 ERKLÄRUNG

HLB   *Frankfurter Journal*, 2. Mai 1863, Nr. 121, 2. Beilage S. 2.

Datiert und unterzeichnet "Berlin, 1. Mai 1863. F. Lassalle." Die Erklärung kündigt Lassalles Teilnahme an der für den 17. Mai 1863 nach Frankfurt einberufenen Arbeiterversammlung an. Hinweis von Toni Offermann.

Vgl. A 66

      IDEM in *Neue Frankfurter Zeitung*, 3. Mai 1863, Nr. 122 B.

Datum und Nummer des Blattes nach einer Vorkriegsnotiz. Das Blatt wurde nicht gefunden.

IDEM Leipzig 1931 in C 235 (S. 55).

A 63 PROFESSOR HUBER'S VOTUM IN DER ARBEITERSACHE

BM

Deutsche Allgemeine Zeitung, Leipzig, 10. Mai 1863, Nr. 108, Beilage S. 3-4.

RS II S. 496-499 GRS III S. 162-167

Der Artikel ist datiert und unterzeichnet "Berlin, 4. Mai 1863. F. Lassalle." Ein Separatabzug (folio [2] S.) befindet sich in SBB*. Lassalle druckt einen Artikel Hubers aus der *Deutsche Gemeinde-Zeitung* vom 2. Mai 1863, Nr. 18 nach und kommentiert ihn. Die Berliner *Volks-Zeitung* brachte am 8. Mai 1863, Nr. 106 einen Abdruck des Artikels, in dem die Kommentare Lassalles stark gekürzt waren. Vgl. C 379.

IISG

IDEM in *Nordstern*, Hamburg, 16. Mai 1863, Nr. 212, S. 2-3.

A 64 AN DIE REDAKTION DER ALLGEMEINEN DEUTSCHEN ARBEITER- ZEITUNG ZU COBURG

SBM

Allgemeine Deutsche Arbeiter-Zeitung, Coburg, 17. Mai 1863, Nr. 20, S. 117.

Datiert und unterzeichnet "Berlin, 4. Mai 1863. F. Lassalle." Wendet sich gegen die in der Nr. 18 vom 3. Mai 1863 aufgestellte Behauptung, Rodbertus' *Offener Brief* (vgl. C 750) stimme "in den beiden Hauptpuncten", nämlich der Forderung nach allgemeinem Wahlrecht und nach Staatshilfe, nicht mit dem Texte A 54 überein. Die Redaktion schickte dem Abdruck in der Rubrik "Sprechsaal" einen ebenso langen Artikel "Herr Lassalle und die allgemeine deutsche Arbeiterzeitung" voraus und ließ außerdem dem Abdruck noch etwa viermal so lange "Bemerkungen zu vorstehender Entgegnung des Herrn Lassalle" folgen, in denen sie ihren Standpunkt gegen die "dialektischen Trugkünste" Lassalles behauptet.

Neugedruckt in B 94 (S. 525-528) mit den redaktionellen "Bemerkungen" (S. 528-538).

A 65 ANTWORT FÜR HERRN PROF. RAU

LAB

Vossische Zeitung, Berlin, 12. Mai 1863, Nr. 109, 2. Beilage S. 1.

RS II S. 491-495 GRS III S. 156-161

Dem Titel folgt *An die Redaktion der Vossischen Zeitung*. Datiert und unterzeichnet "Berlin, 10. Mai 1863. F. Lassalle." Antwort auf C 731.

SBB*

IDEM Berlin, Lessing'sche Buchdruckerei, o.J., in-4, [1] S.

Da der Sonderdruck den Druckvermerk der Druckerei der *Vossischen Zeitung* trägt, darf man annehmen, daß Lassalle ihn bestellte. Er schickte "einige Exemplare" an Dammer am 12. Mai 1863.

SAF

IDEM in *Volksfreund für das Mittlere Deutschland*, Frankfurt a.M., 17. Mai 1863, Nr. 59, S. 1-2.

IISG   IDEM in *Nordstern*, Hamburg, 30. Mai 1863, Nr. 214,
                        S. 2-3.

                        IDEM Berlin 1864 in A 87 (S. 265-269).

                        IDEM Berlin 1874 in B 7 (S. 11-14).

                        IDEM New York 1882 in B 15.

                        IDEM Hottingen-Zürich 1888 in B 18.

                        Russisch St. Petersburg 1870 in B 5; in mehreren Ein-
                        zelausgaben von A 87.

FUB ICN IISG   A 66   ARBEITERLESEBUCH. REDE LASSALLE'S ZU FRANKFURT AM
IMLB SUBH ZBZ   MAIN AM 17. UND 19. MAI 1863, NACH DEM STENOGRAPHI-
                        SCHEN BERICHT. Frankfurt am Main, In Commission bei
                        Reinhold Baist, [Druck von Reinhold Baist in Frankfurt
                        am Main], 1863, in-8, 96 S.

                        RS II S. 508-593   GRS III S. 181-294

                        Lassalle war eingeladen worden, sein Programm A 54
                        vor einer Arbeiterversammlung gegen Schulze-De-
                        litzsch zu verteidigen. Dieser sagte ab, und Lassalle
                        hielt den ersten Teil seiner Rede am 17. Mai vor den
                        Arbeitern des Maingauverbandes in Frankfurt, den zwei-
                        ten Teil am 19. Mai im Frankfurter Arbeiterbildungs-
                        verein. Er hat dieselbe Rede am 20. Mai auch vor dem
                        Mainzer Arbeiterbildungsverein gehalten (vgl. *Neue
                        Frankfurter Zeitung* vom 23. und 30. Mai 1863. Einige
                        Varianten aus dem umfangreichen Konzept zu dieser Rede
                        hat G. Mayer gedruckt in N VI, S. 265-267). Eingangs
                        der Rede bezeichnet Lassalle als den *wichtigsten
                        Punkt* seines A 54 *das von mir daselbst aufgestellte
                        Gesetz über den durchschnittlichen Arbeitslohn. [...].
                        Das eherne ökonomische Gesetz*. Die Broschüre erschien
                        in einer Auflage von mehreren Tausend Exemplaren,
                        von denen Anfang September noch 2000 beim Verleger
                        lagen (vgl. B. Becker an Lassalle, 2. September 1863).
                        Im Anhang I von Lassalle kommentierte Dokumente über
                        die Versammlung vom 17. Mai und als Anlage II ein
                        gegen die Rede gerichteter Artikel W. Wackernagels
                        aus der *Deutschen Allgemeinen Zeitung* vom 7. Juni
                        und Lassalles Antwort darauf, A 69, C 78a.

IISG   IDEM in *Nordstern*, Hamburg, 11. Juli 1863, Nr. 220 -
                        3. Oktober 1863, Nr. 232.

                        Der *Nordstern* hat schon am 30. Mai und am 6. Juni
                        einige Auszüge aus der Rede nach dem Bericht der
                        Frankfurter Postzeitung gedruckt.

IISG KMH   IDEM Leipzig, Verlag des Lassalle'schen Allgemeinen
                        Deutschen Arbeitervereins. Zu beziehen durch J.
                        Röthing, Neukirchhof Nr. 45, [Druck von Oswald Koll-
                        mann in Leipzig], 1868, in-8, 96 S.

BA BIF FUB   IDEM *4. Auflage*. Leipzig, Verlag von J. Röthing, Neu-
LR UBBa SSA   kirchhof Nr. 36, [Leipzig, Druck von Fr. Thiele],
                        1871, in-8, 96 S.

Die Auflage ist als "neuerschienen" angezeigt im
Volksstaat vom 22. März 1871, Nr. 24, S. 4.

BIF FUB IISG   IDEM *Fünfte Auflage*. Leipzig, Verlag von Jul. Röthing.
IMLB KBK UMLP   In Commission bei W. Bracke jr. in Braunschweig, [Druck
von W. Bracke jr. in Braunschweig], o.J., in-8, 95 S.

HEINSIUS (1868-1874) und HINRICHS (1871-1875) nennen
1873 als Erscheinungsjahr.

BNP IMLB   IDEM Berlin, Druck und Verlag von C. Ihring Nachf.
(A. Berein), 1874, in-8, 72 S.

Diese Ausgabe dürfte identisch sein mit der bei PRA
unter Nr. 260 verzeichneten "5." Auflage. Es fehlt die
Anlage II.

BA FUB IISG   IDEM Vierte Auflage. Chicago, Charles Ahrens, 1872, in-8,
IMLB KMH UBG   72 S.

Vgl. weiter oben *Verlagsgeschichtliches*. Es fehlt die
Anlage II.

BA IISG IMLB   IDEM *Sechste Auflage*. Berlin, Druck und Verlag der All-
KP   gemeinen Deutschen Associations-Buchdruckerei, Kaiser-
Franz-Grenadier-Platz 8a, 1876, in-8, 78 S.

Ohne die Anlage II. Die Ausgabe ist zuerst angezeigt im
Neuen Social-Demokrat, Berlin, vom 9. Februar 1876. Die
Buchhandlung "Vorwärts" bietet den Titel an in einer An-
zeige im Leipziger *Vorwärts* vom 2. Dezember 1877.

Die Anlage I auf S. 72-75. Unter dem Titel "Verlag und
Commission" zeigt der Verlag S. 76-78 an A 27, A 30,
A 39, A 40, A 41, A 42, A 45, A 49, A 52, A 54, A 66, A 70,
A 73, A 77, A 87, A 94, A 98 und B 7.

ABA IMLB   IDEM *Originalausgabe. 2. Auflage*. Hamburg, Allgemeiner
deutscher Arbeiter-Verein. Zu beziehen durch Lorenz Harms,
Springeltwiete Nr. 16. Verlag von Julius Röthing in Leipzig, [Druck von Oswald Schmidt in Reudnitz-Leipzig],
1877, in-8, 96 S.

ABA FUB IISG   IDEM *Originalausgabe. 2. Auflage*. Hamburg, Allgemei-
UBK KG BIF   ner deutscher Arbeiter-Verein. Zu beziehen durch Lo-
renz Harms, Springeltwiete Nr. 16. Verlag von Julius
Röthing in Leipzig, [Druck von Oswald Schmidt in
Reudnitz-Leipzig], 1878, in-8, 96 S.

Die Ausgabe ist identisch mit der vorigen, nur das Titelblatt ist neugesetzt.

BIW IISG SBB   IDEM *Originalausgabe. 6. Auflage*. Leipzig, Verlag von
UBBa   Julius Röthing. Zu beziehen durch die "Fackel" Kl. Flei-
schergasse Nr. 16, [Druck von Oswald Schmidt in Reudnitz-
Leipzig], 1878, in-8, 96 S.

IMLB LR SSA   IDEM Chicago, Charles Ahrens, 1872, in-8, 96 S.
WMU

Vgl. weiter oben *Verlagsgeschichtliches*.

IDEM Chicago, Charles Ahrens, o.J., in-8, 96 S.

Diese Ausgabe ist unter der Nr. 314 angezeigt im Katalog eines nicht identifizierten Antiquariats.

BA FUB IISG
IMLB KMH USBF

IDEM *Siebente Auflage*. Berlin, Druck und Verlag der Allgemeinen Deutschen Associations-Buchdruckerei (Eingetragene Genossenschaft), 1878, in-8, 72 S.

Ohne die Anlage II.

IDEM New York 1882 in B 15.

BA FUB IISG
IMLB KMH SSA

IDEM Hottingen-Zürich, Verlag der Volksbuchhandlung, 1887, in-8, 63 S.

Sozialdemokratische Bibliothek Nr. XX. Ohne Anhang II.

IDEM Leipzig 1899 in B 27.

IDEM Bremen [1963] in B 89 (S. 265-297, Teildruck).

IDEM Reinbek 1972 in B 92 (S. 57-117).

Dänisch in *Demokraten*, Kopenhagen, 20. Oktober - 29. Dezember 1873, Nr. 42-52 (im Feuilleton als ausschneidbare Broschüre in-16, 63 S.). Kurz vorher war eine andere Übersetzung begonnen, aber nicht vollendet worden (vgl. C 193).

Englisch Cincinnati 1879.

Italienisch Rom 1901, 86 S. (vgl. B 28).

Polnisch [Genf 1889], 76-[2] S. (im Titel die **Jahres**zahl verdruckt in "1853").

Russisch St. Petersburg 1905 in B 37.

A 66a [ÜBER ENTSTELLENDE PRESSEBERICHTE]

STB

Volks-Zeitung, Berlin, 22. Mai 1863, Nr. 117.

Datiert und unterschrieben "Frankfurt a.M., 19. Mai 1963. F. Lassalle". Lassalle verwahrt sich gegen "so *überaus wesentliche* Entstellungen" in Presse-Zitaten aus seiner Rede vom 17. Mai. Hinweis von Toni Offermann.

A 67 "VEREHRLICHE REDACTION!"

SAF

Volksfreund für das Mittlere Deutschland, Frankfurt a.M., 22. Mai 1863, Nr. 61, S. 4

Datiert und unterzeichnet "Frankfurt a.M., 21. Mai 1863. F. Lassalle." Protesterklärung gegen die Berichterstattung der liberalen Presse über die Versammlungen, vor denen Lassalle die Rede A 66 hielt. Unter dem Redaktionstitel "An die Handelszeitung". Hinweis von Toni Offermann.

Neue Frankfurter Zeitung, 24. Mai 1863, Nr. 143, vgl. Lassalle an Leopold Sonnemann, 21. Mai 1863, Datum und Nummer des Blattes, das nicht aufgefunden wurde, nach einer Vorkriegsnotiz.

IISG

IDEM in *Nordstern*, Hamburg, 30. Mai 1863, Nr. 214, S. 3-4.

IDEM Leipzig 1931 in C 235 (S. 92-94).

A 67a [BERICHT ÜBER ARBEITERVERSAMMLUNG IN MAINZ]

BUL

Berliner Reform, 23. Mai 1863, Nr. 118, S. 3.

Von der Redaktion eingeleitet: "Außerdem ist uns von
Hrn. Lassalle noch folgender Bericht aus Mainz vom
20. Mai zugegangen". Kurzer Bericht über die Versammlung des Mainzer Arbeitervereins am 20. Mai 1863, vor
der Lassalle seine Rede A 66 wiederholte. Die Versammlung beschloß mit 800 Stimmen gegen 2, den Uhr-
macher Scheppler zur Leipziger Gründungsversammlung
des ADAV zu delegieren.

A 67b [REDE VOR DER GRÜNDUNGSVERSAMMLUNG DES ADAV]

BM

Deutsche Allgemeine Zeitung, Leipzig, 27. Mai 1863,
Nr. 120, S. 4.

Auszüge aus Lassalles Rede auf der Gründungsversammlung des ADAV am 23. Mai 1863 in Leipzig, in einem
"Leipzig, 26. Mai" datierten Bericht, den Dr. Albrecht
(alter Vertrauensmann des Leipziger Zentralkomitees)
verfaßte haben dürfte, der während der Versammlung
als Stenograph amtierte (vgl. B 2 S. 23).
Neugedruckt in B 94 S. 538-542.

BUL

IDEM *Berliner Reform,* 28. Mai 1863, Nr. 121, S. 3.

Wesentlich gekürzte Wiedergabe der Auszüge in einer
angeblichen Korrespondenz, die aber deutlich auf
Albrechts Bericht fußt, jedoch entsprechend dem Stand-
punkt der *Berliner Reform,* die für Schulze-Delitzsch
Partei nahm, den Text mit ironischen Bemerkungen über
Lassalle versehen hat.

BA StAD ZStA   A 68   PROVISORISCHE GRUNDZÜGE DES GESCHÄFTS- UND VERWAL-
TUNGSREGLEMENTS. O.O., o.J., in-8, [2] S.

RS II S. 891-893 GRS IV S. 251-254.

Datiert und unterschrieben "Leipzig, den 23. Mai 1863.
Der Präsident Ferd. Lassalle." Die Geschäftsordnung
wurde den Bevollmächtigten zusammen mit den Statuten
und Mitgliedskarten zugestellt. Lassalle ließ im Mai
1863 zuerst 500 Exemplare drucken (vgl. B 10, S. 71).
Vgl. A 92.

BA KG

IDEM O.O., o.J., in-8, [2] S

Datiert und unterzeichnet "Leipzig, den 23. Mai 1863.
Im Auftrage des Präsidiums der Secretär: Julius Vahlteich." Da Vahlteich nur bis zum Januar 1864 Sekretär
des ADAV war, muß diese Ausgabe ebenfalls 1863 erschienen sein.

IDEM Berlin [1873] in A 56.

In der von der Braunschweiger Generalversammlung vom
Mai 1867 genehmigten leicht abgeänderten Form, die
auch in den folgenden Ausgaben gedruckt ist.

IDEM Berlin 1874 in B 7 (S. 59-61).

IDEM Hamburg 1881 in A 56.

IDEM Hamburg 1899 in A 56.

IDEM Dresden 1912 in C 805 (S. 62-63).

IDEM Berlin o.J. in A 56.

A 68a ERKLÄRUNG

SAF

Volksfreund für das Mittlere Deutschland, Frankfurt a.M., 5. Juni 1863, Nr. 67, S. 3.

Datiert und unterzeichnet "Berlin 3. Juni 1863. F. Lassalle". In ihrem ersten Teil veröffentlicht Lassalle ein von Offenbach am 22. Mai 1863 datiertes Schreiben des Vorsitzenden der Versammlung vom 17. Mai 1863 (vgl. A 66), A. Lachmann, in dem Lassalles in A 67 gegebene Darstellung bestätigt wird. Lassalle hatte Lachmann um dieses Schreiben gebeten. Im zweiten Teil der Erklärung kommentiert Lassalle nochmals die Vorgänge vom 17. Mai 1863.

Hinweis von Toni Offermann

A 69 HERR WACKERNAGEL ODER DER MODERNE HEROSTRATUS

Frankfurt a.M. 1863 in A 66

RS II S. 601-622 GRS III S. 305-332

Anhang II in fast allen Ausgaben und Übersetzungen von A 66. Datiert und unterschrieben "Berlin, 11. Juni 1863. F. Lassalle." Polemische Antwort an W. Wackernagel, der Lassalle in der *Deutschen Allgemeinen Zeitung* vom 7. Juni 1863 einige statistische Irrtümer in seiner Frankfurter Rede A 66 nachgewiesen hatte. Der Artikel Wackernagels ist nachgedruckt in RS II S. 594-601.

IDEM Berlin 1874 in B 7 (S. 22-42).

IDEM Hottingen-Zürich 1888 in B 18 (S. 19-33).

ASD FUB IISG IMLB KMH UBK

A 70 DIE INDIRECTE STEUER UND DIE LAGE DER ARBEITENDEN KLASSEN. EINE VERTHEIDIGUNGSREDE VOR DEM K. KAMMERGERICHT ZU BERLIN GEGEN DIE ANKLAGE, DIE BESITZLOSEN KLASSEN ZUM HASS UND ZUR VERACHTUNG GEGEN DIE BESITZENDEN ÖFFENTLICH ANGEREIZT ZU HABEN, VON FERDINAND LASSALLE. Zürich, Verlag von Meyer & Zeller, [Druck von Otto Wigand in Leipzig], 1863, in-8, 136 S.

RS II S. 247-389 GRS II S. 295-486

Anfang Juni 1863 erschienene Verteidigungsrede für den Prozeß in zweiter Instanz wegen der Rede A 40. In der Gerichtssitzung am 12. Oktober 1863 hat Lassalle nur einige Auszüge aus diesem Texte benutzt. Bernstein gibt in RS II S. 390 nach einem wahrscheinlich von Lassalle dokumentierten Prozeßbericht der *Vossischen Zeitung* vom 20. Oktober 1863 die von Lassalle vorgetragenen Textteile an. Lewy hatte noch im Februar 1864 "eine ziemliche Anzahl [der Broschüre] auf Lager" (an Lassalle, 12. Februar 1864). Das Exemplar in IMLB befindet sich in einem Konvolutband aus dem Besitze Clara Zetkins. Für Marx' Urteil siehe seinen Brief an Engels vom 12. Juni 1863 und seine Randglossen (in KAISER und WERCHAN *Ex Libris* S. 121-122) in seinem Exemplar mit der Bibliotheksnummer 312116 der SPD.

Eine ausführliche Synopsis brachte in der Form von Leitartikeln unter dem Titel "Die indirekte Steuer" der *Volksfreund für das Mittlere Deutschland* Frankfurt a.M., 14. Juni 1863, Nr. 71, S. 1-2; 17. Juni, Nr. 72, S. 1-2; 19. Juni, Nr. 73, S. 2-3; 21. Juni, Nr. 74, S. 2-3; 24. Juni, Nr. 75, S. 1-2; 26. Juni, Nr. 76, S. 2-3.

BA IBG IMLB
SBW SSA

IDEM Leipzig, Verlag von Julius Röthing, In Commission bei W. Bracke jr. in Braunschweig, [Druck von W. Bracke jr. in Braunschweig], 1873, in-8, 117-[1] S.

BA BNP FUB
ICN IISG IMLG

IDEM Berlin, Druck und Verlag von C. Ihring Nachf. (A. Berein), 1874, in-8, 118 S.

DSB ICN IISG
LR SUBD

IDEM Chicago, Charles Ahrens, o.J., in-8, 118 S.

Vgl. weiter oben *Verlagsgeschichtliches*.

DSB IISG IMLB
KP LAB UBBa

IDEM Chicago, Charles Ahrens, 1872, in-8, 118 S.

Vgl. weiter oben *Verlagsgeschichtliches*.

IDEM New York 1882 in B 15.

ASD HBSA IMLB
UMLP ZBZ

IDEM Berlin, Verlag des "Vorwärts" Berliner Volksblatt (Th.Glocke), [Druck von Max Bading, Berlin SW., Beuth-Straße 2], 1893, in-8, 149-[1] S.

Vgl. B 21.

IDEM Leipzig 1899 in B 27.

BA IISG IMLB
SUBF

IDEM in *Aus der Waffenkammer des Sozialismus*. Frankfurt a.M. 1909, XI. Halbjahrsband, S. 130-222.

Mit Bernsteins Vorbemerkung und Nachwort aus RS II.

BA FUB HBSA
IISG IMLB KP

IDEM *Neudurchgesehene und übersichtlich gestaltete Ausgabe. Mit Vorwort und Nachtrag, sowie Namen- und Sachregister von Ed. Bernstein*. Berlin, Verlag: Buchhandlung Vorwärts Paul Singer G.m.b.H., Berlin SW. (Hans Weber, Berlin), 1912, in-8, 141 S.

IDEM München 1970 in B 91 (S. 224-347).

Hebräisch Tel Aviv 1926, 112 S.

Italienisch Rom 1900, 108 S. (vgl. B 28).

Japanisch Tokyo 1960, 261 S. (übersetzt nach B 60, mit Bernsteins Einleitung, durch Tsutomu Ouchi, mit dessen Erläuterungen S. 245-261).

Polnisch Lemberg 1877 (38 S.) und 1878 (111 S.) nennt KOR S. 163; Genf 1889, 80 S.

Russisch St. Petersburg 1870 und Moskau 1874 in B 5;
St. Petersburg 1906, 132 S.; St. Petersburg 1906 in
B 37.

Tschechisch Brünn, Rovnosti, 1897, 102 S. (übersetzt
von Josef Krapka-Náchodský).

BA SPKB A 71 INSTRUCTION FÜR DIE BEVOLLMÄCHTIGTEN DES ALLGEMEINEN
DEUTSCHEN ARBEITER-VEREINS. Berlin 1863, in-4, [3] S.
Handschrift vervielfältigt.

RS II S. 894-896   GRS IV S. 255-258

Datiert und unterzeichnet "Berlin, den 17. Juni 1863.
Der Präsident des Allgemeinen Deutschen Arbeiter-Vereins. Ferdinand Lassalle." Die achte der zehn detail-
lierten Anweisungen zur praktischen Tätigkeit der Bevollmächtigten handelt von der Aufnahme neuer Mitglieder und präzisiert: *In die Klasse von Personen, in*
Bezug auf die stets beim Vorstand anzufragen ist, ge-
hören der Regel nach alle Litteraten.

Die geschäftlichen Mitteilungen wurden vom Sekretär
Vahlteich geschrieben und in einer lithographischen
Druckerei meist auf blauem Papier vervielfältigt; die
Anzahl Exemplare, entsprechend der Bevollmächtigten-
zahl, war äußerst gering (vgl. A 72). Aus einem ab-
schriftlichen Auszug aus Vahlteichs Kopierbuch (für
die Monate Mai bis Juli 1863; in BA) aus Gustav
Mayers Nachlaß ergibt sich, daß Vahlteich am 19. Juni
1863 "Für Vervielfältigung des Schreibens an die Bevollmächtigten vom 17. Juni 63" 1 Taler und 22 Sil-
bergroschen zahlte.

HA ZStA IDEM [Hamburg 1864], [Druck von J.E.M. Köhler, Steintwiete 13. Hamburg], in-8, 11 S.

Die Druckerei stellte 1862-1866 unter der angegebenen
Adresse den *Nordstern* her, der zwischen Januar 1863
(A 40) und Juli 1864 (A 98) insgesamt 14 Lassalle-
Texte veröffentlicht hatte und seit dem 19. August
1863 den Untertitel "Organ der social-demokratischen
Partei und des Allgemeinen deutschen Arbeiter-Vereins"
führte. Die Broschüre ohne Umschlag enthält auch die
Texte A 76, A 79 und A 92. Das Exemplar in HA ist unvollständig, ihm fehlt der Text A 92 (S. 9-11). Dagegen befindet sich auf der S. 1 die Bleistiftnotiz
"500 à 4,25 - folgende 500 2,25". Sie läßt vermuten,
daß die Broschüre in größerer Auflage zu Agitations-
zwecken gedruckt worden ist. Die Anwesenheit eines
Exemplars in Herweghs Bibliothek läßt auf das Erscheinen der Broschüre vor Herweghs Austritt aus dem
ADAV schließen, der Ende März 1865 stattfand (vgl.
C 348). Vor diesem Zeitpunkt fand eine besonders
starke Agitation in Hamburg unter der Leitung von
Perl und Audorf jr. gegen Ende 1864 statt (vgl. C 76b).
Das Exemplar in ZStA (von Toni Offermann eingesehen)
ist zusammengeheftet mit einem Exemplar von A 68
(Minist. d. Inn. 11144, Bl. 339 ff.)

IDEM Braunschweig 1874 in B 10 (S. 73-75).

IDEM Berlin 1874 in B 7 (S. 62-64).

IDEM Hamburg 1881 in A 56.

IDEM Hamburg 1899 in A 56.

IISG A 71a ALLGEMEINER DEUTSCHER ARBEITERVEREIN. in-4, [1] S.
Handschrift vervielfältigt.

In Vahlteichs Handschrift datiert und unterzeichnet
"Berlin d. 19. Juni 1863. Der Präsident des Allg.
Deutschen Arbeitervereins. Ferdinand Lassalle." Gibt
die Ernennung der ersten sechzehn Bevollmächtigten
bekannt. Das eingesehene Exemplar wurde von Vahlteich
mit einem Begleitschreiben vom 26. Juni 1863 an Moses
Heß gesandt.

SAF IDEM *Volksfreund für das Mittlere Deutschland,* Frankfurt a.M., 26. Juni 1863, Nr. 76, S. 4.

In der seit dem 14. Juni 1863 neueingerichteten Rubrik
"Allgemeiner Deutscher Arbeiterverein", die auch die
Versammlungen der Frankfurter ADAS Gemeinde anzeigte.

IDEM Den Haag 1959 in B 87 (S. 433-434).

A 72 BEKANNTMACHUNG

NFW *Deutsche Allgemeine Zeitung,* Leipzig, 1. Juli 1863,
Nr. 150, S. 1498.

RS II S. 897-899 GRS IV S.259-260

Datiert und unterzeichnet "Berlin, 27. Juni 1863. Der
Präsident des Allgemeinen Deutschen Arbeiter-Vereins.
Ferdinand Lassalle." Mitteilung der Ernennung Dammers
zu Lassalles Stellvertreter wegen "meiner morgen erfol-
genden Abreise in die Bäder der **Schweiz**", sowie die Er-
nennung Martinys zum Bevollmächtigten für Ostpreußen.
Brockhaus druckte die Bekanntmachung nur mit Rücksicht
auf sein Verlegerverhältnis zu Lassalle (vgl. A 61 und
Vahlteich an Lassalle, 21. **Juni** 1863). Vahlteich, um
Lithographierkosten zu sparen, kaufte 50 Exemplare der
Deutschen Allgemeinen Zeitung und verschickte sie an
die Bevollmächtigten und einige Zeitungsredaktionen
(Kopierbuchauszug, vgl. A 71).

USBF IDEM in *Neue Frankfurter Zeitung,* 2. Juli 1863, Jahrg.
VIII, Nr. 181, S. 3.

Die Redaktion erklärt, sie drucke den Text nach wegen
der Motivierung Lassalles, die sie als "wohl hauptsächlich auf eine humoristische Wirkung berechnet"
glossiert.

USBF IDEM *Süddeutsche Zeitung,* Frankfurt/M., 2. Juli 1863,
Abendblatt Nr. 329, S. 4.

Das dem Nationalverein nahestehende Blatt druckte nach
der *Deutschen Allgemeinen Zeitung,* unterdrückte aber
den zweiten Satz: "Zum Bevollmächtigten des Vereins
für die gesammte Provinz Ostpreußen [...] wird hiermit
der ehemalige Abgeordnete zum Frankfurter Parlament,
Rechtsanwalt Martiny in Kaukehmen ernannt".

IISG   IDEM in *Nordstern*, Hamburg, 4. Juli 1863, Jahrg. IV, Nr. 219, S. 1.

SAF   IDEM *Volksfreund für das Mittlere Deutschland*, Frankfurt a.M., 8. Juli 1863, Nr. 81, S. 4.

IDEM Braunschweig 1874 in B 10 (S. 56-57).

A 72a   AN DIE REDACTION DER SÜDDEUTSCHEN ZEITUNG IN FRANKFURT A.M.

SAF   *Volksfreund für das Mittlere Deutschland*, Frankfurt M., 17. Juli 1863, Nr. 85, S. 2-3.

Datiert und unterzeichnet "Zürich, den 5. Juli 1863. F. Lassalle". Protest gegen die Unterdrückung des Martiny betreffenden Satzes im Abdruck von A 72, die Lassalle als "Manoeuvre" bezeichnet, "Thatsachen, die Ihnen besonders unangenehm zu sein scheinen", zu verschweigen. Martiny, der 1848 in der Paulskirche zur äußersten Linken gehört hatte, war seit 1861 Mitglied des Abgeordnetenhauses für die Fortschrittspartei gewesen. Er sympathisierte mit Lassalle und hatte Anfang Februar 1863 sein Mandat niedergelegt.

Die Redaktion teilt einleitend mit, sie habe die Erklärung am 9. Juli 1863 erhalten mit der Bitte, sie erst dann zu veröffentlichen, wenn die *Süddeutsche Zeitung* sie "nach einigen Tagen" nicht gedruckt habe.

A 72b   MITTEILUNG

IISG   *Nordstern*, Hamburg, 18. Juli 1863, Jahrg. IV, Nr. 221, S. 2.

Datiert und unterzeichnet "Samaden in Engadin, 8. Juli 1863. Der Präsident des allgemeinen deutschen Arbeitervereins. F. Lassalle." Teilt die Anstellung Herweghs als Bevollmächtigten des ADAV für die Schweiz mit. Gefolgt von Herweghs Brief an Lassalle vom 5. Juli 1863, in dem er erklärt, "Ihrem gegen mich geäußerten Wunsch gern entsprechen" zu wollen (vgl. C 343).

SAF   IDEM *Volksfreund für das Mittlere Deutschland*, Frankfurt a.M., 19. Juli 1863, Nr. 86, S. 4.

A 72c   "LIEBER HERWEGH! [...]"

ZBZ   *Zürcher Intelligenzblatt*, 30. Juli 1863, Nr. 179, S. 707.

Datiert und unterschrieben "Bad Tarasp, 26. Juli 1863. Ihr F. Lassalle.". Antwortet auf Herweghs Aufforderung, Sonnemann ähnlich gründlich abzukanzeln, wie Julian Schmidt (vgl. C 344 und A 39); "Ich konnte Hrn. Dr. Julian Schmidt 'julianisieren', denn dieser hatte eine in fünf Auflagen vergriffene Literaturgeschichte geschrieben und stand vor Publikum und öffentlicher Kritik damals als eine unbestrittene Autorität da. - Aber wer ist Sonnemann?" In einem Begleitschreiben an Herwegh erklärte Lassalle, er wünsche "lebhaft", daß dieser seinen "kurzen ostensiblen Brief" im *Intelligenzblatt* veröffentliche (B 24, S. 74).

A 72d GEEHRTER HERR REDAKTEUR!

SAF

Volksfreund für das Mittlere Deutschland, Frankfurt a.M., 31. Juli 1863, Nr. 91.

Datiert und unterzeichnet "Tarasp, 30. Juli. F. Lassalle". Richtigstellung eines mißverständlichen Artikels Büchners in der Nr. 89 des *Volksfreund,* in dem nicht ausdrücklich gesagt worden war, daß Lassalles Reisekosten nach Frankfurt (vgl. A 66) der Kasse des ADAV und nicht Lassalle persönlich zurückerstattet worden waren. Da Lassalle den Text telegraphiert hatte, erschien er unter dem Titel *Telegramm.* Hinweis von Toni Offermann.

Der *Volksfreund* nahm ausführlich zu dem Mißverständnis Stellung in einem langen Leitartikel "Wie verhält es sich mit der Sache?" (30. August 1863, Nr. 104, S. 1-3).

BA FUB IISG   A 73 DIE FESTE, DIE PRESSE UND DER FRANKFURTER ABGEORDNE-
IMLB KMH UBK   TENTAG. DREI SYMPTOME DES ÖFFENTLICHEN GEISTES. EINE REDE, GEHALTEN IN DEN VERSAMMLUNGEN DES ALLGEMEINEN DEUTSCHEN ARBEITER-VEREINS ZU BARMEN, SOLINGEN UND DÜSSELDORF, VON FERDINAND LASSALLE. Düsseldorf, Schaub'sche Buchhandlung (W. Nädelen), [Düsseldorf, Hofbuchdruckerei v. H. Voß], o.J. in-8, 38 S.

RS II S. 629-666   GRS III S. 341-391

Die Rede wurde am 20. September in Barmen, am 27. September in Solingen und am 28. September in Düsseldorf gehalten. Die ursprünglich vorgesehenen Versammlungen in Köln und Hamburg, in denen Lassalle die Rede wiederholen sollte, fanden nicht statt. Die Broschüre erschien am 18. Oktober 1863 (vgl. Lassalle an Feuerbach, 21. Oktober 1863) in einer Auflage von 10 000 Exemplaren. Nachdem bereits mehrere Sendungen an Bevollmächtigte unterwegs waren (Lassalle z.B. dankte Lewy am 31. Oktober für 300 empfangene Exemplare), wurden am 21. Oktober beim Verleger 1000 Exemplare beschlagnahmt. Lassalle wurde wegen der Rede unter Anklage gestellt und im Frühjahr 1864 *in contumaciam* zu einem Jahr Gefängnis verurteilt. In der Appellverhandlung verteidigte sich Lassalle mit der Rede A 98. Die Broschüre enthält außer der Rede einen von Lassalle verfaßten abschließenden Text, der hauptsächlich die Versammlungsberichte A 74a und A 74b mit Ergänzungen sowie die Aufforderung A 75 enthält.

SAF

Volksfreund für das Mittlere Deutschland, Frankfurt M., 16. Oktober 1863, Nr. 124, S. 1-2; 23. Oktober, Nr. 127, S. 2-3; 28. Oktober, Nr. 129, S. 1-2; 30. Oktober, Nr. 130, S. 1-3.

Die Nummern 125 und 126 vom 18. und 21. Oktober fehlen in der benutzten Serie. Teilabdruck unter dem Titel "Lassalle über die Presse der Gegenwart".

IISG

IDEM in *Nordstern,* Hamburg, 24. Oktober 1863, Nr. 235 - 7. November 1863, Nr. 237.

BA BIF FUB IISG IMLB ZBZ	IDEM *Dritte Auflage*. Leipzig, Verlag des Allgemeinen deutschen Arbeiter-Vereins, [Druck von C.E. Grohmann in Leipzig], 1871, in-8, 40 S.
BA FUB IMLB SUBD UBK	IDEM Berlin, Druck und Verlag von Ihring Nachf. (A. Berein), 1874, in-8, 40 S.
ABA BA IISG IMLB LR UBG	IDEM Chicago, Charles Ahrens, 1872, in-8, 40 S. Vgl. weiter oben *Verlagsgeschichtliches*.
IMLB LR	IDEM Chicago, Charles Ahrens, o.J., in-8, 40 S. Vgl. weiter oben *Verlagsgeschichtliches*.
IMLB	IDEM Chur, Druck von C. Conzett, o.J., in-8, 47 S.
	IDEM New York 1882 in B 15.
ASD BA BIF IISG IMLB SSA	IDEM Berlin, Verlag der Expedition des "Vorwärts" Berliner Volksblatt (Th. Glocke), [Druck von Max Bading, Berlin SW., Beuth-Straße 2], 1892, in-8, 52 S.
	IDEM Leipzig 1899 in B 27.
	IDEM Wien 1911 in B 43 (S. 307-357).
	IDEM München 1970 in B 91 (S. 348-391).
	Französisch Paris 1902 (S. 239-287 in B 34).
	Italienisch Rom 1906, 38 S. (vgl. B 28).
	Russisch St. Petersburg 1870 und 1874 in B 5; St. Petersburg 1905 in B 37.
	Ungarisch Budapest 1914 und 1919 (vgl. B 52).

A 73a   "AUF HEUTE NACHMITTAG 5 UHR [...]"

SAF

Volksfreund für das Mittlere Deutschland, Frankfurt/M., 23. September 1863, Nr. 114, S. 4.

"Barmen, 19. [sic] Sept." datierter Bericht über die Barmer Versammlung vom 20. September 1863, vor der Lassalle die Rede A 73 hielt. B. Becker schreibt den Text Lassalle zu (B 10 S. 101).

IDEM Braunschweig 1874 in B 10 (S. 101-102).

A 74   MINISTERPRÄSIDENTEN VON BISMARCK. BERLIN

UBB

Düsseldorfer Zeitung, 28. September 1863, Nr. 266, S. 3.

RS II S. 669-670   GRS III S. 396

"F. Lassalle" unterzeichnetes Telegramm, das Lassalle am 27. September in Solingen aufgab und in dem er protestierte gegen die Auflösung der Solinger Versammlung vom gleichen Tage durch den ausdrücklich so qualifizierten "fortschrittlichen Bürgermeister." Der Text des Telegramms ist enthalten in dem Versammlungsbericht A 74a.
Das Telegramm wurde in der gesamten Tagespresse ver-

öffentlicht, z.B. in der *Elberfelder Zeitung*, der
Berliner *Volks-Zeitung*, *Neue Frankfurter Zeitung*. Die
meisten Kommentare denunzieren den zitierten Ausdruck
als einen Versuch Lassalles, sich Bismarcks gegen die
liberale Fortschrittspartei zu bedienen.

HA   IDEM in *Auszug aus Nr. 266 der "Düsseldorfer Zeitung."*
O.O., o.J., in-4, [1] S.

Sonderdruck des Versammlungsberichtes.

IDEM Düsseldorf 1863 in A 73 (S. 34-35).

Desgleichen in allen späteren Ausgaben von A 73.

IDEM Braunschweig 1874 in B 10 (S. 105-106).

IDEM Berlin 1928 in B 81 (S. 62).

Russisch St. Petersburg 1905 in B 37.

A 74a   "DEN ENTSTELLENDEN BERICHTEN GEGENÜBER [...]"

Düsseldorf 1863 in A 73 (S. 32-33).

RS II S. 666-668   GRS III S. 391-394

Bericht über die Solinger Versammlung vom 27. September
1863, vor der Lassalle die Rede A 73 hielt. Bernstein
schreibt den Text Lassalle zu (RS S. 627).

A 74b   "DIE DENUNZIATION DER ELBERFELDER ZEITUNG [...]"

UBB   *Düsseldorfer Zeitung*, 28. September 1863, Nr. 266, S. 3.

RS II S. 668-670   GRS III S. 394-396

Bericht über die Solinger Versammlung vom 27. September
1863, vor der Lassalle die Rede A 73 hielt. In einer
"Düsseldorf, 28. Sept." datierten Vorbemerkung sagt die
Redaktion, sie habe den Bericht erhalten "von Herrn Julius Vahlteich [...] mit der Bitte, ihn wörtlich und
ohne Kürzung [...] aufzunehmen". Da er den Bericht, der
das Telegramm A 74 enthält, in die Broschüre A 73 aufgenommen hat, darf man annehmen, daß Lassalle der Verfasser ist. **Bernstein** schreibt den Text denn auch
Lassalle zu (RS II S. 625). Paul Lindau, der Redakteur der *Düsseldorfer Zeitung*, war mit Lassalle befreundet.

SAF   IDEM *Volksfreund für das Mittlere Deutschland*, Frank-
furt/M., 4. Oktober 1863, Nr. 119, S. 2-3.

Nachdruck nach der Düsseldorfer Zeitung, einschließlich der Vorbemerkung.

IDEM Düsseldorf 1863 in A 73 (S. 34-35).

Ebenfalls in allen späteren Ausgaben von A 73.

IDEM Braunschweig 1874 in B 10 (S. 105-106).

A 75   ÖFFENTLICHE AUFFORDERUNG. ARBEITER SOLINGENS!!

IZD   *Volks-Zeitung*, Berlin, 2. Oktober 1863, Jahrg. XI,
Nr. 230, S. 3.

RS II S. 673-674   GRS III S. 401-402

Datiert und unterzeichnet "Düsseldorf, den 29. September 1863. F. Lassalle." Fordert dazu auf, durch 500 Unterschriften Lassalles Erklärung zu bekräftigen, die aus der *Elberfelder Zeitung* in die Tagespresse übernommene Berichterstattung fälsche die Wahrheit über die Haltung der Solinger Arbeiter zu ihm. Der Aufruf erschien auch in der *Düsseldorfer Zeitung*, im *Nordstern* usw. Die *Volks-Zeitung* (die den Bericht der *Elberfelder Zeitung* gebracht hatte) druckte ihn nur, "weil sie wußte, daß ich als persönlich Angegriffener das *gesetzliche* Recht hatte, die Aufnahme meiner persönlichen Erklärung zu erzwingen" (Lassalle in A 77). Lassalle hatte den Text mit einem Brief vom 30. September 1863 der *Volks-Zeitung* geschickt, in dem er drohte, falls der Text nicht gedruckt werde, das Blatt künftig *als das Lügenblatt par excellence* zu bezeichnen (N V, S. 231-232).

SAF

IDEM *Volksfreund für das Mittlere Deutschland*, Frankfurt a.M., 4. Oktober 1863, Nr. 119, S. 3.

IDEM Düsseldorf 1863 in A 73 (S. 38).

Ebenfalls in allen späteren Ausgaben von A 73.

Russisch St. Petersburg 1905 in B 37.

A 76   CIRCULAR AN DIE BEVOLLMÄCHTIGTEN UND VORSTANDSMITGLIEDER DES ALLG. DEUTSCHEN ARBEITERVEREINS

RS II S. 899-900   GRS IV S. 261-262

Ein Original des Zirkulars ist nicht gefunden worden.

Vgl. A 71 für die Sekretariats-Mitteilungen. Bernstein druckt nach B 7.
Datiert und unterschrieben "Berlin, d. 7. October 1863. Der Präsident des Allgem. Deutschen Arbeitervereins. Ferdinand Lassalle." Lassalle kündigt eingangs seine Wiederübernahme der "Leitung unseres Vereins" (vgl. A 72) an und fordert zu prompter Abrechnung und größerer Sparsamkeit auf.

IDEM Hamburg 1864 in A 71 (S. 4-5).

IDEM Berlin 1874 in B 7 (S. 65-66).

HBSA

IDEM in *Social-Demokrat*, Hamburg, 30. Oktober 1875 Jahrg. III, Nr. 44, S. 2-3.

Der Hamburger *Social-Demokrat* wurde auch in Bremen und Leipzig verbreitet, wie die regelmäßigen Ankündigungen der dortigen ADAV-Versammlungen zeigen, die unter den Rubriken "Für Bremen" und "Für Leipzig" erschienen.

IDEM Hamburg 1881 in A 56 (S.12-14).

IDEM Hamburg 1899 in A 56 (S. 12-14).

BA FUB IISG   A 77   AN DIE ARBEITER BERLINS. EINE ANSPRACHE IM NAMEN DER
IMLB KMH UBK   ARBEITER DES ALLGEMEINEN DEUTSCHEN ARBEITERVEREINS, VON FERDINAND LASSALLE. Berlin, Commissions-Verlag von R. Schlingmann, [Druck von Eduard Weinberg in Berlin], 1863, in-8, 25 S.

RS II S. 713-741 GRS IV S. 17-56

Datiert und unterzeichnet "Berlin, den 14. October 1863.
Der Präsident Ferdinand Lassalle." Die Schrift sollte
die Eroberung Berlins für den ADAV einleiten. Auf S. 24
und 25 der Broschüre eine Liste von **zehn Personen**, die
berechtigt seien, "Mitglieder in Berlin aufzunehmen und
sämmtliche Agitationsschriften [...] zu sehr ermäßigten
und nur für *Arbeiter* bestimmten Preisen" abzugeben.
Genannt werden A 41, A 45, A 49, A 54, A 66, A 70 und
A 73. Die Broschüre erschien am 18. **Oktober 1863 (vgl.**
Lassalle an Sophie von Hatzfeldt, 19. Oktober 1863) in
einer Auflage von 16 000 Exemplaren (vgl. A 91), die
gratis verbreitet werden sollten (die Druckkosten, 140
Taler, berechnete Lassalle dem Verein; **vgl. B 10 S.**
135). Dreitausend Exemplare wurden beim Verleger beschlagnahmt, Lassalle wurde erneut unter Anklage gestellt (vgl. A 91).

BA FUB HBSA
IISG UBK USBF

IDEM *Zweite Auflage*. Leipzig, Verlag des Lassalle'-
schen Allgemeinen Deutschen Arbeitervereins. Zu beziehen durch J. Röthing, Leipzig, Neukirchhof 45,
[Druck von Sturm und Koppe (A. Dennhardt)], 1868,
in-8, 29-[1] S.

ASD BA FUB
IISG IMLB UBG

IDEM *Dritte Auflage*. Leipzig, Verlag von Julius Röthing,
Körnerstr. 14b, [Braunschweig, Druck von W. Bracke jr.],
1872, in-8, 23-[1] S.

ABA

Ein Teil der Auflage trägt auf dem **Titelblatt zu-**
sätzlich "In Commission bei W. Bracke jr. in Braunschweig". Bracke führt den Titel noch im Sommer 1876
in seiner Vertriebsanzeige im *Neuer Social-Demokrat*,
Berlin und im Leipziger *Vorwärts* vom 25. April 1877
an.

BA FUB IISG
IMLB SSA USBF

IDEM Berlin, Druck und Verlag von C. Ihring Nachf.
(A. Berein), 1874, in-8, 24 S.

BA IMLB

IDEM O.O., o.J., in-8, 24 S.

Ohne Verleger- und Druckervermerk. Die Ausgabe ist
identisch mit der vorigen, hat aber ein anonymes
Titelblatt erhalten (vgl. weiter oben *Varlagsge-
schichtliches*). Das Exemplar im IMLB befindet sich
in einem Konvolutband aus dem Besitze Clara Zetkins,
der außerdem u.a. die "Chicago"er Ausgaben von A 40,
A 49, A 59, A 66 und A 73 enthält. Das Exemplar in
BA ist zusammengebunden mit einem Exemplar der "Chicago"er Ausgabe von B 7; der Band trägt das Exlibris
von Otto Landsberg.

IDEM New York 1882 in B 15.

BIW BM IISG

IDEM Berlin, Verlag der Expedition des "Vorwärts"
Berliner Volksblatt (Th. Glocke), [Druck von Max
Bading, Berlin SW., Beuthstr. 2], 1892, in-8, 36 S.
Vgl. B 21.

IDEM Leipzig 1899 in B 27.

IDEM Berlin 1926 in B 76.

ASD KMH IDEM Bonn, Verlag **Neue Gesellschaft**, 1971, in-8
25-[1] S.

Faksimiledruck der Erstausgabe von 1863.

IDEM Reinbek 1972 in B 92 (S. 119-142).

Französisch in *Revue Socialiste*, Paris 1888, S.
604-625 (übersetzt von H. Kastner).

Italienisch Rom 1907, 25 S. (vgl. B 28).

Russisch St. Petersburg 1870 und Moskau 1874 in B 5;
St. Petersburg 1905 in B 37.

BA IISG WMU   A 78   CIRCULAR AN DIE BEVOLLMÄCHTIGTEN DES ALLGEMEINEN
ZSD   DEUTSCHEN ARBEITER-VEREINS. O.O., [Selbstverlag von
Julius Vahlteich als Sekretär des Allg. Deutsch.
Arbeitervereins, Druck von R. Gensch in Berlin],
o.J., in-4, 10 S.

Das "Berlin, den 11. November 1863" datierte und "Das
Präsidium. F. Lassalle" unterzeichnete Zirkular ordnet
die Pflichtlektüre des Hauptinhaltes der Broschüre an,
einer *An den Königlichen Polizeipräsidenten Herrn von
Bernuth, Hochwohlgeboren* gerichteten und "Berlin, den
3. November 1863" datierten und von Lassalle namens
des ADAV unterzeichneten Beschwerde gegen die Störung
einer ADAV-Versammlung am 2. November 1863 in Berlin
(S. 1-9). Der Beschwerde folgt eine von 14 Versammlungs-
teilnehmern unterzeichnete und vom 2. November 1863
datierte Erklärung (S. 9-10) sowie ein Angriff auf die
liberale Presse. Faksimile der ersten Seite in C 406.

SUBD IDEM O.O., [Druck von C. Ihring in Berlin], o.J.,
in-8, 15 S.

Der Drucker C. Ihring druckte unter diesem Firmennamen von November 1872 bis September 1873. Der Nachdruck weicht in Einzelheiten unbedeutend ab.

IDEM Berlin 1928 in B 81 (S. 65-77).

Enthält nur die Beschwerde vom 3. November 1863 nach
dem Exemplar des gedruckten Zirkulars, das Lassalle
mit einem Begleitschreiben vom 17. November 1863 an
Bismarck (S. 64-65) sandte. Gustav Mayer hat einige
Druckfehler des Zirkulars nach dem Original der Beschwerde (in Lassalles Polizeiakte) korrigiert. Der
Bismarck übersandte Druck und Lassalles Begleitschreiben jetzt in ZStA (Zitelmann-Nachlaß).

IDEM Bremen 1963 in B 89 (S. 342-343 und 345-361).

Nachdruck des kurzen Textes vom 11. November 1863 (mit
einigen Auslassungen) und der Beschwerde vom 3. November 1863 nach dem Nachdruck von 1872/73.

ZStA   A 79   CIRCULAR AN DIE BEVOLLMÄCHTIGEN DES ALLG. DEUTSCHEN
ARBEITER-VEREINS ZU BARMEN, ELBERFELD UND RONSDORF

RS II S. 901-903   GRS IV S. 263-266

Vgl. A 71 für die Sekretariats-Mitteilungen. Bernstein druckt nach B 7.
Datiert und unterzeichnet "Berlin, den 16. Novbr. 1863. Der Präsident des Allgem. Deutschen Arbeiter-Vereins Ferdinand Lassalle". Ordnet Reorganisierung des Lokalstatuts an, zwecks besserer Kontrolle der Kassenverhältnisse.

IDEM Hamburg 1864 in A 71 (S. 6-8).

IDEM Berlin 1874 in B 7 (S. 66-68).

IDEM Braunschweig 1874 in B 10 (S. 144-146).

HBSA   IDEM in *Social-Demokrat*, Hamburg, 13. November 1875, Jahrg. III, Nr. 46, S. 2-3.

IDEM Hamburg 1881 in A 56 (S. 14-16).

IDEM Hamburg 1899 in A 56 (S. 14-16).

ASD IISG ZStA   A 80   CIRCULAR AN DIE BEVOLLMÄCHTIGTEN DES ALLG. DEUTSCHEN ARBEITERVEREINS. O.O., o.J., in-fol., [3] S. Handschrift vervielfältigt.

RS II S. 932-934   GRS IV S. 305-308

Ein kurzer einleitender Text ist datiert und unterzeichnet "Berlin, den 26. Novbr. 63. Der Präsident F. Lassalle". Er fordert Abstimmung und Beschlußfassung einzuberufender Mitgliederversammlungen über die dann folgenden *Resolutionen in Sachen Polen und Schleswig-Holstein*. Die in 6 Paragraphen unterteilte Resolution I zugunsten der polnischen Revolution wurde wahrscheinlich veranlaßt durch eine von Marx für den Deutschen Bildungsverein für Arbeiter in London verfaßte Proklamation über Polen, die der Verein im Oktober 1863 als Flugblatt verbreitete (der Text in MEW Bd. XV, S. 576-577) und mit der sich Lassalle im sechsten Paragraphen teilweise solidarisch erklärt. Die Resolutionen hat Lassalle bereits vor seiner am 22. November 1863 erfolgten Verhaftung verfaßt; er beauftragte Dammer mit dem Versand an die Bevollmächtigten sowie "mit Angabe der Votantenzahl an alle möglichen Zeitungen" (Lassalle an Dammer, 29. November 1863).

Das von Toni Offermann eingesehene Exemplar in ZStA (im Rodbertus-Nachlaß) ist vollständig. Dem Exemplar in ASD und IISG fehlt die dritte Seite. Ein Exemplar der für die Presse bestimmten Mitteilung (in-fol., [1] S.) befindet sich in IISG. Es gibt nur die Resolution II. *In der Schleswig-Holsteinischen Sache* wieder, ist nicht datiert und nicht unterzeichnet, und der für die Votantenzahl bestimmte Raum ist nicht ausgefüllt.

Bernstein druckt die beiden Resolutionen als Einzeltexte, nach B 10.

IISG ZStA   IDEM in *Nordstern*, Hamburg, 5. Dezember 1863, Nr. 241, S. 2-3.

Unter dem Titel "Erklärung wegen Polen" nur der von den Hamburger Mitgliedern "auf Antrag des Präsidiums ihres Vereins" angenommene Text der Polen-Resolution.

IDEM Braunschweig 1874 in B 10 (S. 123-124 und 125-126).

Becker druckt die Resolutionen als gesonderte Texte, ohne Daten, und gibt den sechsten Paragraphen der Polen-Resolution nur in einer kurzen Zusammenfassung wieder.

A 81 [LASSALLE ÜBER DIE GEGEN IHN UND DIE SOCIAL-DEMOCRATIE ERHOBENEN VORWÜRFE]

IISG

Social-Demokrat, Berlin, 31. August 1865, Jahrg. I, Nr. 131, S. 2-3.

RS II S. 946-948 GRS IV S. 324-326

Konzept zu einer Rede, die Lassalle am 22. November 1863 vor Berliner Arbeitern gehalten hat und die zum großen Teil eine Wiederholung der Rede A 77 ist, andererseits aber einige sehr unterschiedliche Formulierungen enthält. Der *Social-Demokrat* gibt unter einem redaktionellen Titel den vollständigen Text des Konzepts wieder, der unter anderem das Wort von "Einer gemeinsamen reaktionären Partei" enthält, welche alle bürgerlichen Parteien gegenüber der Arbeiterpartei darstellten. Dieser Gedanke wurde zu einem wichtigen Bestandteil des nachlassalleschen offiziellen "Lassalle-anismus" und entwickelte sich zu dem Schlagwort von der "einen reaktionären Masse". In dieser Form gelangte der Gedanke in das Gothaer Programm der SAPD (1875), wo die Rede ist von "der Arbeiterklasse [...] der gegenüber alle anderen Klassen nur eine reaktionäre Masse sind" (Abschnitt I, Absatz 4). In seinen *Randglossen* zum Gothaer Programm weist Marx auf den Lassalleschen Ursprung dieser Phrase hin und bemerkt dazu, daß, wenn Lassalle das *Kommunistische Manifest* "also grob verfälschte, geschah es nur, um seine Allianz mit den absolutistischen und feudalen Gegnern wider die Bourgeoisie zu beschönigen."

Vgl. C 584.

IDEM Braunschweig 1874 in B 10 (S. 113-114).

Nach einer Abschrift des Konzepts mit einigen Auslassungen. Es fehlt u.a. der Teil, welcher das oben angeführte Zitat enthält. Bernstein druckte nach diesem Text. Der ausgelassene Teil mit dem Zitat nach dem Abdruck von 1865 findet sich in C 584 (S. 514) und in B 91 (S. 507 Fußnote).

A 82 ANSPRACHE

IISG

Nordstern, Hamburg, 5. Dezember 1863, Nr. 241, S. 3.

RS II S. 904 GRS IV S. 267

Datiert und unterzeichnet "Berlin, den 25. November. F. Lassalle." Teilt die nach der wegen der Schrift A 77 in der Versammlung vom 22. November 1863 **vorgenommenen**

Verhaftung Lassalles inzwischen erfolgte Haftentlassung
mit und kündigt die Fortsetzung der Rede A 81 für den
6. Dezember 1863 an. Über diese Fortsetzung ließ sich
nichts feststellen.

IDEM Braunschweig 1874 in B 10 (S. 119).

A 82a VEREHRLICHE REDAKTION!

SAF

Volksfreund für das Mittlere Deutschland, Frankfurt/M.,
29. November 1863, Nr. 143, S. 3-4.

Datiert und unterzeichnet "Berlin, 26. November 1863.
F. Lassalle". Berichtigung von Presseberichten über
Lassalles angeblichen Fluchtversuch bei seiner Ver-
haftung am 22. November 1863.

IISG

Nordstern, Hamburg, 5. Dezember 1863, Jahrg. IV, Nr.
241, S. 3.

Unter dem Titel *Offene Erklärung.*

A 82b [DISPOSITION ZU EINER GRÖSSEREN SYSTEMATISCHEN DAR-
STELLUNG DER NATIONALÖKONOMIE]

Das Manuskript, an dem Lassalle mit Unterbrechungen
von 1859 bis etwa Ende 1863 gearbeitet hat, ist ver-
lorengegangen. Im Nachlaß von Lothar Bucher, der "die
gelehrten und schriftstellerischen Aufsätze" Lassalles
erbte (vgl. A 100) hat es sich nicht gefunden, und es
ist auch anderwärtig nicht wieder aufgetaucht. Eine
Beschreibung eines Teiles des Manuskriptes ist enthalten in dem Gutachten vom 12. Januar 1866, das Karl
Rodbertus auf Buchers Ersuchen angefertigt hat. Dieses
Gutachten ist gedruckt in C 751.

Vgl. N I, S. 11-12.

A 82c HOHER ANKLAGESENAT!

MS

N VI S. 384-391

Die Eingabe ist datiert und unterzeichnet "Berlin,
29. November 1863. F. Lassalle." In ihr versucht
Lassalle nachzuweisen, daß das gegen ihn wegen des
Textes A 77 eingeleitete Verfahren wegen Hochverrats
der Rechtsgrundlage entbehrt. G. Mayer druckt nach
einem Konzept von Lassalles Hand.

A 83 "LIEBER PERL! ICH FINDE SEHR NATÜRLICH [...]"

MS

RS II S. 934-937 GRS IV S. 308-312

Brief über die schleswig-holsteinische Frage an den
Hamburger Bevollmächtigten August Perl, auf den 6.
Dezember 1863 zu datieren, wie aus Lassalles Datierung
"Sonntag" im Zusammenhang mit der im letzten Absatz
erwähnten Berliner Versammlung vom 6. Dezember erhellt
(vgl. A 82). Lassalle erläutert die Resolution II aus
dem Zirkular A 80, die in der Hamburger Gemeinde auf
Widerstand gestoßen war. Vgl. A 80 *Nordstern.*

IDEM Braunschweig 1874 in B 10 (S. 130-132).

A 84   "WIR KÖNNEN DER ABMAHNUNG DER ARBEITER [...]"
       MS

       RS II S. 937-938   GRS IV S. 312-314

       Antwort Lassalles an Otto Dammer, der namens der Mit-
       gliedschaft nach dem Werte der malthusianischen Ent-
       haltsamkeits- und Zweikinder-Theorie gefragt hatte.
       Lassalle verwirft diese Theorie. Der Brief ist auf den
       6. Dezember zu datieren: Sein letzter Absatz ist eine
       Paraphrase des letzten Absatzes von Lassalles Brief
       an Perl vom gleichen Tage (vgl. A 83). Der letzte Ab-
       satz des Briefes an Dammer und die Datierung bei
       Oncken in B 45 (S. 414, Anmerkung 1), dem das Original
       vorlag.

       IDEM Braunschweig 1874 in B 10 (S. 165).

       Ohne Datum und ohne den letzten Absatz. Bernstein druckt
       in RS und GRS nach diesem unvollständigen Text.

A 85   [ÜBER DAS VERHÄLTNIS VON POLITISCHER UND PRIVATER MORAL]
       MS

       RS II S. 939-941   GRS IV S. 315-317

       IDEM Braunschweig 1874 in B 10 (S. 167-168).

       Brief vom 9. Dezember 1863 an den Frankfurter Bevoll-
       mächtigten Abraham Strauß (für die Datumsbestimmung
       vgl. B. Becker an Lassalle, 8. Dezember 1863, und J.B.
       von Schweitzer an Lassalle, 11. Dezember 1863). Las-
       salle tritt für die Aufnahme von Schweitzers in den
       ADAV ein, die von der Frankfurter Mitgliedschaft abge-
       lehnt wurde unter Hinweis auf seine angebliche Homo-
       sexualität. Lassalle verlangte von Strauß: "Lassen Sie
       [...] *diesen Brief privatim unter den Mitgliedern zirku-
       lieren,* soweit nur eben möglich". Ein besonders herzlich
       gehaltener Brief Lassalles an von Schweitzer, wohl vom
       gleichen Tage, in derselben Angelegenheit, ist gedruckt
       in RS II S. 941-943 und GRS IV S. 317-321.

HA ZStA   A 85a   CIRCULAR AN DIE BEVOLLMÄCHTIGTEN DES ALLGEMEINEN DEUT-
                  SCHEN ARBEITERVEREINS. In-4, [2] S. Handschrift verviel-
                  fältigt.

                  Datiert und unterzeichnet "Berlin d. 17. Dezember 1863.
                  Das Präsidium F. Lassalle". Vahlteichs Handschrift mit
                  Lassalles Unterschrift, der eine von Vahlteich ge-
                  schriebene Bitte um Aufnahme des Textes an "Geehrte
                  Redaction" folgt. Das Zirkular teilt mit, daß die bei-
                  den Resolutionen A 80 dem Londoner Deutschen Arbeiter-
                  Bildungsverein zugeschickt wurden, der beschlossen habe,
                  sie "zu den ihrigen zu machen." Das von Toni Offermann
                  in ZStA eingesehene Exemplar liegt im Rodbertus-Nach-
                  laß.

IISG ZStA   IDEM *Nordstern,* Hamburg, 2. Januar 1864, Jahrg. V, Nr.
            244, S. 3-4.

A 85b [GEGEN DIE FORTSCHRITTSPARTEI]

IISG

Nordstern, Hamburg, 16. Januar 1864, Jahrg. V, Nr. 246, S. 3-4

Zusammenfassung einer Rede über A 45, die Lassalle am 10. Januar 1864 vor einer öffentlichen Versammlung des ADAV im Eldorado in Berlin gehalten hat, wo er u.a. erklärte: "Die Zeit eines Bündnisses mit der liberalen Bourgeoisie sei für *immer vorüber* und *neue Wege werde die Geschichte gehen.*" Die Korrespondenz "Berlin" in der Rubrik "Allgemeiner deutscher Arbeiterverein" ist nicht datiert.

A 86 [ZIRKULAR AN SÄMTLICHE VORSTANDSMITGLIEDER]

Das vom 11. Januar 1864 datierte und von Lassalle unterzeichnete Zirkular teilt die Kündigung Vahlteichs als Sekretär des ADAV mit, wegen eines Konfliktes zwischen ihm und Lassalle (vgl. A 99). Vahlteich legte beim Versand des Zirkulars an B. Becker und an Otto Dammer eine vom 12. Januar 1864 datierte persönliche Erklärung bei; sie ist gedruckt in N V, S. 272.
Ein Original des Zirkulars wurde nicht gefunden.

IDEM Braunschweig 1874 in B 10 (S. 176).

Becker gibt nur das Datum des Zirkulars sowie eine ganz kurze Zusammenfassung des Inhalts und ein Zitat, in dem Lassalle Eduard Willms als Sekretär vorschlägt, aber zugleich erwähnt, daß in Folge der schlechten Finanzlage *die Frage, wie viele Monate sich der Verein überhaupt noch wird halten können, prekär zu werden anfängt.*

BA FUB IISG
IMLB KMH UBK

A 87 HERR BASTIAT-SCHULZE VON DELITZSCH DER ÖKONOMISCHE JULIAN, ODER: CAPITAL UND ARBEIT, VON FERDINAND LASSALLE. Berlin, Verlag von Reinhold Schlingmann, [Druck von F. Hofschläger in Berlin], 1864, in-8, IX-[1]-269-[1] S.

RS III S. 15-261 GRS V S. 19-355

Das ökonomische Hauptwerk Lassalles erschien Mitte Februar 1864: Lassalle übersandte das Buch dem Chefredakteur der Berliner *Norddeutschen Allgemeinen Zeitung*, August Braß, zusammen mit dem vom 15. Februar datierten Zirkular A 90 mit der Bitte um Besprechung und ersuchte gleichzeitig um sofortigen Abdruck des Nachwortes *Eine melancholische Meditation* (es erschien in dem Blatt am 25. Februar 1864, Beilage S. 1-2). Lassalles Konzept seines Schreibens an Braß befindet sich im Lassalle-Nachlaß (VIII/243 g in C 104).

Das Vorwort ist datiert vom 16. Januar 1864. Die Auflage betrug 2500 Exemplare (Lassalle an Heß, 19. und 24. März 1864). Im Vorwort erklärte Lassalle, den "äußern Anlaß" zu seinem Buche habe die Lektüre von Schulze-Delitzschs C 811 gegeben. Lassalle zitiert Marx' *Zur Kritik der Politischen Ökonomie* auf S. 67-158 passim (vgl. A 32a). Der Band enthält in der Anlage A den Text A 61 und in der Anlage B den Text A 65. Ein Exemplar mit dem Namenszug von Sophie von Hatzfeldt befindet sich in SBB*.

Vgl. C 640, C 774 und C 775.

BNP ICN IISG IMLB LR NNUT	IDEM Berlin, Druck und Verlag von C. Ihring Nachf. (A. Berein), 1874, in-8, VIII-208 S.
IMLB LR	IDEM Chicago, Charles Ahrens, o.J., VIII-207-[1] S. Mit den Anlagen. Vgl. weiter oben *Verlagsgeschicht-liches.*
ASD BA DSB IMLB SSA UMLP	IDEM Chicago, Charles Ahrens, 1872, VIII-20 S. 8 Ohne die Anlagen. Vgl. weiter oben *Verlagsgeschicht-liches.*
BA IMLB SUBD	IDEM Berlin, Druck und Verlag der Allg. Deutschen Associations-Buchdruckerei (E.G.), 1877, in-8, VIII-208 S. Die Ausgabe ist identisch mit der Berliner Ausgabe von 1874, aber mit einem neugesetzten Titelblatt der Geschäftsnachfolger des Verlages C. Ihring Nachf. Ein Exemplar mit dem auf obigen Verlagsvermerk überklebten neuen Vermerk "Verlag von W. Bracke jr. in Braunschweig" befindet sich in IMLB.
BA FUB HBSA IISG IMLB KMH	IDEM Berlin, Druck und Verlag der Allg. Deutschen Associations-Buchdruckerei, 1878, in-8, [2]-IV-226 S.
ASD	IDEM Berlin, Druck und Verlag der Allg. Deutschen Associations-Buchdruckerei, 1878, in-8, [2]-IV-222 S. IDEM New York 1882 in B 15.
SBB*	IDEM *4. Auflage.* Leipzig, Verlag von Jul. Röthing, Sternwartenstr. 38, [Buchdruckerei R. Teubner in Biel (Schweiz)], 1886, in-8, 208 S.
BA DLC FUB IISG IMLB KBK	IDEM Berlin, Verlag der Expedition des "Vorwärts" Berliner Volksblatt (Th. Glocke), [Druck von Max Bading, Berlin SW.], 1893, in-8, 259-1 S. Auf dem Umschlag folgt dem Titel *Neue Ausgabe. Mit Einleitung von Ed. Bernstein.* Vgl. B 21. IDEM Leipzig 1899 in B 27.
BA FUB IISG IMLB SBW UMLP	IDEM *Neue, durchgesehene Ausgabe mit einem Vorwort und Noten von Ed. Bernstein.* Berlin, Verlag: Buchhandlung Vorwärts Paul Singer G.m.b.H. (Hans Weber, Berlin), [Druck: Vorwärts Buchdruckerei u. Verlagsanstalt Paul Singer & Co., Berlin SW. 68], 1912, in-8, 259- 1 S. Von den Matrizen der Ausgabe von 1893 gedruckt. IDEM *Neue Ausgabe herausgegeben von Eduard Bernstein.* Berlin, Verlag J.H.W. Dietz Nachfolger G.m.b.H., Berlin SW 8, Lindenstr. 3, [Vorwärts Buchdruckerei, Berlin], 1923, in-8, 259 S. Die Ausgabe ist nachgewiesen in MAX SCHWARZ *Seit 1881. Bibliographie des Verlages J.H.W. Dietz Nachf.* (Bonn 1973), Nr. 420. Ein Neudruck erschien im gleichen Verlag 1928 (IMLB).

Dänisch Kopenhagen 1874-1875 in B 8 (Heft 5-8, S. 95-214; die unvollständige Übersetzung von Vilh. Rasmussen endet mit dem Anfang des 4. Kapitels; vorgesehene weitere Hefte sind wahrscheinlich nicht erschienen).

Englisch London 1889, 15-[1] S. (Teilübersetzung des Kapitels IV durch F. Keddell unter dem Titel *What is Capital?*, die vorher in der Zeitschrift *Justice* erschien); Nachdrucke in New York 1899, 1900, 1905 (in B 36), 1918, 1921.

Flämisch Gent 1912 (3 Hefte in der *Germinal*-Bibliothek, mit einer Lassalle-Biographie von C. De Paepe).

Französisch Paris, Librarie du Progrès, 1880 (übersetzt von Benoit Malon; die Ausgabe wurde finanziert von Karl Höchberg; vgl. Malon an De Paepe, 16. Mai 1879); Paris 1881 (2. Auflage derselben Übersetzung); Brüssel 1881 (übersetzt von E. Monti [= Eugénie Dumont] mit Vorwort und Lassalle-Biographie, die C. De Paepe ursprünglich für eine 1878 und 1879 beabsichtigte **französische Gesamtausgabe der Schriften Lassalles** verfaßt hatte; vgl. Malon an De Paepe, 14. Juni 1878 und De Paepe an Malon, 16. Juli 1879); Paris 1904 (zusammen mit A 91 übersetzt von Victor Dave und Léon Remy); Gent 1911-1912 (3 Hefte in der *Germinal*-Bibliothek, Neuausgabe der Brüsseler Übersetzung von 1881, mit der Lassalle-Biographie von C. De Paepe).

Italienisch Turin 1882 (in *Biblioteca dell'Economista*, III. Serie, Bd. XI, S. 739-948; das Titelblatt trägt die Jahreszahl 1886, das Jahr, in dem die einzelnen Hefte zusammengebunden wurden); Rom 1908 in B 28; Rom 1970.

Jiddisch New York 1916 (mit A 41, A 45 und A 54, übersetzt von A.A. Robak, S. 73-418 in B 56).

Polnisch Lemberg 1878, XI-211 S. (übersetzt von K. Hildt).

Russisch St. Petersburg 1870 in B 5; Genf 1875, VI-[2]-311 S.; o.O., o.J., 186 S. (hektographiert); Moskau 1884, [1]-163 S. (hektographiert); St. Petersburg 1905, VIII-332 S.; St. Petersburg 1906 in B 37; St. Petersburg 1906, 246 S; St. Petersburg 1906, 274 S.; St. Petersburg 1906, VIII-320 S.

A 88   PUNKTATIONEN

MS

Berlin 1928 in B 81 (S. 82-84).

Wahlrechtsreform-Vorschlag in 25 Punkten, den Lassalle Bismarck am 16. Januar 1864 überreichte (vgl. B 81, S. 40). Gedruckt nach einer Abschrift von der Hand der Gräfin Hatzfeldt.

IDEM München 1970 in B 91 (S. 425-427).

A 89   STATUTEN FÜR EINE ASSOZIATIONSDRUCKEREI IN BERLIN

MS

N VI S. 396-398

Lassalle verfaßte den Statutenentwurf für eine Ge-
nossenschaftsdruckerei, die einige Mitglieder des
Vereins Berliner Buchdrucker und Schriftgießer zu
gründen beabsichtigten. Der Vereinsvorsitzende Johannes Ostertag, Mitglied des ADAV, schrieb an
Lassalle in dieser Angelegenheit am 12. Januar 1864
und übergab ihm darauf einen von ihm selber ange-
fertigten Statutenentwurf (N VI, S. 393-395).

HA   A 89a   CIRCULAR AN SÄMMTLICHE BEVOLLMÄCHTIGTE.
In-8, [2] S. Handschrift vervielfältigt.

Von Willms geschrieben und datiert "Berlin 8/2/64",
von Lassalle unterzeichnet. Handelt über die Abrechnung der von Meyer & Zeller verlegten Texte A 40,
A 49, A 54 und A 70.

HA   A 89b   CIRCULAR AN DIE VORSTANDSMITGLIEDER UND BEVOLL-
MÄCHTIGTE DES ALLGEM. DEUTSCHEN ARBEITERVEREINS.
In-8, [1] S. Handschrift vervielfältigt.

Von Eduard Willms geschrieben und datiert "Berlin den
8/2/64", von Lassalle unterzeichnet. Mitteilung der
Anstellung Willms' als Sekretär des ADAV.

BA HA WMU   A 90   CIRCULAR AN SÄMMTLICHE BEVOLLMÄCHTIGTE DES ALLGE-
MEINEN DEUTSCHEN ARBEITERVEREINS. [Druck von J.
Dräger's Buchdruckerei (C. Feicht) in Berlin,
Adlerstr.9], in-8, [4] S.

Datiert und unterzeichnet "Berlin, den 15. Februar
1864. Der Präsident des Allgemeinen Deutschen Arbeitervereins. F. Lassalle." Das Zirkular wird von Lassalle im Text als eine "Ansprache an alle Arbeiter des
Allgemeinen Deutschen Arbeitervereins" bezeichnet, die
in dazu einzuberufenden Versammlungen "vollständig zu
verlesen" war. Der Text erläutert die Bedeutung des
Textes A 87, den Lassalle bezeichnet als "vorläufigen
Abschluß der theoretischen Bewegung [...] ihr vorläu-
figer theoretischer Codex". Er ordnet die organisier-
te Verbreitung und Gemeinschaftslektüre des Buches an,
dessen "geistige Aneignung [...] für den Arbeiterstand die Aufgabe der nächsten Monate zu sein" hat.
Lassalle legte das Zirkular allen von ihm verschickten Exemplaren von A 87 bei.

IISG   IDEM in *Nordstern*, Hamburg, 19. März 1864, Jahrg. V,
Nr. 249, S. 1-2.

BA BIF FUB   IDEM in NZ 21. August 1914, Jahrg. XXXII, Bd. II,
IISG IMLB KMH   Nr. 19, S. 848-851.

Mit Einleitung von Eduard Bernstein, vgl. C 138.

IDEM Berlin 1923 in C 705 (S. 71-74).

ASD BA IMLB   A 91   DER HOCHVERRATHS-PROZESS WIDER FERDINAND LASSALLE VOR
SUBD UBBa UBK   DEM STAATS-GERICHTS-HOFE ZU BERLIN, AM 12. MÄRZ 1864.
NACH DEM STENOGRAPHISCHEN BERICHT. Berlin, Verlag von
Reinhold Schlingmann, [Druck von R. Gensch in Berlin,
Kronenstraße 36], 1864, in-8, 78 S.

RS II S. 754-830   GRS IV S. 61-174

In der Anklageakte (S. 4-10) wegen der Veröffentlichung von A 77 stellt das Gericht fest, die Auflage habe 16 000 Exemplare betragen, von denen insgesamt 3026 beim Verleger, dem Verfasser und einem Expedienten beschlagnahmt wurden. Die Verteidigungsrede Lassalles auf S. 36-73. Eine Eingabe Lassalles an den Anklagesenat, vom 29. November 1863, druckt G. Mayer in N VI S. 384-391. Die Broschüre erschien in einer Auflage von 1200 Exemplaren (vgl. Lassalle an Schlingmann, 25. Mai 1864).

Ein langer Brief der Gräfin Hatzfeldt an Mathilde Anneke vom 23. März 1864 (in WHi, Anneke Papers) schildert ausführlich Lassalles Auftreten vor Gericht und seine Rede.

BIF FUB IMLB
NNUT SSA UBK

IDEM *Zweite Auflage*. Leipzig, Verlag des Lassalle'schen Allgemeinen Deutschen Arbeitervereins. Zu beziehen durch J. Röthing, Leipzig, Neukirchhof 45, [Druck von Sturm und Koppe (A. Dennhardt) in Leipzig], 1868, in-8, 78 S.

Das Exemplar in IMLB befindet sich in einem Konvolutband aus dem Besitze Clara Zetkins.

CMB SSA UBK
WHi

IDEM *Dritte Auflage*. *Für die Auflage verantwortlich der Verleger*. Leipzig, Verlag von J. Röthing, Neukirchhof 36, [Dresden, Druck von Wilhelm Brummer], 1872, in-8, 52 S.

Im Titel fehlt "Nach dem stenographischen Bericht".

IDEM New York 1882 in B 15.

ASD KMH LR

IDEM Berlin, Verlag der Expedition des "Vorwärts" Berliner Volksblatt (Th. Glocke), [Druck von Max Bading, Berlin SW., Beuthstr. 2], 1892, in-8, 88 S.

Vgl. B 21

IDEM Leipzig 1899 in B 27.

Französisch Paris 1904 in A 87.

Italienisch Rom 1909, 67 S. (vgl. B 28).

Russisch St. Petersburg 1870 und Moskau 1874 in B 5); St. Petersburg 1905 in B 37.

A 92   PROCLAMATION

RS II S. 905-907   GRS IV S. 268-271

Datiert und unterzeichnet "Berlin, den 17. März 1864. Der Präsident des Allg. Deutsch. Arbeiter-Vereins. Ferdinand Lassalle." Lassalle gibt bekannt, daß künftig in Abweichung von den Bestimmungen des Textes A 68 die rechtsrheinischen Gemeinden auf Grund ihrer "starken Mitgliederzahl" selbst ihre Bevollmächtigten vorschlagen. Gleichzeitig wird Carl Klings zu Lassalles "Kommissar" ernannt, der die Durchführung dieser Anordnung zu organisieren hat.

IDEM Hamburg 1864 in A 71 (S. 9-11).

IDEM Berlin 1874 in B 7 (S. 68-70).

IDEM Hamburg 1881 in A 56 (S. 16-18).

IDEM Hamburg 1899 in A 56 (S. 16-18).

A 92a   [VERFÜGUNG]
In-8, [1] S. Handschrift vervielfältigt.

Die aus Berlin vom 7. Mai 1864 datierte Verfügung ist
an den Vereins-Kassierer Gustav Lewy gerichtet und
ordnet die monatliche Auszahlung des Sekretär-Gehalts
an Eduard Willms an. Es wurde kein Exemplar gefunden,
aber das Nachlaß-Repertorium sagt dazu: "Eigenh. Aus-
fertigung Lassalles und Faksimile-Umdruck in zahlreichen Exemplaren, je 1 S. 8°" (V, 11 in C 104).
Demnach ist möglicherweise die Versendung unterblieben.

A 93   [REDE IN DER LEIPZIGER GEMEINDE DES ADAV]

MS

N VI S. 274-282

Fragment einer Nachschrift (mit Verbesserungen von Lassal-
les Hand) der Rede, welche Lassalle am 9. Mai 1864 in
Leipzig gehalten hat. G. Mayer ergänzt das unvollständige
Manuskript aus den Versammlungsberichten des Hamburger
Nordstern (2. Mai 1864, Nr. 258, S. 2) und des Leipziger
Adler. Zeitung für Deutschland (11. Mai 1864). Große
Teile dieser Rede sind identisch mit der Rede A 94.

HA IISG   A 93a   HERRN OTTO DAMMER IN LEIPZIG. In-8, [1] S. Handschrift
vervielfältigt.

Von Dammer geschrieben und datiert "Leipzig, 11. Mai
1864" und von Lassalle unterzeichnet. Lassalle ernennt
Dammer "für die Dauer meiner Abwesenheit von Berlin
zum Vice-Präsidenten" des ADAV und überträgt ihm "alle
mir selbst zustehenden Funktionen und Befugnisse".
In einem kurzen Vorsatz ersucht Dammer "Geehrte Redaction" um Aufnahme des Textes. Er übersandte das
Zirkular mit einem Begleitschreiben vom 12. Mai 1864
(Exemplar in HA) an die Bevollmächtigten und Vorstandsmitglieder.

IISG   IDEM *Nordstern*, Hamburg, 21. Mai 1864, Jahrg. V, Nr.
258, S. 4.

IDEM Berlin 1865 in B 1 (S. 1).

IDEM Schleiz 1868 in B 4 (S. 21).

BA IISG IMLB   A 94   DIE AGITATION DES ALLG. DEUTSCHEN ARBEITERVEREINS
SUBH UBK ZBZ   UND DAS VERSPRECHEN DES KÖNIGS VON PREUSSEN. EINE
REDE GEHALTEN AM STIFTUNGSFEST DES ALLGEMEINEN
DEUTSCHEN ARBEITER-VEREINS ZU RONSDORF AM 22. MAI
1864 VON FERDINAND LASSALLE. Berlin, Verlag von
Reinhold Schlingmann, [Druck von R. Gensch in Ber-
lin, Kronenstr.36,] 1864, in-8, 52 S.

RS II S. 841-872   GRS IV S. 187-229

Die Broschüre erschien in einer Auflage von 2 000 Exemplaren (vgl. Schlingmann an Lassalle, 28. Mai 1864) gegen Ende Juni 1864 (vgl. Willms an Lassalle, 19. Juni 1864). Die Korrektur hat Bucher gelesen (vgl. Bucher an Lassalle, 6. Juni 1864). Das unvollständige Konzept zu dieser Rede hat G. Mayer gedruckt in N VI S. 282-284. Lassalle hat dieselbe Rede vorher in verschiedenen anderen rheinischen Städten gehalten: in Düsseldorf am 13. Mai, in Solingen und Barmen am 14. Mai, in Köln am 15. Mai, in Duisburg am 16. Mai und in Wermelskirchen am 18. Mai. Im Anhang der Broschüre sind mehrere Versammlungsberichte nachgedruckt (S. 42-52), darunter zwei von Lassalle selbst verfaßte (vgl. A 95, A 96). Der Anhang ist auch in allen Nachdrucken enthalten. Das Exemplar in IMLB befindet sich in einem Konvolutband aus dem Besitz Clara Zetkins.

Vgl. A 93.

BA IISG IMLB SBB SBW UBK

IDEM Leipzig, Zu beziehen durch Julius Röthing, Neukirchhof 45, [Druck von Hüthel & Legler in Leipzig], 1870, in-8, 48 S.

BIF BNP IMLB SUB UBBa WMU

IDEM Berlin, Druck und Verlag von C. Ihring Nachf. (A. Berein), 1874, in-8, 39 S.

BA HBSA IISG IMLB ZBZ

IDEM Berlin, Druck und Verlag der Allg. Deutschen Associations-Buchdruckerei (E.G.), 1877, in-8, 39 S.

Die Ausgabe ist identisch mit der Berliner Ausgabe von 1874, aber mit einem neugesetzten Titelblatt der Geschäftsnachfolger von C. Ihring Nachf. versehen.

BA FUB IISG IMLB KP UBBa

IDEM Berlin, Druck und Verlag der Allg. deutschen Associations-Buchdruckerei (E.G.), 1878, in-8, 39 S.

IISG IMLB FUB ZBZ

IDEM Chicago, Charles Ahrens, 1872, in-8, 39 S.

Vgl. weiter oben *Verlagsgeschichtliches*.

IDEM New York 1882 in B 15.

BIF BM IISG IMLB KP UMLP

IDEM Berlin, Verlag der Expedition des "Vorwärts" Berliner Volksblatt (Th. Glocke), [Druck von Max Bading, Berlin SW. Beuthstr. 2], 1892, in-8, 52 S.

Vgl. B 21.

IDEM Leipzig 1899 in B 27.

IDEM Berlin 1926 in B 76.

IDEM Bremen 1963 in B 89 (S. 368-403).

Ohne den Anhang.

IDEM München 1970 in B 91 (S. 392-421).

Ohne den Anhang.

Französisch Paris 1902 in B 34.

Italienisch Rom 1904, 33 S. (vgl. B 28).

Russisch St. Petersburg 1870 und Moskau 1874 in B 5; St. Petersburg 1905 in B 37.

A 95   WERMELSKIRCHEN, DEN 19. MAI

IISG

Nordstern, Hamburg, 28. Mai 1864, Jahrg. V, Nr. 259, S. 3.

RS II S. 875-878   GRS IV S. 232-237

Anonymer Bericht über die Agitationsversammlung in Wermelskirchen am 18. Mai 1864, vor der Lassalle die Rede A 94 gehalten hat. Der Bericht enthält ein "Lied zur Abholung des Präsidenten F. Lassalle", dessen "tiefe Innigkeit" und "Charakter des *echten alten Volksgesangs*" hervorgehoben werden. Die Verfasserschaft des Berichts ist belegt durch den eigenhändigen Entwurf Lassalles und einen von ihm bearbeiteten Korrekturabzug im Nachlaß, denen die Manuskripte der beiden Gedichte beigelegt sind (V, 12 in C 104).

Der Bericht ist, soweit nicht anders bemerkt, in allen Ausgaben von A 94 abgedruckt.

IDEM Berlin 1865 in B 1 (S. 4-8).

A 96   RONSDORF, 23. MAI

Der Adler, Leipzig, 25. Mai 1864

RS II S. 878-881   GRS IV S. 237-240

Anonymer Bericht über die Agitationsversammlung in Ronsdorf am 22. Mai 1864, vor der Lassalle die Rede A 94 gehalten hat. Die Verfasserschaft wird Lassalle zugeschrieben von Vahlteich (C 893, S. 8) und von Bernstein (RS II, S. 839). *Der Adler* konnte nicht aufgefunden werden. Der Bericht ist, soweit nicht anders bemerkt, in allen Ausgaben von A 94 abgedruckt.

A 97   ERWIDERUNG

ASD IZD

Neue Preußische (Kreuz-) Zeitung, Berlin, 19. Juni 1864, Nr. 141, 1. Beilage S. 1.

RS III S. 270-282   GRS V S. 365-381

Datiert und unterzeichnet "Bad Ems, den 2. Juni 1864. F. Lassalle." Die Erwiderung antwortet auf die lange Besprechung von A 87 in der *Kreuz-Zeitung* (vgl. C 907). Die Aufnahme der Entgegnung in das konservative Organ erfolgte, nach anfänglicher Weigerung (Brief der Redaktion an Lassalle, 8. Juni 1864), erst auf Intervention des ehemaligen Chefredakteurs der Zeitung, Hermann Wagener. Der Bismarck sehr nahestehende Wagener war der anonyme Verfasser der Besprechung.

Auf Lassalles Instruktion kaufte der Vereinssekretär Willms 50 Exemplare der Beilage (oder bestellte 50 Sonderabzüge des Textes), um sie an die Bevollmächtigten zu versenden. Vgl. Lassalle an Willms, 15. Juni 1864, und Willms an Lassalle, 19. Juni 1864.

Vgl. hierzu auch *Der Artikel des Herrn Lassalle in der Kreuzzeitung vom 19. Juni mit einigen Randbemerkungen* in *Deutsche Arbeiterzeitung*, Leipzig, 15. Juli 1864, Nr. 16, S. 123-127.

ASD BA NN   ERWIDERUNG AUF EINE RECENSION DER KREUZ-ZEITUNG ÜBER
             DAS BUCH "HERR BASTIAT-SCHULZE AUS DELITZSCH, DER
             ÖKONOMISCHE JULIAN." [Düsseldorf, Stahl'sche Buch-
             druckerei, Grabenstraße], o.J., in-folio, [2] S.

             Der von der Düsseldorfer Gemeinde des ADAV veranstal-
             tete Nachdruck erschien in einer Auflage von 1 000
             Exemplaren Ende Juni 1864 (vgl. Lewy an Lassalle, 21.
             Juni 1864), unter dem Kopf *Auszug aus Nr. 141 der*
             Neuen Preußischen (Kreuz) Zeitung.

IISG   IDEM in *Nordstern*, Hamburg, 22. Oktober 1864, Jahrg. V,
             Nr. 280, S. 1; 29. Oktober, Nr. 281, S. 2-3; 5. Novem-
             ber, Nr. 282, S. 1; 12. November, Nr. 283, S. 3-4.

BA IISG IMLB IDEM Leipzig, Verlag von Julius Röthing, [Braunschweig,
UBG UBK ZBZ   Druck von W. Bracke jr.] , 1872, in-8, 14-[2] S.

             Auf der ersten nichtpaginierten Seite zeigt Röthing als
             bei ihm erhältlich 27 Ausgaben Lassallescher Texte an.
             In der Sammlung BA ein Exemplar, auf dessen Titelblatt
             ein Druckstreifen "In Commission bei W. *Bracke* jr. in
             Braunschweig" aufgeklebt ist.

             IDEM Berlin 1874 in B 7 (S. 43-54).

IISG IMLB LR IDEM Braunschweig, Druck und Verlag von W. Bracke
SUBD   jr., 1877, in-8, 14 S.

             In einer Verlagsanzeige auf dem Umschlag führt Bracke
             als bei ihm erhältlich an: A 22, A 40, A 41, A 42, A 43,
             A 45, A 49, A 52, A 53, A 59, A 60, A 70, A 77 und A 97.

BDIC IMLB   IDEM *Original-Ausgabe. 2. Auflage.* Hamburg, Verlag des
             Allgemeinen Deutschen Arbeiter-Vereins. Zu beziehen
             durch das Secretariat des Vereins, [Hamburg, Druck von
             C. Scheibenhuber], 1882, in-8, 14-2 S.

             In einer Anzeige auf der ersten nichtpaginierten Seite
             führt die "Broschüren-Commission" als vorrätige "Ori-
             ginal-Ausgaben. 2. Auflage" an: A 28, A 41, A 45, A 53
             und A 97.

             IDEM Hottingen-Zürich 1888 in B 18 (S. 36-42).

             IDEM Leipzig 1899 in B 27.

             Russisch St. Petersburg 1905 in B 37.

A 98   PROZESS LASSALLE

SUBD   *Düsseldorfer Zeitung*, 29. Juni 1864, Nr. 176, S. 2-3;
             30. Juni, Nr. 177, S. 2-3; 1. Juli, Nr. 178, S. 2-3.
             RS II S. 677-706 GRS III S. 405-444

             Bericht über den in Düsseldorf am 27. Juni 1864 in
             zweiter Instanz verhandelten Prozeß wegen der Broschüre
             A 73. Der Bericht erwähnt eingangs, daß am 21. Oktober
             1863 von der Gesamtauflage von 10 000 Exemplaren beim
             Verleger 1034 und noch "einige 20 Exemplare" bei Buch-
             händlern in Berlin und Düsseldorf beschlagnahmt wurden.
             Der obige Titel erscheint nur in Nr. 177 und 178 der
             Düsseldorfer Zeitung, die Lassalles Verteidigungsrede

enthalten. Den Prozeßbericht schrieb der Lassalle befreundete Redakteur Paul Lindau auf Grund seiner stenographischen Nachschrift der Rede, die er Lassalle vorlas, der ihm nach seinem Konzept Korrekturen und Zu-
sätze diktierte. Lindau hat das Konzept in C 502 (S.
13-22) veröffentlicht. Das Original befindet sich jetzt
in SLD. Das Urteil und eine Zusammenfassung der ausführlichen Urteilsbegründung in der *Düsseldorfer Zeitung*
vom 3. Juli 1864, Nr. 180, S. 3.

ASD BA IMLB
SUBD

PROZESS GEGEN DEN SCHRIFTSTELLER HERRN FERDINAND
LASSALLE, VERHANDELT ZU DÜSSELDORF VOR DER KORREK-
TIONELLEN APPELLKAMMER AM 27. JUNI 1864. - (SEPARAT-
ABDRUCK AUS DER DÜSSELDORFER ZEITUNG NR. 176, 177
UND 178.) Düsseldorf, Gedruckt in der Stahl'schen Buch-
druckerei (Grabenstraße), 1864, in-8, 32 S.

Die Broschürenausgabe des unveränderten Prozeßbe-
richtes mit Lassalles Verteidigungsrede (S. 6-32),
aber ohne Erwähnung des Urteils, erschien Anfang
Juli 1864 in einer Auflage von 2 000 Exemplaren;
310 Exemplare gelangten an die ADAV-Gemeinden in
Düsseldorf, Solingen und Barmen und je ein Exemplar
an die Bevollmächtigten; der größere Teil der Auflage, 1642 Exemplare, wurde am 10. Juli 1864 beim
Drucker, beim Binder und bei Lewy beschlagnahmt
(vgl. Lewy an Lassalle, 10. Juli 1864 und *Düsseldorfer Zeitung,* 13. Juli 1864, Nr. 190, S. 3).

IISG

[IDEM] in *Nordstern*, Hamburg, 9. Juli 1864, Jahrg.
V, Nr. 265, S. 1-2; 16. Juli, Nr. 266, S. 1-2;
23. Juli, Nr. 267, S. 2-3; 30. Juli, Nr. 268, S.
2-3; 6. August, Nr. 269, S. 3.

Unter dem gekürzten Titel *Lassalle vor der Appellkammer.*

BA SSA

IDEM Frankfurt am Main, Druck von G.L. Löw, 1866,
in-8, 31 S.

Mit dem Zusatz auf S. 31 "Das Urtheil über Lassalle
lautete 'Schuldig' und wurden demselben 6 Monate Gefängniß zuerkannt." Von Bernstein irrtümlich als
"erste Separat-Ausgabe" und "Erster Abdruck" bezeichnet (RS II, S. 675, mit Faksimile des Titelblattes).
Es handelt sich um die erste vom ADAV veranstaltete
Ausgabe, mit der Mitteilung auf dem Titelblatt *Der
Ertrag ist, nach Abzug der Kosten, für die Kasse des
"Allgemeinen deutschen Arbeiter-Vereins" zu Dresden
bestimmt. Preis 2 Sgr. nur für Mitglieder.*

ABA SSA UBK
WMU

IDEM Leipzig, Verlag von Julius Röthing, [Dresden,
Druck von Wilh. Brummer, Töpferg. 11], 1871, in-8,
24 S.

BA BIF BNP
CMB LR UBK

IDEM *5. Auflage.* Leipzig, Verlag von Julius Röthing,
[Druck von Hüthel & Legler in Leipzig], 1875, in-8,
24 S.

ABA BA FUB

IDEM Berlin, Druck und Verlag der Allgem. deutschen
Associations-Buchdruckerei (E.G.), 1877, in-8, 24 S.

IMLB LR SUBD   IDEM New York 1882 in B 15.

IDEM Leipzig 1899 in B 27.

Italienisch Rom 1908, 26 S. (vgl. B 28).

Russisch St. Petersburg 1870 in B 5; St. Petersburg 1905 in B 37.

BIF SBB*   A 99   CIRCULAR AN SÄMMTLICHE VORSTANDS-MITGLIEDER. [Druck von J. Draeger's Buchdruckerei (C. Feicht) in Berlin], o.J. in-8, 15-1 S.

RS II S. 911-927   GRS IV S. 276-298

Datiert und unterzeichnet "Rigi-Kaltbad, 27. Juli 1864. Der Präsident des Allg. deutschen Arbeitervereins. Ferdinand Lassalle." Lassalle stellt ausführlich seine verschiedenen Konflikte mit Vahlteich dar (vgl. A 86) und begründet seine unausgesprochene Forderung, Vahlteich aus dem ADAV auszuschließen. Anlaß zu dem ungewöhnlich umfangreichen Zirkular und dem scharfen Ton gegen Vahlteich war dessen Antrag vom 28. Juni 1864 (RS II S. 909-910; GRS IV S. 274-275) zur Generalversammlung des ADAV für 1864, der auf eine Einschränkung der Präsidialbefugnisse zugunsten derer des Vorstandes und auf eine demokratische Beschickung der Generalversammlung abzielte. Lassalle fügte dem Manuskript eine Privatinstruktion an den Vereinssekretär Willms bei (RS II S. 928-930; GRS IV S. 298-301), aus der hervorgeht, daß er ihm zugleich zwei weitere Zirkulare an die Vorstandsmitglieder zur Vervielfältigung und Versendung schickte. Sie betrafen die Ernennung von B. Becker und von Schweitzer zu Vorstandsmitgliedern und die Ernennung von Kassenrevisoren. Keines dieser beiden Zirkulare wurde aufgefunden.

Lassalles letztes Zirkular erschien am 3. August 1864 im Druck (Vgl. Willms an Lassalle, 3. August 1864) in einer Auflage von wahrscheinlich 100 Exemplaren (vgl. Lassalle an Willms, 27. Juli 1864). Vahlteich antwortete darauf mit einem Rundschreiben an die Vorstandsmitglieder vom 11. August 1864 (RS II S. 930; GRS IV S. 302).

Vgl. B 10, S. 245-256.

BIF   IDEM O.O., [Druck von J. F. Rohr in Vegesack], o.J., in-8, 16 S.

Möglicherweise 1867 oder 1868 erschienen, als der Hatzfeldt-Mendesche "Lassallesche ADAV" in Bremen und seinen Randgemeinden eine starke Mitgliedschaft besaß, die ihre Agitation unter das Motto "Durch Einheit zur Freiheit" stellte, das der heftigen Bekämpfung von Vahlteichs Dezentralisations-Vorschlägen in Lassalles Zirkular entspricht.

IDEM Berlin 1874 in B 7 (S. 70-84).

A 100   DIES IST MEIN TESTAMENT.

Großenhain 1889 in C 441 (S. 12-15)

RS II S. 956-958   GRS IV S. 337-339

Datiert und unterzeichnet "Eigenhändig geschrieben
und unterschrieben: Genf 27 August 1864 Ferdinand
Lassalle". Vermacht u.a. "Die gelehrten und schriftstellerischen Aufsätze und Notizen" sowie "Das Eigen-
thum an meinen sämmtlichen schriftstellerischen und
gelehrten Werken [...] Herrn Lothar Bucher." In der
für den ADAV entscheidenden Verfügung empfiehlt
Lassalle die Wahl des Frankfurter Bevollmächtigten
Bernhard Becker zu seinem Nachfolger, mit dem Rat:
"Er soll an der Organisation festhalten! Sie wird
den Arbeiterstand zum Sieg führen!" Der Abdruck in
C 441 erfolgte nach der Abschrift in Holthoffs Nachlaß, die der Gräfin Hatzfeldt von den Genfer Behörden
zur Verfügung gestellt worden war. Der Abdruck wurde
mit dem Original im Genfer Staatsarchiv (Jur. Civ.,
AAQ /Testaments/, vol. 13, No. 116) verglichen. Er
weicht von ihm nur in unbedeutenden Einzelheiten ab,
wie Auflösung von Abkürzungen, Umwandlung ausge-
schriebener Zahlen in arabische Ziffern, Einfügung
fehlender Interpunktion u.ä. Kohut druckte denselben
Text noch einmal im selben Jahre in C 442 (S. 190-192).

Damit ist Na'amans Hypothese hinfällig, ein Kopisten-
irrtum habe obigen Text an die Stelle der von Na'aman
vermuteten Formulierung "Er soll die Organisation
festhalten" gesetzt (vgl. C 650 und C 652).

B Lassalles Briefe –
Gesamtausgaben und Auswahlen
seiner Schriften

BA IISG IMLB   B 1   *Ferdinand Lassalle. Dokumentarische Darstellung*
seiner letzten Lebenstage. Von Augenzeugen und
Freunden. Berlin, Verlag von Reinhold Schlingmann,
[Druck von F. Hoffschläger in Berlin], 1865, in-8,
[4]-226 S.

Der Band enthält 116 Briefe, Telegramme und andere
Dokumente (teils in Auszügen) vom 11. Mai bis 26.
August 1864, mit Zwischentexten, sowie eine Litho-
graphie (Lassalle auf dem Totenbett) als Frontispiz.
Der Verleger verschickte im Dezember 1864 eine Subskriptionseinladung an die ADAV-Bevollmächtigten
(vgl. C 786). Die Gräfin Hatzfeldt, in deren Auftrag und mit deren Mitarbeit erst B. Becker und
dann W. Liebknecht die Schrift bearbeiteten, ver-
hinderte schließlich die Auslieferung der 1800 gedruckten Exemplare an den Buchhandel, indem sie sie
für 600 Taler von Schlingmann zurückkaufte und sie
vernichten ließ (laut A. Vogt an [Vahlteich, Anfang
1865], Abschrift von Gustav Mayer in IISG; vgl.
Die Zukunft, Berlin, 26. Juli 1868, S. 1). Liebknechts Verfasserschaft steht fest, wenn er sie
auch in einem Brief vom Anfang Februar 1865 an Marx
verschweigt, in dem er beiläufig erwähnt, er "korri-
gire ihr [d.h. der Gräfin Hatzfeldt] die Lassalle-
broschüre, da ich die Verantwortlichkeit für den Inhalt nicht übernehmen kann". Dagegen ließ er kurz
darauf drucken, "daß sich in der, im Auftrag der
Frau Gräfin Hatzfeldt von mir verfaßten Broschüre
über die letzten Lebenstage Lassalle's keine Briefe
und Aktenstücke befinden, die nicht *wortgetreu* mit
den Originalen übereinstimmen" (*Nordstern,* Hamburg,
8. April 1865, Nr. 304, S. 2).

Diese Behauptung ist unrichtig: Aus dem in seinen
wesentlichen Teilen im Nachlaß der Gräfin Hatzfeldt
erhaltenen Manuskript Liebknechts und einigen von ihm
bearbeiteten Korrekturfahnen (XI, 13-17 in C 104) geht
einwandfrei hervor, daß er zahlreiche Kürzungen und
Abänderungen vorgenommen hat. Die Redaktions- und
Druckgeschichte ist ausführlicher dargestellt in B 71
(S. 12-23).

In das Exemplar in BA ist handschriftlich eingetragen
"Das Manuskript dieses Werkes, das ich sah, war von Wil-
helm Liebknechts Hand. London Dez. 1938 Gustav Mayer".
Es sind nur zwei unvollständige (IISG und ILMB) und
ein vollständiges Exemplar (in BA, aus dem Besitz von
Guido Weiß) erhalten geblieben.

Vgl. N VI, S. 408.

HBSA IISG KMH   B 2   *Der große Arbeiter-Agitator Ferdinand Lassalle. Denk-*
UBK   *schrift für die Todtenfeier des Jahres 1865. Von Bern-*
hard Becker, dem Nachfolger Lassalle's. [Frankfurt a.
M.], Im Selbstverlag des Verfassers, Druck von Reinhold Baist, 1865, in-8, 64 S.

Die Broschüre ist "Der Mutter unsers unsterblichen
Agitators, Madame Rosalie Lassal zu Breslau, respekt-
voll gewidmet." Enthält Briefe Lassalles an Lewy (9.
März 1863), an von Dönniges und an von Racovitz (beide

vom 26. August 1864). Im Anhang C 76 (S. 58-59), C 784 (S. 60), C 403 (S. 61) und C 940 (S. 64).

BRB   B 3   [*Eduard*] *Schmidt-Weißenfels. Aus dem Copirbuch eines Agitators* in *Die Gartenlaube,* Leipzig 1865, Nr. 51, S. 815.

Einige kleine Auszüge aus dem Kopierbuch, u.a. ein Brief vom 15. Februar 1864 an Lewy über die schwierige Finanzlage des ADAV und zwei Auszüge aus dem Brief vom 21. Oktober 1863 an Feuerbach (vgl. B 6), den der Verfasser als Brief an "einen Theologen" bezeichnet. Er gibt in der Einleitung an, er habe das Kopierbuch "bei einem Trödler" erworben, beantwortete aber eine Anfrage um Einzelheiten, die ihm Herwegh stellte, am 28. Dezember 1865 so: "Jenes Kopirbuch ist nämlich auf der *Auction* in Lassalle's Wohnung (also noch schlimmer!) von einem mir befreundeten Manne erworben worden." (in HA). Das Kopierbuch befindet sich jetzt in BAK (Kleine Erwerbungen Nr. 23/1). In einem im gleichen Bestand befindlichen, an einen Redakteur gerichteten undatierten Brief gibt dazu der Theaterdirektor Franz Wallner an: "durch einen Zufall habe ich auf der Auktion von Lassalles Hinterlassenschaft ein Copirbuch von ihm gekauft" (Nr. 23/2).

BNF   B 3a   *Lassalle e il suo Eraclito. Saggio di filosofia Egheliana, Per Raffaele Mariano.* Florenz, Monnier, 1865, in-17, VIII-225 S.

Auf S. 60 ein Auszug eines Briefes Lassalles an Augusto Vera, vom 23. Oktober 1861 aus Venedig. Lassalle hatte Vera kurz vorher mit einer Empfehlung Michelets (VIII, 146 in C 104) besucht, und er ist ebenfalls mit Mariano zusammengetroffen (vgl. B 38, S. 115/116). Das Buch ist die erste italienische Veröffentlichung über Lassalle.

HBSA IISG KMH   B 4   *Enthüllungen über das tragische Lebensende Ferdinand*
SUBD UBBa ZBZ   *Lassalle's. Auf Grund authentischer Belege dargestellt von Bernhard Becker, dem testamentarischen Nachfolger Lassalle's.* Schleiz, Verlag der C. Hüber'schen Buchhandlung (Hugo Heyn), [Zeulenroda, Druck von Heinrich Schüppel. 1868], 1868, in-8, VII-[1]-137-[3] S.

Das Buch enthält 92 der 116 in B 1 zusammengestellten Briefe und Dokumente. Das Vorwort ist "Wien, den 5. April 1868" datiert. Gustav Mayers Vorwurf, Becker habe sich "absichtlicher Fälschungen" der Texte schuldig gemacht (N IV, S. 364), ist unberechtigt. Richtig ist vielmehr, daß Becker, entgegen seiner Behauptung, er habe während seiner Redaktionstätigkeit für B 1 Abschriften der ihm damals zur Verfügung stehenden Originale kopiert und sich dieser Abschriften bei der Wiedergabe in seinem Buch bedient (S. IV), sich vielmehr ein Exemplar von B 1 verschafft hatte. Nach dieser Druckvorlage kopierte er getreu die von Liebknecht geänderten Texte. Vgl. B 71, S. 25-28 und besonders die Faksimile S. 186-192. Einige von der Gräfin Hatzfeldt gegen Becker und den Verleger in Berlin und in Wien erstattete Strafanzeigen wegen der Ver-

öffentlichung wurden schließlich abgewiesen (vgl.
die Dokumente 264-281 in der ADAV-Hatzfeldt-Sammlung
in IISG und ASD). Die Auflage von 1.500 Exemplaren
wurde zwar Anfang Juli beim Verleger beschlagnahmt,
aber im August 1868 wieder freigegeben. Eine "R"
gezeichnete ausführliche Besprechung des Buches erschien in der *Frankfurter Zeitung* vom 26. bis 28.
Juli 1868. Vgl. C 35.

ASD BA IISG
LR

IDEM *Zweite Auflage*. Schleiz, Verlag der C. Hüber'-
schen Buchhandlung (Hugo Heyn), [Zeulenroda, Druck
von Heinrich Schüppel. 1868], in-8, VII-[1]-137-[3]
S.

Es darf angenommen werden, daß es sich bei dieser Ausgabe um die im August 1868 freigegebenen Beschlagnahme-
Exemplare handelt.

ICN IMLB UMLP

IDEM *Neue Bearbeitung*. Nürnberg, Verlag von Wörlein &
Comp., 1892, in-8, XV-[1]-232 S.

Die Neubearbeitung seiner Schrift beendete Becker im
Dezember 1884, einen Monat vor seinem Selbstmord.
Das Manuskript wurde später von den Erben an den sozialdemokratischen Verlag verkauft, der es von "be-
währten Parteigenossen" bearbeiten ließ, die "Alles,
was aus dem einen oder anderen Grunde von unserem
Parteigesichtspunkte anstößig war [...] aus der Schrift
entfernt oder [...] gemildert" haben (S. IV). Vgl.
C 120.

BDIC IISG IMLM   B 5

*Sočinenija Ferdinanda Lassalja. V dvukh tomakh. S
portretom avtora. Perevod V. Zaïceva.* St. Petersburg, Isdanie N.P. Poljakova, 1870, 2 Bde. in-8,
[4]-II-[2]-475 und [8]-498 S.

Erschien in einer Auflage von 3000 Exemplaren. Der
Bd. I enthält: A 40, A 41, A 43, A 45, A 49, A 51,
A 52, A 53, A 54, A 56, A 59, A 66, A 70, A 77, A 91
und A 94. Der Bd. II enthält: A 22, A 28, A 30, A 33,
A 39, A 42, A 61, A 65, A 73, A 87 und A 98. Der Bd.
II wurde am 6. November 1870 der Zensur vorgelegt,
die ihn "zur Vernichtung" bestimmte. Das einzig er-
haltene Exemplar von Bd. I und II (in IMLM) ist unvollständig, die obigen Angaben über die darin enthaltenen Texte wurden nach dem Inhaltsverzeichnis
gemacht. IISG und BDIC besitzen nur den Bd. I. Übersetzer war V. Saizew. Der Verleger Poljakow veröffentlichte 1872 die erste Übersetzung von Marx' *Das Kapital*.

IDEM Moskau, Litoc, 1874.

Diese zweite Ausgabe des Bd. I wurde nicht aufgefunden. Sie ist angeführt bei ZAL Nr. 276.

BA IISG ZBZ   B 6

*Ludwig Feuerbach in seinem Briefwechsel und Nach-
lass sowie in seiner Philosophischen Charakter-
entwicklung dargestellt von Karl Grün. Zweiter Band.*
Leipzig & Heidelberg, C.F. Winter'sche Verlagshandlung, 1874, in-8, VIII-333 S.

Auf S. 162-163 ein Brief Lassalles an Feuerbach vom
21. Oktober 1863, der die Übersendung von A 26 und
A 37 sowie "die vollständige Serie meiner politischen
Flugschriften" begleitete. Grün druckt den Brief
gekürzt um die Aufzählung der einzelnen Schriften
und Lassalles Erläuterungen zu ihnen (A 39, A 40,
A 41, A 42, A 45, A 49, A 53, A 54, A 66, A 70,
A 73 und A 77). In dieser Form auch von Wilhelm
Bolin nachgedruckt in *Ausgewählte Briefe von und
an Ludwig Feuerbach* Leipzig 1904, Bd. II, S. 299-
300. Der Brief wurde zuerst vollständig gedruckt von
Werner Schuffenhauer in *Ludwig Feuerbach. Brief-
wechsel* (Leipzig, Reclam, 1963, XXXVIII-406 S.),
S. 316-320. Das Original befindet sich in UBMü.
Kopie und Entwurf (laut Offermann) in Lassalles
Kopierbuch (vgl. B 3).

BA FUB HBSA   B 7   *Verschiedene Kleinere Aufsätze von Ferdinand Lassalle.*
IISG IMLB UBK   Berlin, Druck und Verlag von C. Ihring Nachf. (A.
                    Berein), 1874, in-8, 84 S.

                    Enthält die Texte A 56, A 61, A 64, A 68, A 69, A 71,
                    A 76, A 79, A 92, A 97 und A 99.

IISG LR SSA   IDEM Chicago, Charles Ahrens, 1872, in-8, 84 S.
WMU
                    Vgl. weiter oben *Verlagsgeschichtliches.*

ABA KBK   B 8   *Ferdinand Lassalles Skrifter. Oversat af V.R. Udgi-
                    vet af E. Heinemann, Typograf.* Kopenhagen, J. Henrik-
                    sens Bogtrykkeri, 1874, in-16, VII-1-214-2 S.

                    Da die beiden benutzten Exemplare nur 8 Hefte ent-
                    halten, darf angenommen werden, daß weitere nicht er-
                    schienen sind. Enthält A 40, A 54 und A 87 (unvoll-
                    ständig). Übersetzt von Vilhelm Rasmussen, Redakteur
                    des satirischen Blattes *Figaro,* und gedruckt in der
                    Parteidruckerei. Der Verleger gehörte seit 1857 dem
                    Kopenhagener Arbeiterverein an, in dem sich die revo-
                    lutionären Demokraten von 1848 organisiert hatten.
                    Die Übersetzungen sind von sehr schlechter Qualität.

UBBa UBK   B 9   *Victor-Aimé Huber. Sein Werden und Wirken. Von Rudolf
                    Elvers. Zweiter Theil.* Bremen, C. Ed. Müller, 1874,
                    in-8, [4]-431 S.

                    Zwei Briefe Lassalles an Huber vom 28. Juni 1863 (S.
                    353-356) und 24. Februar 1864 (S. 356-360). Beide Brie-
                    fe (der erste nach Elvers, der zweite verbessert nach
                    dem Original) sind neugedruckt in B 42.

                    Das Original des Briefes vom 24. Februar 1864 wurde
                    1907 versteigert und gelangte in die Sammlung Raoul
                    Warocqué im Chateau de Mariemont bei Brüssel (Carton
                    XXIV, Nr. 784/1). Émile Vandervelde veröffentlichte
                    eine fehlerhafte Übersetzung in *Le Peuple* Brüssel,
                    13. Februar 1908, Jahrg. XXIV, Nr. 49, S. 1. Nach
                    dieser Veröffentlichung gelangte der Brief "in einer
                    völlig verstümmelten und *teilweise ganz unsinnigen*
                    Zurückübersetzung in deutsche Blätter" (G. Mayer in
                    B 42 S. 189).

ASD BA BM   B 10   *Geschichte der Arbeiter-Agitation Ferdinand Las-*
IISG IMLB UBBa   *salle's. Nach authentischen Aktenstücken. Von Bern-*
hard Becker. Braunschweig, Druck und Verlag von W.
Bracke jr., 1874, in-8, VI-[2]-312 S.

Das Vorwort ist "Zürich, den 26. Februar 1874" datiert. Becker sagt darin, er habe die Schrift im
Jahre 1868 auf Grund des ihm von Willms übergebenen
"Lassalleschen Agitations-Archivs" verfaßt. Das Werk
erschien in mehreren Lieferungen, deren erste auf
dem Titelblatt angibt *Erscheint in 5 bis 6 Lieferungen.*
Nach dem Erscheinen der letzten Lieferung wurden sie
unter einem neuen Titelblatt mit der Jahreszahl "1875"
gebunden. Enthält zahlreiche Briefe und Dokumente
(meist auszugsweise) sowie die Texte A 71, A 72, A 74,
A 78, A 79, A 80, A 82, A 83, A 84, A 85 und A 95.
Von den 38 Briefen Lassalles an 15 Korrespondenten
druckte Bernstein 12 im Anhang zu Bd. III von B 60,
Oncken 5 nach den Originalen in B 45 und Mayer 2
nach den Originalen in N IV. Von den 23 Briefen, die
10 Korrespondenten an Lassalle richteten, druckte
G. Mayer 5 in N V.

IDEM Hildesheim 1972.

Photomechanischer Neudruck.

IDEM Berlin/Bonn 1978.

Faksimile-Neudruck mit Einleitung von Toni Offermann
(S. V-XXIV).

IMLM SIH   B 11   *Romantičeskij epizod iz žizni Ferdinanda Lassalja.*
Ddnevnik - Perepiska - Ispoved' in *Vestnik Evropy,*
St. Petersburg, November 1877, Bd. VI, Nr. 11, S. 119-
186.

Liebesbriefe Lassalles an Sophie Sontzeff aus dem Jahre
1860, Auszüge aus dem Tagebuch der Sophie Sontzeff
und erklärende Zwischentexte von ihr. Die Briefe Lassalles sind französisch geschrieben, 14 sind an Sophie
Sontzeff gerichtet (darunter die "Seelenbeichte", der
von ihr so benannte "Manuskriptbrief" Nr. 7 vom Oktober 1860) und einer an ihren Vater.

BNP FUB LR   *Une page d'amour de Ferdinand Lassalle. Récit - cor-*
SBW UMLP ZBZ   *respondance - confession.* Leipzig, F.A. Brockhaus,
1878, in-8, [4]-123 S.

ABA BA IMLB   *Eine Liebes-Episode aus dem Leben Ferdinand Las-*
SUBD UBK ZBZ   *salle's. Tagebuch - Briefwechsel - Bekenntnisse.*
Leipzig, F.A. Brockhaus, 1878, in-8, VI-96 S.

Mit Auslassungen und Fehlern übersetzt nach dem französischen Text der Briefe Lassalles. Der "Werbebrief"
oder die "Seelenbeichte", Brief Nr. 7 (S. 30-65), ist
in einer verbesserten Übersetzung neugedruckt in B 89
(S. 3-43). Die von Kutschbach angezweifelte Echtheit
der Briefe (vgl. C 462) wurde von einem Graphologen
und von Lothar Bucher bestätigt (vgl. C 333).

BIF IISG LR SUBD		*L'amore nella vita di Ferdinand Lassalle. Traduzione dal russo di E.Z.* Firenze, Tip. della Gazetta d'Italia, 1878, in-16, XIX-[1]-142 S.

BM ZBZ B 11a *Lassalle und Freiligrath. Ein biographischer Bei- und Nachtrag. [Von E.] Schmidt-Weißenfeld* in *Die Gegenwart* Berlin, 25. Mai 1877, Bd. XI, Nr. 21, S. 331-333.

Mit Auszügen aus vier Briefen Lassalles an Freiligrath vom September 1849 bis 7. November 1860. Die Briefe wurden von G. Mayer vollständig gedruckt in B 55.

BA UBK B 12 *Aus Lassalle's Briefwechsel* in *Die Wage,* Berlin, 6. September 1878, Jahrg. VI, Nr. 36, S. 566-571.

Sechs Briefe Lothar Buchers an Lassalle (22. Januar 1862 - 6. März 1964) und 1 Brief von ihm an die Gräfin Hatzfeldt vom 15. Januar 1866 (über C 751). Die Briefe waren ursprünglich in einer von der Gräfin Hatzfeldt inspirierten Serie von 9 polemischen Ar-

DSB LAB tikeln *Excellenz Bucher als Socialdemokrat* vom 5. bis 16. Juli 1878 in der *Berliner Freien Presse* erschienen, aus der auch die Berliner *Germania* im Juli 1878 einige der Briefe übernahm, sowie im *Vorwärts. Central-Organ der Sozialdemokratie Deutschlands,* Leipzig, 24. Juli 1878, Nr. 86, S. 3, der die Briefe Buchers an Lassalle vom 22. Januar 1862 und an die Gräfin Hatzfeldt vom 15. Januar 1866 brachte. Für weitere Briefe Buchers an Lassalle vgl. B 20a.

BA FUB IISG B 13 *Briefe von Ferdinand Lassalle an Carl Rodbertus-*
IMLB SUBD UBK *Jagetzow. Mit einer Einleitung von Adolph Wagner.* Berlin, Puttkammer & Mühlbrecht, 1878, in-8, VIII-95-[1] S.

Neugedruckt zusammen mit den Briefen **Rodbertus'** an Lassalle in N VI.

IMLM B 14 *Lassal'. Pod redakcijej V.V. Cujko.* St. Petersburg, Gubinskij, 1882, in-8, [4]-147 S.

Evropeijskei pisateli i mysliteli Bd. XVII.

Der Band enthält eine Darstellung von Lassalles Persönlichkeit (S. 1-20), die Texte A 28 (S. 21-45) und A 30 (S. 76-147) sowie die "Seelenbeichte",

KP Brief Nr. 7 aus B 11. Eine zweite, erweiterte Auflage erschien im gleichen Verlag 1889 ([1]-254-[1] S.). Sie enthält zusätzlich "Neues Material zur Biographie Lassalles" (S. 1-61).

ABA DLC KBK B 15 *Ferdinand Lassalle. Sämtliche Reden und Schriften.*
WMU *Herausgegeben von Georg Hotschik.* New York, Verlag E. Wolff, o.J., 3 Bde. in-16, 486-[1]; 579-[1]; 564-[1] S.

Das Vorwort ist aus 1882 datiert. Die Ausgabe enthält die Texte A 14, A 22, A 28, A 30, A 39, A 40, A 41, A 49, A 51, A 53, A 54, A 59, A 61, A 64, A 66, A 70, A 73, A 77, A 87, A 91, A 94 und A 98.

FUB IISG IMLB NNUT SUBH UBA		*Gesammelte Reden und Schriften Ferdinand Lassalles.* *2. Auflage.* New York, Verlag von Wolff und Höhne, o.J., 3 Bde. in-16, 486-[1]; 579-[1]; 564-[1] S.

Es ist unwahrscheinlich, daß es sich um eine echte
zweite Auflage handelt, denn die Ausgabe unterscheidet sich von der vorhergehenden nur durch das neue
Titelblatt.

BA FUB IISG   B 16   *Briefe an Hans von Bülow von Ferdinand Lassalle.*
IMLB KMH SUBD   *(1862-1864).* Dresden und Leipzig, Verlag von Hein-
UBBa   rich Minden, 1885, in-16, [4]-75- 1 S.

Die 22 (bis auf einen) undatierten Briefe sind ohne
chronologische Ordnung abgedruckt. Ein Vergleich
mit den Originalen (1953 im Besitze von Dr. Rudolf
Heilbrunn in Amsterdam) ergab, daß der Herausgeber
starke Kürzungen vornahm. Weitere Briefe Lassalles
an von Bülow und Bülows Briefe an Lassalle veröffentlichte G. Mayer in N V. - Es erschienen 1885 drei
Auflagen, eine vierte 1895.

Eine anonyme kurze Besprechung der 3. Auflage erschien in NZ, Stuttgart 1885, Jahrg. III, S. 139.

BA IISB IMLB   B 17   *[H. von Poschinger] Lassalles Leiden dargestellt*
KBK SUBD ZBZ   *auf Grund einer verloren geglaubten Handschriften-*
Sammlung mit dem Portrait Helene von Racowitza's
von F. Lenbach und zwei Briefen in Facsimile. Berlin, Paul Henning, 1887, in-8, XII-188-[8] S.

Enthält 8 Briefe und 1 Telegramm Lassalles an seinen Anwalt Aurel Holthoff, Faksimile eines der Briefe und eines Briefes von A. Böckh an Holthoff vom
23. August 1864 in Sachen der **Dönniges-Affäre**.
Eine zweite Auflage erschien im gleichen Jahre
(Exemplar in UBK), eine vierte 1889 (Exemplar in
KP).

BA FUB HBSA   B 18   *Kleine Aufsätze von Ferdinand Lassalle.* Hottingen-
IISG IMLB KMH   Zürich, Verlag der Volksbuchhandlung, 1888, in-8,
·**SUBD**   42 S.

Sozialdemokratische Bibliothek Nr. XXIII.

Enthält die Texte A 61, A 64, A 69 und A 97. Die
Sozialdemokratische Bibliothek wurde während des
Ausnahmegesetzes gegen die Sozialdemokratie von
Oktober 1885 ab in Zürich und ab 1890 in London
herausgegeben.

BM IISG IMLB   B 19   *Ferdynand Lassalle. Wybór Pism. Serya Pierwsza.*
KP   Paris, Librairie Ghio, 1889, in-8, 37-80-24-76-[4] S.

Der Sammelband vereint unter einem gemeinsamen neuen
Titelblatt die vorher selbständig ohne bibliographische Daten, aber wahrscheinlich in Genf 1888-1889,
erschienenen Texte A 40, A 54, A 66 und A 70.

BA IISG   B 19a   *Ferdinand Lassalle. Ein literarisches Charakter-*
bild. Von Georg Brandes. Zweite, mit bisher unver-
öffentlichten Briefen und dem Porträt Lassalles,
vermehrte Auflage. Aus dem Dänischen. Leipzig, Verlag von H. Barsdorf, 1889, in-8, V-[1]- 190 S.

Der Anhang (S. 177–190) enthält **acht undatierte Briefe** Lassalles an Duncker (1859–1861) zu A 30 und A 37. Diese Briefe auch in den späteren Auflagen, Leipzig 1894 und Leipzig/Berlin 1900.

Vgl. C 168.

KMH   B 20   *Ferdinand Lassalle. Sein Leben und Wirken. Begonnen von Max Vogler. Fortgeführt von Friedrich Reifling.* Breslau, Verlag von Bruno Geiser, 1891, in-8, [3]-373-[1]-XIV-23-[1] S.

Volks-Bibliothek des menschlichen Wissens Abteilung IV, Bd. 1.

Der Band enthält, mitunter mit erheblichen Kürzungen, die Texte A 39, A 40, A 41, A 45, A 59, A 70, A 73, und A 77 sowie große Auszüge aus A 87. Die *Volks-Bibliothek* wurde herausgegeben von W. Liebknecht, H. Lux, R. Seidel und anderen führenden Sozialdemokraten.

UBK ZBZ   B 20a   *Ein Achtundvierziger. Lothar Buchers Leben und Werke. Von Heinrich von Poschinger.* Berlin, Carl Heymanns Verlag, 1891 & 1894, in-8, Bd. II & III, [6]-302 & [4]-397 S.

Bd. II S. 257-281 über Bucher und Lassalle mit Brief Buchers an Lassalle vom 22. Januar 1862 und Lassalles Antwort vom 23. Januar 1862 sowie Buchers Denkschrift über seine Beziehungen zu Lassalle vom 10. November 1865 (vgl. C 181); Bd. III, S. 73-95 mit den Briefen Buchers an Lassalle vom 7. Februar [1863], 26. und 28. April 1863, 6. Juni 1863 und 6. Mai 1864 (vgl. B 12).

BA HBSA IISG   B 21   *Ferd. Lassalle's Reden und Schriften. Neue Gesammt-*
IMLB KMH SUBD   *Ausgabe. Mit einer biographischen Einleitung heraus-gegeben von Ed. Bernstein. London.* Berlin, Verlag der Expedition des "Vorwärts" Berliner Volksblatt (Th. Glocke), [Druck von Max Bading, Berlin SW.], 1892-1893, 3 Bde in-8, [4]-550-[2]; IV-959-[1]; IV-857-[3] S.

Im Auftrage des Parteivorstandes der SPD veranstaltete Ausgabe. Auf die biographische Einleitung (Bd. I, S. 5-185) und die Kommentare Bernsteins übte Fr. Engels einen gewissen Einfluß aus. Die Ausgabe erschien von August 1891 ab in 50 Lieferungen von je 3 Bogen (vgl. C 118). Mehrere Schriften wurden auch als Separatausgabe in der Serie *Ferdinand Lassalle's Schriften in Einzelausgaben* vertrieben, z.B. A 49, A 70 und A 73. Der Bd. II enthält im Anhang verschiedene ADAV-Dokumente und ein Dutzend Briefe Lassalles vom April bis Juli 1864 an Klings, Lewy und Willms, die Bernstein nach B 10 druckte. Die in dieser Ausgabe enthaltenen Lassalle-Texte sind in der vorliegenden Bibliographie in der Abteilung A unter RS nachgewiesen; die meisten sind unverändert mit den Kommentaren in die Ausgabe B 60 übernommen worden.

BA BIF IISG   B 22   *Meine Begegnung mit Ferdinand Lassalle. Ein Beitrag*
IMLB SUBD UBK   *zur Geschichte der sozialdemokratischen Bewegung in*

Deutschland. Nebst fünf Briefen. Von Prof. Dr. Ludwig Büchner in Darmstadt. Berlin, Commissions-Verlag von Hertz u. Süßenguth, Markgrafenstraße 52, 1894, in-8, IV-38 S.

Büchner druckt die Briefe (13. April bis 11. Mai 1863) mit Auslassungen. Kopien der Originale befinden sich in der ADAV-Hatzfeldt-Sammlung in IISG und ASD. Sie sind jetzt gedruckt in B 94. Die Broschüre enthält noch große Auszüge aus Briefen W. Wackernagels an Büchner vom 7. und 11. Mai 1863, die Lassalles Statistiken in A 54 kritisieren. Büchners Erinnerungen an Lassalle waren zuerst erschienen in der Wiener Halbmonatsschrift *Moderne Revue* 1893, Jahrg. IV, Heft 3-6.

IISG ÖNB   B 23   *Ein ungedruckter Brief Lassalle's [Eingeleitet von Eduard Bernstein]* in *Neue Revue (Wiener Literatur-Zeitung),* Wien, 10. Juli 1895, Jahrg. VI, Nr. 28, S. 865-871.

Brief Lassalles an Müller-Tellering, vom 24. Dezember 1849 (S. 869-871) mit einer Einleitung, als deren Verfasser Bernstein in einer redaktionellen Fußnote bezeichnet wird. Nach einer handschriftlichen Eintragung (wahrscheinlich von Gustav Mayer) im Exemplar der *Neuen Revue* in IISG befand sich der Brief in der Sammlung von Theodor Mauthner. Ein größerer Auszug des Briefes ist nachgedruckt in B 29 **auf S. 27.**

BA FUB IISG   B 24   *Ferdinand Lassalle's Briefe an Georg Herwegh. Nebst*
IMLB KMH SUBD   *Briefen der Gräfin Sophie Hatzfeldt an Frau Emma Herwegh. Herausgegeben von Marcel Herwegh. Mit einem Bild und Brief Lassalle's.* Zürich, Albert Müller's Verlag, 1896, in-8, VI-[6]-163 S.

Enthält 24 Briefe Lassalles an Georg Herwegh und seine Frau vom 27. September 1861 bis 5. November 1863 sowie ein Telegramm an Herwegh vom 12. August 1864; weiterhin mehrere Briefe Emma Herweghs an ihren Mann über Lassalle, 15 Briefe der Gräfin Hatzfeldt an Emma Herwegh und einige ADAV-Dokumente (C 99 und C 348) sowie den Text A 46 (S. 53-56). Bernstein besprach das Buch in C 124.

UBK   B 25   *Bischof von Ketteler (1811-1877). Eine geschichtliche Darstellung von Otto Pfülf. Zweiter Band.* Mainz, Franz Kirchheim, 1899, in-8, XVIII-442 S.

Mit einem Brief Kettelers an Lassalle vom 16. Januar 1864 (S. 183-184) und Lassalles Antwort vom 21. Januar 1864 (S. 184-185). Beide Briefe sind neugedruckt in C 870.

IISG   B 26   *Mi az alkotmány? Lassalle Ferdinánd beszéde. Függelékül: Hatalom és jog. Lassalle röpirata. Magyare forditotta: Brutus.* Budapest, Kiadja a "Népszava" könyvkereskedése, 1899, in-8, 32 S.

Teilübersetzungen von A 41, A 53 und A 54.

BM FUB IISG IMLG SUBH UBK	B 27	*Ferdinand Lassalle. Gesamtwerke. Einzige Ausgabe. Herausgegeben von Erich Blum.* Leipzig, Verlag von Karl Fr. Pfau, o.J. [1899-1902], 5 Bde in-8, [8]-538; [6]-442; [6]-461; XXXIII-[1]-424; VII-[1]-599 S.

Die Bde. I-III enthalten die Texte A 14, A 22, A 30, A 33, A 40, A 41, A 45, A 52, A 53, A 54, A 59, A 61, A 64, A 66, A 69, A 70, A 73, A 77, A 87, A 91, A 94 und A 98.

Die Bde. IV und V enthalten A 37. Oncken bezeichnete die Ausgabe als "ganz unbrauchbar" (S. 440 in C 669). Der Name des Herausgebers ist das Pseudonym des Verlegers.

BM UBK

IDEM *Herausgegeben von E. Schirmer.* Leipzig, Verlag von E. Schirmer, o.J. [1906-1909], 5 Bde in-8, XXVII-[3]-1152 und VIII-368 S.

Fortsetzung der vorigen Ausgabe. Die durchlaufend paginierten Bde. VI-IX enthalten A 26, der Bd. X A 27. "E. Schirmer" ist das Pseudonym von Elisabeth Pfau.
Von den Bänden I-III erschien im gleichen Verlag ohne Jahreszahl ein Neudruck unter dem Titel *Ferdinand Lassalle's ausgewählte Reden und Schriften* (526-[1]; 469; 549-[1] S.). Ein *Zweiter unveränderter Nachdruck* begann (Leipzig, Excelsior-Verlag), ebenfalls ohne Jahreszahl, 1919 in Heften zu erscheinen, die Ausgabe wurde aber nach der 1. Lieferung eingestellt.

BIF KP SBW SUBH

BIF IISG	B 28	*Scritti di C. Marx. F. Engels. e F. Lassalle. Tradotti in italiano i pubblicati per cura di Ettore Ciccotti.* Rom 1899-1911.

Die in Einzelheften erschienene Serienausgabe enthält die Texte A 14, A 28, A 30, A 33, A 40, A 41, A 42, A 45, A 49, A 51, A 52, A 53, A 54, A 66, A 70 und A 73.

KMH

Marx – Engels – Lassalle. Opere. Tradotti in italiano per cura di Ettore Ciccotti. Mailand, "Avanti", 1914-1916, 8 Bde. in-8.

Es handelt sich um keine neue Ausgabe, sondern die Restbestände der Serienausgabe, die mit einigen beim Avanti-Verlag erschienenen Titeln von Marx, Engels und Mehring zusammengebunden wurden. Unter dem gleichen Titel erschien mit einem neuen Titelblatt "Milano 1922" eine angebliche zweite Ausgabe, die aber nur die alten Restbestände (mit einigen Neudrucken Marx/ Engelsscher Texte) enthält.

Vgl. C 135.

BA FUB IISG IMLB KMH SUBD UBK	B 29	*Aus dem literarischen Nachlass von Karl Marx. Friedrich Engels und Ferdinand Lassalle. [Band] IV. Briefe von Ferdinand Lassalle an Karl Marx und Friedrich Engels. Herausgegeben von Franz Mehring.* Stuttgart, Verlag von J.H.W. Dietz Nachf. (G.m.b.H.), 1902, in-8, XVI-[2]-367 S.

Mehrings Vorwort (S. XI-XIV) ist *"Berlin, im Oktober 1901"* datiert. In Bemerkungen "Zur Textrevision und den Anmerkungen" (S. XV-XVI) teilt Mehring mit, daß er "die von Engels geordneten Originalbriefe Lassalles sowie eine von Eleanor Marx mit der Schreibmaschine gefertigte, von **Engels durchgesehene Abschrift**" benutzt hat.

Es fehlen eine ganze Anzahl Briefe Lassalles, die Gustav Mayer zusammen mit den von Mehring veröffentlichten und den Briefen Marx' und Engels' an Lassalle sowie den Briefen Marx' an die Gräfin Hatzfeldt in N III veröffentlicht hat. Der Band erschien auch als selbständige Ausgabe mit dem Titelblatt *Briefe Ferdinand Lassalles an Karl Marx und Friedrich Engels, 1849 bis 1862,* im gleichen Jahre beim gleichen Verlag. Eine zweite Auflage erschien 1913, eine dritte 1920 und eine vierte 1923.

Russisch St. Petersburg, Literaturnoe Delo, 1905, XIII-[1]-374 S. (übersetzt von V.A. Šanin); beim gleichen Verlag eine zweite Auflage (1908) und eine dritte (o.J.); Odessa 1908, 2 Bde.

KP UMLP	B 30	*Ferdinanda Lassalla vybrané řeči a spisy se životopisem. Uspořadál Frant[išek] Modráček. Díl I.* Prag, Tiskové druzstvo československé strany sociálně demokratické, 1902, in-8, 294 S.

Von der auf mehrere Bände berechneten Ausgabe der "Ausgewählten Werke" ist nur der Bd. I erschienen, der eine biographische Einleitung und die Texte A 30, A 40, A 41, A 54 und A 61 enthält.

BA BIF UBA	B 31	*Paul Bailleu. Lassalles Kampf um Berlin (1855-1859)* in *Deutsche Rundschau,* Berlin, Juni 1903, Jahrg. XXIX, Bd. 115, S. 359-377.

Mit Eingaben Lassalles an Hinckeldey (vom Mai 1855) und den Prinzen von Preußen (vom 15. Juni 1858). Eine Besprechung der Veröffentlichung durch Franz Mehring in C 590. Die Eingaben sind ebenfalls gedruckt in C 130. Der Aufsatz ist neugedruckt in PAUL BAILLEU *Preußischer Wille* [...] *Herausgegeben und mit einem Nachruf versehen von Melle Klinkenberg* (Berlin, Hafen-Verlag, 1924, [4]-353 S.) S. 191-224.

DSB IMLB SUBD UBK	B 32	*Zwei Briefe über Hegel von Johannes Schulze und Ferdinand Lassalle. Mitgeteilt von C. Varrentrapp* in *Historische Zeitschrift,* München/Berlin 1903, Bd. XC, (Neue Folge Bd. LIV), S. 445-454.

Lassalle an Johannes Schulze vom 26. April 1861 auf S. 451-454.

SUBD	B 33	*Aus Adolf Stahrs Nachlaß. Briefe von Stahr nebst Briefen an ihn* [...] *ausgewählt und mit Einleitung und Anmerkungen herausgegeben von Ludwig Geiger.* Oldenburg, Schulzesche Hofbuchhandlung, 1903, in-8, LXIX-[1]- 356 S.

Mit zwei Briefen Lassalles an Stahr vom 7. November 1857 (S. 199-200) und 1. Januar 1860 (S. 242-243).

BIF BM BPU   B 34   *Discours et pamphlets de Ferdinand Lassalle. Tra-*
IISG NNUT WMU   *duits de l'allemand par Victor Dave et Léon Remy.*
Paris, Giard & Brière, 1903, in-16, [4]-364-[2] S.

Bibliothèque socialiste internationale Bd. VIII.

Enthält die Texte A 40, A 41, A 45, A 49, A 54, A 73,
A 77 und A 94.

BA IISG IMLB   B 34a   *Lassalle als "Librettist". Ein ungedruckter Brief*
SPD UBM ZBZ   *Lassalles an Hans von Bülow* in *Vorwärts. Berliner*
Volksblatt, Berlin, 31. August 1904, Jahrg. XXI,
Nr. 204, S. 1-2 Feuilleton.

Der "Donnerstag" datierte Brief wird vom Herausgeber
auf "ungefähr um die Mitte Februar" 1863 datiert. Er
skizziert das Libretto eines "musikalisch-ironischen
Meisterwerkes", das Lassalle mit von Bülow gemeinsam
plante.

BA RUB   B 34b   *Bremen und die Sozialdemokratie. Festschrift zum*
Parteitag der sozialdemokratischen Partei Deutsch-
lands. Bremen 1904. Herausgegeben vom Lokalkomitee.
Bremen, Hamburger Buchdruckerei und Verlagsanstalt
Auer & Co., Filiale Bremen, 1904, in-16, 103 S.

Mit Faksimile des Schreibens vom 6. April 1864, mit
dem Lassalle Gustav Deckwitz zum Bevollmächtigten
des ADAV für Bremen ernennt (S. 12/13). Über den
ADAV in Bremen auf S. 5-26.

BA BIF FUB   B 35   *Ein Brief Ferdinand Lassalle's über den Geist der*
IISG IMLB SSA   *Statuten des Allgemeinen deutschen Arbeitervereins*
in *Dokumente des Sozialismus*, Berlin, 1. Oktober
1904, Bd. IV, Heft 10, S. 474-475.

Brief Lassalles vom 12. Mai 1863 an Peter Gerhard
Röser. Lassalle beantwortet Rösers Kritik der in
A 56 vorgesehenen diktatorischen Gewalt des Präsidenten des ADAV: "die Präsidialgewalt muß so *dikta-*
torisch als möglich organisiert sein. [...] wenn
der Arbeiter, u. zwar sogar alte u. gute Arbeiter
wie Sie noch nicht so weit ist, das einzusehen [...],
Dann ist's noch zu früh". Eingangs gibt Lassalle
Aufschluß über Zieglers Verfasserschaft des Textes,
A 56, den er "hier und da abgeändert" hat. Der Brief
war am 30. August 1904 in der Frankfurter *Volks-*
stimme von Marx Quarck veröffentlicht worden. Diese Nummer wurde nicht gefunden.

LR NNUT   B 36   *Ferdinand Lassalle. Speeches and Essays, including*
What is Capital?, Workingman's Programme. Open
letter etc. Science and workingmen. Terre Haute,
Ind., Standard Publishing Co., o.J., in-8, 28-V-62-
46-84 S.

Sammelband, der die 1899-1901 bei der International
Publishing Company in New York erschienenen Broschüren A 40, A 49, A 54 und die Teilübersetzung A 87 zusammenfaßt unter einem neuen Titelblatt. Die Bibliographie C 482 gibt als Erscheinungsjahr 1905 an.

BIF IISG IMLM B 37 *Ferdinand Lassal'. Sočinenija. S priloženiem očerka*
WMU   *Ed. Bernštejna: 'Ferdinand Lassal'. ego žizn i znače-*
               nie dlja rabočego klassa", aftografom i portretom F.
               Lassalje. 2-oe ispravlennoje i dopolnennoje izdanie.
               St. Petersburg, Izdanie N. Glagoleva, o.J., 3 Bde.
               in-8, CXVIII-[2]-289; 448, 421 S.

               Zweite "ergänzte und verbesserte Auflage" von B 5.
               Im Unterschied zur ersten Ausgabe fehlen in der zwei-
               ten A 30, A 33, A 39, A 61 und A 65, dagegen enthält
               sie große Auszüge aus A 37. Die Übersetzungen sind
               von P. Teplov (für Bernsteins C 133), S.D. Lvov und
               M.A. Engelgard (für A 87) und I. Davydov, L. Rejngold,
               V. Saizev. Die drei Bände sind 1905-1906 erschienen
               laut ST III S. 193. Ein Teil der Ausgabe ist 1908 in
               St. Petersburg in 6 Heften verbreitet worden, welchen
               die ursprünglichen Titelseiten bewahrt blieben; aber
               in Heft 1 und Heft 3 wurde ihnen eine neue Titelseite
               vorgesetzt mit "Gratisbeilage für die Abonnenten der
               Zeitschrift *Vsemrnyj Vestnik*" und der Jahreszahl 1908.
               Der Band I erschien 1925 in einer Neuauflage (Moskau,
               Krug, 350 S.).

BA FUB IISG   B 38 *Intime Briefe Ferdinand Lassalles an Eltern und Schwe-*
IMLB KMH SBW   *ster. Herausgegeben von Eduard Bernstein.* Berlin, Ver-
                    lag: Buchhandlung Vorwärts, Berlin SW. 68, (Ernst
                    Preczang, Berlin-Rahnsdorf), 1905, in-8, 172-[1] S.

                    Hundertundzwölf Briefe vom Mai 1840 bis 29. Juli 1864
                    und 2 Fragmente von Briefen an andere sowie 2 Briefe
                    der Gräfin Hatzfeldt an Lassalles Schwester (1857)
                    und an seine Mutter (1865). Die Briefe waren in Bern-
                    steins Besitz, wie erhellt aus seinem Brief vom 2.
                    Oktober 1904 an die Redaktion des *Neuen Montags-*
DSB   *blattes* in Berlin (Original in LBN), in dem er vom
                    10. Oktober bis 7. November 1904 (Nr. 24 bis 28)
                    Auszüge aus der Sammlung vorabgedruckt hat. Sechs
                    Briefe und Auszüge aus vier weiteren waren vorher
                    in HERMANN BAHR *Renaissance. Neue Studien zur Kritik*
                    der Modernen (Berlin, S. Fischer, 1897, S. 71-87)
                    gedruckt worden. Bahr hat die Sammlung bei dem da-
                    maligen Besitzer, dem Berliner Anwalt H. Steger,
                    benutzt.

                    Vgl. C 135.

IMLM   B 39 *Ferdinand Lassal'. I. Značenie četvertogo soslovija -*
                    II. O suščnosti konstitucii - III. Rabočee dvizenie.
                    Perevod I.M. Debu. St. Petersburg, Populamo-naučnoij
                    biblioteki, 1906, in-16, 144 S.

                    Enthält die Texte A 40, A 41, A 45 und A 54.

KP   B 40 *Ferdinand Lassal'. Kapital i trud. G. Bastia-Šul'ce*
                    iz Deliča. Ekonomičeskij Julian. St. Petersburg,
                    V. Vrublevskij, 1906, in-8, 246-[1] S.

                    Enthält A 87 und im Anhang A 40, A 41, A 45 und A 54.

UBK	B 41	*Unbekannte Briefe von Ferdinand Lassalle an August Boeckh. Herausgegeben von Prof. Ludwig Bernhard* in *Frankfurter Zeitung*, 23. Dezember 1910, Jahrg. LIV, Nr. 354, Erstes Morgenblatt, S. 1-2 Feuilleton; 28. Dezember, Nr. 358, Erstes Morgenblatt, S. 1-3 Feuilleton.

Die zwölf Briefe sind datiert: 5. November 1857; 8., 10., 17. Oktober und [Ende] "Oktober", "November" 1858; 25. April, "Mai" 1861; "Mai" und "Mai" 1862 und "Freitag" 1862; 20. Januar 1863.

BA BIF IISG IMLB SSA	B 42	*Lassalleana. Unbekannte Briefe Lassalles, herausgegeben und kommentiert von Gustav Mayer* in GRÜNBERG 1910, Bd. I, Nr. 1, S. 176-197.

Ein Brief an Michelet, datiert "Freitag" (i.e. 16. Mai 1862, betrifft A 42), ein Brief an Agnes Klindworth, ohne Datum (i.e. 21. September 1863, Original in BA), zwei Briefe an V.A. Huber, datiert vom 28. Juni 1863 und 24. Februar 1864. Der Kommentar zu den Briefen an Huber ist neugedruckt unter dem Titel *Lassalle und die Monarchie* in C 565 (S. 39-44) und in C 574 (S. 89-92).

Vgl. B 9.

BM BSB IISG SUBH UMLP	B 43	*Ferdinand Lassalles Reden und Schriften. Tagebuch. Seelenbeichte. In Auswahl herausgegeben nebst einer Darstellung seines Lebens und Wirkens. Von Hans Feigl.* Wien, Konegen, 1911, in-8, VII-411 S.

Enthält die Texte A 40, A 41, A 42, A 49, A 54 und A 73 sowie den Brief Nr. 7 aus B 11.

ASD HBSA IISG IMIB LR UBK		Eine zweite Auflage (4.-10. Tausend) erschien im gleichen Verlag 1920 (VII-[1]-363 S.)

SUBDü UBA	B 44	*Briefe Lassalles an Adolf Stahr und Fanny Lewald-Stahr. 1858. Herausgegeben und erläutert von Hermann Oncken* in *Deutsche Revue*, Stuttgart/Leipzig, Jahrg. XXXVI, Bd. 4, November und Dezember 1911, S. 233-240 und S. 360-369.

Drei Briefe vom 29. und 30. November 1858 (über Aristoteles) und Dezember 1858.

BA BIF IISG IMLB SSA	B 45	*Briefe Lassalles an Dr. Otto Dammer in Leipzig, Vizepräsidenten des Allgemeinen Deutschen Arbeitervereins. Mitgeteilt und erläutert von Hermann Oncken* in GRÜNBERG 1912, Bd. II, Nr. 3, S. 380-422.

Sechsunddreißig Briefe vom 13. Dezember 1862 bis 27. Juli 1864. Die Briefe II-XXV (20. Dezember 1862 bis 12. Mai 1863), relevant für die Gründung des ADAV, sind zusammen mit Dammers Antworten neugedruckt in B 94.

BA BIF IISG IMLB SSA	B 46	*Briefe Lassalles an Dr. Moses Heß. Mitgeteilt und erläutert von N. Riasanoff* in GRÜNBERG 1912, Bd. III, Nr. 1, S. 129-142.

Zehn Briefe vom 27. August 1863 bis 31. Mai 1864, von denen einige vorher auszugsweise gedruckt waren in NZ

1888, Jahrg. IV, S. 516-517. Jetzt alle Briefe neugedruckt in B 87.

BA BIF IISG   B 47   *Oswald Hillebrand. Die erste sozialdemokratische Orga-*
IMLB NBW VGA   *nisation in Oesterreich. Zum Jubiläum des Allgemeinen*
Deutschen Arbeitervereines in *Der Kampf,* Wien, 1. Mai
1913, Jahrg. VI, Nr. 8, S. 350-356.

Zur Geschichte der Gemeinde des ADAV in Asch. Mit einem
Brief Simon Martins an Otto Dammer (vom 30. September
1863) und zwei Briefen Lassalles an Martin vom 2. und
5. Juni 1864.

Vgl. B 50.

BRB UBK   B 48   *Karl Marx und Ferdinand Lassalle. Zwei Denkschriften*
aus den Jahren 1848 und 1861. Mitgeteilt von Alfred
Herrmann in *Frankfurter Zeitung,* 27. Juni 1913, Jahrg.
LVII, Nr. 176, Erstes Morgenblatt, S. 1-3 Feuilleton.

Marx an Kühlwetter, 22. August 1848, und Kühlwetter
an Marx, 12. September 1848. Lassalle an Schwerin,
20. Juni 1861, und Schwerin an Lassalle, 11. November
1861. Marx hatte 1845 auf die preußische Staatsbürgerschaft verzichtet und sich 1848 vergeblich um ihre Wiedererlangung bemüht. Lassalle wiederholte diesen
Versuch für ihn 1861 ebenso vergeblich. Marxens vom
12. April 1861 datierte Vollmacht für Lassalle (1/2 S.
in-fol.) in dieser letzten Angelegenheit befindet
sich im Nachlaß (V/1, h in C 104).

Vgl. A 38h.

BRB UBK   B 49   *Zwei unbekannte Briefe von Marx an Lassalle. Mitge-*
teilt von Dr. Gustav Mayer in *Frankfurter Zeitung,*
10. August 1913, Jahrg. LVII, Nr. 220, Erstes Morgenblatt, S. 2-3 Feuilleton.

Die Briefe vom 28. Juli und 8. November 1855 sind
neugedruckt in N III (S. 100-101 und 103-104) und
in MEW XXVIII (S. 617 und 624-625).

BIW DLC KMH   B 50   *Julius Bunzel. Die erste Lassallebewegung in Oester-*
ÖNB   *reich* in *Zeitschrift für Volkswirtschaft, Sozial-*
politik und Verwaltung. Wien 1913, Bd. XXII, S.
769-787.

Zur Geschichte der Gemeinde des ADAV in Asch, mit
einer Eingabe Lassalles an die k.k. Statthalterei
in Prag vom 2. April 1864. Die Eingabe ist auszugsweise gedruckt in B 10 (S. 159). Der Artikel erschien auch als Broschüre (Gautzsch bei Leipzig,
Felix Dietrich, 1914, in-8, 16 S.).

BA BIF IISG   B 51   *Ein Brief Lassalles an den Minister von Bodel-*
IMLB SSA   *schwingh. Mitgeteilt von Gustav Mayer* in GRÜNBERG
1913, Bd. IV, Nr. 2, S. 330-332.

Beschwerde vom 15. Februar 1848 wegen seiner am gleichen Tage ihm bekanntgegebenen Ausweisung aus Berlin.

PIB	B 52	*Ferdinand Lassalle: Alkotmány, szocializmus, demokrácia, Forditotta: Kunfi Zsigmond.* Budapest, Révai, 1914, in-8, 321 S. *Világkönyvtár.*
UMLP		Enthält die Texte A 40, A 41, A 49, A 53, A 54 und A 73, übersetzt und mit einer biographischen Einleitung versehen von Sigmund Kunfi. Eine zweite Auflage erschien ohne die Serienangabe im gleichen Verlag 1919 (320 S.).

BA BIF IISG   B 53   *Neue Lassalle-Briefe. Mitgeteilt von Hermann Oncken*
IMLB SSA   in GRÜNBERG 1914, Bd. IV, Nr. 3, S. 439-465.

Zehn Briefe an Ludmilla Assing (6. Oktober 1858 bis 21. April 1864) und zwei für sie verfaßte Eingaben wegen ihrer Naturalisierung in Preußen (22. November 1859 und 17. März 1860, die erste in Fußnote S. 444-445); drei Briefe an Pückler-Muskau (2. Mai, 10. Mai und 4. Juni 1862); ein Brief an einen unbekannten französischen Redakteur (o.D., 1859 oder 1860); ein Brief an Köpke (25. Februar 1864); ein Brief an Reinhold Schlingmann (25. Mai 1864); ein Brief an Friedrich Creuzer (16. November 1857). Außerdem verschiedene Tagebuchnotizen Varnhagen von Enses über Lassalle, u.a. über ein Streitgespräch zwischen A. von Humboldt und Lassalle, über Hegel.

DBL DSB UBBa   B 54   *Hermann Michel. Lassalle über sein "System der erworbenen Rechte"* in *Berühmte Autoren des Verlages F.A. Brockhaus. Leipzig.* Leipzig, F.A. Brockhaus, 1914, S. 41-53.

Brief Lassalles an F.A. Brockhaus vom 18. Oktober 1860 auf S. 43-51.

BA BIF IISG   B 55   *Briefe Ferdinand Lassalles an Ferdinand Freiligrath.*
IMLB SSA   *Mitgeteilt und eingeleitet von Gustav Mayer* in GRÜNBERG 1916, Bd. VII, Nr. 3, S. 431-445.

Sieben Briefe vom September 1849 bis 7. November 1860. Kürzere Auszüge aus einigen der Briefe waren schon in B 11a veröffentlicht worden. Die Originale sind in NFW.

GNN NNUT   B 56   *Lassalle. Geklibene Shriften.* New York, Kropotkin Literatur Gezelshaft, 1916, in-16, 434 S.

Der Auswahlband enthält die jiddischen Übersetzungen der Texte A 49 und A 87 von A.A. Robak.

              B 57   [Der hier ursprünglich vorgesehene japanische Titel stellte sich nach Redaktionsschluß als in die Abteilung C gehörig heraus.

Vgl. C 444.]

BA HBSA IISG   B 58   *Worte Lassalles. Herausgegeben von Dr. G. Ritter.*
IMLB KMH KP UMLP   Minden (Westf.), J.C.C. Bruns' Verlag, [1919], in-16, 193-[1] S.

Die Weisheit der Völker. Eine Brevier-Sammlung,
Bd. XXI.

Enthält die erste ausführlichere Bibliographie,
S. 182-193.

BA BIW FUB IMLB SUBH UMLP	B 59	*Ferdinand Lassalle. Von Stefan Großmann.* Berlin, Verlag Ullstein & Co., [1919], in-8, 260-[1] S.

Menschen in Selbstzeugnissen und zeitgenössischen Berichten.

Enthält außer Briefen und Auszügen aus solchen und aus A 1 die Texte A 21 und A 49 und einen großen Teil von A 73 sowie die "Seelenbeichte", Brief Nr. 7 aus B 11, auf S. 153-198.

BNS IMLM

Bulgarisch Sofia, 1933, 128 S.

Russisch Leningrad, Sejatel, 1924, 218 S.

BA BIF HBSA IISG IMLB KMH UBK — B 60 — *Ferdinand Lassalle. Gesammelte Reden und Schriften. Herausgegeben und eingeleitet von Eduard Bernstein.* Vollständige Ausgabe in zwölf Bänden. Berlin, Verlegt bei Paul Cassirer, 1919-1920, 12 Bde. in-8, 344-[1]; 486; 444; 340; 401; 342; 592; 718-[1]; Bd. IX/X : 726; Bd. XI/XII : 802 S.

Vervollständigter Neudruck von B 21, der u.a., die Texte A 26 (Bde. VII/VIII) und A 37 (Bde. IX/XII) enthält, aber verschiedene Texte aus B 21 wegläßt, wie A 22, A 51, A 52. Der Band III enthält zusätzlich verschiedene Zirkulare und Briefe Lassalles (S. 245-339), die Bernstein B 7 und B 10 entnahm. Die überarbeitete Einleitung von 1891 ist als selbständiger Band zur Ergänzung dieser Ausgabe erschienen (vgl. C 142). Die in der Ausgabe enthaltenen Texte sind in der Abteilung A unter GRS nachgewiesen.

BA JNUL LBN — B 61 — *Gustav Mayer. Ferdinand Lassalle und die jüdische Reformbewegung* in *Der Jude.* Berlin, 1. April 1920, Jahrg. V, Nr. 1, S. 26-31.

Mit einem Brief Lassalles an Theodor Creizenach vom Sommer 1843, in dem Lassalle seinen Beitritt zu dem von Creizenach gegründeten jüdischen Reformverein erklärt. Der Brief ist neugedruckt in N I (S. 72-76).

Vgl. C 557.

BA BIF IISG IMLB SUBD UBK — B 62 — *Lassalle und der Sozialismus. Ausgewählt und eingeleitet von Eduard Bernstein.* Berlin, Verlegt bei Paul Cassirer, 1920, in-8, 76 S.

Wege zum Sozialismus.

Das Heft enthält thematisch geordnete kurze Auszüge. Bernsteins Vorwort ist vom 22. August 1919 datiert.

BA BIF IISG IMLB SUBD UBK — B 63 — *Lassalle-Brevier. Auswahl und Gruppierung von Franz Diederich.* Berlin, Buchhandlung Vorwärts, 1920, in-8, 160 S.

Breviere des Sozialismus, II.

Eine zweite, von den Matrizen der ersten gedruckte Auflage erschien 1926 im gleichen Verlag.

CStH IMLM	B 64	*Ferdinand Lassal'. Izbrannije soĉinenija.* Moskau, Gosizdat, 1920, in-8, VIII-136 S.

Die "Ausgewählten Werke" enthalten die Texte A 40, A 41, A 54 und A 59 sowie eine Einleitung von A. Bogdanoviĉ.

ASD BA IISG IMLB KMH SUBD UBK	B 65	*Ferdinand Lassalle. Nachgelassene Briefe und Schriften. Herausgegeben von Gustav Mayer.* Stuttgart/Berlin, Deutsche Verlagsanstalt / Julius Springer, 1921-1925, 6 Bde. in-8.

I   *Briefe von und an Lassalle bis 1848.* 1921, X-357 S.

II *Lassalles Briefwechsel von der Revolution 1848 bis zum Beginn seiner Arbeiteragitation* 1923, VIII-28-302 S.

III *Der Briefwechsel zwischen Lassalle und Marx, nebst Briefen von Friedrich Engels und Jenny Marx an Lassalle und von Karl Marx an Gräfin Sophie Hatzfeldt.* 1922, XII-27-[1]-411 S.

IV *Lassalles Briefwechsel mit Gräfin Sophie Hatzfeldt.* 1924, XIII-[1]-33-[1]- 408 S.

V   *Lassalles Briefwechsel aus den Jahren seiner Arbeiteragitation 1862-1864.* 1925, X-45-[1]-368 S.

VI *Ferdinand Lassalle. Die Schriften des Nachlasses und der Briefwechsel mit Karl Rodbertus.* 1925, IX-[1]-451 S.

Die in der Ausgabe gedruckten Lassalle-Texte sind in der Abteilung A unter N nachgewiesen. Von anderen vorher veröffentlichte Briefe sind in diese Ausgabe nicht aufgenommen worden mit Ausnahme 1) der Briefe Lassalles an Marx und Engels, die zum größeren Teil schon in B 29 gedruckt waren, und 2) der Briefe Lassalles an Rodbertus, die sämtlich bereits in B 13 veröffentlicht waren. Auf den Abdruck einer größeren Anzahl unveröffentlichter Briefe und Dokumente aus dem Nachlaß hat G. Mayer aus Platzmangel verzichtet (vgl. Anhang). Für den Nachlaß vgl. C 104 und *Register*: Nachlaß. Ein fotomechanischer Nachdruck der Ausgabe erschien 1967 im Biblio Verlag, Oldenburg (Bde. IV-VIII und XVII von *Deutsche Geschichtsquellen des 19. Jahrhunderts).*

Französisch Paris, PUF, 1977, 464 S. (nur Bd. III, übersetzt von Sonia Dayan-Herzbrun).

IISG IMLM		*Russisch* Berlin, Vostok, 1923, 274 S. (nur die Briefe von 1849 bis 1859 aus Bd. III, übersetzt von F. Dan, i.e. F.I. Gurviĉ).

BA BIF FUB IISG IMLB KMH	B 66	*Zur Charakteristik Ferdinand Lassalles. Von Karl Friedrich Müller* in NZ, 15. September 1922, Jahrg. XL, Bd. II, Nr. 25, S. 593-598; 22. September , Nr. 26, S. 630-633.

Mit zwei Briefen über A 27 an Emil Palleske vom 13. Februar 1859 bei Übersendung der Buchausgabe von A 27 (S. 594) und vom 18. Juli 1859 (S. 595-597).

BA IZD   B 67   *Fünf ungedruckte Briefe Lassalles* in *Das Tage-buch*, Berlin, 11./18. August 1923, Jahrg. IV, Heft 32/33, S. 1153-1161.

Der erste der fünf Briefe an Franz Duncker ist un-datiert (er dürfte auf Dezember 1860 zu datieren sein), ebenso der zweite (von Duncker datiert "4/3 1860") und der dritte (wahrscheinlich auf Juni 1860 zu datieren). Der vierte Brief ist von Lassalle da-tiert (26. April 1863), ebenso der fünfte (28. April 1863). Nur der vierte Brief ist (nach dem Konzept) gedruckt in N V, S. 150. Der Herausgeber ist wahr-scheinlich Stefan Großmann.

BA FUB IISG   B 68   *Ferdinand Lassalle. Auswahl von Reden und Schriften.*
IMLB SUBD SUBH   *Herausgegeben und eingeleitet von Karl Renner.* Ber-lin, Verlag von J.H.W. Dietz Nachf., 1923, in-8, 475-[5] S.

Eine zweite Auflage erschien 1924 im gleichen Verlag (480 S.).

SUBH   B 69   *Aus dem Briefwechsel Hans von Bülows und Ferdinand Lassalles. Mitgeteilt von Gustav Mayer* in *Der Neue Merkur*, Stuttgart/Berlin, März 1924, Jahrg. VII, Heft 6, S. 433-456.

Vorabdruck aus dem in Bd. V von B 65 veröffentlich-ten Briefwechsel.

Vgl. B 16.

BA BIF FUB   B 70   *Franz Ziegler und Ferdinand Lassalle. (Mit ungedruck-*
IISG IMLB VGA   *ten Briefen Zieglers an Lassalle.) Von Gustav Mayer* in *Die Gesellschaft*, Berlin, Januar 1925, Nr. 1, S. 27-46.

Elf Briefe vom 20. Februar 1862 bis 13. August 1863, die G. Mayer in B 65 nicht aufgenommen hat, mit seiner leicht abgeänderten Einleitung zu Zieglers Briefen in B 65 Bd. V.

ABA ASD BA   B 71   *Lassalles letzte Tage. Nach den Originalbriefen und*
BIF IMLB SSA   *Dokumenten des Nachlasses herausgegeben von Ina Britschgi-Schimmer.* Berlin, Axel Juncker Verlag, [1925], in-8, 309-[3] S.

Zusammenstellung aller auf die **Dönniges-Affäre** be-züglichen Briefe und Dokumente aller Beteiligten nach den Originalen mit vielen bis dahin unveröffent-lichten, wie z.B. fünf **Briefen Holthoffs an Lassalle.**

BA HBSA IISG   B 72   *Ferdinand Lassalle. Der Mensch und Politiker in*
KP SUBH UMPLP   *Selbstzeugnissen. Herausgegeben und eingeleitet von Konrad Haenisch. Mit einem Bild Lassalles.* Leipzig, Alfred Kröner Verlag, 1925, in-16, [4]-214-[1] S.

Kröners Taschenausgabe, Nr. 43.

Auszüge aus Schriften und Briefen, mit Abdruck (S. 154-194) der "Seelenbeichte" aus B 11.

BA UBW	B 73	*Randbemerkungen Lassalles. Von Gustav Mayer* in *Volkswacht für Schlesien*, Breslau, 11. April 1925, Jahrg. XXXVI, Nr. 85, S. 19.

IHF
VGA

Randbemerkungen in Lassalles Exemplar von Bd. II von EMIL PALLESKE *Friedrich Schiller's Leben und Werke* (Berlin 1858/1859). Nachgedruckt in der Frankfurter *Volksstimme* 14. April 1925 (Jahrg. XXXVI, Nr. 86, S. 3) und in der Wiener *Arbeiter-Zeitung*, 14. April 1925 (Jahrg. XXXVII, Nr. 102, S. 5).

BA UBW B 74 *Unveröffentlichte Lassalle-Dokumente* in *Volkswacht für Schlesien*, Breslau, 11. April 1925, Jahrg. XXXVI, Nr. 85, S. 17.

Nachtrag zu dem Briefe Lassalles an Hubert von Stücker, den G. Mayer gedruckt hat in B 65 Bd. I, S. 210-212, sowie zwei Briefe über Lassalle: Eduard Willms an die Gräfin Hatzfeldt (8. September 1964) und Peter Nothjung an Carl von Bruhn (14. September 1864). Die Dokumente wurden der Redaktion von Gustav Mayer zur Verfügung gestellt.

IMLM B 75 *Pamjati Lassalja (1825). Sbornik statej pod redakciej G. Marenko i Ja. Rozanova.* Kiew, Gosizdat Ukr., 1925, in-8, 325 S.

Teilabdrucke und Auszüge von Lassalletexten, mit Aufsätzen von Kautsky, Mehring, Plechanow u.a. Am Ende eine Bibliographie von Werken über Lassalle von Rozanow.

BA BIF IISG B 76 *Ludwig Brügel. Vier unbekannte Briefe Lassalles. An den Ägyptologen Heinrich Brugsch* in *Der Kampf*, Wien,
IMLB ÖNB VGA August/September 1925, Jahrg. XVIII, Nr. 8/9, S. 358-360.

Die undatierten Briefe dürften in das Jahr 1859 fallen. Die Originale sind im Österreichischen Staatsarchiv.

ASD BA IISG B 77 *Lassalle. Mit einem Vorwort von Jakob Altmaier*, Berlin, Neuer Deutscher Verlag, [1925], in-8,
IMLB SUBH 81-[1] S.

Redner der Revolution Bd. II.

Enthält eine biographische Skizze vom Herausgeber und Auszüge aus den Texten A 40, A 41, A 45, A 54, A 66, A 70, A 73 und A 77. Von den Matrizen dieser Ausgabe wurden mehrere Auflagen gedruckt, so eine 3. Auflage
BA BIF IMLB KP (6.-8. Tausend) in 1928.

Englisch New York o.J. (etwa 1927), 94 S. (*Voices of Revolt* Bd. III).

Japanisch Tokyo 1928, XIX, [2]-II-81 S. (unter dem Namen des Übersetzers, Chuichi Okada, erschienen, aber mit Altmaiers biographischer Einleitung und Lassalles Porträt.

BA BIF FUB
IISG IMLB VGA

B 78 *Ferdinand Lassalle und Karl Alexi. Mit ungedruckten Briefen an Alexi. Von Gustav Mayer* in *Die Gesellschaft,* Wien, Februar 1926, Nr. 2, S. 170-179.

Vier Briefe vom 13. April bis 22. Juli 1864.

ASD FUB IMLB
SUBH

B 79 *Ferdinand Lassalle. Reden und Schriften in Auswahl herausgegeben und eingeleitet von Ludwig Maenner.* Berlin, Reimar Hobbing, 1926, in-8, 317 S.

Klassiker der Politik. Herausgegeben von Fr. Meinecke und H. Oncken, Bd. XV.

Enthält die Texte A 30, A 40, A 41, A 45, A 54, A 59 und A 94.

BA BIF IISG
IMLB

B 80 *[F.P. Schiller.] Unbekannte Briefe von Lassalle* in *Marx-Engels-Archiv,* Frankfurt a.M. 1927, Bd. II, S. 473-482.

Ein Brief an J.A.Fr. Eichhorn (8. Juni 1846) und ein Brief an J. Harrwitz (19. März 1857), die beide A 26 betreffen; ein Brief an Berliner Freunde (25. November 1863) und ein Brief an Agnes Klindworth (30. April 1864). Die Originale sind in SPKB.

ABA ASD BA
FUB IISG IMLB
KMH

B 81 *Bismarck und Lassalle. Ihr Briefwechsel und ihre Gespräche. Von Gustav Mayer.* [Berlin], Verlag J.H.W. Dietz Nachf. G.m.b.H.. [1928], in-8, 108 S.

31 Dokumente, worunter 13 Briefe von Lassalle an Bismarck vom 8. Juni 1863 bis 20. Februar 1864 und 2 Briefe Bismarcks an Lassalle (beide vorher gedruckt in *Bismarck-Jahrbuch* 1897, Bd. IV, S. 166-167). (Ein von Mayer nicht aufgefundener Brief Lassalles an Bismarck in B 86.)
Weiterhin enthält der Band 8 Briefe Lassalles an Regierungsbeamte und Minister vom 13. Oktober 1863 bis 9. Februar 1864 und 5 Briefe solcher an ihn. Mayer druckt außerdem die Texte A 74, A 78 und A 88. Die Einleitung (S. 7-58) ist neugedruckt in C 574 (S. 93-123).

Vgl. B 86, C 68a, C 147, C 640, C 684 und C 721a.

Russisch In *Letopisi Marksizma,* Moskau 1928, Bd. VI, S. 3-25 (nur die Briefe ohne Mayers Kommentar und die Briefe an und von andere(n)).

UBW

B 81a *Neue Lassalle-Dokumente. Von Alfred Schneider* in *Zeitschrift für Geschichte Schlesiens.* Breslau 1928, Bd. LXII, S. 205-214.

Vier Dokumente aus dem Nachlaß von Friedrich Haase: die Huldigungsrede A 11a und drei Briefe Lassalles an Haase vom 15. November 1857 (bereits nach dem leicht abweichenden Konzept veröffentlicht in N II, S. 136), 13. April 1858 und 30. Juni 1861. Der erste Brief begleitete die Übersendung von A 26 (das Lassalle auch an zwei andere Breslauer schickte: August Wissowa und Jakob Bernays). Der dritte Brief begleitete die Übersendung von A 37.

158

JNUL LBN UBA   B 82   *Lassalle, Arnold Mendelssohn und Joseph Mendelssohn. Ein Briefwechsel, herausgegeben von Alex Bein* in *Jahrbuch für Jüdische Geschichte und Literatur*, Berlin 1931, Bd. XXIX, S. 56-98.

Enthält, nach seinen Handschriften, drei von Lassalle im Januar 1854 entworfene Briefe Arnold Mendelssohns an seinen Onkel Joseph (S. 60-69, 73-77 und 81-92) sowie die Antworten des Onkels. Lassalle war von Gustav Mayer nicht als Verfasser der Entwürfe erkannt worden; sie fehlen daher in B 65, wo Mayer nur einen Auszug aus dem ersten Brief druckte (N I, S. 154-158), den er irrtümlich als Lassallesche Abschrift eines Mendelssohnschen Originals bezeichnet.

KP UMLP   B 83   *Lassallovy milostné dopisy.* Prag, Rudolf Rejman, 1933, in-8, 60 S.

Utopia et vita Bd. IV.

Übersetzung von "A. Lad." der acht Liebesbriefe Lassalles an "Emma", Unbekannt und Loni Grodzka (N I, S. 76-82 und 136-152). Mit einer kurzen Einleitung des Herausgebers der Reihe, Jiři Stolz.

BNF UBBa   B 84   *Ferdinando Lassalle in Italia.* [Per] *Mario Menghini* in *Nuova Antologia*, Rom, 16. März 1935, Jahrg. LXX, Fasz. 1912, S. 264-274.

Mit einem Brief Lassalles an Garibaldi vom Ende 1861 aus Maddalena (S. 269), zwei Briefen an den Garibaldianer Federico Bellazzi vom 12. Dezember 1861 aus Florenz (S. 270-271) und vom 6. Februar 1862 aus Berlin (S. 272-274) sowie zwei kurzen undatierten Billets (ungefähr 1861) an Alessandro Calandrelli (S. 274), bei dem er in Berlin kurze Zeit Italienischunterricht nahm.

ASD BA IMLB   B 85   *Ferdinand Lassalle. Auswahl aus Reden und Schriften. [Herausgegeben von Erich Fleischer].* München, Verlag Das Volk, 1947, in-8, 60 S.

SUBD   B 85a   *Ferdinand Lassalle - und Gräfin Sophie von Hatzfeldt - Briefe im Düsseldorfer Stadtarchiv, mitgeteilt von [...] Paul Kauhausen* in *Das Tor. Düsseldorfer Heimatblätter* 1954, Jahrg. XX, Nr. 12, S. 215-218.

Brief Lassalles an seine Schwester Friederike Friedländer (7. Mai 1859) und an Dr. Anton Bloem (15. Februar 1859) sowie Brief der Gräfin Hatzfeldt an Bloem (ca. September 1864).

FUB IISG IMLB SSA UBK   B 86   *Lassalle an Bismarck. Ein unbekannter Brief aus dem Nachlaß von Keudell. Herausgegeben von Paul Grebe* in *Vierteljahrschrift für Sozial- und Wirtschaftsgeschichte*, Wiesbaden 1955, Bd. XLII, S. 122-124.

Der vorletzte Brief Lassalles an Bismarck, vom 18. Februar 1864.

Vgl. B 81.

BA BIF IISG   B 87   *Moses Hess Briefwechsel. Herausgegeben von Edmund*
IMLB SUBD UBK   *Silberner, unter Mitwirkung von Werner Blumenberg.*
                          Haag, Mouton & Co., 1959, in-8, 678 S.

                          Quellen und Untersuchungen zur Geschichte der deut-
                          schen und österreichischen Arbeiterbewegung **Bd. II.**

                          Nachdruck der Briefe Lassalles an Heß (vgl. B 46)
                          mit weiteren etwa 30 Briefen von ADAV-Mitgliedern an
                          Heß, darunter B. Becker (5), Gräfin Hatzfeldt (5),
                          G. Lewy (4), von Schweitzer (1) und Vahlteich (5).

BA HBSA IISG   B 88   *Ferdinand Lassalle. Ausgewählte Texte. Herausgegeben*
IMLB SUBD SUGH   *von Thilo Ramm.* Stuttgart, Gustav Fischer Verlag,
                          1962, XXIII-284 S.

                          Enthält, neben Auszügen, die Texte A 38a, A 40,
                          A 41 und A 54 sowie den Brief Nr. 7 aus B 11.

BA IISG SBW   B 89   *Ferdinand Lassalle. Eine Auswahl für unsere Zeit.*
SUBD UBK WMU   *Herausgegeben von Helmut Hirsch.* Bremen, Carl
                          Schünemann Verlag, [1963], in-16, XXXIX-[1]-450-
                          [1] S.

                          Sammlung Dieterich **Bd. 287.**

                          Enthält die Texte A 28, A 40, A 54, A 78 und A 94,
                          Teilabdrucke von A 22, A 30, A 66, A 70 und das
                          Nachwort Lassalles zu A 87 sowie seinen Brief an
                          von Stücker (vgl. B 74) und die "Seelenbeichte" aus
                          B 11. Mit Faksimile eines Telegramm-Konzeptes
                          Lassalles an Richard Wagner von Ende August 1864
                          (S. XXVII) und von der Titelseite der Erstausgabe
                          von A 42 mit Lassalles Widmung an Kichniawy.

                          Lassalles Briefe an Kichniawy sind um 1900 an den
                          Schriftsteller Hesse-Wartegg gelangt (N II S. 10-11).
                          Seine Witwe vermachte den Nachlaß der damaligen
                          Bürgerbibliothek (heute **Zentralbibliothek**) in Luzern
                          sowie einen anderen Teil der damaligen Stadtbiblio-
                          thek (heute Thüringische Landesbibliqthek) in Weimar.
                          Keine der beiden Bibliotheken besitzt heute Lassalles
                          Briefe an Kichniawy.

ASD BA DLC   B 90   *Ferdinand Lassalle. Aus seinen Reden und Schriften.*
IISG SBW SUBH   *Mit einer Einleitung von Ernst Winkler.* Wien/Zürich,
                          Europa Verlag, [1964], in-8, 143 S.

                          Enthält die Texte A 40, A 41 und A 54, nach B 68.

LBN   B 90a   *Karl Holl. Unbekannte Briefe Ferdinand Lassalles* in
                          Zeitschrift für die Geschichte der Juden, Tel-Aviv
                          1969, Bd. VI, S. 169-174.

                          Fünf Briefe an Anton Sollbach, der wahrscheinlich
                          einer der Informanten Lassalles im Hatzfeldt-Prozeß
                          war und den Schönsteinschen Bauern zugehörig, mit
                          denen Edmund von Hatzfeldt in Rechtsstreit lag. Zwei
                          undatierte Briefe (wohl von 1851); 11. Oktober 1851;
                          11. September 1854; 7. August 1856.

BA FUB IISG
SBW UBK WMU

B 91   *Ferdinand Lassalle. Reden und Schriften. Aus der Arbeiteragitation 1862-1864. Mit einer Lassalle-Chronik. Herausgegeben von Friedrich Jenaczek.* München, Deutscher Taschenbuch Verlag, 1970 , in-16, 528 S.

Enthält die Texte A 40, A 41, A 45, A 49, A 53, A 54, A 56, A 59, A 70, A 73, A 88 und A 94. Der Herausgeber gibt die Texte nach den Erstausgaben wieder, mit Ausnahme von A 40, von dem er keine finden konnte. Mit einer ausführlichen Chronik auf den S. 429-522.

BA FUB IISG
SUBH

B 92   *Ferdinand Lassalle. Arbeiterlesebuch und andere Studientexte. Mit einem Nachwort "Zum Verständnis der Texte" herausgegeben von Wolf Schäfer.* [Reinbek bei Hamburg], Rowohlt, [1972], in-16, 217-[1] S.

Rowohlts Klassiker der Literatur und der Wissenschaft. Philosophie der Neuzeit. Politik und Gesellschaft, Bd. 34.

Enthält die Texte A 66 und A 77 und das Nachwort zu · A 87 sowie mit Kürzungen A 24 und A 91.

BA BNP IISG
IMLB

B 93   *Verschollene Lassalle-Briefe. Edmund Silberner* in *Economies et Sociétés. (Cahiers de l'I.S.E.A.,* Serie S. Nr. 16, Sonderheft "Source et signification de l'oeuvre de Karl Marx"), Paris, Oktober 1973, Bd. VII, Nr. 10, S. 1935-1939.

Ein Brief Lassalles an Walesrode (26. Mai 1860), ein Brief an von Schweitzer (2. Oktober 1863) und ein Brief an die Buchhandlung Asher & Co. in Berlin (25. April 1864).

BA IISG IMLB

B 94   *Die Konstituierung der deutschen Arbeiterbewegung 1862/63. Darstellung und Dokumentation. Von S[hlomo] Na'aman unter Mitwirkung von H[ans]-P[eter] Harstick.* Assen, van Gorcum & Comp., 1975, in-8, XXIV-967 S.

Quellen und Untersuchungen zur Geschichte der deutschen und österreichischen Arbeiterbewegung. Neue Folge, Bd. V.

Enthält die Texte A 55, A 56, A 60 und A 64 sowie sechs unveröffentlichte Briefe Lassalles an L. Büchner vom 13. und 23. April, 1. und 11. Mai 1963 (S. 548-552, 565-566, 569-570, 599-600) und an Vahlteich vom 4. und 5. April 1963 (S. 296-297).

Vgl. C 666a.

B 95   *Heinrich Heine Säkularausgabe. Werke - Briefwechsel - Lebenszeugnisse* Bd. 26 *Briefe an Heine 1842-1851* Berlin [DDR]/Paris, Akademie-Verlag/Editions du CNRS, 1975, 376 S.

Lassalles Briefe an Heine vom Anfang Oktober 1846 (S. 178-183), November 1846 (S. 187-190), Mai 1850 ? (S. 253-255). Heines Briefe an Lassalle sind 1972 in Bd. 22 (S. 191-209, 212-214 fünf Briefe vom 10. Februar bis 7. März 1846) und 23 (S. 33 Regest eines Briefes vom Anfang April 1850) der *Säkularausgabe* gedruckt.

Anhang:
Im Nachlaß vorhandene unveröffentlichte Briefe

Bei der Herausgabe von B 65 hatte der Verlag die Ausgabe anfänglich auf
vier, dann auf sechs Bände beschränkt. Gustav Mayer hat deshalb eine ganze Anzahl (mehr als tausend) Briefe "mehr oder weniger ephemeren Inhalts"
oder solche, die "keine so neuen [biographischen] Momente zutage" bringen,
in B 65 nicht aufgenommen, weil ihr "Abdruck die Veröffentlichung anderer
wichtigerer Briefe [nicht] in Gefahr bringen durfte" (N II, Vorwort, S.
24-24).

Die folgenden Listen führen diese ungedruckt gebliebenen Briefe nach C 104
auf, wobei unberücksichtigt bleiben die Briefe von solchen Anwälten, Ärz-
ten und Bankiers, die berufshalber mit Lassalle korrespondierten, sowie
die Hatzfeldt-Prozesse und die Familien Lassalle und Hatzfeldt betreffende Korrespondenzen.

Eine Anzahl Einzelbriefe von März 1850 bis August 1864 sind in C 104 ohne
genaue Daten in zwei Gruppen zusammengestellt: "Zu literar. Werken Lassalles" (VIII 229) und "Zur Arbeiterbewegung" (VIII 230). Hier wird in der Daten-
rubrik die Zugehörigkeit zur ersten Gruppe mit "o" und die zur zweiten mit
"*" bezeichnet.

Briefe, Briefkonzepte und -abschriften von Lassalle an:

BERNSTEIN, Aaron	1	1861
BÜLOW, Cosima von	1	1862
DUNCKER, Lina	56	1857-1861
GLADBACH, Anton	2	1855
LEWALD, OTTO	1	1860
MICHAELSOHN	1	o.D. [1859 ?]
MOMMSEN, Theodor	1	1861
STRAUSS, David Friedrich	1	1858
ZABEL, Friedrich	4	1861

Begleitschreiben zur Übersendung von A 26 an:

BERNAYS, Jacob	1857
CREUZER, Friedrich	1857
HAASE, Friedrich	1857
LEPSIUS, Richard	1857
3 ungenannte Adressaten	1857

Erklärungen an Zeitungsredaktionen:

Kölnische Zeitung	20. August 1849
ungenannte Zeitung	13. März 1860
Allgemeine Deutscher Arbeiter-Zeitung Coburg	4. Mai 1863
ungenannte liberale Zeitung	6. Mai 1863

Briefe an Lassalle von

ASSING, Ludmilla	70	1858-1864
BAIST, Reinhold	2	1863-1864
BELLAZZI, Federico	2	1861-1862
BERGRATH, Caspar	1	1864
BERNAYS, Jacob	1	o
BERTRANI, Agostino	2	1861-1863
BLEIBTREU, Georg	2	o.D.
BOECKH, August	2	1857
BORCHART-CARDON, Georg Adolph	1	*
BRANDIS, Christian August	1	o
BROCKHAUS, F.A.	20	1860-1863
BRUGSCH, Heinrich	11	1858-1860
BÜCHNER, Ludwig	2	1863
BÜLOW, Cosima von	7	1860-1863
BÜRGERS, Lena	1	1851
CLASEN, Lorenz	1	1848
DENIS-STREET, Agnes	2	1856
DEVRIENT, Eduard	1	o
DIESTERWEG, F.A.W.	1	o
DIRKSEN	1	o
DITTMANN, C.	1	o
DRONKE, Ernst	2	1849-1850
DUNCKER, Franz	4	1858-1863
EICHHOFF, Wilhelm	2	1860
ERMANN	4	*
FÖRSTER, Friedrich	17	1859-1864
FORMES, Auguste	5	1859-1864
FORMES, Theodor	3	1857-1862
FREILIGRATH, Ferdinand	2	1860-1862
FRIEDBERG, Heinrich von	1	o
GEISHEIM	1	o
GERSTENBERG, Isidor	4	1840-1862
GLADBACH, Anton	28	1851-1857
GRÜN, Karl	3	1847
HAASE, Eduard	1	o
HERWEGH, Emma	7	1861-1864
HEUTZFELD, Hermann	1	o
HILLMANN, Hugo	1	1864

HOFSTETTEN, Johann Baptist von	1	*
HOLTZENDORFF, Franz von	3	1861
KELLER, C.A.	1	*
KICHNIAWY, Ferdinand	17	1846-1862
KLINDWORTH siehe DENIS-STREET		
KLINGS, Karl	1	1864
KOLATSCHEK, Adolf	4	1858-1859
KORFF, Baron von	2	1858-1862
LACHMANN, A.	1	*
LEWALD-STAHR, Fanny	4	1858-1862
LEWIS, George Cornwall	1	o
LEWY, Gustav	3	1855-1864
LILIENTHAL, Minna	11	1863-1864
LINCKE, E.	1	*
LINDNER, Otto	1	1862
LOBECK, Christian August	1	*
LOEWE, Ludwig	6	1862-1863
LOEWENTHAL, Eduard	5	1863-1864
MENDELSSOHN, Arnold	40	1845-1854
MEYEN, Eduard	2	1862
MEYER & ZELLER	3	1863-1864
MICHELET, Karl Ludwig	7	1857-1862
MOMMSEN, Theodor	1	1861
MULCHOW, Karl	1	*
MÜLLER-TELLERING, Eduard von	4	1849-1850
NEUMANN, M.	1	o
NOTHJUNG, Peter	4	1849-1862
OPPENHEIM, Alexander	5	1845
PALLESKE, Emil	3	1858-1859
PAUER, E.	1	*
PIETSCH, Ludwig	4	1857-1860
PRITZEL, Georg August	6	1845-1862
PÜCKLER-MUSKAU, Hermann von	1	1859
RACKMANN	1	*
RASCHE, Friedrich	1	*
REAL, W.	3	1864
REIFF, Wilhelm Joseph	1	*
ROESER, Gerhard Peter	6	1851
ROSENKRANZ, Karl	1	1862
RÜSTOW, Wilhelm	10	1861-1864

SCHARNWEBER, F.	1	o
SCHLINGMANN, Reinhold	5	1864
SCHÖNBERG, Gustav	26	1860-1864
SCHÖNE, Richard	1	o
SCHÜTZ	1	*
SCHÜTZE, Carl	1	*
SCHÜTZE, Traugott	1	*
SCHWEIGERT, Ludwig	4	1862
SCHWEITZER, Johann Baptist von	3	1863-1864
SEYDEL, Rudolph	1	o
SINTZEL	1	*
STAHR, Adolf	12	1857-1864
STAHR, Carl	1	1862
STEIN, Bernhard	1	*
STEPHANY, Fr.	1	o
STICH, Gustav	1	*
STRASSBURGER, Robert	1	*
STRAUSS, David Friedrich	1	1857
STRECKFUSS, Adolf	2	1862
STREIT, Fedor	3	1861-1863
STRODTMANN, Adolf	5	1861-1863
TEMME, Jodokus	1	o
TRENDELENBURG, F.A.	1	1857
VARNHAGEN VON ENSE, Karl August	2	1857
WAGENER, Hermann	1	1864
WALESRODE, Ludwig	7	1860-1861
WEISSHEIMER, Wendelin	1	o
WESENDONCK, Otto	5	1847-1848
WIGAND, Otto	6	1862-1863
WILLMS, Abraham	1	1864
WINTERHOFF, C.	1	*
WIRSING, B.	1	o
WOLFF, Ferdinand	1	o
WOLFF, Wilhelm	1	*
WOLLHEIM, Caesar	1	*
YORCK, Theodor	1	1864
ZABEL, FRIEDRICH	4	1861
ZACHARIAS, J.M.	1	*
ZIEGLER, Franz	7	1861-1863
? , Marie	19	1863-1864

C Schriften über Lassalle und den ADAV

SMB   C 1   A. *Der Kreis Ferdinand Lassalles* in *Die Quelle. Unterhaltungsblatt der Münchener Post*, 9. April 1925, Nr. 14, S. 1-2.

Über die wissenschaftlichen Korrespondenten Lassalles, nach N II.

ASD BA   C 2   A. B. *Lassalle. Gestorben 31. August 1864* in *Vorwärts. Berliner Volksblatt*, Berlin, 31. August 1904, Jahrg. XXI, Nr. 204, S. 1-2.

BRB   C 3   A. FR. *Aus dem Leben eines Agitators* in *Die Gartenlaube*, Leipzig 1877, Nr. 4, S. 67-71.

Besprechung der deutschen Ausgabe von C 168.

HBSA   C 4   AABERG, A. *Ferdinand Lassalle, Biographie.* Leipzig, Polytechnische Buchhandlung (J.W. Deutrich), 1883, in-8, 88 S.

Das Pseudonym "A.Aaberg" wurde von Max Kegel benutzt. Die zweite Auflage erschien unter seinem

ASD   eigenen Namen 1889 (vgl. C 423).

ASD JNUL   C 5   ACHIMEIR, ABA [*Karl Moor (Über Lassalles Persönlichkeit)*] in *Hapoel Hazair*, Tel Aviv, 24. April 1925, Bd. XVIII, Nr. 28, S. 9-10.

Lassalle in Parallele gesetzt zu der Figur in Schillers "Räuber".

ASD BA   C 6   ADLER, FRIEDRICH *Lassalles Weg zum Sozialismus* in *Der Kampf*, Wien, September 1921, Jahrg. XIV, Nr. 9, S. 307-315.

Zu N I.

ASD BA   C 7   ADLER, MAX *Wegweiser. Studien zur Geistesgeschichte des Sozialismus.* Stuttgart, Verlag von J.H.W. Dietz Nachf. G.m.b.H., 1914, in-8, VI-[1]-248 S.

Internationale Bibliothek Bd. 56.

Das Kapitel "Ferdinand Lassalle" S. 200-210. Weitere Auflagen erschienen 1919, 1920, 1923, 1931 und 1974 (Verlag J.H.W. Dietz Nachf. Berlin/Bonn-Bad Godesberg).

ASD BA   C 8   IDEM *Ferdinand Lassalles fünfzigster Todestag* in *Der Kampf*, Wien, 1. Dezember 1914, Jahrg. VII, Nr. 11/12, S. 482-486.

ASD BA   C 9   IDEM *Klassenkampf gegen Völkerkampf! Marxistische Bemerkungen zum Weltkriege.* München, Musarion Verlag, 1919, in-8, [2]-175 S.

Die soziale Revolution. Politische Bücherei.

Das Kapitel "Die Staatsidee Lassalles" S. 25-35.

ASD VGA   C 10   IDEM *Lassalle und der Staat* in *Arbeiter-Zeitung*, Wien, 11. April 1925, Jahrg. XXXVII, Nr. 100, S. 2-3.

ASD BA IMLB	C 11	ADLER, VICTOR *Lassalle und die Arbeiterbewegung von heute* in C 323, S. 19-23.

Neugedruckt in V. ADLER *Aufsätze, Reden und Briefe*. Wien 1928, Heft VI, S. 83-88.

ASD KMH UBW	C 12	IDEM *Victor Adler über Ferdinand Lassalle* in *Volkswacht für Schlesien*, Breslau, 9. September 1922, Jahrg. XXXIII, Nr. 211, S. 11.

KG	C 13	*Allgemeiner Deutscher Arbeiterverein. Cassa-Bericht vom 1. Januar 1869 bis einschließlich 22. März 1869.* Braunschweig, Druck von Berglein & Limbach in Braunschweig, [1869], in-fol, [1] S.

Datiert und unterzeichnet "Braunschweig, 22. März 1869. W. Bracke jun., Vereinscassirer." Die Abrechnung läuft über "1393 Thlr. 14 Sgr. 7 Pf."

KG	C 14	*An die Arbeiter des Wupperthales !* Gedruckt bei Wilh. Wandt in Barmen, in-4, [1] S.

Datiert "Elberfeld, den 23. März 1869" und unterzeichnet von Carl Klein. Ruft zum Empfang "in großer Masse" von Schweitzers auf, der zur Generalversammlung des ADAV erwartet wird.

ASD	C 15	ANDERS, KARL *Die ersten hundert Jahre. Zur Geschichte einer demokratischen Partei.* Hannover, J.H.W. Dietz Nachf., 1963, in-8, 326 S.

IISG	C 16	ANDERS, R. *Schulze-Delitzsch und Lassalle. Ein Wort an den Berliner Arbeiterverein.* Berlin, Selbst-Verlag des Verfassers, [Druck von Joseph Royer in Berlin, Hellweg 7], 1863, in-16, 12 S.

Der "Ende April 1863" datierte Aufruf nimmt Stellung für Lassalle. Er ist neugedruckt in B 94 (S. 513-518).
Der Verfassername ist möglicherweise ein Pseudonym (vgl. B 94 S. 891, Anmerkung 1).

UBK	C 17	ANDLER, CHARLES *Les Origines du Socialisme d'Etat en Allemagne.* Paris, Félix Alcan, 1897, in-8, [4]-495 S.

Über Lassalle und (hauptsächlich) sein Verhältnis zu Rodbertus wird gehandelt auf S. 89-102, 181-192, 297-321, 330-339, 396-424 und 446-460.
Eine zweite Auflage erschien 1911.

ASD BA	C 18	ANDREAS, BERT *Zur Agitation und Propaganda des Allgemeinen Deutschen Arbeitervereins 1863/64* in *Archiv für Sozialgeschichte*, Hannover 1963, Bd. III, S. 297-422.

Enthält (S. 334-422) die erste Fassung der vorliegenden Bibliographie.

	C 18a	IDEM *Ein Brief aus den Anfängen der lassalleanischen Agitation in Duisburg-Ruhrort* in *Archiv für Sozialgeschichte* Hannover 1963, Bd. III, S. 561-562.

Bergrath an Gustav Lewy vom 26. Juli 1864.

ASD UBK   **C 19**   ANDREAS, WILLY *Lassalle. Eine politische Biographie von Hermann Oncken* in *Historische Zeitschrift*, München/Berlin 1922, Bd. 126, S. 124-126.

Besprechung von C 669.

UBHB   **C 20**   IDEM *Der junge Lassalle* in *Das neue Deutschland*, Stuttgart/Gotha, 1922, Jahrg. X, S. 175-178.

Zu B 65 Bd. I.

ASD BA   **C 21**   ANKERSMIT, J.F. *Lassalle als mensch* in *De Nieuwe Tijd*, Amsterdam, November 1905, Jahrg. X, Nr. 11, S. 726-732.

ASD BA   **C 22**   IDEM *Ferdinand Lassalle. 1825 - 11. April - 1925* in *De Socialistische Gids*, Amsterdam, Mai 1925, Jahrg. X, Nr. 5, S. 418-428.

IISG

Eine Broschürenausgabe erschien im gleichen Jahre (Amsterdam, Ontwikkeling, 1925, in-8, 15 S.).

IISG   **C 23**   ANONYM *Herr Ferdinand Lassalle und sein Tendenzprozeß. Eine Beleuchtung der Schrift: 'Der Criminalprozeß wider mich wegen Verleitung zum Cassetten-Diebstahl oder die Anklage der moralischen Mitschuld, ein Tendenzprozeß von F. Lassalle"*. Düsseldorf, in Commission der J. Stahl'schen Buchhandlung (W. Kaulen), [Düsseldorf, Druck der Stahl'schen Buchdruckerei (Grabenstraße)], 1848, in-8, 39-[1] S.

Zu A 19. Ein Exemplar aus Hermann Beckers Bibliothek in UBK.

SAF   **C 23a**   ANONYM *Gedanken eines Arbeiters* in *Volksfreund für das Mittlere Deutschland*, Frankfurt/M., 1. Mai 1863 Nr. 52, S. 3; 3. Mai, Nr. 53, S. 2-3; 10. Mai, Nr. 56, S. 1; 15. Mai, Nr. 58, S. 3-4.

Nimmt für A 54 (ohne den Titel zu nennen) gegen den Nationalverein Stellung. Nach der zweiten Fortsetzung druckt der *Volksfreund* den Text A 61. Der Verfasser ist sichtlich kein Arbeiter, sondern wahrscheinlich der Redakteur des Blattes Nikolaus Hadermann, dessen "vortrefflich scharfe Feder" Lassalle sehr schätzte (am 31. Juli 1863 an Dammer). Baist hatte am 20. April 1863 Hadermann an Lassalle empfohlen.

SAF   **C 23b**   ANONYM *'Herr Lassalle und die Arbeiter"* in *Volksfreund für das Mittlere Deutschland* Frankfurt/M., 10. Mai 1863, Nr. 56, S. 2-3.

Besprechung von Büchners C 184. Der Verfasser, sehr wahrscheinlich Hadermann, nimmt für Lassalle Partei. Eine weitere, wohl auch von ihm geschriebene Serie "Ein grob angelegter Scandal" erschien in *Volksfreund* am 20. Mai 1863, Nr. 60, S. 2-3; 22. Mai, Nr. 61, S. 1-2; 24. Mai, Nr. 62, S. 2-3; 25. Mai, Nr. 63, S. 2-3. Der Verfasser tritt für Lassalle ein und kritisiert insbesondere Büchners Rolle bei der Vorbereitung und Leitung des "Arbeitertages" der Arbeiterbildungsvereine am 17. Mai 1863 in Frankfurt. Büchner antwortete mit einer "Erklärung" im *Volksfreund* vom 29. Mai 1863, Nr. 64, S. 2, der "Einige Noten" der Redaktion (S. 2-3) folgen.

KMH   C 23c   ANONYM *Die Arbeiterbewegung. Auch ein Wort zunächst an die sächsischen Arbeiter, zugleich ein Beitrag zur Hebung des Arbeiterstandes überhaupt* Leipzig, Verlag der Roßberg'schen Buchhandlung, 1863, in-8, 47 S.

Die im wesentlichen "im Februar 1863" verfaßte Broschüre (S. 47) ist gegen Roßmäßlers Schrift C 762a gerichtet. Offenbar nach dem Abschluß dieser Kritik geht der Verfasser "Nachträglich [...] noch in Kürze" (S. 43) auf A 54 ein, das "in neuester Zeit erschienen ist" (am 16. März 1863), zwar "ungleich geistreicher und anziehender verfaßt ist" als C 762a, dann aber doch als "das Geistesprodukt eines *überspannten Schwärmers* " abgetan wird (S. 45). Das Exemplar im KMH trägt einen Ovalstempel "Arbeiter-Bildungsverein Leipzig".

IMLB SBMa   C 24   ANONYM *Die kranken Arbeiter und ihre beiden Ärzte. Von einem Patienten.* Berlin, Selbstverlag des Berliner Gewerbe-Vereins, [Druck von A. Paul & Co. in Berlin, Kronenstr. 21], 1863, in-8, 32 S.

Gegen Lassalle und Schulze-Delitzsch.

UBT   C 24a   ANONYM *Schulze-Delitzsch und Lassalle* in *Deutsche Vierteljahrsschrift*, Stuttgart/Tübingen 1863, siehe C 773a.

HLB   C 25   ANONYM *Arbeiter-Paradies. Nach Lassalle's Lehre. (Aus der illustrierten Dorfzeitung). Melodie: Wir wollen in die Stadt marschiren (Aus Lumpazi-Vagabundus)* in *Mittelrheinische Zeitung*, Wiesbaden, 23. Mai 1863, Nr. 119.

HLD   Das Spottlied erschien auch in *Hessische Landeszeitung*, Darmstadt, 27. Mai 1863, Nr. 123. Hinweis von Toni Offermann.

     C 25a   ANONYM *Die Arbeiterbewegung in Deutschland* in *Leipziger Illustrierte Zeitung* 1863, Bd. X, Nr. 1036, S. 309 f.

Hinweis von Toni Offermann.

SBM   C 26   ANONYM *Der Messianismus der Lassalleaner und der Arithmetismus der Schulzianer* in *Historisch-politische Blätter für das katholische Deutschland*, München 1864, Bd. LVI, S. 546-561.

ASD IISG KG   C 27   ANONYM *Ferdinand Lassalle* in *Volksfreund für das Mittlere Deutschland*, Frankfurt a.M., 9. September 1864, Nr. 109, S. 1-2.

Zeitungsausschnitt im ASD und IISG, Sammlung ADAV/Hatzfeldt. Der Jahrgang 1864 des *Volksfreund* blieb unauffindbar.

Der Nachruf "mißbilligt" das Duell Lassalles "auf das Entschiedenste".

ANONYM *Die Geschichte der Socialdemokratischen Partei* [...] Berlin 1865

Siehe RICHTER, EUGEN

SBB   C 27a   ANONYM *Ferdinand Lassalle und seine Wirksamkeit in der Arbeiterfrage* in *Unsere Tage*, Braunschweig 1864/1865, Bd. VI, S. 284-289.

Hinweis von Toni Offermann.

SUBD   C 28   ANONYM *Ferdinand Lassalle* in *Unsere Zeit*, Leipzig 1865, Neue Folge Bd. I, S. 561-581.

HBSA   C 29   ANONYM *Arbeit und Capital. Vorschlag zur Verbesserung der Lage des Arbeiters. Als Manuscript gedruckt.* Köln, in Commission von Wilhelm Greven's Buchhandlung, [Bonn, Druck von C. Georgi], 1865, in-8, 26 S.

IISG   C 30   ANONYM *Der Statutenbruch des von Ferdinand Lassalle gestifteten allgemeinen deutschen Arbeitervereins unter der Führung des Herrn Bernhard Becker zu Frankfurt a.M. Verfaßt und verlegt von einem treuen Anhänger der Lehre Lassalle's.* Leipzig, in Commission der Seyfarth'schen Buchhandlung, [Druck von Sturm und Koppe (A. Dennhardt) in Leipzig], [1865], in-8, 4 S.

       C 31   ANONYM *Ferdinand Lassal'* in *Sovremennik*, St. Petersburg, August 1865, Bd. CIX, Nr. 8.

Siehe PYPIN

SBB   C 31a   ANONYM *Die Arbeiterbewegung der Gegenwart* in *Unsere Tage*, Braunschweig 1865/1866, Bd. VII. S. 205-213.

Hinweis von Toni Offermann.

       C 31b   ANONYM *Der "Social-Demokrat" und seine Helfershelfer* [...] O.O., o.J.

Siehe REUSCHE, FRIEDRICH

BRB   C 32   ANONYM *Die letzten Tage eines Agitators* in *Die Gartenlaube*, Leipzig, 1867, Nr. 24, S. 376-378.

Gezeichnet "Von einem Augenzeugen".
Ein zeitgenössischer sozialistischer Kommentar zu dem Artikel lautet: "sehr unparteiisch, aber wohl doch nicht wahrscheinlich von einem Lassalleaner verfaßt" (N.L. Petersen an Moses Heß, 24. Juni 1867; der Brief ist irrtümlich auf den 24. Januar 1867 datiert in SILBERNER *The Works of Moses Hess.* Leiden S. 112). Vgl. C 100.

       C 32a   ANONYM *Die Deutsche Arbeiterpartei. Ihre Prinzipien und ihr Programm* Berlin 1868.

Siehe C 371.

ZBZ	C 33	ANONYM *Offner Brief eines Wiener Arbeiters an Herrn Schulze-Delitzsch.* Schleiz, Verlag der C. Hübner'-schen Buch-Handlung (Hugo Heyn), [Druck von Heinrich Schüppel in Zeulenroda], 1868, in-8, 24 S.

Vom 1. Februar 1868 datierte Antwort auf ein Schreiben Schulze-Delitzschs an Budapester und Prager Arbeitervereine, in dem er den ADAV und Lassalle angegriffen hatte. Der Verfasser weist die Unwissenschaftlichkeit der Thesen Schulze-Delitzschs nach und stellt ihnen "das umfassende Wissen eines Lassalle" gegenüber sowie "die *Kritik der politischen Oekonomie* des Herrn Marx, diese eminente Arbeit, von deren Bedeutung nicht jedes Jahrhundert *eine* aufzuweisen hat.".

BA	C 34	ANONYM *Ferdinand Lassalle und seine Theorien. Von einem Freunde der Arbeiter.* Wien, Verein für volkswirtschaftlichen Fortschritt, 1868, in-16, 22-[2] S.

Erschien im Juni 1868 als Heft 4 der Monatsschrift *Flugblätter*. Der Verfasser kritisiert Lassalle und führt gegen ihn u.a. Proudhon und Engels über das allgemeine Wahlrecht an.

BA	C 35	ANONYM *Enthüllungen über das tragische Lebensende Ferdinand Lassalle's* in *Frankfurter Zeitung,* 26. August 1868, Nr. 236, S. 1-2; 27. August, Nr. 237, S. 1-2; 28. August, Nr. 238, S. 1-2.

Die im Feuilleton erschienenen Artikel zu B 4 sind gezeichnet "R." Sie sind neugedruckt in C 235, S. 171-179.

AKW	C 36	ANONYM *Schulze-Delitzsch oder Lassalle? Wem sollen wir folgen? Eine Vergleichung der beiden Systeme Selbsthilfe und Staatshilfe. Von einem Arbeiter.* Wien, Druck und Verlag von A. Pichlers Witwe & Sohn, Margarethenplatz 2, 1868, in-16, 15 S.

AKW	C 37	ANONYM *Was bedeutet Staatshilfe. Beitrag zur Arbeiter-Frage. Von einem Lassalleaner.* Graz, Druck und Verlag von Josef Pock, 1868, in-16, 16 S.

ÖNB	C 38	ANONYM *An die Arbeiter! Wer hat in unserer Mitte den Samen der Zwietracht gestreut? Von einem Arbeiter.* Wien, Druck und Verlag von A. Eurich, o.J.; in-16, 8 S.

Gegen Lassalle und gegen Schulze-Delitzsch. Erschien nach 1868.

ÖNB	C 39	ANONYM *Bismarck und Lassalle* in *Der Wanderer,* Wien, 17. Juni 1869, Nr. 166, Morgenblatt S. 1-2.

Sehr gefärbte Darstellung zweier Unterredungen Lassalles mit Bismarck, nach Mitteilungen, die Lassalle dem Verfasser im August 1864 in Genf gemacht habe. Oncken, der den Artikel nachdruckt in C 672, hält J.Ph. Becker oder Rüstow für den Verfasser. G. Mayer dagegen "möchte [den Artikel] eher Johann Baptist von Hofstetten zuschreiben, der ebenfalls in Genf zugegen und noch 1868 in Wien als Journalist tätig" war (B 81, S. 14 Note 1). Mehring entsann sich 1904 "dieses Artikels sehr gut, der [1869] durch die ganze deutsche Presse lief und [...] so ziemlich das erste war, was ich über Lassalle las" (C 595, S. 521).

KHB   C 40   ANONYM *Zur Arbeiterfrage: Ferdinand Lassalle* in *Evangelische Kirchenzeitung*, Berlin, 1. September 1869, Jahrg. LXXXV, Nr. 70, S. 837-840; 4. September, Nr. 71, S. 841-852.

           C 40a   ANONYM *Ferdinand Lassalle, der Arbeiterkönig*. Berlin 1872. Drama.

                Vgl. C 501.

BIW   C 41   ANONYM *Zur Aufklärung. Die Wirren im Allgemeinen Deutschen Arbeiter-Verein. Herausgegeben von Hamburger Mitgliedern obigen Vereins.* Hamburg, Zu beziehen durch C.A. Bräuer, Stadtwassermühle 3, Hamburg, 1873, in-8, 47 S.

                Verteidigung von Schweitzers gegen Hasenclever und Tölcke. Es wurden laut Titelanzeige 20 000 Broschüren hergestellt.

           C 42   ANONYM *Lassalle's Liebe und Tod. Eine wahre Geschichte von N.N.* Leipzig, B. Köhler, o.J., in-16, 49 S.

                Nach HEINSIUS 1874-1879

DSB   C 43   ANONYM *Ferdinand Lassalle* in *Der arme Conrad. Illustrirter Kalender für das arbeitende Volk für 1877. Zweiter Jahrgang*. Leipzig, Druck und Verlag der Genossenschaftsbuchdruckerei, S. 46-53.

                Mit Porträt Lassalles und einer Liste seiner Hauptschriften.

UBHB   C 44   ANONYM *Ferdinand Lassalle* in *Die Grenzboten*, Leipzig 1877, Jahrg. XXXVI, Bd. II. S. 441-458, 489-504.

UBHB   C 45   ANONYM *Liebesepisode aus dem Leben Lassalle's* in *Die Grenzboten*, Leipzig 1878, Jahrg. XXXVII, Bd. I, S. 113-119.

                Zu der deutschen Ausgabe von B 11. Der Artikel ist "B.H." gezeichnet.

SBM   C 46   ANONYM *Lassalle und das eherne Lohngesetz* in *Allgemeine Zeitung*, München, 30. Oktober 1878, Jahrg. IV, Nr. 303, Beilage S. 4469-4471; 1. November, Nr. 305, S. 4501-4503.

UBK   C 46a   ANONYM *Prinzipien der Social-Demokratie und Lassalle'sche Lehren, kritisch beleuchtet* Berlin, Verlag von W.E. Angerstein, 1878, in-8, 38 S.

                Die Broschüre ist C 371 nachgebildet und benutzt teilweise dieselben Zitate, aber vom gegnerischen Standpunkt aus.

176

SBM C 47 ANONYM *Helene von Doenniges und Ferdinand Lassalle* in *Historisch-politische Blätter für das katholische Deutschland*, München 1882, Bd. LXXXIV, S. 527-536.

IISG C 48 ANONYM *Lassalles Leben und Wirken. Eine kurzgefaßte biografische Skizze* in *österreichischer Arbeiter-Kalender für das Jahr 1885*. Brünn, [1884], S. 45-47

Der Umschlag des Kalenders zeigt ab Jahrgang 1887 in zwei Medaillons die Porträts von Lassalle und Marx.

BIF C 49 ANONYM *Un amore infelice di Lassalle* in *Lotta di Classe*, Mailand, 2./3. Februar 1895, Jahrg. IV, Nr. 5, S. 3 Feuilleton; 23./24. Februar, Nr. 8, S. 2, Feuilleton.

Über die Affäre Sophie Sontzeff (vgl. B 11).

BA C 50 ANONYM *Die wahren Ursachen vom Tode Ferdinand Lassalles. Von ***.* Leipzig, Kommissionsverlag von Karl Fr. Pfau, [Druck von Fr. Eberhardt, Nordhausen], 1895, in-8, 15-[1] S.

ASD BA C 51 ANONYM *Lassalles deutsche Politik* in *Vorwärts, Berliner Volksblatt*, Berlin, 31. August 1904, Jahrg. XXI, Nr. 204, S. 2-3.

C 52 ANONYM *Das Leben Ferdinand Lassalles* Wien 1904, S. 4-5 in C 261.

SBM C 53 ANONYM *W.E. von Ketteler und Lassalle* in *Historisch-politische Blätter für das katholische Deutschland*, München 1906, Bd. CXXXVIII, S. 280-301.

IISG *Holländisch* in *Katholiek Weekblad*, Den Bosch, 7. und 14. September 1907, Jahrg. VI, Nr. 36 und 37, S. 409-412 und 421-424.

DSB C 53a ANONYM *Von einer interessanten bibliophilen Entdeckung [...]* in *Berliner Morgenzeitung* 4. April 1908.

Beschreibung von Lassalles Handexemplar von Marx' *Zur Kritik der Politischen Oekonomie.* Vgl. A 32a.

C 54 ANONYM *Am Grabe Ferdinand Lassalle's.* Breslau 1914 in C 139.

BA C 55 ANONYM *Ferdinand Lassalle der Volkstribun. Sozialpolitische Studie von ***.* Leipzig-Gautzsch, Excelsior-Verlag, 1919, in-8, 15-[1] S.

ASD UBW C 56 ANONYM *Wie Lassalle sich vorbereitete* in *Volkswacht für Schlesien*, Breslau, 9. November 1921, Jahrg. XXXII, Nr. 263, S. 8.

ASD UBW   C 57   ANONYM *Lassalle und Marx* in *Volkswacht für Schle-*
                        sien, Breslau, 9. September 1922, Jahrg. XXXIII,
                        Nr. 211, S. 2

                        Der Artikel ist gezeichnet "m."

SLB   C 58   ANONYM *Lassalle in Leipzig* in *Leipziger Volks-*
                        zeitung, 9. April 1925, Jahrg. XXXII, Nr. 84,
                        1. Beilage S. 1.

                        Der Artikel ist gezeichnet "-rr-".

ASD SLB   C 59   ANONYM *Lassalle und die Presse* in *Leipziger*
                        Volkszeitung, 9. April 1925, Jahrg. XXXII, Nr.
                        84, 2. Beilage S. 1.

                 C 60   ANONYM *Lassalle als Dichter* in *Geraisches Tage-*
                        blatt, 10. April 1925.

                        Nr. 898 in der Bibliographie C 208. Die Zeitung
                        wurde nicht aufgefunden.

ASD SUBH   C 61   ANONYM *Ein Freund Lassalles. Zum Gedächtnis Franz*
                        Zieglers in *Hamburger Echo*, 11. April 1925,
                        Jahrg. XXXIX. Nr. 101, Sonderbeilage S. 3.

                        Der Artikel ist gezeichnet "R.P."

ASD BA   C 62   ANONYM *Lassalle als Anwärter für die Berliner*
                        Akademie der Wissenschaften in *Volkswacht für*
                        Schlesien, Breslau, 11. April 1925, Jahrg. XXXVI,
                        Nr. 85, S. 18.

                 C 63   Der vorgesehene Titel erwies sich als irrelevant.

                 C 64   ANONYM *Ferdinand Lassalle. Geboren am 11. April*
                        1925 in *Volksstimme*, Frankfurt a.M., 11. April
                        1925, Jahrg. XXXVI, Nr. 85, S. 1-2.

IZD   C 65   ANONYM *Nationaler Sozialismus oder Internatio-*
                        nalismus in *Leipziger Neueste Nachrichten*,
                        11. April 1925, Nr. 101, S. 1-2.

                 C 66   ANONYM *German Socialist Pioneer* in *The Times*,
                        London, 11. April 1925.

                        Laut C 208 (Nr. 985).

                 C 67   ANONYM *Ferdinand Lassalle* in *El Socialista*,
                        Madrid, 11. April 1925.

                        Laut C 208 (Nr. 981).

DSB   C 68   ANONYM *Lassalle der Liebhaber* in *Der Deutsche*,
                        Berlin, 12. April 1925, Jahrg. V, Nr. 86, Beilage
                        Kapital und Arbeit S. 4.

IHF   C 68a ANONYM *Lassalles Brief an Bismarck* in *Volksstimme*,
                        Frankfurt/M., 7. Juli 1928, Nr. 157.

                        Zu B 81. Vgl. C 721a. Hinweis von Toni Offermann.

C 69 ANONYM *Lassalle der Jude* in *Jüdisches Familien-blatt*, Leipzig 1933, Jahrg. XIV, Nr. 9, S. 2.

Nach Schumann.

BNS C 70 ANONYM *Romantičnijat život na Ferdinand Lasal.* [Sofia, Rakhvira, 1947], in-8, 16 S.

ARBEITER siehe C 23a, C 33, C 36 und C 38.

C 71 ARNOLD *Lassalle und das römische Erbrecht. Eine naturrechtliche Untersuchung* in *Der katholische Seelsorger*, Paderborn 1899, Jahrg. XI, S. 327-332, 351-355, 418-425, 508-514, 551-556.

Nach Schumann.

IMLM C 72 ARZANOW, M. *Gosudarstvo Lassal'je i fašizacija socialdemokracija* in *Sovetskoe Gosudarstvo*, Moskau 1932, Bd. VI, S. 87-100.

IISG C 73 ASCHINASI, MICHELE *Ferdinando Lassalle. Studio biografico*, Mailand, C. Bignami e C., 1880, in-16, 48 S.

AAS C 74 ASPELIN, GUNNAR *Ferdinand Lassalle. Ett hundra-årsminne* in *Clarté*, Stockholm, März 1925, Jahrg. II, Nr. 3, S. 5-7.

IMLB SBL C 75 AUDORF JR., JAKOB *Herr Wilhelm Marr und die Arbeiterfrage. Nebst einem Wort an Deutschlands Arbeiter*, Hamburg, Carl Fischer's Buchdruckerei, Gr. Burstah 10, 1863, in-8, 20 S.

Verteidigung des ADAV gegen den Angriff Wilhelm Marrs (C 535). Enthält Herweghs Brief an Lassalle vom 5. Juli 1863 (C 343); das Datum verdruckt in "Juni".

SAH C 75a IDEM *An Deutschlands Arbeiter* Hamburg, Druck von Nagel u. Lampe, St. Pauli, [1863], in-8, 4 S.

Am Ende datiert *"Hamburg, im November 1863. Kurz vor Lassalle's Verhaftung wegen Hochverrath"* (vgl. A 82). Das Exemplar des Gedichts wurde von Toni Offermann eingesehen in SAH *Politische Polizei, S. 149/345.*

C 76 IDEM *Lied der deutschen Arbeiter.* Hamburg 1864 in C 874 S. [3-4].

Das Lied wurde zur ersten Totenfeier für Lassalle (24. September 1864) in Hamburg gedichtet. Es wurde bald als "Arbeiter-Marseillaise" das bei weitem beliebteste sozialistische Parteilied. Man findet es in zahlreichen Arbeiterliederbüchern, auch ausländischen, z.B. dänischen (ab 1900) und englischen. Der Text u.a. auch in C 477 (S. 235-236).

BA Ein Einblattdruck in Kleinoktav erschien bei "C. Ihring (Adolph Berein) in Berlin" 1874.

RUB | C 76a | IDEM *Arbeiter-Marseillaise* [Zürich], Druck der Schweiz. Genossenschaftsdruckerei Hottingen-Zürich, o.J., in-8, 2 S.

Der Text von C 76 mit einer bezeichnenden Änderung des lassalle-kultischen Kehrreims, aus dem der Name Lassalles verschwunden ist. Auf der Rückseite ein ebenfalls "Arbeiter-Marseillaise" betiteltes Lied von Carl Weiser, das "die rothe Republik" und "der Märzgefall'nen Blut" feiert. Dies läßt vermuten, daß das Blatt 1888 zur Vierzigjahrfeier der Märzrevolution erschienen ist. Das Blatt ist nach Mai 1888 erschienen, als der neue Firmenname der "Schweiz. Vereinsbuchdruckerei" zuerst im Impressum des *Sozialdemokrat* genannt wurde, der von derselben Druckerei hergestellt wurde. Audorfs Lied war jedoch schon 1883 oder früher unter demselben Titel bei der Schweiz. Vereinsbuchdruckerei gedruckt worden: Der spätestens 1883 erschienene "Katalog der Volksbuchhandlung Hottingen-Zürich" führt den Titel an erster Stelle an. Auch der neue Kehrreim muß schon vor Erscheinen dieses Blatts entstanden sein, denn er wird zitiert im Leitartikel "März-Betrachtungen" der Züricher *Arbeiterstimme* vom 17. März 1888, Nr. 22, S. 1.

IMLB SAH | C 76b | IDEM *Zum Todestage Ferdinand Lassalle's* in *Die Neue Welt*, Stuttgart, 17. August 1892, Nr. 35.

Gedicht. Hinweis von Toni Offermann.

SUBH | C 76c | IDEM *Das Jubiläum eines Liedes* in *Hamburger Echo* 27. September 1894, Nr. 22.

Zu C 76, ein Abriß der Hamburger Arbeiterbewegung von 1848 bis 1864. Hinweis von Toni Offermann

AUGENZEUGE siehe C 32 und C 100.

ASD ZBZ | C 77 | AUGST, RICHARD *Bismarcks Stellung zum parlamentarischen Wahlrecht*. Leipzig, Friedrich Brandstetter, 1917, in-8, XI-[1]-192 S.

Über Lassalle und Bismarck das Kapitel 3 "Die Oktroyierungspläne Otto von Bismarcks" (S. 42-63).

B., H. siehe C 45.

UBK | C 78 | BACHMEISTER, JOHANN *Soziale Wiedergeburt. Wichern - Lassalle - Bismarck und die Wissenschaft. Ein Bild einheitlicher, deutscher Kulturarbeit. Zweite erweiterte Auflage*. Berlin, Alfred Baumhauer, [1910], in-8, 95 S.

Das Kapitel *Lassalle. Der Führer zur Wahrheit* auf S. 45-68. Eine weitere Auflage erschien 1913 (Stuttgart, Kohlstädt, 96 S.).

ZStA | C 78a | [BAIST, R. / HEYMANN, B.W. / STRAUSS, A.] *Arbeiter-Angelegenheiten* [Frankfurt/M. 1863], in-8, 1 S. lithographiert.

Nach Toni Offermann Original in ZStA (Nachlaß Rodbertus).

HLB   IDEM in *Frankfurter Journal*, 22. Mai 1863, Nr. 141.

Das "lithographierte Blatt" wurde der Redaktion mit einem Begleitschreiben von Baist, Heymann und Strauß zugesandt, in dem um Veröffentlichung gebeten wurde. Dieses Schreiben wird vor dem Text gedruckt, der Lassalles Antrag an die Versammlung vom 19. Mai 1863 mitteilt (vgl. A 66) und feststellt, der Antrag sei mit 400 Stimmen gegen 1 angenommen und Heymann als Delegierter zur Gründungsversammlung des ADAV in Leipzig am 23. Mai gewählt worden.

Nach dem Text ist eine "Berichtigung" der Turnvereine gedruckt, die erklärt, "die große Mehrheit" ihrer Mitglieder sei der Richtung Lassalles "abhold".

Hinweis von Toni Offermann.

IISG   C 79   [BAKUNIN, M.A.] *Gosudarstvennost' i Anarkhija. Vvedenie. Čast I.* [Zürich-Genf], 1873, in-16, 308-24 S.

Izdanie social'no-revoljucionnoj partii Tom I.

Eine zweite russische Ausgabe erschien mit einer biographischen Einleitung von V. Čerkesov (Moskau, Golos Truda, 1919, 320 S.). Der russische Text und eine französische Übersetzung befinden sich in Bd. III des von A. Lehning herausgegebenen *Bakunin-Archiv*, Leiden 1967. Bakunin betrachtet Lassalle als Schüler Marx' und meint, "Lassalles Programm unterscheidet sich in nichts von dem Marx', den Lassalle als seinen Lehrer anerkennt". In dem Text von 1873 ist von Lassalle die Rede auf S. 23, 231-232, 272-289 und S. 4 des Anhanges. Die entsprechenden Stellen im französischen Text S. 214, 321, 343-352 und 365. In einigen von Lehning veröffentlichten Manuskripten Bakunins befinden sich vereinzelte Bemerkungen über Lassalle. So spricht er in dem undatierten Manuskript *Kda idti čto delat'?* von den "Reden und Broschüren Lassalles, dem gewissenhaftesten und gelungensten Vulgarisator der ökonomischen Wissenschaft der letzten Jahre" (Bd. III, S. 391).

SSB   C 80   BALLIN, OSCAR *Ferdinand Lassalle. Ein Trauerspiel in fünf Akten. Als Manuskript gedruckt.* Braunschweig, Johann Heinrich Meyer, 1903, in-8, 72 S.

KBK   C 81   BANG, NINA *Lassalles efterladte Papirer. Lassalle og Marx* in *Socialisten*, Kopenhagen, Juni 1922, Nr. 6, S. 132-138.

Besprechung von B 65 Bd. I und III, C 585 und C 669.

ASD IISG   C 82   BARON, S[ALO WITTMAYER] *Die politische Theorie Lassalles.* Leipzig, C.L. Hirschfeld, 1923, in-8, V-[1]- 122 S.

Beiheft zum Archiv für die Geschichte des Sozialismus und der Arbeiterbewegung **Nr.** 2.

BA   Ein Teil der Auflage erschien mit der Jahreszahl 1925 ohne die Erwähnung der Serie.

JNUL   C 83   IDEM [*Lassalle der Jude: zu seinem hundertsten Geburtstage*] in *Hatekufa*, Warschau 1925, Bd. XXIII, S. 347-362.

JNUL   C 84   BARSCHAK, L. *Lassalle und das Judentum* in *Jüdisch-liberale Zeitung*, Berlin, 17. April 1925, Jahrg. V, Nr. 16, S. 2-3.

ASD DSB   C 85   BARTH, PAUL *Die Geschichtsphilosophie Hegels und der Hegelianer bis auf Marx und Hartmann*, Leipzig, O.R. Reisland, 1890, in-8, [6]-148 S.

BA IISG   C 85a   BARWENKO, JEKATERINA *Die Vereinigungsbestrebungen der deutschen Arbeiterklasse in den Jahren 1871 bis 1874* in [IMLB] *Revolutionäres Parteiprogramm – Revolutionäre Arbeitereinheit* [...] Berlin [DDR], Dietz Verlag, 1975, S. 129-174.

SBM   C 86   BAUMANN, A. *Lassalle und die Arbeiterbewegung* in *Der Aar*, Regensburg / Rom, Mai 1912, Jahrg. II, Nr. 8, S. 193-203.

ASD BA   C 87   BAUSCH-STÖVEN, M. *Die Frau im Leben Ferdinand Lassalles* in *Frankfurter Zeitung und Handelsblatt*, 25. Juni 1925, Jahrg. LXIX, Nr. 404, Erstes Morgenblatt S. 1-2 Feuilleton.

ASD IISG   C 88   BEBEL, AUGUST *Lassalle (Zum vierzigsten Todestage)* in *Vorwärts*, Berlin, 31. August 1904, Jahrg. XX, Nr. 204, S. 1-2.

                      Russisch Petersburg, Prolet. Mysl, 1918 (Nach JAK S. 25).

ASD BA   C 89   IDEM *Aus meinem Leben*. Stuttgart, Verlag J.H.W. Dietz Nachf., 1910-1914, 3 Bde. in-8, VIII-221; VIII-420; VIII-270 S.

                      Über Lassalle Bd. I und II passim. Bebel hat sich in zahlreichen Artikeln und Erklärungen über Lassalle und andere Führer des ADAV geäußert.

                      Englisch New York 1911/12; London 1912.

                      Holländisch Amsterdam 1910.

                      Lettisch Riga 1910 (Bd. I).

                      Russisch Moskau 1910 und 1925.

BIS   C 90   BECCARI, ARTURO *Ferdinando Lassalle*. Mailand, Alpes, 1925, in-8, 252-[1] S.

                      Biblioteca di Cultura Bd. XVI.

                      Von demselben Verfasser ist auch der Lassalle-Artikel in der *Enciclopedia Italiana*, Rom 1933, Bd. XXII, S. 561-563.

BNF	C 91	IDEM *A proposito di Lassalle* in *Rivista internazionale di filosofia del diritto*, Rom 1927, Jahrg. VII, Fasz. 2, S. 200-205.

Gegen C 693.

BNF	C 92	IDEM *Lassalle e la fondazione della socialdemocrazia* in *Rivista internazionale di filosofia del diritto*, Mailand, Mai/August 1958, Jahrg. XXXV, III. Serie, Fasz. 3/4, S. 388-421; Januar/Februar 1959, Jahrg. XXXVI, Fasz. 1, S. 36-81.

UBK	C 93	BECHER, ERNST *Die Arbeiterfrage in ihrer gegenwärtigen Gestaltung und die Versuche zu ihrer Lösung.* Pest/Wien/Leipzig, A. Hartleben's Verlag, 1868, in-8, [4]-256 S.

Eine *russische* Übersetzung von P.N. Tkačev erschien 1869 in Petersburg, [4]-XXII-VIII-460 S., eine zweite Auflage der Übersetzung im selben Jahre, eine dritte 1871.

HBSA KMH	C 94	BECKER, BERNHARD *Lassalle und seine Verkleinerer.* Frankfurt am Main, Im Selbstverlag des Verfasser, Druck von Reinhold Baist, 1863, in-8, 23 S.

Erschien im Mai 1863 (Besprechung im *Volksfreund für das Mittlere Deutschland*, Frankfurt/M., 21. Mai 1862, Nr. 65, S. 2).

IISG	C 95	[IDEM] *Wer ist der Reaktionär. Lassalle oder Schulze?* in *Nordstern*, Hamburg, 14. November 1863, Jahrg. IV, Nr. 238, S. 1-2.

Der Leitartikel ist gezeichnet "B.B."

HBSA	C 96	IDEM *Kennzeichnung der bei den Parlamentswahlen zum Vorschein gekommenen und im Parlament vertretenen Parteien.* Leipzig, In Commission von M.G. Priberg, Hamburg, Boyes & Geisler, [Druck von Feiter und Seydel in Leipzig], 1867, in-8, 16 S.

BA KMH	C 97	BECKER, JOHANN PHILIPP *Offener Brief an die Arbeiter über Schulze-Delitzsch und Ferd. Lassalle, die Bourgeoisie und das Proletariat. Der deutschen und schweizerischen Jugend gewidmet.* Genf, Deutsche Verlagshalle, 6, rue du Mole, 1863, in-16,[2]-44 p.

ASD IMLB	C 98	IDEM *Zuruf an die deutsche Nation. Beschlossen den 14. Dezember in einer Versammlung deutscher Republikaner in Genf.* [Genf, Buchdruckerei Pfeffer und Puky], [1863], in-8, [4] S.

Stellungnahme im Sinne von A 80.

ASD IISG	C 99	IDEM *Bürger von Genf!* Genf, Imp. et Lith. Vaney, [1864], in-8, [2] S.

Datiert und unterschrieben "Genf, den 31. August 1864. Das Comité der deutschen Republikaner." Todesanzeige Lassalles in Deutsch und Französisch. Ein vom gedruckten Text abweichender Entwurf des französischen Textes, von der Hand der Gräfin Hatzfeldt, befindet

sich im IISG. Der deutsche Text ist nachgedruckt
1864 in C 947, 1874 in B 10 (S. 302-303), 1896 in
B 24 (S. 105-106 beide Texte). Ein Faksimile des
deutschen Textes in C 889 (S. 133).

BA   C 99a [IDEM] *"Nous avons la douleur [...]"* [Genf 1864],
in-8, 1 S.

Schwarz umränderte Todesanzeige, datiert "Genève,
le 31 Aout 1864" und unterzeichnet "Joh.-Ph. Becker;
E. [sic] Klapka; Alfred Tronchin; J.-U. Wagner,
pasteur; Friedr. Reusche; C. Brechtel". Die Anzeige
bezeichnet Lassalle als "le chef le plus noble et
le plus important du parti démocratique-socialiste
allemand" und fordert "les membres de votre société"
sowie ihre Freunde und Gesinnungsgenossen auf, an
der Totenfeier am 2. September 1864 im Temple Unique
(dem Versammlungslokal der Genfer Sozialisten) teilzunehmen. Vgl. C 281.

IISG   C 100 IDEM *Die letzten Tage von Ferdinand Lassalle. Ein
wahrheitsgetreuer Bericht von einem Augenzeugen.*
Hamburg, Verlag des "Nordstern", J.E.M. Köhler's
Buch- und Steindruckerei, 1864, in-8, 15 S.

Ein Exemplar mit Beckers eigenhändigen Korrekturen
befindet sich im J. Ph. Becker-Nachlaß im IISG. Dies
Exemplar trägt auf dem Titelblatt eine Bleistiftnotiz von unbekannter Hand "Verf. Joh. Phil. Becker".

In dem in C 32 zitierten Brief N.L. Petersens an
Heß ist die Rede von einem Manuskript Beckers "über
die letzten Tage Lassalles", das er Anfang 1867
einer Gruppe deutscher Sozialisten in Paris vorlas
und das die Richtigkeit der Darstellung C 32 be-
stätigte. In demselben Brief sagt Petersen über
Lassalles dramatisches Ende voraus: "unfehlbar wird
in späteren Jahren ein Theater-Schriftsteller sich
des Stoffes für ein Schau- oder Trauerspiel bemäch-
tigen" (IISG, Heß-Nachlaß D 231).

Vgl. "Literatur" im Register.

LBN   C 101 BEHR, ALEXANDER *The Judaism of Ferdinand Lassalle* in
The Jewish Review, London, September 1912, Bd. III,
Nr. 15, S. 259-270.

LBN   C 102 IDEM *Gerstenberg and Lassalle* in *The Jewish World*,
London, 6. August 1913, Nr. 3008, S. 9.

ASD BA   C 102a BEIER, GERHARD *Schwarze Kunst und Klassenkampf.* Bd. I
*Vom Geheimbund zum königlich-preußischen Gewerkverein
(1830-1890)* Frankfurt/M./Wien/Zürich, Büchergilde,
[1966], in-8, 645-[3] S.

"Ferdinand Lassalle" und "Lassalles letzte Pläne und
die Buchdrucker Berlins" (S. 353-362).

C 103 BEIKE, HEINZ *Die Eisenacher und die Lassalleaner in
der Zeit von 1871-1875.* Leipzig 1956, 413 S. Maschinenschrift.

Dissertation.

IISG   C 104   BEIN, [ALEX] *Repertorium zu dem Nachlaß von Ferdinand Lassalle. Reichsarchiv A VI 1 La Nr. 1* [Berlin 1930], in-4, [2]-XV-[1]-163 Maschinenseiten.

Für die Geschichte der Wiederauffindung des Nachlasses im Jahre 1919 und seine Auswertung in B 65 vgl. G. MAYER *Erinnerungen* (Zürich 1949, 376 S.) S. 341-348.

Das Repertorium wurde im Januar 1930 abgeschlossen. Der Verbleib des Nachlasses ist "seit 1945 unbekannt" (MOMMSEN *Die Nachlässe in den deutschen Archiven* Boppard a/Rh 1971, S. 291).

Kürzlich wurde gelegentlich einer anderen Arbeit festgestellt, daß die im November 1860 von Marx Lassalle in vorläufige Bewahrung gegebenen Dokumente (vgl. Marx an Lassalle, 5. November 1860), die im *Repertorium* unter Nr. 138b registriert sind, sowie Lassalles Entwurf von A 38b sich im IMLM befinden. Daraus darf geschlossen werden, daß sich dort jetzt der gesamte Lassalle-Nachlaß befindet.

ÖNB   C 105   IDEM *Herzl und Lassalle. Zum Todestag Theodor Herzls am 3. Juli* in *Die Stimme. Jüdische Zeitung*, Wien, 3. Juli 1935, Jahrg. VIII, Nr. 463, S. 7; 12. Juli, Nr. 465, S. 7.

Der Artikel war vorher in Hebräisch erschienen in der Monatsschrift *Mosnayim* (April 1935, Bd. IV, Nr. 1, S. 52-61). Er wurde neugedruckt in *Allgemeine Wochenzeitung der Juden in Deutschland*, Düsseldorf (27. Juni, 4. Juli und 11. Juli 1952). Der hebräische Text neugedruckt in einer Aufsatzsammlung des Autors 1954 in Tel-Aviv.

ASD BA   C 106   IDEM *Lassalle als Verteidiger Geigers und der jüdische Lehr- und Leseverein in Breslau* in *Bulletin des Leo Baeck Instituts*, Tel-Aviv 1966, Jahrg. IX, Nr. 36, S. 330-341.

Enthält die Texte A 4 und A 9a.

JNUL   C 107   BEN ARAM, PESHA [*Die verzehrende Flamme. Der Lebensgang Ferdinand Lassalles*] Tel Aviv 1950, 2 Bde. in-8, 662 S.

Der richtige Name des Verfassers ist Pesah Lipovetsky.

UBBa   C 108   BENNELLI, S. *Lassalle. Drama storico in quattro atti* in *Nuova Antologia*, Rom, 16. August 1903, Jahrg. XXXVIII, Fasz. 760, S. 585-603; 1. September, Fasz. 761, S. 55-68.

SSA   C 109   BERG, W.R. *Leben und Wirken Ferdinand Lassalle's.* Berlin, Verlag von Maurer & Dimmick, 1893, in-8, 16 S.

LAB   C 110   BERGSTRÄSSER, LUDWIG *Ferdinand Lassalle. Zum 100. Geburtstag am 11. April* in *Berliner Börsen-Courier*, 10. April 1925, Jahrg. LVII, Nr. 169, S. 1-2.

SLB   Dasselbe in *Sächsische Gemeindebeamten-Zeitung*, Dresden, 20. April 1925, Jahrg. L, Nr. 12, S. 133-134.

UMLP	C 111	BERNER, ARNOŠT *Život a spisy F. Lassallovy.* Prag, Sociální demokrat, 1894, 46 S.

ASD C 112 BERNFELD, LEON *Ferdinand Lassalles Stellung zur innerdeutschen und auswärtigen Politik.* Wien 1922. 152 S.

Dissertation.

IZD C 113 [BERNSTEIN, AARON] *Ueberspanntheit und Abspannung* in *Volks-Zeitung*, Berlin, 10. Januar 1863, Nr. 8, S. 1.

Der Artikel ist gegen A 45 gerichtet. Lassalle beantwortete ihn mit A 47.

IZD C 114 [IDEM] *Agitatorische Demagogie* in *Volks-Zeitung*, Berlin, 23. April 1863, Nr. 94 - 5. Mai, Nr. 103.

Die zehn gegen A 54 gerichteten Leitartikel erschienen jeweils auf S. 1. Der letzte empfiehlt in einer Fußnote C 906.

IMLM C 115 BERNŠTEIN, A. *Osnovnye vzgljady Ferdinanda Lassalja* in *Pod znamenem marksizma*, Moskau, 1924, Nr. 11, S. 153-188.

Vgl. C 900.

IMLM C 115a IDEM [*Antwort auf* C 900] in *Pod znamenem Marksizma*, Moskau, 1925, Nr. 7, S. 198-208.

ASD BA C 116 BERNSTEIN, EDUARD *Zur Frage des ehernen Lohngesetzes* in NZ 29. November 1890, Jahrg. IX, Bd. I, Nr. 9, S. 294 bis 298; 13. Dezember, Nr. 11, S. 337-343; 27. Dezember, Nr. 12, S. 369-375; 17. Januar 1891, Nr. 16, S. 503-509; 24. Januar, Nr. 17, S. 529-535; 7. Februar, Nr. 19, S. 600-605.

Aufgenommen in alle Ausgaben und Übersetzungen von C 126.

BA C 117 IDEM *Ferdinand Lassalle und seine Bedeutung in der Geschichte der Sozialdemokratie*, Berlin, Verlag der Expedition des "Vorwärts" Berliner Volksblatt (Th. Glocke), 1891, in-16, 184 S.

Einzelausgabe der Einleitung zu B 21.

Englisch London/New York 1893, 192 S. (übersetzt von Eleanor Marx-Aveling).

Französisch Paris 1913, 229 S. (übersetzt von Victor Dave).

Russisch St. Petersburg 1905 in B 37.

Ukrainisch O.O., Gos. Izd. Ukrainy, 1923, 123 S.

ASD BA C 118 IDEM *Selbstanzeige. Ferd. Lassalle's Reden und Schriften* in NZ 10. Juli 1891, Jahrg. IX, Bd. II, Nr. 44, S. 556-560.

Zu B 21.

ASD BA   C 119   IDEM *Lassalle über die Grundidee seines 'Franz von Sickingen"* in NZ 27. Juli 1891, Jahrg. IX, Bd. II, Nr. 45, S. 588-597.

Erstveröffentlichung des Textes A 32 mit Einleitung von Bernstein (S. 588-590).

ASD BA   C 120   IDEM *B. Becker's Buch über Lassalle's Ende* in NZ 11. Mai 1892, Jahrg. X, Bd. II, Nr. 33, S. 230-234.

Besprechung von B 4, Ausgabe von 1892.

ASD BA   C 121   IDEM *Prof. Dr. Ludwig Büchner: Meine Begegnung mit Ferdinand Lassalle* in NZ 25. April 1894, Jahrg. XII, Bd. II, Nr. 31, S. 152-153.

Besprechung von B 22.

ASD BA   C 122   IDEM *Gustav Mayer: Lassalle als Sozialökonom* in NZ 2. Mai 1894, Jahrg. XII, Bd. II, Nr. 32, S. 180-183.

Besprechung von C 545.

ASD BA   C 123   IDEM *Dr. Lampertus Otto Brandt: Ferdinand Lassalle's sozialökonomische Anschauungen und praktische Vorschläge* in NZ 27. November 1895, Jahrg. XIV, Bd. I, Nr. 10, S. 312-314.

Besprechung von C 169.

ASD BA   C 124   IDEM *Ferdinand Lassalle und Georg Herwegh* in NZ 29. Juli 1896, Jahrg. XIV, Bd. II, Nr. 45, S. 585-589.

Besprechung von B 24.

ASD BA   C 125   IDEM *Ein Brief von Karl Marx an J.B. v. Schweitzer über Lassalleanismus und Gewerkschaftskampf* in NZ 23. September 1896, Jahrg. XV, Bd. I, Nr. 1, S. 5-10.

Für den Brief vom 13. Oktober 1868 siehe C 540.

Russisch Unter dem Titel *Marks protiv Lassalja* in *Naučnoe Obozrenie*, St. Petersburg 1898, Nr. 2; St. Petersburg, Izd. A.G., 1906, 15 S. (nach JAK S. 58/59).

ASD BA   C 126   IDEM *Zur Geschichte und Theorie des Sozialismus. Gesammelte Abhandlungen.* Berlin/Bern, Akademischer Verlag für sociale Wissenschaften Dr. John Edelheim, 1901, in-8, 426 S.

Enthält C 116 auf S. 32-109.

ASD BA   C 127   IDEM *Über das Verhältnis von Lassalle zu Marx und Engels* in *Dokumente des Sozialismus*, Stuttgart 1902, Jahrg. I, Nr. 4, S. 157-177.

Zu B 29.

ASD BA   C 128   IDEM *Neue Mitteilungen über die Rückkehr Lassalles nach Berlin 1857-1858* in *Dokumente des Sozialismus*, Stuttgart 1903, Jahrg. III, Nr. 3, S. 130-132.

Besprechung von C 668.

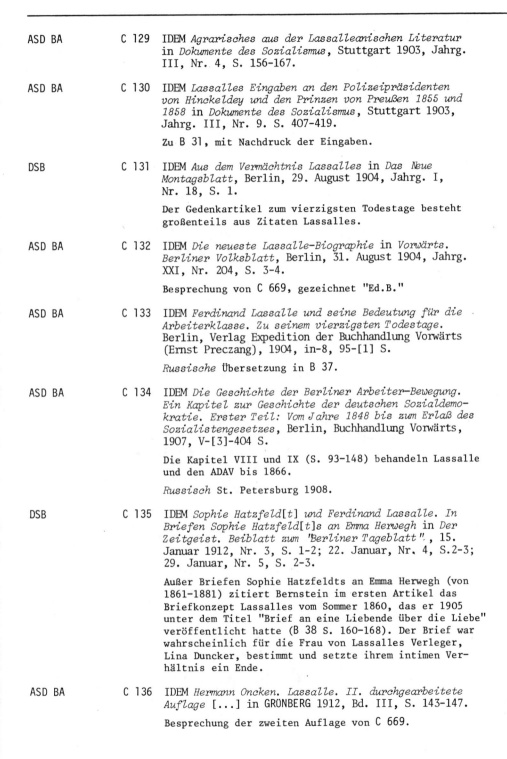

| ASD BA | C 129 | IDEM *Agrarisches aus der Lassalleanischen Literatur* in *Dokumente des Sozialismus*, Stuttgart 1903, Jahrg. III, Nr. 4, S. 156-167. |

ASD BA   C 130   IDEM *Lassalles Eingaben an den Polizeipräsidenten von Hinckeldey und den Prinzen von Preußen 1855 und 1858* in *Dokumente des Sozialismus*, Stuttgart 1903, Jahrg. III, Nr. 9. S. 407-419.

Zu B 31, mit Nachdruck der Eingaben.

DSB   C 131   IDEM *Aus dem Vermächtnis Lassalles* in *Das Neue Montagsblatt*, Berlin, 29. August 1904, Jahrg. I, Nr. 18, S. 1.

Der Gedenkartikel zum vierzigsten Todestage besteht großenteils aus Zitaten Lassalles.

ASD BA   C 132   IDEM *Die neueste Lassalle-Biographie* in *Vorwärts. Berliner Volksblatt*, Berlin, 31. August 1904, Jahrg. XXI, Nr. 204, S. 3-4.

Besprechung von C 669, gezeichnet "Ed.B."

ASD BA   C 133   IDEM *Ferdinand Lassalle und seine Bedeutung für die Arbeiterklasse. Zu seinem vierzigsten Todestage.* Berlin, Verlag Expedition der Buchhandlung Vorwärts (Ernst Preczang), 1904, in-8, 95-[1] S.

Russische Übersetzung in B 37.

ASD BA   C 134   IDEM *Die Geschichte der Berliner Arbeiter-Bewegung. Ein Kapitel zur Geschichte der deutschen Sozialdemo-kratie. Erster Teil: Vom Jahre 1848 bis zum Erlaß des Sozialistengesetzes*, Berlin, Buchhandlung Vorwärts, 1907, V-[3]-404 S.

Die Kapitel VIII und IX (S. 93-148) behandeln Lassalle und den ADAV bis 1866.

Russisch St. Petersburg 1908.

DSB   C 135   IDEM *Sophie Hatzfeld[t] und Ferdinand Lassalle. In Briefen Sophie Hatzfeld[t]s an Emma Herwegh* in *Der Zeitgeist. Beiblatt zum 'Berliner Tageblatt"*, 15. Januar 1912, Nr. 3, S. 1-2; 22. Januar, Nr. 4, S.2-3; 29. Januar, Nr. 5, S. 2-3.

Außer Briefen Sophie Hatzfeldts an Emma Herwegh (von 1861-1881) zitiert Bernstein im ersten Artikel das Briefkonzept Lassalles vom Sommer 1860, das er 1905 unter dem Titel "Brief an eine Liebende über die Liebe" veröffentlicht hatte (B 38 S. 160-168). Der Brief war wahrscheinlich für die Frau von Lassalles Verleger, Lina Duncker, bestimmt und setzte ihrem intimen Ver-hältnis ein Ende.

ASD BA   C 136   IDEM *Hermann Oncken. Lassalle. II. durchgearbeitete Auflage* [...] in GRÜNBERG 1912, Bd. III, S. 143-147.

Besprechung der zweiten Auflage von C 669.

ASD BA   C 137   IDEM *Eduard Rosenbaum. Ferdinand Lassalle* [...] in GRÜNBERG 1912, Bd. III, S. 148-149.

Besprechung von C 758.

ASD BA   C 138   IDEM *Ferdinand Lassalle über seinen Bastiat-Schulze. Eine Erinnerung zu seinem fünfzigsten Todestage* in NZ 21. August 1914, Jahrg. XXXII, Bd. II, Nr. 19, S. 846-854.

Kommentar zu A 90 (gedruckt S. 848-851).

ASD KG   C 139   IDEM *Ferdinand Lassalle. Zum 50. Jahrestag seines Todes* in *Volkswacht für Schlesien,* Breslau, 31. August 1914, Extrabeilage "Lassalle-Gedenkblatt" S. 1-3.

Das Gedenkblatt enthält auf S. 4 das Gedicht C 54.

ASD BA   C 140   IDEM *Wie Fichte und Lassalle national waren* in GRÜNBERG 1915, Bd. V, S. 143-162.

Zu C 881.

ASD   C 141   IDEM *Ferdinand Lassalle und seine Bedeutung für die Arbeiterklasse. Eine Denkschrift zu seinem 40. Todestage. 2. durchgesehene Auflage.* Berlin, Verlag Buchhandlung Vorwärts Paul Singer G.m.b.H., 1919, in-8, 139 S.

Russisch Petrograd, Petr. Sov. Rab. i Krasn. Deput. 1919, 116 S; o.O., o.J., 94 S.

ASD BA   C 142   IDEM *Ferdinand Lassalle. Eine Würdigung des Lehrers und Kämpfers.* Berlin, Verlegt bei Paul Cassirer, 1919, in-8, 307-[2] S.

Neubearbeitung der Einleitung zu B 21, die als Ergänzungsband zu B 60 erschien und "mit dieser Ausgabe durchaus in geistigen Zusammenhang" gebracht wurde.

ASD IZD   C 143   IDEM *Industrie und Sozialismus. Aus Briefen des jungen Lassalle* in *Vorwärts,* Berlin, 10. April 1925, Jahrg. XLII, Nr. 170, Beilage *Unterhaltung und Wissen* S. 1.

Kommentierte Auszüge aus dem "Industriebrief" A 10c.

ASD   C 144   IDEM *Ferdinand Lassalles 100. Geburtstag. Sein Wirken für die deutsche Arbeiterklasse* in *Vorwärts, Berliner Volksblatt,* 10. April 1925, Jahrg. XLII, Nr. 170, S. 1.

ASD UBW   C 145   IDEM *Ferdinand Lassalles Unsterblichkeit für die deutsche Arbeiterklasse* in *Volkswacht für Schlesien,* Breslau, 11. April 1925, Jahrg. XXXVI, Nr. 85, S. 3.

ASD IISG   C 146   IDEM *Wie Lassalle für die Arbeiterklasse fortlebt* in *Die Glocke,* Berlin, 11. April 1925, Jahrg. XI, Bd. I, Nr. 2, S. 35-41.

ASD BA   C 147   IDEM *Ferdinand Lassalles Kampf um Bismarck. Aus Anlaß von Professor Gustav Mayers Schrift "Bismarck und Lassalle, ihr Briefwechsel und ihre Gespräche"* erneut betrachtet in *Die Gesellschaft.* Berlin, April 1929, Jahrg. VI, Nr. 4, S. 314-317.

Zu B 81.

ASD BA   C 148   BERS, GÜNTER *Wilhelm Hasselmann 1844-1916. Sozialrevolutionärer Agitator und Abgeordneter des Deutschen Reichstages.* Köln, Einhorn-Presse, 1973, in-8, [4]-167-[4] S.

ASG IISG   C 149   *Beschluß.* [Freiburg 1863], in-8, [1] S.

Das "Freiburg, 13. April 1863" datierte Flugblatt protestiert gegen "die anmaßliche Berechtigung des sog. Central-Comité's zu Leipzig, die Arbeiterbildungsvereine Deutschlands für Verwirklichung der Lassalle'schen politischen Tendenzen zu benützen." Es ist unterzeichnet "Arbeiter-Fortbildungs-Verein." Neugedruckt in B 94 (S. 329).

C 150   BETTAUER, F.E. *Der Volkstribun. Schauspiel in fünf Akten.* Bad Kissingen, Vereinigter Bühnen- und Musik-Verlag, 1947.

Nach Schumann.

UBW   C 151   [*Bibliothek Ferdinand Lassalles*]., in-4, 80 S. Maschinenschrift.

Das Verzeichnis der Bücher aus Lassalles Besitz, die am 29. April 1930 unter der Signatur *F.L.* gesondert aufgestellt wurden in der damaligen Rehdigerschen Stadtbibliothek in Breslau, umfaßt 751 Titel (von denen aber zwei erst nach Lassalles Tode erschienen). Diese Restbibliothek aus dem Nachlaß der Gräfin Hatzfeldt wurde 1922 von der Familie (auf Veranlassung Gustav Mayers) der Stadt Breslau geschenkt. In der anonymen Notiz "Die Bibliothek Lassalles" in der *Antiquitäten-Rundschau,* Berlin 1923, Jahrg. XXI, Nr. 2, S. 16-17, heißt es dazu: "Die Sammlung trägt in ihrer Zusammensetzung durchaus den Charakter der Bibliothek eines deutschen Gelehrten und enthält Bücher vorwiegend aus Philosophie, Geschichte, klassischer Philologie, Rechts- und Staatswissenschaften, Politik". Die Aussagekraft des Verzeichnisses (das z.B. nur einen Marx- und zwei Engels-, aber neun Proudhon-Titel enthält) wird geschwächt durch das Fehlen von 400 Titeln von Büchern, die frei für sich auszuwählen Lassalles Testament Bucher (200), von Schweitzer und Alexi (je 100) ermächtigte.

Die jetzt in UBW befindliche Sammlung enthält nur noch 129 Titel.

DSB   C 152   BISMARCK, OTTO VON [*Rede vor dem Deutschen Reichstag am 17. September 1878*] in KOHL, HORST [Hrsg.] *Die politischen Reden des Fürsten Bismarck* Stuttgart 1893, Bd. VII, S. 254-270.

Bismarck sprach über seine Beziehungen zu Lassalle in der Debatte über das Gesetz "gegen die gemeingefährlichen Bestrebungen der Socialdemokratie", nachdem Bebel am 16. September 1878 in derselben Debatte zum ersten Male öffentlich die zwischen Bismarck und Lassalle stattgehabten "Unterredungen und Unterhandlungen" (über die ihn die Gräfin Hatzfeldt auf einem Umwege informiert hatte) zur Sprache gebracht hatte. Die Intervention Bebels und Bismarcks Antwort darauf wurden zuerst veröffentlicht in *Die Socialdemokratie vor dem Deutschen Reichstage* [...] *Zweites Heft.* Hamburg 1878, S. 24 ff. und S. 86 ff.

USBF   C 153   BLIND, KARL *Ein Freundeswort an Deutschlands Arbeiter, Bürger und Bauern* in *Frankfurter Reform,* 10. Juni 1863, Nr. 69, S. 1-2.

Der gegen A 45, A 53 und A 54 gerichtete Text ist in mehreren Blättern erschienen (so im Londoner *Hermann,* 6. Juni 1863, Nr. 231; Hinweis von Toni Offermann). Blinds Text wird kritisiert in einem Leserbrief an das *Zürcher Intelligenzblatt,* 28. Juni 1863, Nr. 151, S. 599.

BA   C 154   BLOCK, MAURICE *Les théoriciens du socialisme en Allemagne.* Paris, Librairie Guillaumin et Cie., 1872, in-8, 61-[2] S.

Sonderabdruck aus dem *Journal des Economistes,* Paris, Juli/August 1872.

UBK   C 155   BLOS, ANNA *Frauen im Leben berühmter Männer. Gräfin Sophie Hatzfeldt, die Freundin Lassalles* in *Rheinische Zeitung,* Köln, 19. Juni 1925, Jahrg. XXXIV, Nr. 141, Beilage Kunst-Unterhaltung-Wissen S. 1

ASD BA   C 156   BLUMENBERG, WERNER *Kämpfer für die Freiheit.* Berlin/ Hannover, Nachf. J.H.W. Dietz, 1959, in-8, 183 S.

ASD

Kapitel "Lassalle" S. 46-54. Eine zweite Auflage erschien 1974 (Berlin/Bonn-Bad Godesberg, J.H.W. Dietz Nachf., 182 S.).

ASD BA   C 157   IDEM *Zur Geschichte des Bundes der Kommunisten. Die Aussagen des Peter Gerhardt Röser* in IRSH 1964, Bd. IX, Nr. 1, S. 81-122.

Rösers Aussagen über Lassalles Beziehungen zum Bunde der Kommunisten auf S. 116-122.

IISG   C 157a   BÖHMERT, WILHELM *Ferdinand Lassalle im Lichte der heutigen Sozialdemokratie* in *Der Arbeiterfreund,* Berlin 1894, Jahrg. XXXII, S. 178-192.

Hinweis von Toni Offermann.

BRB   C 158   BOÏARSKI, LAZARE *Ferdinand Lassalle (1825-1925). Etude biographique suivie d'une notice bibliographique* [Bruxelles, L'Eglantine, 1925], in-16, 40-[1] S.

L'Eglantine, Jahrg. III, Nr. 6.

UBMa   C 159   BOLZE, WILHELM *Lassalles historische Sendung* in
Casseler Volksblatt, 11. April 1925, Jahrg. XXXV,
Nr. 85, 2. Beilage S. 2.

UBK   Derselbe Artikel unter dem Titel *Marx und Lassalle* in
Rheinische Zeitung, Köln, 14. April 1925, Jahrg.
XXXIV, Nr. 86, S. 4.

UBI   C 160   BONHARDT, OTTO *Lassalle der Arbeiterführer* in
Deutsche Zeitung, Berlin, 15. April 1925, Jahrg.
XXX, Nr. 173, S. 3.

                     Zu Lassalle als Jude.

BRB   C 161   BORDEAUX, HENRY *Les Amants de Genève*. Paris,
Les Bibliophiles fantaisistes, Dorbon Ainé,
1912, in-4, [4]-86 S.

bm   Die Dönniges-Episode. Neugedruckt in des Verfassers *Amours du Temps Passé* (Paris, Plon, 1923)
S. 213-290.

BNF   C 162   BORGESE, GIUSEPPE *Studi di letterature moderne*.
Mailand, Treves, 1915, S. 270-278.

                     Kapitel "La leggenda di Lassalle".

         C 163   BORRMANN, GUSTAV *Zum Todestage Ferdinand Lassalles*.
Hannover o.J. S. 1 in C 879.

                     Gedicht.

ASD BA   C 164   BÖTTCHER, ULRICH *Anfänge und Entwicklung der Arbeiterbewegung in Bremen von der Revolution 1848 bis
zur Aufhebung des Sozialistengesetzes 1890*. Bremen.
Carl Schünemann Verlag, 1953, in-8, 180-[3] S.

                     *Schriften der Wittheit zu Bremen. Veröffentlichungen
aus dem Staatsarchiv der Freien Hansestadt Bremen.*
Heft 22.

                     Über den ADAV S. 53-102.

BA KMH   C 165   BOURDEAU, J. *Le Socialisme allemand et le Nihilisme
russe*. Paris, Félix Alcan, 1892, in-16, IV-318 S.

                     Besonders S. 243-268 "Ferdinand Lassalle"

ASD BA   C 166   BRACKE, WILHELM *Der Lassalle'sche Vorschlag. Ein
Wort an den 4. Congreß der social-demokratischen
Arbeiterpartei. (Einberufen auf den 23. August
1873 nach Eisenach.)* Braunschweig, Druck und Verlag
von W. Bracke jr., 1873, in-8, 78-[2] S.

IMLM   Eine photographische Reproduktion erschien 1973 im
Zentralantiquariat der DDR, Leipzig.

                     Vgl. C 13 und C 497.

ZBZ   C 167   BRANDENBURG, E. *Ferdinand Lassalle* in *Deutsche
Monatsschrift für das gesamte Leben der Gegenwart*,
Berlin, Oktober 1905, Jahrg. V, Bd. IX, Nr. 2,
S. 192-200.

                     Zu Mehrings B 29 und Onckens C 669.

KBK	C 168	BRANDES, GEORG *Ferdinand Lassalle. En kritisk Fremstilling* in *Det Nittende Aarhundrede*, Kopenhagen, Dezember 1874 - September 1875.
ASD BA		IDEM *Ferdinand Lassalle. Ein literarisches Charakterbild*. Berlin, Verlag von Franz Duncker, 1877, in-8, V-[1]-266 S.

Mit einem vom November 1876 datierten Vorwort von Franz Duncker, Auszüge des Teiles I der Biographie waren schon von Januar bis Juni 1875 in Bd. II und

BA GNN

III der *Deutschen Rundschau*, Berlin, erschienen sowie in Bd. VIII (1875) der Berliner *Gegenwart*. Die zweite Auflage (Leipzig, Barsdorf 1889, V-[1]-190 S.) enthält 8 undatierte Briefe Lassalles an Duncker (1859-1861) über A 30 und A 37 (Anhang S. 177-190). Diese Briefe auch in den späteren deutschen Ausgaben, Leipzig 1894 und Leipzig/Berlin 1900.

Dänisch Kopenhagen, Gyldendal, 1881, in-16, VIII-349 S.

Englisch London/New York, Heinemann/MacMillan, 1911, in-8, -[2]-230 S. (Mit Einleitung von Morris Hillquit; zweite Auflage New York, Richards, 1925; photomechanischer Druck der Ausgabe von 1911 Westport, Greenwood Press, 1970).

Finnisch Helsinki 1881.

Japanisch Tokyo 1921, 406 S. (übersetzt von Shiro Ozaki).

Russisch St. Petersburg 1897; St. Petersburg o.J.

Schwedisch Stockholm, Ljus, 1906, 2 Bde., [4]-102; [4]-104 S.

BRANDIS, KURT siehe KARL BROCKSCHMIDT

BA	C 169	BRANDT, LAMPERTUS OTTO *Ferdinand Lassalle's sozialökonomische Anschauungen und praktische Vorschläge*. Jena, Verlag von Gustav Fischer, 1895, in-8,[5]- 90 S.

Staatswissenschaftliche Studien Bd. V, Heft 4.

Besprochen von Bernstein in C 123.

LBN	C 170	BRANN, M[ARKUS] *David Honigmanns Aufzeichnungen aus seinen Studienjahren (1841/45)* in *Jahrbuch für jüdische Geschichte und Literatur*, Berlin 1904, Bd. VII, S. 133-188.

Über Honigmanns gemeinsame Studien mit Lassalle in Breslau und in Berlin S. 150-155. Die Aufzeichnungen wurden 1869 niedergeschrieben.

ÖNB	C 171	IDEM *Die Abstammung Ferdinand Lassalles* in *Archiv für jüdische Familienforschung*, Wien, 1917, Jahrg. II, Nr. 1/3, S. 27-29.

JNUL   C 172   IDEM *Die Abstammung und der Name Ferdinand Lassalles* in *Monatsschrift für Geschichte und Wissenschaft des Judentums*, Breslau 1918, Bd. LXII (Neue Folge Bd. XXVI), S. 270-274.

Verbesserte und ergänzte Version von C 171.

UBK   C 172a   BRASCH, MORITZ *Zur Literatur des Fichte-Festes II. Die Philosophie Fichte's und die Bedeutung des deutschen Volksgeistes, Festrede von F. Lassalle* in *Deutsche Jahrbücher für Politik und Literatur*, Berlin 1862, Bd. IV, S. 283-287.

Zu A 42. Hinweis von Toni Offermann.

IISG   C 173   IDEM *Philosophie und Politik. Studien über F. Lassalle und J. Jacoby.* Leipzig, Wilhelm Friedrich, [1889], in-8, 153 S.

Abschnitt "Lassalle als Geschichts- und Rechtsphilosoph" auf S. 3-74.

ASD UBW   C 174   BRAUN, ADOLF *Was danken wir Ferdinand Lassalle?* in *Volkswacht für Schlesien*, Breslau, 9. September 1922, Jahrg. XXXIII, Nr. 211, S. 1.

MGZ   C 175   BRESSLAU, H. *Zur Geschichte Lassalles* in *Deutsche Revue über das gesammte nationale Leben der Gegenwart*, Breslau, Januar 1879, Jahrg. III, Nr. 1, S. 102-105.

ASD IISG   C 176   BROCKSCHMIDT, KARL FRIEDRICH *Die deutsche Sozialdemokratie bis zum Fall des Sozialistengesetzes.* Stuttgart, Kohlhammer, 1929, in-8, VIII-124 S.

Dissertation an der Universität Frankfurt. Erschien unter demselben Titel, aber mit dem Verfassernamen KURT BRANDIS: Leipzig, Hirschfeld, 1931, VIII-124 S. Neudruck: KURT BRANDIS *Das Anfang vom Ende der Sozialdemokratie*, Berlin, Rotbuch Verlag, [1975], 111-[1] S.

ASD BA   C 177   BRÜGEL, LUDWIG *Geschichte der österreichischen Sozialdemokratie. Erster Band: Vom Vormärz bis zum Wiener Hochverratsprozeß. Juli 1870.* Wien, Verlag der Wiener Volksbuchhandlung, 1922, S. 142-144.

Abschnitt "Die erste Lassalle-Totenfeier in Wien" (29. August 1868) mit der von Hermann Hartung gehaltenen Gedenkrede. Bei der Feier wurde das Lied *Am Grabe des Freundes* von A. M. Storch gesungen.

ASD IZD   C 178   IDEM *Lassalle-Feiern in Wien* in *Der Sozialdemokrat*, Wien, August 1924, Jahrg. VI, Nr. 8, S. 5-8.

Über die Lassalle-Gedenkfeiern in Wien am 29. August 1868 und 3. April 1869.

ZBL   C 179   BRUGSCH, HEINRICH *Mein Leben und mein Wandern.* Berlin, Allgemeiner Verein für deutsche Litteratur, 1894, [4]-VI-396 S.

Über Lassalle und sein Verhältnis zu ihm S. 230-233.

C 180 BRÜSZHAVER, J. *Das allgemeine Wahlrecht und die
soziale Frage. Reden in Wiener Arbeiter-Versamm-
lungen gehalten.* Wien, A. Pichler, 1868.

Nach HERBERT STEINER *Bibliographie zur Geschichte
der österreichischen Arbeiterbewegung 1867-1918*
(Wien 1962) Nr. 23, ohne Standort.

BUL   C 180a BUCHER, LOTHAR *'Sie haben mich aufgefordert [...]*
in *Berliner Reform*, 25. April 1863, Nr. 96, S. 3-4.

Vom Leipziger Zentral-Komitee aufgefordert, an der
Gründungsversammlung des ADAV teilzunehmen, sagt
Bucher zu, wenn er auch ursprünglich wegen angeblichen Zeitmangels ablehnen wollte. Er hat sich
umstimmen lassen, da er seinen "Freund Lassalle"
gegen "meinen ehemaligen Parteigenossen Schulze-
Delitzsch" unterstützen wolle. Einige Tage darauf
jedoch beschloß Bucher, den Umgang mit Lassalle
aufzugeben, um seine Laufbahn nicht zu gefährden.
Er ging auch nicht nach Leipzig.

UBBa   C 181 IDEM [*Memorandum über Lassalle*] in BUSCH, MORITZ
Tagebuchblätter. Dritter Band. Leipzig, F.W. Grunow,
1899, S. 107-113.

Vom 10. November 1865 datierte Darstellung seines
Verhältnisses zu Lassalle, die Bucher für Bismarck
anfertigte (vgl. B 20a). Busch druckt im selben
Bande seiner *Tagebuchblätter*, nach B 12, den Brief
Buchers an Lassalle vom 22. Januar 1862 und Lassalles
Antwort vom 23. Januar 1862 (S. 113-118) sowie einen
Brief Buchers an S. von Hatzfeldt vom 2. Juni 1865.

Englisch London, MacMillan, 1899.

C 182 IDEM *Lassalle* in N VI S. 409-415.

Die biographische Skizze sollte Moses Heß zur Einleitung seiner geplanten, aber nicht erschienenen französischen Übersetzung von A 87 dienen.

C 183 IDEM *Lassalles Ende* in N VI S. 416-419.

Entwurf zu einem Vorwort für B 1, mit dem die Gräfin
Hatzfeldt Bucher beauftragt hatte.

SBWo   C 183a BÜCHNER, ANTON *Ludwig Büchner und Lassalle* in *Darmstädter Echo*, 15. August 1964, S. 21.

Hinweis von Toni Offermann.

BA KMH   C 184 BÜCHNER, LOUIS *Herr Lassalle und die Arbeiter. Bericht und Vortrag über das Lassalle'sche Arbeiterprogramm, erstattet auf dem Arbeitertag in Rödelheim,
am 19. April 1863, im Auftrag des Central-Comités der
Arbeiter des Maingau's.* [Frankfurt a.M.], Druck von
Reinhold Baist in Frankfurt a.M., [1863], in-8, 29 S.

Büchner schickte Lassalle am 5. Mai 1863 ein Exemplar
der Broschüre.

Im Anschluß an den Vortrag, der A 54 kritisch behan-
delte, beschloß die Versammlung, Lassalle nach Frank-

furt einzuladen, damit er sein Programm gegen
Schulze-Delitzsch verteidigen könne. Neugedruckt in
B 94 (S. 571-597).

Vgl. A 66, B 22, C 23b und C 936.

UBW   C 185   BÜCKLING, GERHARD *Das wohlerworbene Recht in seinen
Beziehungen zu den Gedanken des Rechtes und der Macht.
Ein Beitrag zur Geschichte des 19. Jahrhunderts.*
Breslau 1932, in-8, IX-108 S.

*Untersuchungen zur deutschen Staats- und Rechtsge-
schichte* Bd CXLII.

Außer Lassalle werden auch Marx und Stirner behandelt.

SUBD   C 186   BULLER, WILHELM *Lassalle.* Berlin, Verlag der Vertriebs-
stelle des Verbandes Deutscher Bühnenschriftsteller
und Bühnenkomponisten, 1932, in-8, 123-[1] S.

Bühnenstück in 14 Szenen, in deren vierter auch Marx
und Engels auftreten.

UBK   C 187   BURDINSKI, RICHARD *Die Bedeutung der Produktiv-Ge-
nossenschaften für den Fabrikarbeiterstand, im Anschluß an eine Kritik der Vorschläge von Thornton
und Lassalle.* Charlottenburg, Buchdruckerei "Guten-
berg", 1894, in-8, [2]- 71 S.

Dissertation der Universität Heidelberg.

ASD BM   Auch unter dem Titel *Die Produktiv-Genossenschaft
als Regenerationsmittel des Arbeiterstandes. Eine
Kritik der Thornton-Lassalle'schen Wirtschaftsre-
form* (Leipzig, Gustav Fock, 1894, in-8, [2]-71-[1] S.

BA IISG KMH   C 187a   [BÜRGERS, HEINRICH] [*Über Polizeibrutalität in Kalkum*] in *Neue Rheinische Zeitung* Köln, 4. November
1848, Nr. 134, S. 1.

Die "+*Düsseldorf*, 2. Nov." datierte Korrespondenz
dürfte von dem mit Verhaftung bedrohten Redakteur
der *NRhZ* Heinrich Bürgers verfaßt worden sein, der
sich im Schloß Kalkum bei Lassalle und der Gräfin
Hatzfeldt verborgen hielt, die sich seiner Verhaftung erfolgreich widersetzten.

ZBZ   C 188   BUSCH, MORITZ *Herr Lassalle und die Arbeiter* in
Die Grenzboten Leipzig 1863, Jahrg. XXII, 1. Se-
mester Bd. II, S. 281-295, 327-338, 386-390 und 401-
411.

Die ersten beiden Artikel sind nicht gezeichnet, der
dritte ist "G." und der vierte "M.B." gezeichnet. Die
Artikelserie gehörte in Ausschnittform zu Lassalles
Bibliothek und ist im Katalog (vgl. C 151) unter
"Busch, Moritz" aufgenommen; sie nimmt für Schulze-
Delitzsch Stellung und zitiert ausführlich die Texte
A 40, A 54 und A 56.

           C 189   BÜTTNER, HEINRICH *Ferdinand Lassalle, der Held des
Volkes, oder: Um Liebe getötet. Socialer Roman.*
Berlin 1892/1893.

Nach Schumann.

196

BA | C 189a BÜTTNER, WOLFGANG *Georg Herweghs Absage an den Lassalleanismus* in *Beiträge zur Geschichte der Deutschen Arbeiterbewegung* Berlin [DDR] 1964, Jahrg. VI, Nr. 2, S. 306-313

Zu C 343, 348 und 383.

ASD BA | C 190 IDEM *Georg Herwegh – ein Sänger des Proletariats. Der Weg eines bürgerlich-demokratischen Poeten zum Streiter für die Arbeiterbewegung.* Berlin [DDR], Akademie-Verlag, 1970, in-8, 210 S.

Über Herweghs Verhältnis zu Lassalle und zum ADAV sowie über C 345 S. 138-174.

ASD BA | C 191 CALLESEN, GERD *Die Arbeiterbewegung in Nordschleswig 1872-1878. Hauptzüge ihrer Entwicklung* in *Zeitschrift der Gesellschaft für Schleswig-Holsteinische Geschichte,* Neumünster 1975, Bd. C, S. 193-216.

Über die vorherrschende Rolle des ADAV. Der Artikel war vorher als Broschüre auf *Dänisch* erschienen (Melbyhus 1974, 48 S.).

BA | C 192 [CARR, E.H.] *Lassalle meets Bismarck* in *The Times Literary Supplement,* London, 9. November 1946, Nr. 2336, S. 541-543.

ASD BM | Besprechung von C 265. Neugedruckt in CARR, E.H. *Studies in Revolution.* London 1950, S. 72-87.

KBK | C 193 CASTOR *Ferdinand Lassalle. Biografisk Skitse efter tydske Kilder.* [Kopenhagen, A.B. Weiss, 1872], in-8, 26 S.

Der Umschlagtitel *Ferdinand Lassalle. Udvalgde Skrifter. Efter det Tyske ved Castor* weist darauf hin, daß diese Biographie als Einleitung zu einer Ausgabe ausgewählter Schriften gedacht war. Das Heft enthält am Ende den Beginn einer Übersetzung von A 66, die mitten in einem Satz abbricht. Weitere Hefte sind nicht erschienen. "Castor" ist das Pseudonym von V. Rasmussen. Vgl. *Dansk Bogfortegnelse* 1869-1880 S. 105: LAHME, H.N. *De danske Lassalle-oversaettelsen* in *Meddelelser om Forskning i Arbejderbevaegelsens Historie* Kopenhagen 1977, Nr. 9, S. 24; Nr. 10, S. 55.

BNP | C 194 CHALLAYE, FÉLICIEN *La Formation du Socialisme. De Platon à Lénine.* Paris 1937, 192 S.

Kapitel IX (S. 91-100): "Ferdinand Lassalle: le socialisme national".

IMLM | C 195 ČIČERIN, B. *Istorija političeskikh učenij. Čast pjataja.* Moskau 1902, 448 S.

Das Lassalle gewidmete Kapitel (S. 88-155) ist zuerst erschienen in der Zeitschrift *Sbornik Gosudarstvennikh Znanij,* St. Petersburg 1878, Bd. V, S. 125-155 (Nach JAK S. 53).

IISG   C 196   CIMONE [=WEILL-SCHOTT] *La vita e le opere di Lassalle.* Mailand, Dumolard, 1889, in-16, 151 S.

IISG   C 197   COENEN, FRIEDRICH *Lassalle's ehernes Lohngesetz und seine Kritiker.* Tübingen, Eberhard-Karls-Universität, 1910, in-8, 126 S.

Dissertation.

ASD JNUL   C 198   COHEN, ISRAEL [*Über Lassalles Tagebuch*] in *Hapoel Hazair*, Tel Aviv, 27. April 1944, Bd. XXXVII, Nr. 30/31, S. 4-6.

IISG   C 199   COHN, PAUL *Helene von Racowitza und Lassalles Tod.* Guben 1934, in-4, 24 S.

Vervielfältigte Maschinenschrift

ASD UBK   C 200   COHN, WILLY *Ein Lebensbild Ferdinand Lassalles. Der Jugend erzählt.* Stuttgart, Nachf. J.H.W. Dietz, 1921, in-8, 68 S.

HBSA   Eine zweite Auflage erschien im gleichen Verlag 1922.

ASD BA   C 201   IDEM *Aus Lassalles Schulleben* in *Volkswacht für Schlesien*, Breslau, 11. April 1925, Jahrg. XXXVI, Nr. 85, S. 19.

ASD SUBD   C 202   COLBERG, ECKARD *Die Erlösung der Welt durch Ferdinand Lassalle.* München, Paul List Verlag, 1969, in-8, 147-[2] S.

Schriftenreihe zur Politik und Geschichte.

Dissertation der Universität München. Mit einer Bibliographie auf S. 141-147.

ASD BA   C 203   COLE, G.D.H. *Socialist Thought. Marxism and Anarchism 1850-1890.* London, Macmillan, 1957, in-8, (XII-482 S.) S. 71-87.

Kapitel V, "Lassalle", des Bd. II von *A history of Socialist Thought.*

BA   C 204   COMPAGNON, MARCEL E. *Le duel et la mort de Ferdinand Lassalle* in *Revue d'Histoire Suisse*, Zürich, XXI fasc 1 [1941] S. 79-115.

Der Niederschlag des Duells und der versuchten gerichtlichen Verfolgung J. Racowitzas durch die Gräfin Hatzfeldt im Genfer Staatsarchiv und im Schweizerischen Bundesarchiv.

ASD IISG   C 205   CONZE, WERNER / DIETER GROH *Die Arbeiterbewegung in der nationalen Bewegung. Die deutsche Sozialdemokratie vor, während und nach der Reichsgründung.* Stuttgart, Klett, [1966], in-8, 132-[1] S.

ALS BA   C 206   CUNOW, HEINRICH *Ferdinand Lassalle und Heinrich Heine* in NZ 27. Mai 1921, Jahrg. XXXIX. Bd. II, Nr. 9, S. 221-229.

Zu B 65 Bd. I, mit Nachdruck der Briefe Lassalles an Heine vom Oktober und November 1846.

ASD BA	C 207	IDEM *Lassalle und Marx* in NZ 17. März 1922, Jahrg. XL, Bd. I, Nr. 25, S. 577-583.

Besprechung von B 65 Bd. III.

Dänische Übersetzung in *Socialisten*, Kopenhagen, Mai 1922, Jahrg. XIX, Nr. 5, S. 104-107.

ASD BA C 208 CZOBEL, ERNST *Lassalle* in *Marx-Engels-Archiv*, Frankfurt a.M., Marx-Engels-Archiv Verlagsgesellschaft, 1926, Bd. I, S. 530-537.

Beilage II zu der von E. Czóbel und P. Hajduk verfaßten Bibliographie *Die Literatur über Marx, Engels und den Marxismus seit dem Weltkriege* (S. 467-529). Weist die von 1918 bis 1925 erschienene Lassalle-Literatur einschließlich Zeitungsartikeln und Besprechungen in 250 Einzelangaben nach.

Russisch Moskau 1925 (*Arkhiv Marksa i Engel'sa* Bd. II, S. 474-497).

UBE C 209 D. *Lassalles Quos ego. Zum 11. April* in *Fränkischer Kurier*, Nürnberg, 11. April 1925, Jahrg. XCIII, Nr. 101, S. 3.

Zu Lassalles Nationalismus.

HLD C 210 DAFFNER, H. *Ferdinand Lassalle und Helene von Dönniges* in *Darmstädter Tageblatt*, 12. April 1925, Jahrg. CLXXXVIII, Nr. 101, S. 10.

Der Artikel erschien ebenfalls in der *Ostsee-Zeitung*, Stettin, 12. April 1925.

AAS C 211 DALSTRÖM, KATA *Ferdinand Lassalle*. Stockholm, A.-B. Arbetarnes tryckeri, 1925, 27 S.

Silhuetter ur arbetarrörelsens historia Nr. 1

BNF C 212 DAVOGLIO, GUGLIELMO *Ferdinando Lassalle. Conferenza tenuto alla sede dell'associazione democratica sociale il giorno 27 dicembre 1891*. Bergamo 1892, 52 S.

ASD BA C 213 DAWSON, WILLIAM HARBUTT *German Socialism and Ferdinand*
BM KMH *Lassalle. A biographical history of German Socialistic Movements during this Century*. London, Swan Sonnenschein & Co., 1888, in-16, XII-[2]-300 S.

BA Eine zweite Auflage erschien im gleichen Verlag 1891.

BA C 214 DAYAN-HERZBRUN, SONIA *Nationalisme et socialisme chez F. Lassalle* in *L'Homme et la société*, Paris 1967, Nr. 5, S. 195-200.

C 215 DE REUTER, HUBERT *Ferdinand Lassalle im Urteil der Presse* in *Essener Volkszeitung*, 8. Juni 1925, Jahrg. LVIII, Nr. 155. Beilage "Aus dem Geistesleben der Gegenwart."

Nach C 208 (Nr. 993).

BNP BRB   C 216 DE VOGÜÉ, E.-M. *Les Morts qui parlent*. Paris, Plon, 1899, in-16, 383 S.

Erschien in der Serie "Scènes de la vie parlementaires". Eine zweite Auflage erschien in der *Collection Nelson*, Paris, Nelson, 1910, in-16, XIII-444 S.

IISG   C 217 DIACONIDE, ELIAS *Ferdinand Lassalle. Sa Vie et son oeuvre* in *Revue internationale de sociologie*, Paris 1938, Bd. XLVI, S. 227-279.

Das am Ende des Artikels angekündigte größere Werk mit demselben Titel ist nicht erschienen.

BM   C 217a DIBBLEE, G. B. *The Socialism of Ferdinand Lassalle* in *Economic Review*, London 1891, Bd. I.

BNF   C 218 DI CARLO, EUGENIO *Ferdinando Lassalle. Studio expositivo critico*. Palermo 1906, in-8, 57 S.

BIW   C 219 IDEM *Per la filosofia della storia di Ferdinando Lassalle*. Palermo, Libreria Editrice Ant. Trimarchi, 1911, in-8, 34 S.

Vgl. C 619 und C 867.

BIW   C 220 IDEM *Ferdinando Lassalle*. Palermo, Priulla, 1919, in-8, 181-[9] S.

Mit Auswahlbibliographie der italienischen Lassalle-Literatur (12 Titel).

UBK   C 221 DIEHL, KARL *Lassalle, Ferdinand* in *Handwörterbuch der Staatswissenschaften*. Bd. IV, Jena, Gustav Fischer, 1892, S. 967-970.

BA   Die *Zweite, gänzlich umgearbeitete Auflage* von 1900 hat den Artikel in Bd. V, S. 526-531.

ASD BA   C 222 IDEM *Über Sozialismus, Kommunismus und Anarchismus. Fünfundzwanzig Vorlesungen. Vierte, vermehrte Auflage.* Jena, Fischer, 1922, in-8, V-[3]-451 S.

BA   "XVIII. Vorlesung: Der Sozialismus in Deutschland. I. Ferdinand Lassalle" (S. 293-306). Die vorhergehenden Auflagen erschienen 1905, 1911 und 1920. Eine *russische* Übersetzung erschien 1906, eine *schwedische* 1913.

ASD BA   C 223 DITTMANN, WILHELM *Ein Mann pflanzt ein Banner auf. Lassalles Schilderhebung 1863* in *Neuer Vorwärts*, Bonn, 1. Mai 1953, Jahrg. VI, Nr. 17/18, Beilage "90 Jahre Sozialdemokratie", S. 33-34.

Der Artikel erschien zuerst am 1. und 8. Mai 1943 in der Beilage *Der Sonntag* (Nr. 18 und 19, jeweils S. 1-2) einer nicht identifizierten sozialdemokratischen Emigrations-Zeitung mit Abdruck von C 76 (Ex. der Beilage in BA).

BAB   C 224 [DOBROGEANU-GHEREA, C.] *Ferdinand Lassalle* in *Revista Socialā*, Jassy, 10. April 1884, Jahrg. I, Nr. 1, S. 20-27; Mai, Nr. 2, S. 73-80; Juni, Nr. 3, S. 103-115.

Die anonym erschienene Biographie ist neugedruckt mit dem Verfassernamen in der rumänischen Ausgabe von A 41, Bukarest 1946, S. 5-31.

BA

C 225 DOMELA NIEUWENHUIS, FERDINAND *De Geschiedenis van het Socialisme*. Amsterdam, De Roode Bibliotheek, o.J., Bd. II, S. 164-196.

ASD BA

C 225a DOWE, DIETER *Aktion und Organisation. Arbeiterbewegung, sozialistische und kommunistische Bewegung in der preußischen Rheinprovinz 1820-1852. Hannover*, Verlag für Literatur und Zeitgeschehen, 1970, in-8, 341 S.

Schriftenreihe des Forschungsinstituts der Friedrich-Ebert-Stiftung, Bd. 78.

Über Lassalles Rolle in der 48er Revolution und den ersten Reaktionsjahren in Düsseldorf: S. 209-211, 255-256, 267, 269, 278, 280-286 und 291-292.

ASD BA

C 225b IDEM *Organisatorische Anfänge der Arbeiterbewegung in der Rheinprovinz und in Westfalen bis zum Sozialistengesetz von 1878* in REULECKE, JÜRGEN [Hrsg.] *Arbeiterbewegung an Rhein und Ruhr,* [Wuppertal], Hammer, [1974], S. 51-80.

ASD BA

C 225c DRAHN, ERNST *Ein Brief der Gräfin Hatzfeldt an Moses Heß* in *Die Glocke,* Berlin, 20. Mai 1916, Jahrg. II, Nr. 8, S. 302-304.

Der Brief vom 18. November 1864 handelt über die von Heß beabsichtigte französische Übersetzung von A 87. Er ist neugedruckt als Nr. 325 in B 87.

IISG

C 226 DREES, W. *Lassalle en Marx. Het begin der moderne socialistische beweging.* Assen, Van Gorcum & Comp., 1967, in-8, 98 S.

BCL

C 227 DUCOMMUN, ELIE *Ferdinand Lassalle. Souvenirs intimes* in *La Revue de Dimanche,* Lausanne, 17. April 1904, Jahrg. XVI, Nr. 16, S. 121-124.

IISG

C 228 [DÜLFER, RUDOLF] *Was ist eine Verfassung? Eine Stimme aus der Demokratie.* Görlitz, Rudolf Dülfer, 1904, in-8, 33 S.

Dülfer siehe auch unter POLITIKUS.

ASD IMLB

C 229 DUNCKER, HERMANN *Ferdinand Lassalle. Geboren 11. April 1825 - Gestorben 31. August 1864* in *Die Rote Fahne,* Berlin, 10. April 1925, Jahrg. VIII, Nr. 82, S. 9.

Dem Artikel folgen zwei Gruppen von Zitaten unter den Titeln "Bleibendes aus Lassalles Reden und Schriften" und "Was Lassalle vom wissenschaftlichen Kommunismus trennt".

C 230 IDEM *Lassalle der erste Regierungssozialist* in ?

IMLB

Der Text ist neugedruckt in HERMANN DUNCKER *Einführungen in den Marxismus. Ausgewählte Reden und Schriften.* Berlin [DDR], Dietz, 1958, Bd. I, S. 303-305. Ein erster Druck wurde nicht gefunden.

ASD BA   C 231   IDEM *Zum hundertjährigen Geburtstage Ferdinand Lassal-*
                        les in *Internationale Presse-Korrespondenz,* Berlin, 11.
                        April 1925, Jahrg. V, Nr. 15, S. 438-439.

ASD BA   C 232   IDEM *Die Lassalle-Legende* in *Die Internationale,* Berlin,
                        Mai 1925, Jahrg. VIII, Nr. 5, S. 242-**247**.

ASD UBK   C 233   DYMSCHITZ, ALEXANDER *Zur Sickingen-Debatte* in *Weimarer*
                        Beiträge. Zeitschrift für Deutsche Literaturgeschichte,
                        Weimar 1960, Jahrg. VI, Nr. 4, S. 747-779.

                        Zu A 27. Neugedruckt in C 370, S. 228-274.

IMLM   C 234   DŽIVELEGOV, A. *Bismark i Lassal'. K istorii vseobščego*
                        izbiratel'nogo prava. Moskau, Trud i Volja, 1906.

                        Vorher unter demselben Titel erschienen in *Načalo,*
                        St. Petersburg 1899 (Nach JAK S. 66).

ASD IMLB   C 235   EBELING, HANS *Der Kampf der Frankfurter Zeitung gegen*
                        Ferdinand Lassalle und die Gründung einer selbständi-
                        gen Arbeiterpartei. Leipzig, C.L. Hirschfeld, 1931,
                        in-8, IV-191-[9] S.

                        Beihefte zum Archiv für die Geschichte der Arbeiterbe-
                        wegung Nr. 4.

BA   Dissertation der Universität Gießen 1929 ([3]-VI-127-
                        [6] S. Maschinenschrift). Enthält auf S. 171-191 Neu-
                        druck von C 35.

                C 235a EBELING, HERMANN *Lassalle oder die List der Unvernunft*
                        in *Der Monat,* Berlin, 1961, Bd. XIV, Heft 167, S. 41-49.

UBK   C 236   IDEM *Der Begriff "Demokratie" in den sozialistischen*
                        Ideologien. Marx - Lassalle - Engels. Karlsruhe, O. Be-
                        renz, 1964, in-8, [2]-145 S.

                        Dissertation der Universität Heidelberg.

FUB   C 237   EBELING, W.E. *Ferdinand Lassalle als Student* in *Forum.*
                        Zeitschrift für geistiges Leben an deutschen Hochschu-
                        len, Berlin 1947, Jahrg. I, Nr. 8/9, S. 312-313.

ASD BA   C 238   ECKERT, GEORG *Wilhelm Bracke und die Anfänge der Braun-*
                        schweiger Arbeiterbewegung. Braunschweig 1957, in-8,
                        24 S.

ASD BA   C 238a IDEM *Die Flugschriften der lassalleanischen Gemeinde*
                        in Braunschweig in *Archiv für Sozialgeschichte,* Hanno-
                        ver 1962, Bd. II, S. 295-358.

BA   C 238b IDEM *Eine Denkschrift der Braunschweiger Lassalleaner*
                        zur Reform des Kommunal-Wahlrechts in *Archiv für So-*
                        zialgeschichte Hannover, 1963, Bd. III, S. 435-463.

ASD BA   C 239   ECKSTEIN, ERNST *Ferdinand Lassalle als Jurist. Ein*
                        Beitrag zum Kapitel Macht und Recht in *Volkswacht für*
                        Schlesien, Breslau, 11. April 1925, Jahrg. XXXVI, Nr.
                        85, S. 18.

OIT   C 240   EGAMI, TERUHIKO [*Das Leben eines Revolutionärs: Fer-*
                        dinand Lassalle]. Tokyo 1972, 269 S.

C 241 EGGER, NORBERT *Die Bedeutung des Begriffs "erworbene Rechte" in der Rechtstheorie von F. Lassalle.* Heidelberg,Juristische Fakultät, 1970, in-8, XXIV-158 S.

Dissertation der Universität Heidelberg 1970.

C 241a EHRLICH, GERD WILLIAM *Ferdinand Lassalle's Significance for Our Time,* Baltimore, The John Hopkins University, 1970, 382 S.

Maschinenschrift, Dissertation.

SLB

C 242 EISNER, KURT *Lassalle und die deutsche Arbeiterbewegung* in *Dresdner Volkszeitung,* 9. April 1925, Jahrg. XXXVI, Nr. 84, S. 5.

Der aus Eisners Nachlaß erstveröffentlichte Artikel erschien auch in der Chemnitzer *Volksstimme* (11. April 1925), in der Düsseldorfer *Rheinische Zeitung* (11. April 1925) und dem *Casseler Volksblatt* (11. April 1925).

ZBZ

C 243 EISSLER, FRANZ *Eine These Lassalles* in *Die Grenzboten,* Berlin 1913, Jahrg. LXXII, Erstes Vierteljahr, Heft 9, S. 416-418.

Über die Überzeugungskraft des gesprochenen Wortes.

UBBa

C 244 ELBOGEN, PAUL *Verlassene Frauen.* Berlin, Rowohlt, 1932, in-8, 314 S.

Über Helene von Dönniges S. 149-183.

ASD IZD

C 245 ELLENBOGEN, WILHELM *Lassalles Machtpolitik. Zu seinem hundertsten Geburtstag am 11. April 1925* in *Der Sozialdemokrat,* Wien, April 1925, Jahrg. VII, Nr. 4, S. 50-52.

ASD BA

C 246 ENGELBERG, ERNST *Die Rolle von Marx und Engels bei der Herausbildung einer selbständigen deutschen Arbeiterpartei (1864-1869)* in *Zeitschrift für Geschichtswissenschaft,* Berlin [DDR] 1954, Jahrg. II, Heft 4, S. 509-537; Heft 5, S. 637-665.

BA

C 247 IDEM *Das Erbe der Arbeiterklasse ist revolutionär. Über die historische Stellung Ferdinand Lassalles und ihre Verfälschung durch rechte Sozialdemokraten* in *Neues Deutschland,* Berlin, 30. April 1963, Ausgabe B, Nr. 118, S. 4.

BA IISG
KMH

C 247a [ENGELS, FRIEDRICH] *"Wir haben hier ein Faktum zu melden [...]"* in *Neue Rheinische Zeitung,* Köln, 27. April 1849, Nr. 283, S. 1-2.

Datiert *"Köln, 26. April".* Verteidigung Lassalles und Ankündigung seines Prozesses für den 3. Mai 1849. Neugedruckt MEW Bd. VI, S. 444-445.

Eine andere ausführliche Verteidigung Lassalles druckte die *NRhZ,* 29. April 1849, Nr. 285, Zweite Ausgabe, S. 1-2 in der Korrespondenz *"Düsseldorf, 28. Juli [sic]".*

BA IISG KMH C 247b [IDEM] *"Uebermorgen wird vor den Assisen [...]"* in *Neue Rheinische Zeitung*, Köln, 2. Mai 1849, Nr. 287, S. 1.

Der *"Köln, 1. Mai"* datierte Artikel legt ausführlich den Hergang der Instruktion von Lassalles Prozeß seit seiner Verhaftung am 22. November 1848 dar. Engels kommt zu dem Schluß, daß Lassalle, wie die des gleichen imaginären Verbrechens angeklagten Marx, Schapper und Schneider II am 8. Februar 1849, freigesprochen werden müsse. Neugedruckt MEW Bd. VI, S. 454-455.

BA IISG KMH C 247c [IDEM] *"Wir versprachen gestern [...]"* in *Neue Rheinische Zeitung*, Köln, 3. Mai 1849, Nr. 288, S. 1.

In dem *"Köln, 3. Mai"* datierten Artikel analysiert Engels die Anklageschrift C 658a und erklärt: "Das Geheimnis des ganzen Prozesses gegen Lassalle ist der Tendenzprozeß gegen den lästigen Agitator". Neugedruckt MEW Bd. VI, S. 462-466. Die *NRhZ* 4. Mai 1849, Nr. 289, Beilage S. 2; 5. Mai, Nr. 290, S. 3-4; 6. Mai, Nr. 291, Zweite Ausgabe S. 4 berichtete über den Prozeß gegen Lassalle und Weyers vom 3. Mai und den Freispruch der Angeklagten am 4. Mai. Lassalle blieb wegen eines gegen ihn vorsorglich instruierten Prozesses "wegen Aufreizung zum gewaltsamen Widerstand gegen Staatsbeamte" noch bis zum 5. Juli 1849 in Haft.

ASD BA C 248 ERDMANN, AUGUST *Bischof Ketteler als Sozialpolitiker. Ein Beitrag zur ultramontanen Arbeiterpolitik* in NZ 20. August 1902, Jahrg. XX, Bd. II, S. 649-658.

Mit dem Brief Kettelers an Lassalle vom 16. Januar 1864 (vgl. B 25).

ASD ZBZ C 249 ERNST, PAUL *Lassalle* in *Die Zukunft*, Berlin, 20. November 1897, Bd. XXI, S. 353-357.

SBMa C 249a ERZ, RUDOLF *Arbeiter und Bourgeois. Einige Worte zur Orientierung in der Arbeiterfrage*. Berlin, Im Selbstverlag des Berliner Gewerbe-Vereins, 1864, in-8, 28 S.

Hinweis von Toni Offermann.

IISG C 250 EVANS, ELIZABETH *Ferdinand Lassalle and Helene von Dönniges. A Modern Tragedy*. London, Swan Sonnenschein, 1897, in-8, 124 S.

ASD UBK C 251 EYCK, ERICH *Der Vereinstag Deutscher Arbeitervereine 1863-1868. Ein Beitrag zur Entstehungsgeschichte der deutschen Arbeiterbewegung*. Berlin, Georg Reimer, 1904, in-8, IV-102 S.

C 252 IDEM *Lassalle* in *Die Nation. Wochenschrift für Politik, Volkswirtschaft und Literatur*. 1904, Jahrg. XXI, Nr. 49.

Nach Schumann.

F.S. Siehe FELIKS SACHS

ASD C 253 FABIAN, WALTER *Marx, Lassalle und ihre Biographien* in *Klassenkampf*, Berlin, 1. März 1929, Jahrg. III, Heft 5, S. 152-154.

BNP | C 254 | FAGUET, EMILE *Propos littéraires. Deuxième Série.* Paris, Société francaise d'imprimerie et de librairie, 1904, in-8, [2]-387-[2] p.

Besprechung von C 830 (S. 283-297).

DSB | C 255 | FALKENFELD, HELLMUTH *Ferdinand Lassalle als Philosoph* in *Königsberger Hartungsche Zeitung.* 5. April 1925, Nr. 161, Sonntagsblatt S. 3.

Der Artikel ist ebenfalls gedruckt worden in der *Berliner Volks-Zeitung* vom 10. April 1925 (Morgenausgabe) und in der *Neuen Badischen Landeszeitung,* Karlsruhe, vom 12. April 1925.

ASD BA | C 256 | FALTYS, ANTONIN *Zu den ersten Schritten der Arbeiterbewegung in Asch* in *Beiträge zur Geschichte der Arbeiterbewegung,* Berlin [DDR] 1965, Sonderheft für die Geschichte der örtlichen Arbeiterbewegung, S. 171-177.

ASD MLB | C 257 | FAUST, HELMUT *Ursprung und Aufbruch der Genossenschaftsbewegung.* Neuwied a. Rh., Verlag der Raiffeisendruckerei, 1958, in-8, 388 S.

ASD | Über Lassalle S. 197-227 und 229-250.
2., völlig neu bearbeitete und stark erweiterte Auflage u.d.T. *Geschichte der Genossenschaftsbewegung. Ursprung und Weg der Genossenschaften im deutschen Sprachraum.* Frankfurt 1965.

ASD | C 258 | FECHT, WILHELM *Lassalle und seine Wirkung auf die Gegenwart* in *Deutsche Stimmen,* Berlin 1925, Jahrg. XXXVII, Nr. 8, S. 153-157.

Nach C 208 (Nr. 947).

ÜNB | C 259 | FEIGL, HANS *Ferdinand Lassalle* in *Österreichische Rundschau,* Wien, 1. August 1912, Bd. XXXII, Nr. 3, S. 174-185.

Über die Staatsidee bei Lassalle.

C 260 | FELISCH, HILDEBARD *Film und Leben* in *Kinematographische Monatshefte,* März 1925, Nr. 3, S. 7-8.

Über Lassalles Eignung zum Filmhelden. Nach C 208 (Nr. 996). Vgl. C 281a.

BM | C 261 | *Ferdinand Lassalle. Gedenkblatt zum vierzigsten Todestage.* [Verlag der Wiener Volksbuchhandlung, Ignaz Braun], [1904], in-fol., 8 S.

Enthält die Texte C 52, C 367, C 385, C 454, C 492, C 777.

BA | C 262 | *Festprogramm zur Feier des Geburtstages von Ferdinand Lassalle am 19. April 1874 im Saale des Handwerkervereins, Sophienstr. 15, in Berlin.* O.O., o.J., in-6, [2] S.

Auf dem Programm waren eine Rede des Reichstagsabgeordneten Reimer und Gesang von C 940 (das auf S. [2] gedruckt ist) und C 75 vorgesehen.

ASD IMLB   C 263   FESSER, GERD *Zur Stellung Lassalles gegenüber den kleinbürgerlichen Demokraten der "Konfliktzeit" und zu ihrer Beurteilung durch Shlomo Na'aman* in *Jenaer Beiträge zur Parteigeschichte* 1972, Heft 32/33, S. 97-108.

ASD   C 263a IDEM *Die Stellung der Deutschen Fortschrittspartei zur Arbeiterbewegung 1861-1866* [2], XVIII, 337 S.

ASD   Dissertation Jena 1973, Druckfassung u.d.T. *Linksliberalismus und Arbeiterbewegung. Die Stellung der Deutschen Fortschrittspartei zur Arbeiterbewegung 1861-1866,* Berlin [DDR], Akademie-Verlag, 1976, in-8, XIII-207 S.

IISG   C 264   FISCHER, ERNST *Aus dem Drama "Lassalle"* in *Das Jahr 1929,* Wien, Wiener Volksbuchhandlung, 1929, Bd. IV, (in-8, 105 S.), S. 98-99.

                        Eine Szene aus dem unvollendet gebliebenen Drama. *Das Jahr 1929* erschien als Band LVIII des *Österreichischen Arbeiter-Kalender,* Ende 1928.

BRB   *Flämisch* unter dem Titel *Bismarck en Lassalle* in *Ontwikkeling,* Brüssel, 1928, Nr. 9/10, S. 534-542.

BRB   *Französisch* unter dem Titel *Lassalle et Bismarck* in *L'Avenir Social,* Brüssel, Februar 1929, Nr. 2, S. 110-114.

DLC   C 264a FISHMAN, STERLING *Lassalle on Heraclitus of Ephesus* in *Journal of the History of Ideas,* New York 1962, Bd. XXIII, S. 379-391.

ASD BA   C 265   FOOTMAN, DAVID [JOHN] *The Primrose Path. A life of Ferdinand Lassalle.* London, Cresset Press, 1946, in-8, XX-251 S.

                        Dieselbe Ausgabe erschien in Amerika (New Haven, Yale University Press, 1947) mit verändertem Titel
DLC   *Ferdinand Lassalle. Romantic Revolutionary.* Ein Neudruck dieser Ausgabe erschien New York 1969.

                        Vgl. C 192.

IMLM   C 266   FRANK, S. *Novye dannye kharakteristike kul'turno-istoričeskikh, sociologičeskikh i filosofskikh vzgljadov Lassalaja* in *Voprosy filosofii i psikhologii,* Moskau 1902, Nr. 5, S. 951-976.

                        Zu B 29.

UBBa   C 267   FRANK, WOLFGANG *Fürst Bismarck und n i c h t seine Leute während des parlamentarischen Krieges.* Leipzig, Fr. Thiele, 1882, in-8, VIII-240 S .

                        Kapitel "Fürst Bismarck und Lassalle" S. 56-79.

KMU UBB   C 268   FREUDE, C.G.A. *Versuch einer Darstellung der Arbeiterbewegung in den letzten Monaten des vorigen Jahres, deren Wichtigkeit nach ihren Parteien. [...] Erste Abtheilung.* Ebersbach, Selbstverlag des Herausgebers, Buchdruckerei von Emil Müller in Ebersbach, 1869, in-8, 140-[2] S.

FREUND DER ARBEITER Siehe C 34.

BIW C 269 FREUND, MICHAEL *Die Zeitung und Lassalle* in *Die Gegenwart* (Sonderheft der *Frankfurter Zeitung*), 29. Oktober 1856, S. 11-14.

ASD BA C 270 FRICKE, DIETER *Die deutsche Arbeiterbewegung 1869-1890. Ihre Organisation und Tätigkeit.* Leipzig, VEB Enzyklopädie, [1964], in-8, 323 S.

Die Kapitel II "Der Allgemeine Deutsche Arbeiterverein" (S. 64-87) und III "Splittergruppen" (S. 88-93) geben eine sehr kurze Übersicht über Programm und Organisation des ADAV.

ASD SBB C 271 FRIEDERICH, CÄCILIA *Die Gestalt Lassalles in Spielhagens Roman "In Reih' und Glied"* in *Wissenschaftliche Zeitschrift der Martin-Luther Universität Halle-Wittenberg,* Gesellschafts- und Sprachwissenschaftliche Reihe, Mai 1961, Bd. X, Nr. 4, S. 989-992.

Vgl. C 840.

C 272 FRIEDRICI, HANS JÜRGEN *Der Politiker Ferdinand Lassalle. Seine Entwicklung vom revolutionären Demokraten zum kleinbürgerlichen Staatssozialisten.* Leipzig, 1958, in-8, XVIII-288-87-[1] S.

Maschinenschrift. Dissertation.

ASD BA C 273 IDEM *Zur Einschätzung Lassalles und des Lassalleanismus in der bürgerlichen und sozialdemokratischen Geschichtsschreibung* in *Beiträge zur Geschichte der deutschen Arbeiterbewegung,* Berlin [DDR] 1960, Jahrg. II, Nr. 2, S. 294-313.

ASD BA C 274 IDEM *Zum 100. Jahrestag der Gründung des Allgemeinen Deutschen Arbeitervereins* in *Beiträge zur Geschichte der deutschen Arbeiterbewegung,* Berlin [DDR] 1963, Jahrg. V, Heft 3, S. 437-450.

ASD BA C 274a FRIEDRICH-EBERT-STIFTUNG *Ferdinand Lassalle 1825-1975.* Bonn-Bad Godesberg, Verlag Neue Gesellschaft, [1975]. in-8, 32-[1] S.

Auf der Gedenkfeier am 11. April 1975 in Düsseldorf gehaltene Reden von Willy Brandt, Walter Hesselbach und Heinz Kühn.

C 275 FRITZAUER, FRANZ *Zwei Lieder für Lassalleaner.* O.O., Selbstverlag, o.J.

Nach Schumann.

IMLB C 276 FRITZSCHE, F.W. *Die sociale Selbsthülfe nach der Lehre Ferdinand Lassalle's. Ein Beitrag zur Klärung der offenbaren Meinung.* Leipzig, Selbstverlag des Verfassers, [Druck von Sturm und Koppe (A. Dennhardt) in Leipzig], o.J., in-8, 24 S.

Fritzsche bezeichnet sich als "Cigarrenarbeiter". Die

erste Auflage war 1867 erschienen (vgl. *Vorbote*, Genf 1867, S. 175). Eine zweite Auflage o.J.; eine dritte Auflage, ebenfalls ohne Jahreszahl, erschien um 1875 in Leipzig.

BA   C 277   FROHME, KARL *Sonnemann vor der Strafkammer. Das Denunciations-System Sonnemanns in seiner ganzen Erbärmlichkeit! Referat aehalten in der öffentlichen Versammlung der Mitglieder des Allgem. Deutschen Arbeiter-Vereins am 27. October 1873. (Nach stenographischer Aufnahme. Auf einstimmigen Beschluß der Versammlung dem Druck übergeben.)* Frankfurt a.M., Verlag der Mitgliedschaft des Allgem. deutschen Arb.-Vereins, [Druck von A. Stritt, Frankfurt a.M.], [1873], in-16, 12 S.

SUBH   C 278   IDEM *Lassalles historische Leistung* in *Hamburger Echo*, 11. April 1925, Jahrg. XXXIX, Nr. 101, Sonderbeilage S. 1.

SUBH   C 279   IDEM *Poesie und Tonkunst im Bunde mit dem Agitator Lassalle* in *Hamburger Echo*, 11. April 1925, Jahrg. XXXIX, Nr. 101. Sonderbeilage S. 1 Feuilleton.

                    Mit Abdruck von C 345.

SUBH   C 280   IDEM *Lassalle, der Verkünder der neuen Gesellschaftsmoral, ein Urteil einer bürgerlichen Zeitschrift 1865* in *Hamburger Echo*, 11. April 1925, Nr. 101, Sonderbeilage S. 2, Feuilleton.

                    Zu C 400, als dessen Verfasser J.E. Jörg genannt wird.

                    Vgl. C 99a.

SUBH   C 281   IDEM *Republikanische Kundgebung am Sarge Lassalles in Genf am 2. September 1864* in *Hamburger Echo*, 11. April 1925, Nr. 101, Sonderbeilage S. 2 Feuilleton.

UBMa   C 281a FROSCH *Der verschacherte Lassalle* in *Casseler Volksblatt*, 11. April 1925, Jahrg. XXXV, Nr. 85, 2. Beilage S. 1-2.

                    Über den von Industriekreisen projektierten Großfilm "Ferdinand Lassalle - das Fiasco des 19. Jahrhunderts". Der Artikel ist aus der *Welt am Montag* übernommen.

                    Vgl. C 260.

IMLM   C 282   GAGARIN, A. *Sociologičeskie i političeskie vzgljay Lassal'ja* in I.K. LUPPOLD [Hrsg.] *Iz istorii filosofii XIX veka.* Moskau 1933, S. 219-308.

UMLP   C 283   GAIGER, ISIDOR *Ferdinand Lassalle. Ein Roman al fresco.* Wien / Pest / Leipzig, A. Hartleben's Verlag, 1873, 2 Bde. in-8, 197-[1]; 215-[1] S.

                    Schwedisch Stockholm, Holmia, 1887.

IMLB   C 284   GEIB, AUGUST *"Die Partei Lassalle." Entgegnung auf den Artikel von Heinrich Martens in No. 147 der "Reform".* Hamburg, Carl Fischer's Buchdruckerei, gr. Burstah 10, 1867, in-8, 8 S.

USBF   C 285   GEISS, IMANUEL *Das alles war Ferdinand Lassalle. Als Grün-der der SPD kann er kaum gelten. Zur Biographie Shlomo Na'amans* in *Frankfurter Rundschau*, 24. September 1970, Beilage S. 3.

Besprechung von C 648.

BM   C 286   GERSTNER, L.J. *Vergleichende Darstellung des Schulze-De-litz'schen Systems und der Lassalle'schen Ideen mit Berück-sichtigung des gewerblichen Creditlebens von Würzburg.* Würzburg, Druck von Friedrich Ernst Thein, 1866, in-8, 20 S.

Am 14. März 1866 vor der Polytechnischen Gesellschaft in Würzburg gehaltener Vortrag.

HBSA   C 287   *Gesänge für Mitglieder des Allgemeinen deutschen Arbeiter-Vereins.* O.O., o.J., in-8, 8 S.

Dem Schriftbild nach erschien die Broschüre in den sechzi-ger Jahren. Sie enthält C 76 (S. 3-4, unter dem Titel *Ar-beiter-Marseillaise)*, aber nicht C 245.

         C 287a   GESZTESY, FRANZ *Der Lassallesche Sozialismus.* Graz 1949.

Dissertation.

IMLB   C 288   GLASER, J[OHANN] C[ARL] *Die Erhebung des Arbeiterstandes zur wirthschaftlichen Selbständigkeit mit besonderer Rück-sicht auf die Verhältnisse in Preußen. Fünf Vorträge gehal-ten im Berliner Buckdruckergehülfen-Verein. Nach dem ste-nographischen Bericht.* Berlin, Im Selbstverlage des Ver-fassers, [Berliner Associations-Buckdr. (Urban & Gen.)], 1865, in-16, 103 S.

UBA   C 289   IDEM *Die Arbeiterfrage und die Parteien* in *Jahrbücher für Gesellschafts- und Staatswissenschaften*, Berlin 1866, S. 97-115.

IISG   C 290   GOES VAN DER NATERS, MARINUS VAN DER *Ferdinand Lassalle en zijn program.* Amsterdam, Arbeiderspers, 1932, in-16, 80 S.

JNUL   C 291   GOLDSTEIN, MAX *Ferdinand Lassalle als Jude* in *Allge-meine Zeitung des Judentums*, Berlin, 11. September 1912, Jahrg. LXXVII, Nr. 37, S. 438-440.

ZBZ   C 292   [GOTTSCHALL, RUDOLF VON] *Ferdinand Lassalle* in *Unsere Zeit*, Leipzig, August 1865, Neue Folge Jahrg. I, Nr. 8, 561-581.

ZBZ   C 293   IDEM *Eine Liebe Ferdinand Lassalle's* in *Unsere Zeit*, Leipzig 1878, Neue Folge Bd. XIV, S. 241-248.

Zu B 11.

ZBZ   C 294   IDEM *Aus meiner Jugend, Erinnerungen.* Berlin, Paetel, 1898, in-8, 370 S.

Gottschall war mit Lassalle 1843-1845 befreundet. Er han-delt von ihm auf S. 135-137, 143-148.

BM   C 295   GRAICHEN, HEINRICH *Ferdinand Lassalle in seinen Bestrebungen zur Hebung der Arbeit und Menschenwürde. Allen
deutschen Arbeitern gewidmet.* Leipzig, In Commission der
Seyfarth'schen Buchhandlung, 1865, in-8, 8 S.

Das Gedicht endet: "Bei uns lebt Messias Lassalle!"

BM   C 296   IDEM *Patriotische Phantasien. Beiträge zur Hebung der Arbeit und Menschenwürde, durch die allgemeinen Arbeiterbe-
wegungen.* Leipzig, In Commission bei der Seyfarth'schen
Buchhandlung, [Druck von A. Waldow in Leipzig], [1865],
in-8, 30 S.

C 297   IDEM *Grundzüge der neuen Lehre des Socialdemokraten Ferdinand Lassalle [...] unter Beigabe der Statuten des allgemeinen Deutschen Arbeitervereins zu Leipzig.* Leipzig,
Seyfarth'sche Buchhandlung, 1865.

Verlagsanzeige in C 472.

C 298   IDEM *Volkswirthschaftliche Betrachtungen und die Arbei-
terbewegungen, im Sinne des Socialdemokraten Ferdinand
Lassalle's. Allen deutschen Arbeitern gewidmet.* Leipzig,
Seyfarth'sche Buchhandlung, 1865.

Verlagsanzeige in C 472.

ASD FUB   C 299   GREBE, PAUL *Die Arbeiterfrage bei Lange, Ketteler, Jörg,
FUB   Schäffle. Aufgezeigt an ihrer Auseinandersetzung mit
Lassalle.* Berlin, Verlag E. Ebering, 1935, in-8, 128 S.

Historische Studien, Heft 283.

ASD BA   C 300   GREBING, HELGA *Geschichte der deutschen Arbeiterbewegung.
Ein Überblick.* [München], Nymphenburger Verlagsbuchhand-
lung, [1966], S. 49-68.

ASD BIW   C 301   GREWE, WILHELM *Über Verfassungswesen in unserer Zeit* in
BIW   *Merkur, Deutsche Zeitschrift für europäisches Denken,*
Stuttgart / Baden-Baden, 1949, Jahrg. III, Nr. 5, S.
430-446.

Zu A 41 und A 45.

ASD   C 302   GRIGOROVICI, TATIANA *Die Wertlehre bei Marx und Lassalle.
BA   Beitrag zur Geschichte eines wissenschaftlichen Mißver-
ständnisses.* Wien, Verlag der Wiener Volksbuchhandlung
Ignaz Brand & Co., 1910, in-8, 95-[I] S.

Sonderdruck aus *Marxismus-Studien* Bd. III; vorher auch als
Dissertation der Universität Bern gedruckt: Wien, Im
Selbstverlag der Verfasserin, 1908, in-8, 95-[I] S.

Russisch Moskau 1923, 114 S.; Petrograd 1923, 91 S.

NSG   C 303   GROSSMANN, STEFAN *Lassalle und die Hatzfeldt* in *Das Tagebuch,* Berlin, 19. Januar 1924, Jahrg. V, Nr. 3, S. 71-74.

Zu N IV.

ASD   C 304   GROTE, HEINER *Sozialdemokratie und Religion. Eine Dokumen-
BA   tation für die Jahre 1863 bis 1875.* Tübingen, Mohr, 1968,
X-[2]-253 S. passim.

ASD IISG	C 305	GRÖTZSCH, ROBERT *Der Bannerträger* in *Die Glocke*, Berlin, 13. August 1923, Jahrg. IX, Nr. 20, S. 539-542.
ZBL	C 306	GRUBER, JOHANNES *Lassalle. Drama.* Luzern, Odeon-Verlag, 1918, in-8, XV-69 S.
SUBD	C 307	GRUMBKOW, WALDEMAR VON *Ferdinand Lassalle* in *Vier ostdeutsche Biographien – Unvergängliche Spuren.* Düsseldorf / Köln, Eugen Diederichs Verlag, [1952], S. 63-85.
	C 308	IDEM *Zum 90. Todestag von Ferdinand Lassalle* in *Schlesische Rundschau*, Stuttgart 1954, Jahrg. VI, Nr. 24, S. 5. Nach Schumann.
IISG	C 309	GUMPLÓWICZ, WŁADYMIR *Ferdynand Lassalle (w 40-ta rocznice śmierci.* [Krakau], "Laternia", 1904, in-16, 44 S. *Historyi socyalzmu w niemczech,* Nr. 3.
ASD SLB	C 310	GURLAND, A. *Lassalle als Staatsphilosoph* in *Leipziger Volkszeitung*, 9. April 1925, Jahrg. XXXII, Nr. 84, S. 2.
IMLB	C 311	H. W. *Lassalle's Mahnruf 1871, oder: Ein Sonnenstrahl der Freiheit. Gedicht mit allegorischem Schlußtableaux: Lassalle, das goldene Kalb zertrümmernd.* O.O., [Druck von Gebrüder Koch in Hamburg], o.J. in-8, 8 S.
ASD BA	C 312	HACKETHAL, EBERHARD *Der Allgemeine Deutsche Arbeiterverein unter dem Einfluß der Pariser Kommune* in *Zeitschrift für Geschichtswissenschaft*, Berlin [DDR] 1968, Jahrg. XVI, Nr. 4, S. 443-461
		HADERMANN, NIKOLAUS siehe C 23a und C 23b.
ASD BA	C 313	HAENISCH, KONRAD *Lassalle, Mensch und Politiker. Mit einem Bildnis Lassalles von Jakob Steinhardt und 10 Faksimile-Beilagen.* Berlin / Leipzig / Wien, Franz Schneider Verlag, [1923], in-8, 148 S. Es erschienen mehrere Auflagen, zuletzt Leipzig, Ernst Oldenbourg, 1931. *Russisch* Leningrad, Kniga, 1925, 160 S.
SUBH	C 314	IDEM *Ferdinand Lassalle* in *Kämpfer. Großes Menschentum aller Zeiten. Herausgegeben von Hans von Arnim.* Berlin / Leipzig / Wien / Bern, Franz Schneider Verlag, [1923], S. 255-272.
DSB	C 316	IDEM *Der großdeutsche Demokrat Lassalle* in *8 Uhr-Abendblatt [der] Nationalzeitung*, Berlin, 9. April 1925, Jahrg. LXXVIII, Nr. 84, 2. Beiblatt, S. 1.
ASD IISG	C 317	IDEM *Der junge Lassalle* in *Die Glocke*, Berlin, 11. April 1925, Jahrg. XI, Bd. I, Nr. 2, S. 41-50. Vorabdruck aus B 72.
IMLB	C 318	IDEM *Zum hundertsten Geburtstag Ferdinand Lassalles. Eine Vortragsdisposition.* Berlin, 1925, in-8, 12 S. *Arbeiter-Bildung. Schriftenreihe des Reichsausschusses für sozialistische Bildungs-Arbeit,* Nr. 9.

USBF	C 319	HÄGELE, JOS. M. *Der moderne Fortschritt und die arbeiten-den Klassen.* Frankfurt a.M., Verlag für Kunst und Wissenschaft, G. Hamacher, 1865, in-8, 24 S.

Broschürenverein, Nr. 6.

IMLB	C 320	HAHN, LUDWIG *Das Sociale Königthum. Ein Ausspruch Lassalle's und die sociale Praxis Kaiser Wilhelms. Eine Schrift zu den Wahlen.* Berlin, Verlag von Wilhelm Hertz (Bessersche Buchhandlung), [Drucker Julius Sittenfeld, Berlin], 1884, in-8, 44 S.

	C 321	HANNACK, JACQUES *Ferdinand Lassalle. Redeanleitung zu seinem hundertsten Geburtstag* in *Bildungsarbeit,* Wien 1925, Jahrg. XII, Nr. 3, S. 18.

Nach Schumann.

IMLB	C 322	HANS, WILHELM *Marx, Lassalle und der Beginn der deutschen Arbeiterbewegung. Dritte unveränderte Auflage.* Frankfurt a.M., Verlag Moritz Diesterweg, 1928, in-8, 31 S.

Diesterwegs deutschkundliche Schülerhefte, 3. Reihe, Heft 7.

Mit Auszügen aus A 40, A 41 und A 54.

Die erste Auflage erschien 1924, die zweite 1925.

BA	C 323	[HANSER RUDOLF] *Dem Andenken Ferdinand Lassalle's.* Wien, [Herausgeber und für den Inhalt verantwortlich: Rud. Hanser, Genossenschafts-Buchdruckerei, Wien IX, Alserstraße 32], [1890], in-8, 32 S.

Familien-Bibliothek für das arbeitende Volk, Heft 15/16.

Enthält den Aufsatz des Herausgebers "Lassalle" (S. 5-16) und C 11, C 432, C 502, C 736.

BA ASD	C 324	HARMS, BERNHARD *Ferdinand Lassalle und seine Bedeutung für die deutsche Sozialdemokratie.* Jena, Verlag von Gustav Fischer, 1909, in-8, [8]-128, S.

Eine zweite Auflage erschien im gleichen Verlag 1919.

Vgl. C 797 und C 801.

BM	C 325	HARTMAN, J. [*Ferdinand Lassalle*] London, [J. Kaniowski], 1904, in-16, 36 S.

Biographie auf Jiddisch.

AKW	C 326	HARTUNG, HERMANN *Staatshilfe oder Selbsthilfe? Vortrag gehalten am Sonntag den 5. Januar 1868,* Wien, Verlag des Arbeiter-Bildungs-Vereins, Druck von A. Pichler's Witwe & Sohn, 1868, in-16, 14 S.

Hartung, einer der Begründer der Wiener Arbeiterbewegung, zitiert Anton Menger für Lassalle und gegen Schulze-Delitzsch.

SUBD	C 327	HARTWIG, RICHARD VON *Ein Idol. Sociales Drama in fünf Akten. Zweite veränderte Auflage.* Charlottenburg, Verlagsabteilung der Deutschen Schriftsteller-Genossenschaft, 1892, in-8, 112 S.

Die erste Auflage erschien 1890. Lassalle ist das Vorbild

des "Doktor Ferdinand Steiner, Arbeiteragitator", Bismarck das von "Graf Otto von Königsmark, Staatsminister".

IISG   C 328   HATZFELDT, S. VON *Gräfin Hatzfeldt über Lassalles Tod* in ?, Hannover.

Brief der Gräfin Hatzfeldt an "Herr S." vom 12. September 1864. In IISG als Ausschnitt aus einer nicht identifizierten Hannoveraner Zeitung, die eingangs erklärt, den Brief nach der *Schaubühne* zu drucken. Der Empfänger ist mit großer Wahrscheinlichkeit Reinhold Schlingmann.

OIT   C 329   HAYASHI, KENTARO [*Studien zur deutschen Geschichte der Neuzeit*]. Tokyo 1943, 433 S.

"Bismarck und Lassalle" S. 220-304. Vorher als Aufsatz veröffentlicht in der Zeitschrift [*Historische Studien*], Tokyo 1938.

ZBZ   C 330   HEIDERICH, MAX *Rodbertus, Lassalle und Rudolph Meyer* in *Die Gegenwart*, Berlin, 27. Mai 1899, Jahrg. XXIII, Bd. LV, Nr. 21, S. 323-326.

Lassalle im Briefwechsel Rodbertus - Meyer. Vgl. C 614.

ASD   SSA   C 331   HEILBUT, K. *Dem Gedenken Lassalles* in *Die Gleichheit*, Berlin, 13. September 1919, Jahrg. XXIX, Nr. 30, S. 234.

ASD   BA   C 332   HEINE, HEINRICH *Ein Brief Heinrich Heine's an Varnhagen von Ense über Ferdinand Lassalle* in *Neue Rheinische Zeitung*, Köln, 4. Januar 1849, Nr. 186, S. 1-2 Feuilleton.

Der verkürzte Abdruck des Briefes vom 3. Januar 1846 ist irrtümlich datiert "3. Januar 1845". Es handelt sich um einen Kopierfehler, denn der Kommentar sagt, der Brief sei "heute vor vier Jahren geschrieben". Die Veröffentlichung von Heines schmeichelhafter Charakteristik Lassalles diente der Unterstützung Lassalles, der seit dem 22. November 1848 in Untersuchungshaft saß (vgl. A 22).

Georg Weerth, der Feuilleton-Redakteur des Blattes, schrieb zwei Jahre später an Heine, "daß die Veröffentlichung allerdings mehr auf den Wunsch der Gräfin Hatzfeldt als auf den Lassalle's geschah. Da Lassalle damals in Gefahr stand, wegen einer politischen Anklage verurtheilt zu werden und die Redaktion der *Neuen Rheinischen Zeitung* mit Ihrem Urtheile über Lassalle übereinstimmte, so ist der Abdruck des Briefes gewiß zu rechtfertigen" (Brief vom 21. Februar 1851 in *Säkularausgabe* Bd. XXVI, S. 285).

Lassalle hat diese verkürzte Version später wiederholt benutzt, besonders während seiner Agitation. So erschienen Abdrucke im Frankfurter *Volksfreund für das mittlere Deutschland*, 18. September 1863, Nr. 112, S. 1-2 und im Hamburger *Nordstern*, Hamburg 17. Oktober 1863, Nr. 234, S. 1 (beide Male mit demselben Datumsirrtum). Der vollständige Text des Briefes in C 648 (S. 64-65) sowie in allen Heine-Briefe-Ausgaben, so in der letzten von Fritz Eisner besorgten (Weimar, *Säkularausgabe* 1972; **vgl.** B 95), Bd. XXII, S. 180-18o. Derselbe Band enthält die Briefe Heines an Lassalle vom 10., 11. und 13. Februar 1846 (S. 191-197), 27. Februar (S. 207-209) und 7. März 1846 (S.

212-214). In Band XXIII Regest eines verlorengegangenen
Briefes Heines an Lassalle vom April 1850 (S. 33). Die
Briefe Lassalles an Heine müssen als verloren gelten.
Gustav Mayer veröffentlichte nach gerichtlichen Abschrif-
ten zwei solche Briefe vom Oktober und November 1846, in
N I, S. 269-274 und 281-285.

Die *Volkswacht für Schlesien*, Breslau, 18. April 1925,
Jahrg. XXXVI, Nr. 90, S. 6 druckt den Text der *Neuen Rheinischen Zeitung*, mit dem Datumsirrtum und den Umstellun-
gen und Kürzungen, obwohl sie angibt, den vollständigen
Text nach einer Abschrift zu drucken, die ihr "Der Besitzer des Brieforiginals, ein Breslauer Sammler" zur
Veröffentlichung gestellt habe.

ZBZ   C 333 HEINZE, RUDOLF *Über Lassalle's Briefe an Sophie Sonzeff*
                    in *Unsere Zeit*, Leipzig 1881, Bd. I, S. 292-304.

                    Zu B 11.

ASD   C 334 HEISIG, KARL *Uebersicht der neueren Lassalle-Literatur* in
BA   *Volkswacht für Schlesien*, Breslau, 9. September 1922,
                    Jahrg. XXXIII, Nr. 211, S. 11.

ASD   C 335 IDEM *Aus der Literatur über Lassalle. Ein Ueberblick* in
BA   *Volkswacht für Schlesien*, Breslau, 11. April 1925, Jahrg.
                    XXXVI, Nr. 85, S. 19.

BAF   C 336 HELD, ADOLF *Lassalle und seine Nachfolger. Vortrag
                    gehalten im Bonner Bildungsverein am 9. März 1873*
                    O.O., o.J.,in-8, 12 S.

                    Hinweis von Toni Offermann

             C 336a HELLFAIER, KARL-ALEXANDER *Ferdinand Lassalle zum 150.
                    Geburtstag* in *Schlesien*, Nürnberg 1975, Bd. XX, Heft
                    2, S. 91-96.

ASD   C 337 HELLWAG, FRITZ *Lassalles letzte Tage* in *Die Glocke*,
IISG   Berlin, 11. April 1925, Jahrg. XI, Bd. I, Nr. 2, S.
                    55-59.

UBW   C 338 HEPPNER, A. *Stammtafel Ferdinand Lassalles. Anläßlich
                    seines 100. Geburtstages im April dieses Jahres* in
                    Breslauer jüdisches Gemeindeblatt, 27. März 1925,
                    Jahrg. II, Nr. 3, S. 37-39.

ASD   C 339 HERKNER, HEINRICH *Die Arbeiterfrage. Eine Einführung.
BA   Zweiter Band: Soziale Theorien und Parteien. Siebente,
                    erweiterte und umgearbeitete Auflage.* Berlin / Leipzig,
                    Walter de Gruyter & Co., 1921, in-8, XIV-624 S.

                    Über Lassalle (S. 307-326) und den ADAV bis 1875 (S.
                    326-345). Die ersten sechs Auflagen erschienen in einem
                    Bande (1894-1916), eine achte erschien 1922.

HA   C 340 *Herrn Ferdinand Lassalle in Berlin.* Köln 1863, in-4,
                    [8] S. lithographierte Handschrift.

                    Solidaritätsadresse rheinischer Arbeiter an Lassalle,
                    datiert "Cöln den 12ten April 1863" (S. [1-2]) und ge-
                    folgt von einer Liste mit 1224 Namen (S. [2-8], sechs-
                    spaltig). Die Adresse geht auf A 40 und A 54 ein und

schließt "Hoch lebe der allgemeine deutsche Arbeiter-
Verein!" Aus dem ersten Satze geht hervor, daß die
Unterschriftensammlung nach Schluß des "Provinzial-
Arbeitertag" am 12. April 1863 in Köln stattfand.
Eine an "Geehrte Redaktion" gerichtete Aufforderung,
den Text zu drucken, geht der Adresse voran. Sie ist
vom 1. September 1863 aus Düsseldorf datiert und unterschrieben von L. Wimmer, F. Kichniawy, K. Flach
und H. Korbacher. Sie erklärt, die Absendung der Adresse an Lassalle sei "in Folge dessen Abwesenheit von Berlin bis heute verzögert" worden. Sie nennt "1412 rheinische Arbeiter" als Unterzeichner, am Ende der Adresse
ist ebenfalls angegeben "Folgen 1412 Unterschriften" –
dem einzig bekanntgewordenen Exemplar in HA fehlt also
die S. [9]. Die *Düsseldorfer Zeitung* vom 8. September
1863 (Nr. 245, S. 3) zeigt unter "Vermischtes" den
Empfang der Adresse an und resümiert ein abfälliges
Urteil über sie aus der Berliner *Nationalzeitung*. Der
Verfasser der Adresse war Gustav Lewy (vgl. S. 87 in
B 10).

SAF
    IDEM *Volksfreund für das Mittlere Deutschland*, Frank-
furt/M., 9. September 1863, Nr. 108, S. 1.

Unter dem Titel *Die rheinischen Arbeiter an Lassalle*,
mit dem Düsseldorfer Begleitschreiben in Fußnote, und
dem Bemerken, die Unterschriften seien bei der Redaktion einzusehen.

IDEM Assen 1975 in B 94 (S. 318-327, mit alphabetischer
Namensliste der Unterzeichner S. 808-815).

UBE
    C 341 HERSE, W. *Lassalle und Friedrich der Große* in *Magdebur-
gische Zeitung*, 12. April 1925, Nr. 185, 1. Beilage S. 5.

ABA
    C 341a HERTEL, HANS / MØLLER KRISTENSEN, SVEN *Den politiske
Georg Brandes*. Kopenhagen, Hans Reitzel, 1973, in-8,
323 S.

Besonders S. 69-87 über Brandes' von Lassalle gepräg-
tes Sozialismusbild.

BA
    C 342 HERWEGH, EMMA *Wie Lassalle starb* in *Berliner Tageblatt*.
18. Oktober 1925, Nr. 494 i. Beiblatt S. 1.

Brief an Schlingmann vom 8. September 1864, herausgegeben von Ida Dehmel.

IISG
    C 343 HERWEGH, GEORG [*Beitrittserklärung*] in *Nordstern*, Ham-
burg, 18. Juli 1863, Jahrg. IV, Nr. 221, S. 2.

Die an Lassalle gerichtete Beitrittserklärung Herweghs
zum ADAV, mit der er die Ernennung zum Bevollmächtigten
für die Schweiz annahm, ist "Zürich, den 5. Juli 1863"
datiert. Sie erschien "in mehreren Zeitungen" (Gustav
Mayer zu dem Abdruck in N V, S. 199). Audorf druckte
sie (mit dem falschen Datum "5. Juni") in C 75 (S. 20).
Sie ist neugedruckt in C 190 (S. 142-143).

Herwegh schickte Lassalle am 7. Juli 1863 eine Ergänzung zu der Erklärung, in der er seinen "Ausdrückli-
che[n] Protest gegen den *heutigen* Staat und die Staats-

allmacht überhaupt" betonte, wie dem Begleitbrief zu
entnehmen ist (vgl. N V S. 200 und C 189a S. 308-310).
Die Ergänzung wurde nicht berücksichtigt, möglicherweise, weil Lassalle bei ihrem Eintreffen die Erklärung
bereits zum Druck geschickt hatte.

ZBZ   C 344   IDEM *'Eine Bemerkung in der N.Z.-Ztg. [...] "* in *Zürcher Intelligenzblatt*, 24. Juli 1863, Nr. 174, S. 687.

Die *Neue Zürcher Zeitung* hatte zustimmend über die An-
griffe Sonnemanns gegen Lassalle auf dem Arbeitertag
in Zürich berichtet, dem letzterer ferngeblieben war.
Herwegh verteidigt Lassalle gegen den Vorwurf, er habe
(in A 54) gefälschte Statistiken verwandt und zitiert
hierzu einen Brief des Direktors des Preußischen Sta-
tistischen Bureau's, Ernst Engel, in dem dieser erklärt, in Lassalle "für seine [eigenen] philosophischen und historischen Anschauungen einen der hochbe-
gabtesten Gewährsmänner gefunden" zu haben. Herwegh erklärt zum Schluß, er werde Sonnemanns Züricher Rede an
Lassalle "zur speziellen Verarbeitung lege artis, resp.
'Julianisierung' [...]" schicken. Lassalle sandte ihm
darauf den Text A 72b.

Das *Zürcher Intelligenzblatt* vom 7. August 1863, Nr. 186,
S. 735, brachte eine Berichtigung von Sonnemanns Darstellung der Frankfurter Versammlung (A 66) auf dem Arbeitertag durch den Frankfurter Bevollmächtigten A.
Strauß.

BA   C 345   IDEM *Bundeslied für den Allgemeinen Deutschen Arbeiter-
verein*, O.O., o.J. in-8, [2] S.

Herwegh sandte Lassalle das schon im Mai 1863 verspro-
chene Bundeslied am 25. Oktober 1863. Lassalle verlas es
zuerst vor der Berliner ADAV-Versammlung vom 2. November
1863, wie er in seiner Beschwerde A 78 erwähnt. Zwei
Exemplare dieses Druckes befinden sich im Lassalle-Nachlaß (V, 4 in C 104). Die ersten von 1200 in Berlin gedruckten Exemplaren wurden am 19. November 1863 konfisziert,
aber schon am 21. November sollte ein neuer Druck erschei-
nen(Emma Herwegh an Georg Herwegh, 4. und 20. November
1863). Bedeutend weniger populär und verbreitet als C 76,
findet sich Herweghs Hymne dennoch in vielen Arbeiterliederbüchern. Nachgedruckt u.a. in B 8a (S. 116-117) und
B 19 (S. 81-82).

Vgl. C 190 (S. 159-166), C 965.

IISG   C 346   IDEM *Componirt für 4 Männerstimmen von W. Solinger*. Zürich, Verlag von Th. P. Lißner, Druck von Zürcher und
Furrer, o.J., in-8, 8 S.

Erschien im Januar 1864. Auf Lassalles Andringen verbarg
sich der Komponist Hans von Bülow hinter einem Pseudonym.

HA   C 347   IDEM *Componirt von W. Solinger*. O.O., o.J., in-8,
4-4-4-4 S.

Die Stimmen I und II "Für Tenor", III und IV "Für Baß".

IISG C 348 IDEM *Erklärung* in *Nordstern*, Hamburg, 8. April 1865, Jahrg.
VI, Nr. 304, S. 3-4.

In der "Zürich, 29. März 1865" datierten und "Georg Herwegh" unterzeichneten Erklärung begründet Herwegh seinen
Austritt aus dem ADAV mit der Politik des *Social-Demokrat*
und Bernhard Beckers. Die Erklärung ist nachgedruckt in
B 24, S. 153-155. Ein Begleitschreiben Herweghs an Bruhn
ist gedruckt im *Nordstern* vom 15. April 1865, Nr. 305,
S. 2. Auf derselben Seite auch die vom 9. April 1865 datierte Austrittserklärung Martinys. Eine Kopie seiner Erklärung in Herweghs Hand ist in HA. Der Brief an Bruhn
ist neugedruckt in C 190 (S. 198).

IISG C 349 IDEM *Am Grabe Ferdinand Lassalle's* in *Nordstern*, Hamburg,
VGA   24. September 1864, Jahrg. V, Nr. 276, S. 1.

Neugedruckt in *Arbeiter-Zeitung*, Wien, 14. April 1925,
Jahrg. XXXVII, Nr. 102, S. 4. Eine *finnische* Übersetzung
von Niiles Robert af Ursin erschien in dem von ihm herausgegebenen Arbeiterkalender *Koitar* (S. 5), Tampere 1905,
vor dem Abdruck der ersten finnischen Übersetzung des
Manifestes der Kommunistischen Partei, ebenfalls von af
Ursin (vgl. ANDRÉAS *Le Manifeste* Nr. 426). Emma Herwegh
hat Herweghs Verfasserschaft in Abrede gestellt.

Vgl. C 965.

C 349a HERZIG, ARNO *Ferdinand Lassalle und die Arbeiterbewegung im märkischen Industriegebiet* in *Der Märker*, Alte-
na 1973, Bd. XX, Heft 4, S. 69-75.

ASD C 349b HERZIG, ARNO *Der Allgemeine Deutsche Arbeiter-Verein in
der deutschen Sozialdemokratie. Dargestellt an der Biographie des Funktionärs Carl Wilhelm Tölcke (1817-1893)*,
Berlin, Colloquium Verlag, 1979, in-8, XIII-417 S.

Historische Kommission zu Berlin. Beihefte zur IWK 5

HBSA C 350 HESS, MOSES *Rechte der Arbeit*. Frankfurt am Main, In
IISG   Kommission bei Reinhold Baist, [Druck von Reinhold Baist
in Frankfurt am Main], 1863, in-8, 30 S.

Vortrag, den Heß im Juni 1863 vor Mitgliedern des ADAV
in Köln und Düsseldorf gehalten hat. Das Vorwort ist
"Köln, 15. Juli 1863" datiert. In einem unveröffentlichten Brief vom 30. August 1863 an Heß sagt Baist: "Ich
habe 3.000 Ex. drucken lassen, wovon ich also 2.000 zur
Verfügung des Herrn Lewy stelle und den Rest von 1.000
werde zu verkaufen suchen" (IISG *Nachlaß Heß* D 17a).
Gustav Lewy verschickte in Heß' Auftrag 2.000 Exemplare
an die Bevollmächtigten des ADAV. Der Text wurde neugedruckt in der von W. Hasselmann herausgegebenen Monats-
IISG   schrift *Sozialpolitische Blätter zur Unterhaltung und
Belehrung für die deutschen Arbeiter*, Berlin, Januar,
Februar, März 1874, Jahrg. II, Nr. 1-3, S. 22-23, 35-39,
75-78.

ASD C 351 IDEM *Erklärung* in *Rheinische Zeitung*, Düsseldorf, 28.
SUBD   September 1863, Nr. 353, S. 3.

Die Erklärung ist vom 26. September 1863 datiert und
verteidigt Lassalle gegen einen Angriff, den Heinrich

Bürgers in der *Rheinischen Zeitung* vom 26. September
1863 (Nr. 351, Erstes Blatt S. 3) veröffentlicht hatte.
In der redaktionellen Einleitung zum Abdruck heißt es:
"Hr. Lassalle schickt uns ebenfalls einen längeren Aufsatz mit dem Ansinnen, ihn aufzunehmen." Die Redaktion
lehnt das ab. Eine Abschrift (oder ein Diktat) dieses
unveröffentlichten "Aufsatzes" Lassalles (4 1/2 S.
in-8, datiert "Düsseldorf, 25. September 1863") liegt
im Nachlaß (V, 3 in C 104). Es handelt sich um eine Erwiderung auf eine Erklärung Bürgers' gegen Heß.

UBK
IISG

C 352 [IDEM] *Allgemeiner Deutscher Arbeiterverein. Extra-
Abdruck aus dem "Nordstern".* Hamburg, J.E.M. Köhler's
Buch- und Steindruck, 1863, in-8, 4 S.

Bericht über eine Versammlung des Kölner Handwerker-
vereines am 5. Oktober 1863, in der Mitglieder des ADAV
den Sprecher, Heinrich Bürgers, "interpellirt und blamirt"
hatten. Heß bestellte zur Verbreitung im Rheinland 1.000
Sonderdrucke des Berichtes, den der *Nordstern*, Hamburg,
am 10. Oktober 1863, Nr. 233, S. 2-3 brachte. Vgl. Heß
an Lassalle, 7. Oktober 1863.

BA

C 353 [IDEM] *Allg. deutsch. Arbeiterverein.* Hannover
1963, S. 320-321 in C 18.

Entwurf einer Proklamation ohne Datum, unterzeichnet
"Das Präsidium L." Heß hatte das "Projekt" dieses Auf-
rufes im September 1863 mit Lassalle besprochen und
schickte ihm am 7. Oktober 1863 den Text, der mit Lassalles Unterschrift erscheinen sollte. Er schlägt vor,
die Agitation des ADAV gegen die bürgerliche Presse als
"Plänklerkrieg" mit jeweils aktuellen Flugblättern zu
betreiben. Original in BA.

IMLB
IISG

C 354 IDEM *Ueber socialökonomische Reformen. Eine Rede gehalten am 15. November im Arbeiterverein zu Mühlheim a. Rh.
Extra-Abdruck aus dem "Nordstern".* Hamburg, J.E.M. Köhler's Buch- und Steindruck, 1863, in-8, 15 S.

Zuerst erschienen im *Nordstern*, Hamburg, 21. November
1863, Jahrg. IV, Nr. 239, S. 2-3; 28. November, Nr.
240, S. 1-2; 5. Dezember, Nr. 241, S. 1-2.

IISG

C 355 [IDEM] *Zur sozial-demokratischen Agitation* in *Nordstern*,
Hamburg, 30. April 1864, Jahrg. V, Nr. 255, S. 1-3.

Die Redaktion teilt einleitend mit, daß sie diesen "Aufsatz von M. Heß" übersetzt nach dem französischen Text
(erschienen im *Journal des Actionnaires*, Paris 1864,
Jahrg. XII, S. 19-20). Lassalle, der von Heß am 11. April
den französischen Text erhalten hatte, schickte ihn sofort an den *Nordstern*. In dem Artikel heißt es u.a.:
"Wenn in Deutschland morgen eine Revolution ausbräche,
würde man sicher überrascht sein, einen Mann erscheinen
und vielleicht die Rolle eines Diktators übernehmen zu
sehen [...] Dieser zukünftige Diktator heißt Ferdinand
Lassalle."

UBG	C 356	[IDEM] *Le Parti Lassalle* in *Le Travailleur associé. Propagateur international des doctrines coopératives*, Gent, 15. Dezember 1866, Jahrg. I, Nr. 5, S. 125-126; 15. Januar 1867, Jahrg. II, Nr. 1, S. 6-8; 15. Februar, Nr. 2, S. 31-34; 15. März, Nr. 3, S. 52-54; 15. April, Nr. 4, S. 79-82; 15. Mai, Nr. 5, S. 97-99; 15. Juni, Nr. 6, S. 123-125; 15. Juli, Nr. 7, S. 153-156.

Die ersten Artikel sind "**X**" gezeichnet, nur die drei letzten mit Heß' Initialen. In seiner Darstellung der Lassalleschen Lehre befaßt Heß sich hauptsächlich mit A 87; er hatte diesen Text ins Französische übersetzt, aber keinen Verleger gefunden.

C 357 IDEM *Lassalle* in N VI S. 419-428.

Fragment einer biographischen Einleitung zur nicht erschienenen französischen Übersetzung von A 87. Heß benutzte Buchers Skizze C 182.

IMLB   C 358 HEUBNER, HERMANN *Ferdinand Lassalle. Schauspiel in 5 Akten.* Leipzig, Verlag von H.A. Degener, 1905, in-8, 70 S.

Über die Dönniges-Episode. Eine französische Übersetzung ist angezeigt in der anarchistischen Zeitschrift *Le Réveil* vom 22. Juni 1907.

BIW   C 359 HEUSS, THEODOR *Der Briefwechsel Marx-Lassalle* in *Die Hilfe, Gotteshilfe, Selbsthilfe, Staatshilfe, Bruderhilfe*, Berlin 1922, Jahrg. XXVIII, S. 235-236.

Zu B 43 Bd. III.

LAB   C 360 IDEM *Das Meteor* in *Berliner Börsen-Courier*, 11. April 1925, Jahrg. LXVII, Nr. 70, Beilage S. 1.

ASD IISG   C 361 HEYDENDAHL, NICOLA *Nachruf an den am 31. August 1864 zu*
KMH   *Genf im Duell gefallenen Agitator und Präsidenten des allgemeinen deutschen Arbeiter-Vereins Herrn Ferdinand Lassalle.* Düsseldorf, Herausgegeben und verlegt vom Verfasser, Druck der H. Kronenberg'schen Buchdruckerei in Düsseldorf, 1864, in-8, 7 S.

KG   Der Nachruf in Versform erschien auch ohne Ortsangabe und ohne Jahreszahl, gedruckt von "Schlüter'sche Hofbuchdruckerei in Hannover".

ASD BA   C 362 HEYM, STEFAN *Uncertain friend: a biographical novel.*
BM IMLB   London, Cassell, 1969, 279 S.

Deutsch München, Bechtle, 1969, 424-[1] S. (unter dem Titel *Lassalle*); Berlin [DDR], Neues Leben, 1974, 379 S.

BA   C 363 HEYMANN, FRITZ *Lassalle an seine Richter.* Berlin, o.J., in-8, 27 S.

Drei Aufsätze, die vorher erschienen waren in der *Vossischen Zeitung*, Berlin, 12. August 1928 (zu A 22), 7. Oktober 1928 und 5. Mai 1929 (über Agnes Klindworth).

C 364 HIERONYMI, W. *Herr Herostrat-Lassalle der ökonomische Kronprätendent oder Agitation und Ehrgeiz*, Darmstadt, Im Selbstverlag des Verfassers, In Commission bei J.P. Diehl, 1864, 55 S.

Nach SPD.

HLD UBA C 365 HIERSEMENZEL, C[ARL] C[HRISTIAN] E[DUARD] *Ferdinand Lassalle: Das System der erworbenen Rechte* in *Preußische Gerichtszeitung. Organ des Deutschen Juristentages.* Berlin, 24. November 1861, Jahrg. III, Nr. 83, S. 333-336.

Der Verfasser war der Herausgeber der Gerichtszeitung und wie Lassalle Mitglied der Philosophischen Gesellschaft in Berlin, in der er diesen Text in der Sitzung vom 26. Oktober 1861 vorgetragen hat. Das von Michelet redigierte Organ der Gesellschaft brachte den Text im Sitzungsbericht (*Der Gedanke*, Berlin 1862, Jahrg. II, Bd. III, Nr. 1, S. 23-34).

C 366 HILDEBRANDT, ROLF *Ferdinand Lassalle und die Anfänge der modernen Massenpublizistik.* Berlin 1951, in-8, 213 S. Maschinenschrift.

Dissertation der Freien Universität Berlin.

C 367 HILFERDING, RUDOLF *Zur Politik Lassalles.* Wien 1904, S. 7 in C 261.

ASD BA C 368 IDEM *Neue Briefe von Ferdinand Lassalle* in NZ 6. September 1905, Jahrg. XXIII, Bd. 2, Nr. 50, S. 774-775.

Zu B 38.

ZBZ C 369 HILTY, CARL *Ferdinand Lassalle und Thomas von Aquino* in *Politisches Jahrbuch der Schweizerischen Eidgenossenschaft*, Bern 1889, Jahrg. IV, S. 1-121.

ASD C 370 HINDERER, WALTER (Hrsg.) *Sickingen Debatte. Ein Beitrag zur materialistischen Literaturtheorie.* [Darmstadt / Neuwied], Luchterhand, [1974], 447 S.

Sammlung Luchterhand Nr. 141.

Zusammenstellung der Debatte zwischen Lassalle und Marx/Engels mit Briefen anderer an Lassalle und Beiträgen späterer Kritiker zum Thema.

BA C 371 [HIRSCH, CARL] *Die Deutsche Arbeiterpartei. Ihre Prinzipien und ihr Programm.* Berlin, Verlag von Alexander Jonas, [Druck von H.S. Hermann in Berlin], 1868, in-8, 32 S.

Die Broschüre besteht zum größeren Teil aus Zitaten Lassalles und einem Auszug aus dem *Manifest der kommunistischen Partei.* Hirsch wird als Verfasser genannt in *Ausführliches Programm zu dem am Sonntag, den 22. August 1869 in Harzburg [...] stattfindenden Großen Sozial-Demokratischen Arbeiter-Fest [...]* (Braunschweig, o.J., 23 S.) S. 8. Das Programm druckt auf S. 8-18 einen Teil der Broschüre nach. Faksimile der Broschüre in *Archiv für Sozialgeschichte* Hannover 1963, Bd. III, S. 479-489.

SSB

HBSA Der Text wurde neugedruckt, ohne Verfassernamen, in *Social-Demokrat*, Hamburg, 24. Februar 1877, Jahrg. V, Nr. 8 - 28. April, Nr. 17.

DSB C 372 HIRSCH, FELIX *Lassalle und Bismarck* in *8 Uhr-Abendblatt [der] Nationalzeitung*, Berlin, 9. April 1925, Jahrg. LXXVIII, Nr. 84, 2. Beiblatt, S. 1-2.

BA C 373 HIRSCH, HELMUT *Les recherches lassalliennes de Shlomo Na'aman* in *Etudes de Marxologie*, Paris, Dezember 1972, S. 2421-2430.

Economies et Sociétés Bd. VI, Nr. 12.

LBN C 374 HIRSCH, LEO *Disraeli - Lassalle. Versuch über einen politischen Typus* in *Der Morgen*, Berlin, März 1934, Jahrg. IX, Nr. 9, S. 493-496.

BIW C 375 HOEGNER, WILHELM *Ferdinand Lassalles Vortrag über Verfassungsfragen. Zur Erinnerung an eine verfassungsrechtliche "Entdeckung" vor hundert Jahren* in *Deutsches Verwaltungsblatt*, Köln, Mai 1962, Jahrg. LXXVII. Nr. 5, S. 157-158.

Zu A 41.

JNUL C 376 HOFMANN, MARTHA [*Ferdinand Lassalle und Heinrich Heine*] in *Davar*, Tel Aviv, September 1939, Nr. 4329.

SSA C 377 HOFSTETTEN, J.B. VON *Mein Verhältnis zu Herrn von Schweitzer und zum "Social-Demokrat"*. Berlin, Druck und Verlag von Reichardt & Zander (Ferdinand Reichardt), Spittelmarkt 7, 1869, in-8, 31 S.

Das Vorwort ist "Ende Juli 1869" datiert.

DLC C 378 HUBBARD, ELBERT *Ferdinand Lassalle & Helene von Dönniges*. East Aurora N.Y., The Roycrofters, 1906, in-8, [4] 97-131 S.

Little journeys to the home of great lovers, Bd. XIX, Nr. 4.

IMLB C 379 HUBER, V.A. *Die Arbeiter und ihre Rathgeber*. Berlin, Verlag von Ludwig Rauh, [Druck von Trowitzsch u. Sohn, Berlin], 1863, in-8, 46 S.

Huber, den Lassalle in A 63 für sich in Anspruch genommen hatte, grenzt sich von ihm ab.

ÖNB C 380 HUCH, RICARDA *Lassalle* in *Neue Freie Presse*, Wien, 12. April 1925, Nr. 21 760, Morgenblatt S. 23-34.

BM C 381 HUHN, E.H.TH. *Die Arbeiter-Verführer der Gegenwart. Standrede an die deutschen Arbeiter jeden Standes*. Frankfurt a.M., Verlag von G. Heß, 1863, in-8, 36 S.

Über Lassalle S. 17-36.

ASD BA | C 382 HÜMMLER, HEINZ *Opposition gegen Lassalle. Die revolutionäre proletarische Opposition im ADAV 1862/63-1866.* Berlin, Rütten & Loening 1963, 243-[1] S.

Bearbeitete und leicht gekürzte Fassung der Dissertation des Verfassers von 1961.

ASD IMLB | C 383 IDEM *Lassalle und die Gewerkschaften* in *Die Arbeit,* Berlin, 1963, Jahrg. VII, S. 52-54.

ASD BA | C 384 IMLB *Geschichte der deutschen Arbeiterbewegung. Band I. Von den Anfängen der deutschen Arbeiterbewegung bis zum Ausgang des 19. Jahrhunderts.* Berlin [DDR], Dietz Verlag, 1966, in-8, 39-699-[1] S.

Kapitel "Die Gründung des Allgemeinen Deutschen Arbeitervereins und der Lassalleanismus" S. 205-218.

C 384a IDEM *Geschichte der deutschen Arbeiterbewegung. Biographisches Lexikon* Berlin [DDR], Dietz Verlag, 1970, in-8, 528 S.

Enthält die Biographien von Lassalle (S. 266-268), B. Becker (S. 33-34), Bracke (S. 57-59), Hasenclever (S. 188-189), v. Schweitzer (S. 423-425), Tölcke (S. 460-461) und Yorck (S. 494-485). Vgl. C 897a.

C 385 INGWER, J. *Die "erworbenen" Rechte,* Wien 1904, S. 5-6 in C 261.

IMLB | C 386 IRMSCHER, JOH. *Lassalles Heraklitbuch in seiner Zeit* in *Wissenschaftliche Zeitschrift der Humboldt-Universität,* Gesellschafts- und sprachwissenschaftliche Reihe, Bd. XIII, 1964, Nr. 4, Beilage, S. 12-21. Zu A 26.

ZBZ | C 387 JACOBS, M. *Lassalle und Herwegh* in *Die Gegenwart,* Berlin, 15. Februar 1896, Bd. XLIX, Nr. 7, S. 105-106. Zu B 24.

ASD BA | C 388 JÄGER, EUGEN *Der moderne Socialismus. Karl Marx, die Internationale Arbeiter-Association, Lassalle und die deutschen Sozialisten.* Berlin, Verlag von G. van Muyden, 16, Georgenstr., 1873, in-8, XV-[I]-524 S.

IMLM | C 389 JAKOVLEV, D. *Pis'ma Lassalaja k Marksu* in *Obrazovanie,* St. Petersburg, 1904, Nr. 11, S. 1-28. Zu B 29.

IMLM | C 390 JAKOVLEV, GR. *Ferdinand Lassal' v russkoj literature. Opyt bibliografii proizvedennij Lassalja i o Lassale na russkom jazyke. K 100-letiju so dnja roždenija. Pod redakciej N. Pakulja.* [Kharkov], Gosizdat Ukrainij, 1926, in-8, 67-[2] S.

Die Bibliographie weist die in russischer Sprache erschienen A- und B-Texte nach (S. 10-21) sowie russische und einige deutsche C-Texte (S. 25-67).

UBBa   C 391   JAMIN, PH. *F. Lassalle et Helene von Doenniges*, Genf, A.-J. Harmann, [1912], in-8, 16 S.

UBG   C 392   JANS, P. *Korte Levensschetsen van overleden socialistische denkers*. St. Niklaas, Drukkerij "De Dageraad", o.J., in-8, 55 S.

Enthält "Ferdin. Lassalle 1825-1864" auf S. 9-11. Die Kurzbiographien erschienen vorher in dem sozialdemokratischen Wochenblatt *De volksstem van 't Waasland* in St. Niklaas bei Antwerpen. Die Broschüre erschien nach 1933.

UBW   C 393   JANUSZEWSKI, BERNARD *Wrocławski losy Ferdynand da Lassalle'a* in *Rocznik Wrocławski*, Wrocław 1959/60, Bd. III/IV, S. 195-205.

IISG   C 394   JAURÈS, JEAN *Les origines du socialisme allemand* in *La Revue Socialiste*, Paris, August 1892, Bd. XVI, Nr. 8, S. 151-167.

Kapitel "Hegel - Marx - Lassalle", in dem Jaurès u.a. die Texte A 40 und A 87 behandelt. Seine 1891 von der Sorbonne angenommene Dissertation *Socialismi germanici lineamentis apud Lassalle, Kant, Fichte et Hegel* wurde von Adrien Veber übersetzt und erschien in der *Revue Socialiste* im Juni, Juli und August 1892 (Bd. XV, S. 643-659; Bd. XVI, S. 11-30, 151-167). Sie wurde neugedruckt 1927 (Paris, Les écrivains réunis, 93-[2] S.), 1931 (in der von Bonnafous veranstalteten Werke-Ausgabe), 1960 (Paris, Maspéro, 159 S., mit Vorwort von Lucien Goldmann).

Deutsch Frankfurt a.M., Ullstein, 1974, 106 S.

ASD SLB   C 395   JENSSEN, OTTO *Lassalle der Parteigründer* in *Leipziger Volkszeitung*, 9. April 1925, Jahrg. XXXII, Nr. 84, S. 2.

ASD BA   C 396   JENTSCH, KARL *Rodbertus*. Stuttgart, Fr. Frommann's Verlag (E. Hauff), 1899, in-8, 259 S.

Über Lassalle und C 750 auf S. 48-60.

ASD ZBZ   C 397   IDEM *Neues von Lassalle* in *Die Zukunft*, Berlin, 4. Oktober 1902, Bd. XLI, S. 18-24.

Zu B 29

ASD SUBD   C 398   JOKUSCH, WILHELM *Ueber Lassalles ehernes Lohngesetz*. O.O., [Druck von Ernst Siedhoff in Bielefeld], [1893], in-8, 46-[2] S.

Dissertation der Universität Heidelberg, 1892.

IMLM   C 399   JOLLOS, G.B. *Očerki zakonodatel'stva o trude v Germanii* in *Russkoe Bogatstvo*, Moskau / St. Petersburg 1898, Nr. 3, S. 184-212.

Über Lassalle und Bismarck.

ASD UBK   C 400 [JÖRG, JOSEF EDMUND] *Zur Kritik von Lösungen der socialen Frage. III. Ferdinand Lassalle* in *Historisch-politische Blätter für das katholische Deutschland,* München 1865, Bd. LV, S. 274-286.

Vgl. C 280.

KMH ZBZ   C 401 IDEM *Geschichte der social-politischen Parteien in Deutschland.* Freiburg i.Br., Herder'sche Verlagsbuchhandlung, 1867, in-8, VIII-236 S.

Über Lassalle (S. 132-227) und den ADAV nach seinem Tode (S. 228-236).

ASD UBK   C 402 JORKE, WOLF-ULRICH *Rezeptions- und Wirkungsgeschichte von Lassalles politischer Theorie in der deutschen Arbeiterbewegung. Von der Aufhebung des Sozialistengesetzes bis zum Ausgang der Weimarer Republik.* Bochum, 1973, in-8, V-[1]-397 S.

C 403 K., HENRIETTE *Ferdinand Lassalle* Frankfurt a.M. 1865, S. 61 in B 2.

Gedicht.

ASD SSA   C 404 KAMPFFMEYER, PAUL *Die Irrtümer Ferdinand Lassalles* in *Der sozialistische Akademiker,* Berlin, April 1896, Jahrg. II. Nr. 4, S. 201-206; Mai, Nr. 5, S. 282-291.

Besonders über das "eherne Lohngesetz" und Lassalles Staatstheorie.

ASD BA   C 405 IDEM *Lassalle - ein Zeitgenosse* in *Sozialistische Monatshefte,* Berlin, September 1904, Jahrg. VIII, Nr. 9, S. 735-738.

ASD SUBD   C 406 IDEM *Die Grundgedanken des Lassalleanismus* in *Die Befreiung der Menschheit. Freiheitsideen in Vergangenheit und Gegenwart (Herausgegeben von Ignaz Terzower),* Berlin / Leipzig / Wien / Stuttgart, Bong & Co., [1921], S. 55-60.

Mit Faksimiles der ersten Seite des Manuskripts von A 42 sowie der beiden ersten Seiten von A 78 und der ersten Seite von A 56 (Erstdruck).

ASD IISG   C 407 IDEM *Lassalle. Ein Erwecker der Arbeiterkultur-Bewegung.* Berlin, J.H.W. Dietz Nachfolger, 1925, in-8, 46 S.

IISG   C 408 IDEM *Zum 100. Geburtstag Ferdinand Lassalles* in *Münchener Post,* 11. April 1925, Nr. 84, S. 3.

Der Artikel ist gezeichnet "P.K.".

GNN   C 409 KARPELES, GUSTAV *Heine und Lassalle* in *Die Gegenwart,* Berlin, 23. November 1889, Bd. XXXVI, Nr. 47, S. 324-327; 30. November, Nr. 48, S. 345-347.

OIT   C 410   KATAYAMA, SEN *Rōdo-sha no Ryōyu; Razāru-den.* Tokyo,
                     Kingururei-kan, 1897, 67 S.

                     Erweiterte Broschürenausgabe einer Artikelserie
                     ["Lassalle, der Volksfreund"], die in der christlichen
                     Monatsschrift *Rikugo Zashi* erschienen war.

ASD IZD   C 411   KÄTZLER, G. *Ferdinand Lassalle* in *Vossische Zeitung,*
                     Berlin, 23. August 1891, Nr. 391, Sonntagsbeilage Nr.
                     34, S. 3-4; 30. August, Nr. 403, Sonntagsbeilage Nr.
                     35, S. 2.

UBWi   C 411a KAUTSKY, KARL *Geistiges Tagelöhnertum* in *Gleichheit,*
                     Wiener-Neustadt, 3. März 1877, Nr. 9, S. 1.

                     Leitartikel, dessen Anfang und Ende von der Zensur kon-
                     fisziert wurden. Kautsky polemisiert scharf gegen Ro-
                     scher und Lassalle, besonders gegen das "eherne Lohnge-
                     setz". Der Artikel ist in der Kautsky-Bibliographie
                     (BLUMENBERG, W. *Karl Kautskys literarisches Werk,* Den
                     Haag 1960) übersehen worden.

ÖNB   C 412   [IDEM] *Ferdinand Lassalle* in *Zeitschrift für Plastik.
                     Organ der Bildhauer Deutschlands und Österreichs,* Wien,
                     2. November 1884, Jahrg. IV, Bd. 3, Nr. 2, S. 138-142.

                     Der Artikel ist "X" gezeichnet. Vgl. WERNER BLUMENBERG
                     Karl Kautskys literarisches Werk 's-Gravenhage 1960,
                     S. 13 und Nr. 338.

ASD BA   C 413   IDEM *Lassalle's Leiden* in NZ April 1888, Jahrg. VI,
                     Nr. 4, S. 189-191.

                     Besprechung von B 17.

ASD VGA   C 414   IDEM *Zum 31. August* in *Arbeiter-Zeitung,* Wien, 23. August
                     1889, Jahrg. I, Nr. 4, S. 1.

ASD BA   C 415   IDEM *Parteipolemik* in NZ 7. März 1913, Jahrg. XXXI,
                     Bd. I, Nr. 23, S. 838-841.

                     Gegen Mehrings C 601. Die Polemik über die Beurteilung
                     Lassalles durch Marx und Engels wurde fortgesetzt in
                     C 417, C 418, C 602 und C 603.

ASD BA   C 416   IDEM *Lassalles historische Leistung* in NZ, 16. Mai
                     1913, Jahrg. XXXI, Bd. II, Nr. 33, S. 233-241.

ASD BA   C 417   IDEM *Lassalle und Marx* in NZ, 4. Juli 1913, Jahrg.
                     XXXI, Bd. II, Nr. 40, S. 476-490.

                     Replik auf Mehrings C 602.

ASD BA   C 418   IDEM *Ein Vertrauensmann* in NZ, 25. Juli 1913, Jahrg.
                     XXXI, Bd. II, Nr. 43, S. 600-602.

                     Antwort auf Mehrings C 603.

ASD BA   C 419   IDEM *Marx über Realpolitik* in *Sozialistische Auslands-
                     politik. Korrespondenz,* Berlin, 1. Mai 1918, Jahrg.
                     IV, Nr. 18, Marx-Nummer S. 1-9.

Erstveröffentlichung von Marx' Brief an Kugelmann vom
23. Februar 1865 (S. 2-4) mit Erläuterungen von
Kautsky.

Vgl. C 541.

ASD BA   C 420   IDEM *Marx und Lassalle* in *Der Kampf*, Wien, März 1923,
Jahrg. XVI, Nr. 3, S. 85-95.

Zu B 65. Enthält C 541.

Dänisch in *Socialisten*, Kopenhagen, März 1923, Jahrg.
XX, Nr. 3, S. 49-57; April, Nr. 4, S. 81-85.

Holländisch in *De Socialistische Gids*, Amsterdam, April
1923, Jahrg. VIII, Nr. 4, S. 371-385.

Jiddisch in *Die Zukunft*, New York, April 1923.

ASD BA   C 421   IDEM *Lassalle und die Gräfin Hatzfeldt* in *Die Gesellschaft*, Berlin, April 1924, Bd. I, Nr. 4, S. 384-399.

Zu A 23a und B 65 Bd. IV.

Dänisch in *Socialisten*, Kopenhagen, Juli 1924, Nr. 7,
S. 164-171; August, Nr. 8, S. 195-204.

OIT   C 422   KAWAI, EIJIRO [*Biographien der Sozialdenker*] Tokyo
1936, 326 S.

Das Kapitel IV ist Lassalle gewidmet (S. 243-356 in der
zweiten Auflage Tokyo 1946, 386 S.).

ASD BA   C 423   KEGEL, MAX *Ferdinand Lassalle. Gedenkschrift zu seinem
25jährigen Todestag, mit einem Portrait Lassalle's.*
Stuttgart, J.H.W. Dietz, 1889, in-16, 80 S.

Die Broschüre war schon 1883 unter dem Pseudonym "A.
Aaberg" erschienen.

UBE   C 424   KELSEN, HANS *Ferdinand Lassalle* in *Neue Freie Presse*,
Wien, Morgenblatt 11. April 1925, Nr. 21759, S. 4.

ASD BA   C 425   IDEM *Marx oder Lassalle. Wandlungen in der politischen
Theorie des Marxismus* in GRÜNBERG 1925, Bd. XI, Heft 3,
S. 261-298.

BA   Erschien auch als Sonderdruck, mit der Jahreszahl "1924"
auf Titelblatt und Umschlag. Neugedruckt als *Sonderaus-
gabe MCMLXVII*, Darmstadt, Wissenschaftliche Buchgesellschaft, [1967], in-8, [2]-[38] S. (*Libelli* Bd. CCLV).

ASD JNUL C 426   KESHET, YESHURUN[*Über Lassalles Charakter*] in *Hapoel
Hazair*, Tel Aviv, 18. Dezember 1946, Bd. XL, Nr. 12,
S. 9-11; 25. Dezember, Nr. 13, S. 10-11; 1. Januar 1947,
Nr. 14, S. 10-11.

Der ursprüngliche Name des Verfassers ist Yaakov Kople-
witz.

BA   C 427   KETTELER, WILHELM EMMANUEL VON *Die Arbeiterfrage und
das Christenthum*. Mainz, Verlag von Franz Kirchheim,
1864, in-8, [4]-212 S.

Kapitel "Vorschläge der radikalen Partei" (S. 62-96), gegen Lassalle und Schulze-Delitzsch.

Französisch Lüttich, 1869, 182 S.

DSB   C 428   KEUDELL, ROBERT VON *Fürst und Fürstin Bismarck. Erinnerungen aus den Jahren 1846-1872.* Stuttgart / Berlin,
Deutsche Verlags-Anstalt, 1901, S. 177-180.

Der mit der Familie Bismarck befreundete damalige Regie-
rungsrat schildert Lassalles Begegnungen mit Bismarck
nach des letzteren Darstellung und eigener Erinnerung.

SBW   C 429   KIEHNE, H. *Solinger Erinnerungen an Lassalle* in *General-
Anzeiger für Elberfeld-Barmen,* 17. April 1925, Jahrg.
XXXIX, Nr. 89, Beilage Bergisch Land S. 1.

     C 430   KIEWERT, W. *Am Anfang war die Tat. Tragisches Spiel in
5 Akten.* Berlin, Aufbau-Bühnen-Vertrieb, 1946, 100 S.,
Maschinenschrift vervielfältigt.

Der richtige Name des Verfassers ist Walter Schröder.

ASD KMH   C 431   KIELMANN, BRUNO *Ferdinand Lassalles "Arbeiterprogramm".
Analysis einer politischen Theorie.* Lübben (Spreew.),
Buch- und Steindruckerei Richter & Munkelt, [1932],
in-8, 88-[3] S.

Dissertation der Universität Gießen.

BA   C 432   KLAR, ERNST *Zum Todestage Lassalle's.* Wien 1890, S. 4-5
in C 323.

IMLB   C 433   KLASSEN, V. JA. *F. Lassal'. Ego žizn', naučnye
trudy i obščestvennaja dejatel'-nost'. Biografičeskiij
očerk. S portretom Lassal'.* St. Petersburg, Izd. F.
Pavlenkov, 1896, 160 S.

Bulgarisch Kasanlik, Kakačev, 1897, 240 S. (übersetzt
von I. Todorov).

ASD JNUL   C 434   KLEIN, LUDWIG [*Ferdinand Lassalle*] in *Hapoel Hazair.*
Tel Aviv 1940, Bd. XXXIII, Nr. 1, S. 11-12.

SSA   C 435   KLEINWÄCHTER, FRIEDRICH *Lassalle und Louis Blanc* in
Zeitschrift für die gesamten Staatswissenschaften.
Tübingen 1882, Bd. XXXVIII, S. 118-137.

ASD IMLB   C 436   KLENNER, HERMANN *Karl Marx und Friedrich Engels gegen
Lassalles Verfassungstheorie und Realpolitik* in *Staat
und Recht.* Berlin [DDR] 1952, Heft 1, S. 223-249.

Neugedruckt in C 847, S. 77-108.

ASD BA   C 437   KNIEF, JOHANN *Lassalle* in GRÜNBERG 1921, Jahrg. X,
IMLB   1. Heft, S. 1-21.

Aus dem Nachlaß herausgegeben von Carl Grünberg.
Auszüge wurden nachgedruckt in *Proletarier,* Berlin,
Juli/August 1927, Jahrg. III, Nr. 7/8, unter dem Titel
Lassalle, ein Apostel der Klassenharmonie.

SUBD   C 438   KNIPOVIĆ *Istorija odnoj družby* in *Novyj Mir*, Moskau, Februar 1931, Bd. II, S. 148-158.

Über Lassalle und Heine.

ASD BA   C 439   KOHN, ERWIN *Lassalle der Führer*. Leipzig/Wien/Zürich, Internationaler Psychoanalytischer Verlag, 1926, in-8, 114-[1] S.

Imago-Bücher Nr. 10.

ÖNB

Das Kapitel III "Das Liebesschicksal Lassalles" auch gedruckt in dem im gleichen Verlag erschienenen *Almanach für das Jahr 1927*(S. 142-154).

ASD IHE   C 440   KOHN, MAXIMILIAN *Ein Besuch bei der Mutter Ferdinand Lassalles* in *Frankfurter Zeitung*, 24. Juli 1896, Nr. 204, 2. Morgenblatt S. 1.

IISG   C 441   KOHUT, ADOLPH *Ferdinand Lassalles Testament und Erben. Mit ungedruckten Briefen der Gräfin Sophie Hatzfeldt, Wilhelm Rüstow, Aurel Holthoff u.A. Ein Erinnerungsblatt zum 25-jährigen Todestage Lassalles am 31. August 1889.* Großenhain, Verlag von Baumert & Ronge, [1889], in-8, VI-[2]-85 S.

Mit dem Text A 100 auf S. 12-15.

Eine zweite Auflage erschien in Berlin o.J. (Nach PRA Nr. 474).

ASD BA   C 442   IDEM *Ferdinand Lassalle. Sein Leben und Wirken. Auf Grund der besten und zuverlässigsten Quellen geschildert. Mit ungedruckten Briefen und Berichten Ferdinand Lassalle's, Georg Klapka's, Johann Philipp Becker's und der Gräfin Sophie Hatzfeldt.* Leipzig, Verlag von Otto Wigand, 1889, in-8, IX-[3]-210 S.

Mit Teilabdrucken aus einigen in der Abteilung B nachgewiesenen Briefen und dem Texte A 100 (S. 190-192).

SBB*   C 443   IDEM *Ferdinand Lassalle und seine Mutter* in *Allgemeine Zeitung des Judentums*, Berlin, 28. August 1914, Jahrg. LXXVIII, Nr. 35, S. 218-220; 11. September, Nr. 37, S. 441-443.

OIT   C 444   KOIZUMI, SHINZO [*Studien zur sozialen Frage*] Tokyo 1920, 479 S.

Über "Ferdinand Lassalle und die deutsche Arbeiterbewegung" S. 3-119.

ASD UBK   C 445   KOPP, FRITZ *Die Lassalle-Frage in der "Nationalen" Geschichtsbetrachtung der SED* in *Kölner Zeitschrift für Soziologie und Sozialpsychologie*, 1964, Sonderheft 8 (Soziologie der DDR), S. 285-308.

Zu C 847.

SUBD   C 446   KORDT, WALTER *Ferdinand Lassalles Düsseldorfer Jahre* in *Das Tor, Düsseldorfer Heimatblätter*. Düsseldorf, September und Oktober 1954, Jahrg. XX, Heft 9 und 10, S. 158-163 und 185-192.

IMLM qq   C 447   [KORŠ, V.F.] *Poslednij roman v žizni Lassalaja* in *Vestnik Eyropy*, St. Petersburg, 1880, Bd. IX, Nr. 3, S. 117-178.

Die Dönniges-Episode dargestellt nach C 724. Der Artikel ist gezeichnet "V.K." Korš nahm diesen Text auch auf in sein Buch *Etjudy biografieij avtora* **(St. Petersburg 1885) Bd. I, S. 1-80.**

ASD EAB   C 448   KOSTANECKI, A. VON *Das eherne Lohngesetz Lassalles und die sozialpolitischen Ansichten Ricardos* in *Monatsschrift für christliche Sozialreform*, Wien und Leipzig, März 1904, Jahrg. XXVI, Nr. 3, S. 155-166; Mai, Nr. 5, S. 259-270.

ASD IZD   C 449   KOSZYK, KURT *Der Organisator Ferdinand Lassalle im Jahre 1863. Eine Jahrhundert-Betrachtung* in *Jahrbuch der Schlesischen Friedrich-Wilhelm-Universität zu Breslau*, Bd. VIII, Würzburg 1963, S. 154-171.

IMLM   C 450   KOTOKU, SHUSUI [*Lassalle, Begründer der sozialdemokratischen Partei*]. Tokyo 1904, 137 S.

Mit Lassalles Porträt. Der Verfasser hat im selben Jahre mit Kosen Sakai die erste japanische Übersetzung des *Kommunistischen Manifestes* **veröffentlicht.**

UMLP   C 451   KRAPKA-NÁCHODSKÝ, JOSEF *O životě a púsobeni F. Lassallovy*. Prag, Sociálni demokrat, 1893, 31 S.

ASD   C 452   KRETSCHMAR, PAUL *Lassalle und seine Mitarbeiter* in *Neuer Vorwärts*, Bonn, 1. Mai 1953, Jahrg. VI, Nr. 17/18, Beilage "90 Jahre Sozialdemokratie", S. 37-38.

ASD   C 453   IDEM *Das Schicksal von Lassalles Grab* in *Neuer Vorwärts*, Bonn, 1. Mai 1953, Jahrg. VI, Nr. 17/18, Beilage "90 Jahre Sozialdemokratie", S. 38.

   C 454   KRISTAN, E. *Ferdinand Lassalle*. Wien 1904, S. 1 in C 261.

Gedicht.

IMLB   C 455   KUDRIN, N. [= N.S. RUSANOV], *Marks, Engels', Lassal'. K. biografii i razvitiju učenija osnovatelej naučnogo socializma* in *Sovremennik*, März 1906.

Auch in Rusanovs Buch *Socialisty zapada i Rossii*, **St. Petersburg 1909 (Nach JAK S. 56).**

BA   C 456   KÜHN, AUGUST *Offener Brief an die deutschen Arbeiter. Die Vereinigung aller social-demokratischen Parteien zum Zweck der Wahlagitation*. Bremen, Selbstverlag des Herausgebers, [Buchdruckerei von L. Mack, Wegesende 4], 1870, in-16, 23 S.

BA   C 456a   KUNDEL, ERICH *Der Vereinigungsprozeß der Sozialdemokratischen Arbeiterpartei und des Allgemeinen Deutschen Arbeitervereins* in [IMLB]*Revolutionäres Parteiprogramm - Revolutionäre Arbeitereinheit*, Berlin [DDR], Dietz Verlag, 1975, S. 175-237.

ASD IZD	C 457	KUNFI, SIEGMUND *Ferdinand Lassalle zum Gedenken* in *Der Sozialdemokrat*, Wien, August 1924, Jahrg. VI, Nr. 8, S. 2-5.
IISG	C 458	IDEM *Lassalles geschichtliche Bedeutung. 1825-1925* in *Deutsch-österreichischer Arbeiterkalender für das Jahr 1925*, Wien [1924], S. 43-47.
ASD VGA	C 459	IDEM *Lassalle* in *Arbeiter-Zeitung*, Wien, 11. April 1925, Jahrg. XXXVII, Nr. 100, S. 1-2.
IMLB		Neugedruckt in SIEGMUND KUNFI *Gestalten und Ereignisse*. Wien 1930, S. 9-13.
BA	C 460	KUPISCH, KARL *Vom Pietismus zum Kommunismus. Historische Gestalten, Szenen und Probleme*. Berlin, Lettner, [1953], in-8, 222-[1] S.
		Über Bismarck und Lassalle: S. 109-150.
ASD BA	C 461	KUTSCHBACH, A. *Lassalle's Tod. Im Anschluß an die Memoiren der Helene von Racowitza: Meine Beziehungen zu Ferdinand Lassalle, zur Ergänzung derselben*. Chemnitz, Verlag von Ernst Schmeitzner, [Druck von Alexander Wiede in Chemnitz], 1880, in-16, [2]-205-[3] S.
		Eine zweite Auflage erschien im gleichen Jahr beim gleichen Verleger.
		Vgl. C 724.
ASD BA	C 462	IDEM *Sophie Solutzeff – F. Lassalle: Eine Liebesepisode aus dem Leben Ferdinand Lassalle's. Tagebuch – Briefwechsel – Bekenntnisse. (Leipzig: F.A. Brockhaus. 1878). Eine kritische Studie*. Chemnitz, Verlag von Ernst Schmeitzner, [Druck von Richard Oschatz in Chemnitz], 1881, in-8, 112 S.
IISG	C 463	LABRIOLA, ARTURO *Il Socialismo contemporeano. Lineamenti storici*. Chieti, Casa editrice Abruzzese, 1915, in-8, XXXI-[1]-446 S.
		Kapitel VI *I cominciamenti della democrazia sociale tedesa e F. Lassalle*. Eine zweite, vermehrte Ausgabe erschien in Neapel 1922.
BIF	C 464	IDEM *L'eloquenza di F. Lassalle* in *L'Eloquenza*, Rom, 30. Mai 1913, Jahrg. III, Nr. 3/4, S. 241-255.
ASD BIF	C 465	IDEM *Lassalle e Noi* in *Critica Sociale*, Mailand, 16./30. April 1925, Jahrg. XXXV, Nr. 8, S. 103-105.
ASD BA	C 466	LADEMACHER, HORST *Zu den Anfängen der deutschen Sozialdemokratie 1863-1878* in *International Review of Social History*, Assen 1959, Bd. IV, Heft 2, S. 239-260; Heft 3, S. 367-390.
ASD	C 466a	IDEM *Moses Heß in seiner Zeit*. Bonn. Ludwig Röhrscheid, 1977, in-8, 194 S.
		Veröffentlichungen des Stadtarchivs Bonn Bd. 17.
		Kapitel VI *Lassalle, die Deutschen und die Franzosen* S. 125-162.

BA   C 467   LAGARDELLE, HUBERT *Ferdinand Lassalle* in *Le Mouvement Social*, Paris, Juli/August 1913, Jahrg. XV, Nr. 253/254, S. 51-54.

Der Artikel erschien zuerst in *L'Humanité*, Paris, 29. Mai 1913.

JNUL   C 468   LANDAU, J. *Lassalle* in *Jüdisch-liberale Zeitung*, Berlin, 17. April 1925, Jahrg. V, Nr. 16, S. 1-2.

UBB   C 469   [LANGE, FRIEDRICH ALBERT] *Was bedeutet ein Verfassungsparagraph?* in *Rhein- und Ruhrzeitung*, Duisburg, 22. Jan. 1863, Nr. 18, S. 1.

ASD BA   Zu A 49. Neugedruckt in F.A. LANGE *Über Politik und Philosophie. Briefe und Leitartikel 1862 bis 1875. Herausgegeben und bearbeitet von Georg Eckert.* Duisburg, Walter Braun, 1968, S. 423-426.

UBB   C 470   IDEM *Bismarck und Lassalle* in *Rhein- und Ruhrzeitung*, Duisburg, 25. April 1863, Nr. 99, S. 1.

ASD BA   Neugedruckt in F.A. LANGE *Über Politik und Philosophie* [...] S. 491-494.

IMLB UBB   C 471   IDEM *Die Arbeiterfrage in ihrer Bedeutung für die Gegenwart und Zukunft.* Duisburg, Verlag von Falk & Volmer, 1865, in-8, [2]-196 S.

ASD BA   Lassalle wird behandelt im vierten Kapitel (in späteren Auflagen im siebten). Die fünfte Auflage erschien 1894. Mehring druckte die erste Ausgabe, mit einer kritischen Einleitung,nach (Berlin, Verlag: Buchhandlung Vorwärts, 1910, in-8, 176 S. *Sozialistische Neudrucke* Nr. IV).

ASD BA   Mehrings Einleitung ist neugedruckt in MEHRING, F. *Gesammelte Schriften*, Berlin [DDR] 1963, Bd. IV, S. 334-357.

Russisch St. Petersburg, Pavlenko, o.J. (etwa 1906, übersetzt von A.L. Blek, mit Vorwort von P.I. Sementovskij).

IISG   C 472   LANGE, FRIEDRICH WILHELM *Opposition gegen die verwerflichen Bestrebungen des Herrn Bernhard Becker (und seines Bevollmächtigten Fritzsche), gewesenen Präsident des Allgemeinen deutschen Arbeiter-Vereins zu Leipzig.* Leipzig. In Commission der Seyfarth'schen Buchhandlung, [Druck von Sturm und Koppe (A. Dennhardt) in Leipzig], 1865, in-8, 8 S.

Der Verfasser bezeichnet sich als "Arbeiter" und gibt seine Adresse an "auf den Thonbergstraßenhäusern bei Leipzig". Datiert vom 10. Juni 1865.

IMLB   C 473   LANGE, GUSTAV *Aufstieg und Ende eines Volkstribunen. Erzählung aus dem Leben Lassalles.* Meerane i.S., Mitteldeutsche Verlags- und Stereotypie-Anstalt, 1919, in-8, 15 S.

BA   C 474   *Lassalle in Düsseldorf. Dokumente. Ausstellung des Hauptstaatsarchivs zum 11. April 1975.* Düsseldorf [1975], in-8, 15 S.

Ausgestellt waren 35 Dokumente, worunter die Erstdrucke
von A 14, A 19, A 20 (Separatdruck), A 22, A 56 und A 94
sowie Lassalles Manuskript von A 19h und das Dokument
C 475.

LASSALLEANER siehe C 37.

HSAD   C 475   *Lassalle'scher Allg. deutscher Arbeiterverein*. Düsseldorf, Buch- und Steindruckerei von Th. Stahl, in-fol.,
[1] S.

Aufruf zu einer öffentlichen Versammlung in Ronsdorf,
"Montag, den 9. d. Mts.", in der Fritz Mende eine Rede
hielt. Laut C 474 fand die Versammlung am 9. März 1868
statt.

C 476   *Lassalle'sches Liederbuch*. Chemnitz, o.J.

Nach Schumann.

ASD BA   C 477   LAUFENBERG, H[EINRICH] *Geschichte der Arbeiterbewegung
in Hamburg, Altona und Umgegend. Erster Band*. Hamburg,
Druck und Verlag: Hamburger Buchdruckerei und Verlagsanstalt Auer & Co. in Hamburg, 1911, in-8, VI-646-[1] S.

Über Lassalle und den ADAV S. 195-302 ("Der Allgemeine
deutsche Arbeiterverein und die Anfänge des Organisa-
tionskampfes") und 506-518 ("Die Krise zu Hamburg").

Nachdruck Berlin und Bonn, Verlag J.H.W. Dietz Nachf.,
1977.

ASD SUBH   C 478   LAUFKÖTTER, FRANZ *Ferdinand Lassalle und die freie
Liebe* in *Hamburger Echo*, 14. April 1925, Jahrg.
XXXIX, Nr. 103, S. 6 Feuilleton.

ASD BA   C 479   LÄUTER, PETER *Lassalles publizistische Wirksamkeit*
in KARL-HEINZ KALHÖFER / HELMUT RÖTZSCH [Herausgeber]
Beiträge zur Geschichte des Buchwesens. Bd. II, Leipzig,
VEB Bibliographisches Institut, 1966, S. 181-202.

BNP BA   C 480   LAVELEYE, EMILE DE *Le Socialisme contemporain en
Allemagne: Les Agitateurs* in *Revue des Deux Mondes*,
Paris, 15. Dezember 1876, Jahrg. XLVI, Dritte Folge,
Bd. XVIII, S. 867-896.

Die Artikelserie "Le Socialisme contemporain" erschien
von 1876 bis 1880 und ab 1881 in mehreren Buchausga-
ben: Brüssel 1881, Paris 1883, 1886, 1889, 1890, 1891,
1892, 1893, 1894.

Deutsch Halle 1895.

Englisch London 1884.

Russisch St. Petersburg, Sandrok, 1882 (übersetzt von
M.A. Antonovič).

IISG   C 481   LAVROV, P. *Narodniki 1873-1878 goda : 1-2* in *Materialy
dlja Istorii Russkago Social'no-Revoljucionnago dviženija*
[Bd.] *X*, No, 5; *Narodniki-propagandisty 1873-1878 goda : 3-6*
in *idem*, No.No. 6-7, Ženeva, Izdanie gruppy starich'
narodovol' cev', Tipografija gruppy, August' 1895, in-8,
S. 1-76; Oktober 1896, S. 77-292.

Über die Verbreitung und Benutzung von Lassalles Schriften
bei den Populisten in den 70er Jahren. In der Neuauflage der
zweibändigen Sammlung "Materialien zur Geschichte der sozialrevolutionären Bewegung in Rußland" (Sankt Petersburg 1907,
Rozenfeld, in-8, 319 S.) erschien Lavrovs Beitrag unter dem
Pseudonym P. Mirtov; in der dritten Auflage (Leningrad,
Verlag Kolos, 1925) erscheint wieder Lavrovs eigener Name.

BA   C 482   LAZARUS, LOUIS *Ferdinand Lassalle. April 11, 1825 –*
August 31, 1864. A list of materials in The Tamiment
Institute Library in *Library Bulletin,* New York, The
Tamiment Institute Library (New York University
Libraries), Nr. 41, August 1964, S. 3-10.

Führt 54 A- und B-Titel an sowie 33 C-Titel.

IMLB   C 483   LEHMANN, E.E. *Ferdinand Lassalle* in *Das Freie Wort,*
August 1914, Jahrg. IV, Nr. 8, S. 361-368.

UBK   C 484   L[EHMANN], J[OSEPH] *Der Staat und die Volkswirtschaft*
in *Magazin für die Literatur des Auslandes,* Berlin,
14. August 1864, Jahrg. XXXIII, Bd. LXVI, Nr. 33, S.
314-316.

Zu Rentzsch und Lassalle (vgl. C 737).

UBK   C 485   [IDEM] *Schulze-Delitzsch, Lassalle und der Bischof von*
Mainz in *Magazin für die Literatur des Auslandes,* Berlin,
4. November 1865, Jahrg. XXXIV, Nr. 45, S. 617-620.

Besprechung von C 831.

ASD SAL   C 486   LEICHTER, OTTO *Marx und Lassalle* in *Leipziger Volkszei-*
tung, 9. April 1925, Jahrg. XXXII, Nr. 84, S. 2-3.

ASD IISG   C 487   LEIDIGKEIT, KARL-HEINZ *Wilhelm Liebknecht und August*
Bebel in der deutschen Arbeiterbewegung 1862-1869.
Berlin [DDR], Dietz, [1957], in-8, 219 S.

ASD BA   C 488   IDEM *Zur Tradition des Bundes der Kommunisten nach dem*
Kölner Kommunistenprozeß in *Beiträge zur Geschichte*
der deutschen Arbeiterbewegung, Berlin [DDR] 1962, Jahrg.
IV, Nr. 4, S. 858-871.

Über die Tätigkeit für den Bund der Kommunisten der spä-
teren ADAV-Mitglieder Kichniawy, Klings, Lewy.

ICN   C 489   LEITHÄUSER, C.G. *Das eherne Lohngesetz nach Lassalle und*
die Productiv-Associationen. Rede gegen die Sozialdemo-
kraten gehalten in der Tonhalle zu Bremen am 13. März
1874. Bremen, Druck von Carl Schünemann, 1874, in-8,
18 S.

BM   C 490   [LENSCH, PAUL] *Lassalle* in *Deutsche Allgemeine Zeitung,*
Berlin, 11. April 1925, Jahrg. LXIV, Nr. 171, S. 1.

Der Gedenkartikel ist "P.L." gezeichnet.

IMLB   C 491   LESER, NORBERT *Der Triumph des Achilles. Ferdinand*
Lassalles Gegenwartsbedeutung in *Begegnung und Aufstieg.*
Wien / Köln 1963, S. 199-213.

233

C 492 LEUTHNER, KARL *Was ist uns Ferdinand Lassalle?* Wien 1904,
       S. 2 in C 261.

ASD IISG C 493 LEVI, ALESSANDRO *Lassalle e i diritti acquisiti* in
          Critica Sociale, Mailand, 16./30. April 1925, Jahrg.
          XXXV, Nr. 8, S. 108-109.

BNF C 494 LEVI, CESARE *Lassalle sul teatro* in *Avanti*, Rom, 26.
     September 1902, Jahrg. VI, Nr. 2085, S. 1-2.

IMLM C 495 LEVICKIJ, V. *Lassal'jancy i zjzenakhcy v osveščenti
      Rebelja* in *Naša Zarja*, St. Petersburg 1912, Nr. 1-2.
      Zu C 89.

BNP C 496 LÉVY-SÉE, ALBERT *La force et le droit d'après Ferdinand
     Lassalle* in *Mélanges offerts à Charles Andler par ses
     amis et ses élèves*. Straßburg, Istra, 1924, S. 217-229.

     *Publications de la Faculté des lettres de l'Université
     de Strasbourg* Nr. 21.

UBK C 497 LIEBISCH, F.S. *Zur Kritik der Broschüre betreffend den
     Lassalle'schen Vorschlag der Staatshilfe etc., von W.
     Bracke jr. in Braunschweig. Eine Entgegnung im Auftrage
     des Vereins "Lassalle-Schule"*. Leipzig, Im Selbstverlag
     des Verfassers, 1874, [4]-46 S.
     Gegen C 166.

ASD BA C 497a LIEBKNECHT, WILHELM *Report on the working class movement
        in Germany* in [IMLM] *The General Council of the First
        International 1864-1866. The London Conference 1865. Minutes*
        Moskau [1964], in-8, 483 S.

        Über Lassalle und den ADAV S. 256-259 in Liebknechts
        Bericht (S. 251-260), der für die Londoner Konferenz
        der IAA (25.-29. September 1865) bestimmt war, aber
        nicht verlesen wurde.
        Deutsch [IMLB] *Die I. Internationale in Deutschland*.
        Berlin 1964, S. 69-77 und in SCHRÖDER, WOLFGANG *Wil-
        helm Liebknecht - Kleine politische Schriften* Frank-
        furt/M. 1976, S. 5-13. Letzterer Hinweis von Toni Offer-
        mann.

IISG C 498 IDEM *Etwas über Staatssozialismus* in *Österreichischer
      Arbeiter-Kalender für das Jahr 1893*. Brünn, Volksfreund,
      [1892], S. 62-63.

IEV C 499 LIEBERMANN, MARCEL *L'héritage de Lassalle dans le
     socialisme de l'Allemagne impériale* in *Revue de
     l'Institut de sociologie*, Brüssel 1958, Nr. 3, S.
     517-555.

BPU C 500 LIMANOWSKI, BOLESLAW *Ferdynand Lassalle i jego polemiczno-
     agitacyjne pisma*. Genf, Georg, 1882, 23 S.

ZBZ C 501 LINDAU, PAUL *Ferdinand Lassalle auf der Bühne* in *Die
     Gegenwart*, Berlin, 5. Oktober 1872, Bd. II, Nr. 37,
     S. 221-222.

Kritik einer Berliner Aufführung des Dramas "Ferdinand Lassalle, der Arbeiterkönig", von einem anonymen Verfasser.

BA

C 502   IDEM *Ferdinand Lassalle's letzte Rede.* Breslau, Druck und Verlag von S. Schottlaender, 1882, in-8, 23 S.

SBB*

Auszüge aus A 98, denen die entsprechenden Stellen aus Lassalles Manuskript (jetzt in SUBD) gegenübergestellt sind. Neudruck des ursprünglich in *Nord und Süd*, Berlin, Mai 1877, Bd. I, Heft 2, S. 284-302 erschienenen Textes. Nachgedruckt u.a. in C 323 (S. 23-30) und C 503.

UBK

C 503   IDEM *Nur Erinnerungen.* Stuttgart/Berlin, Cotta, 1919, Bd. I, S. 167-196.

Kapitel "Ferdinand Lassalle" mit Teilabdruck von C 502.

IMLB

C 504   LINGER, KLAUS *Ferdinand Lassalle und die proletarische Revolution. Der unversöhnliche Gegensatz der philosophischen Grundlagen der Marxschen und der Lassalleschen Revolutionsauffassungen.* Berlin 1964, in-4, III-197 S., Maschinenschrift.

Dissertation am Institut für Gesellschaftswissenschaft, Berlin [DDR].

JNUL

C 505   LIPOVETSKY, PESAH [*Im Feuer der Revolution*] in *L'achdut ha'avoda*, Tel Aviv, 25. August 1944.

JNUL

C 506   IDEM [*Im Namen der Idee*] in *Davar*, Tel Aviv, 22. September 1944, Nr. 5835.

JNUL

C 507   IDEM [*Der junge Jude (F. Lassalle)*] in *Atidot*, Tel Aviv, 1946, Bd. V, S. 154-159.

Vgl. auch das Pseudonym des Verfassers PESAH BEN AMRAM.

SUBD

C 508   LIPPMANN, JAKOB *Lassalles letzte Tage. Drama in 4 Akten mit dem Vorspiel Die rote Gräfin.* Mainz, Druck und Verlag der Volkszeitung, [1922] in-8, 78 S.

Umschlagstitel *Lassalles Tod* usw.

ASD SLB

Dasselbe unter dem Titel *Lassalles Ende. Drama in vier Akten von Jakob Lippmann. Für die Arbeiter-Bühne bearbeitet von Felix Renker.* Leipzig, Verlag von Alfred Jahn, o.J., in-8, 79 S. *(Soziale Mehrakter, Nr. 13).*

IMLB

C 509   LIPS, JULIUS ERNST *Ferdinand Lassalle. Eine Tragödie des Willens.* Leipzig, Verlag Das Zelt, 1924, in-8, 94-[1] S.

ASD UBK

C 510   IDEM *Lassalle als Dramatiker* in *Frankfurter Zeitung und Handelsblatt*, 23. April 1925, Jahrg. LXIX, Nr. 298, Erstes Morgenblatt S. 1 Feuilleton.

Über A 27.

ASD UBW   C 511   [LÖBE, PAUL] *Am Grabe Lassalles* in *Volkswacht für Schlesien*, Breslau, 11. April 1925, Jahrg. XXXVI, Nr. 85, S. 1.

Der Artikel ist gezeichnet "P.L." Löbe war Chefredakteur der *Volkswacht* von 1900-1920 und arbeitete auch später an ihr mit.

IISG   C 512   LOEWE, LUDWIG *Ferdinand Lassalle* in *Nordstern*, Hamburg, 17. September 1864, Jahrg. V, Nr. 275, S. 3; 24. September, Nr. 276, S. 3; 8. Oktober, Nr. 278, S. 2-3.

Persönliche Erinnerungen.

ASD UBHU   C 513   LORENZ, MAX *Marx und Lassalle* in *Die Hilfe. Gotteshilfe, Selbsthilfe, Staatshilfe, Bruderhilfe*, Berlin, 3. Oktober 1897, Jahrg. III, Nr. 40, S. 4-5.

USBF   C 514   LORIA, ACHILLE *Le nuove lettere di Ferdinando Lassalle* in *Nuova Antologia di lettere, scienze ed arti*, Rom, 1. März 1902, Serie IV, Bd. XLVIII, S. 95-100.

BM   Zu B 29. Neugedruckt in Lorias *Verso la Giustizia Sociale*, Mailand 1904 (S. 120-125).

BNP   C 515   LOUIS, PAUL *Le socialisme de Lassalle. A propos d'un cinquantenaire* in *Revue politique et littéraire. Revue bleue*, Paris, 31. Mai 1913, Jahrg. LI, 5. Serie, Nr. 22, S. 691-695.

IISG BA   C 516   IDEM *Cent cinquante ans de pensée socialiste. De Marx à Lénine. Deuxième volume.* Paris, Rivière, 1939, 223 S.

BA   Kapitel "Lassalle" S. 71-92. In der zweiten Auflage in 1 Bd. (Paris, Rivière, 1947)S. 171-183.

BM   C 517   LUDLOW, J.M. *Ferdinand Lassalle, the German Social-Democrat* in *The Fortnightly Review*, London, 1. April 1869, S. 419-453.

ASD ZBL   C 518   LUDWIG, EMIL *Genie und Charakter. Zwanzig männliche Bildnisse.* Berlin, Rowohlt, 1925, S. 205-228.

Über Lassalle und Byron. Erweiterte Fassung des ursprünglich in der *Neuen Rundschau*, Berlin 1911 (S. 913-949) erschienenen Artikels. Das Buch erschien 1927 in 42. Auflage.

ASD BA   C 519   LUKÁCS, GEORG *Lassalle als Theoretiker der U.S.P.D.* in *Die Internationale*, Berlin, 1. Oktober 1924, Jahrg. VII, Nr. 19/20, S. 422-424.

IMLB   C 520   IDEM *Literaturnoe nasledie Lassalja* in *Vestnik Komunističeskoj Akademii*, Moskau 1924, Bd. VII, S. 402-415; Bd. VIII, S. 366-372.

Zu B 65.

ASD BA   C 521   IDEM *Die neue Ausgabe von Lassalles Briefen* in GRÜNBERG 1925, Bd. XI, S. 401-423.

Zu B 65.

IMLM   C 522   IDEM *Marks i Engel's o tragedii Lassalja "Franc fon Sikingen"* in *Literaturnoje nastledstvo,* Moskau 1932, Jahrg. I, Nr. 3, S. 1-74.

Die Sickingen-Debatte zwischen Marx/Engels und Lassalle kommentiert, mit 7 Faksimiles.

ASD UBT   C 523   IDEM *Kritik der Literaturtheorie Lassalles* in *Der rote Aufbau,* Berlin 1932, Jahrg. V, Nr. 18, S. 851-857; Nr. 19, S. 900-904.

BA   C 524   IDEM *Die Sickingendebatte zwischen Marx-Engels und Lassalle* in *Internationale Literatur,* Moskau, März-April 1933, Jahrg. III, Nr. 2, *Marx-Sondernummer* S. 95-126.

Die Zeitschrift erschien auch in englischer, französischer und russischer Sprache. Der deutsche Text wurde neugedruckt in LUKÁCS *Karl Marx und Friedrich Engels als Literaturhistoriker* (Berlin, Aufbau-Verlag, 1948, S. 5-62) und LUKÁCS *Werke* (Neuwied/Berlin 1969: Bd. X, S. 461-503), sowie in C 370 (S. 159-206).

M. siehe ANONYM 1922.

BA   C 525   MAC, GEORG REINHOLD *Karl Marx. Liv og Vaerk.* [Kopenhagen], Fremad, 1965, 3 Bde., 288-[1]; 265-[1]; 191-[1]S.

Die Abschnitte 70-75 (Bd. II, S. 142-173) behandeln Lassalle.

BIF   C 526   MAJORANA, SALVATORE *Il processo di Lassalle e il sostrato sociale delle imposte indirecte. Conferenza tenuta in Catania nel Palazzo Concordia addì 30 Dicembre 1923 a iniziative della Federazione tra Commerciante ed Industriali per la Provincia di Catania.* Catania, "La Stamparia", 1924, in-8, 22 S.

Sonderdruck aus *Sicilia Industriale ed Agricola,* Nrn. 292-293.

IMLM   C 527   MAJSKIJ, V. *Otec germanskoij socialdemokratii.* Moskau, Knigoizdat. pisatelej, 1917, 32 S.

Eine zweite Ausgabe erschien unter dem Titel *Ferdinand Lassal'* (Moskau, Izd. VCSPS, 1923, 52 S.). Ein erster Abdruck erschien zum 50. Todestag Lassalles in der Zeitschrift *Russkom Bogatstve,* 1914, Nr. 8, unter dem Titel *Pamjati velikogo agitatora.*

         C 528   MAKAROV, N. [= N. PAKUL'] *F. Lassal' i K. Marks* in *Znanie,* Moskau 1925, Nr. 16.

Nach JAK S. 56.

IMLB   C 528a MAMUT, L.S. *Ferdinand Lassal'* in *Voprosy istorii* Moskau 1964, Bd. XVIII, Heft 9, S. 99-110.

ASD UBW   C 529   MANASSE, LUDWIG *Die Ferdinand Lassalle-Stiftung in Breslau. Neues von Lassalles Eltern* in *Volkswacht für Schlesien,* Breslau, 11. April 1925, Jahrg. XXXVI, Nr. 85, S. 5.

C 530 MANDEL, W. *Der "nationale" Lassalle* in *Ringendes Deutsch-tum. Wochenschrift für Lebenserneuerung auf völkischer Grundlage*, Berlin-Lichterfelde, 1925, Jahrg. V, S. 67-81.

Nach Schumann.

ASD IISG C 531 MANHEIM-VITTERS, ANNA *Bucher und Lassalle (1848-1864). Ein Beitrag zur Geschichte politischer Ideenbildung im 19. Jahrhundert.* Leipzig [1933], in-8, 68-[1] S.

Dissertation an der philosophischen Fakultät der Universität Leipzig, vorgelegt 1930.

IMLB C 532 MANNES, WILHELM *Von Lassalle bis Dernburg. Eine kolonial-soziale Betrachtung.* Braunschweig, Verlag von Karl Pfankuch, [1907], in-8, 22 S.

ASD UBW C 533 MARCKS, SIEGFRIED *Lassalle. Proletarischer Sozialismus und philosophischer Idealismus* in *Volkswacht für Schlesien.* Breslau, 11. April 1925, Jahrg. XXXVI, Nr. 85, S. 1-2.

ASD IZD C 534 MARCUSE, JULIAN *Helene von Dönniges* in *Die Weltbühne,* Berlin, 21. April 1925, Jahrg. XXI, Nr. 16, S. 591-592.

Über den Nachlaß Helene von Dönniges', in dem keine Lassalle-Dokumente vorhanden waren.

C 535 MARR, WILHELM *Herr Lassalle und die Arbeiterfrage* in *Die Opposition,* Hamburg 1863.

Das im Juli 1863 gegründete Monatsblatt wurde nicht gefunden. Der Artikel erschien wahrscheinlich im August 1863, war als "eine Abfertigung Lassalle's" angekündigt und "lief auf eine Empfehlung des liberalen Genossenschaftswesens hinaus" (S. 221 in C 477). Audorf antwortete auf diesen Angriff namens des Hamburger ADAV mit C 75.

IMLB StAH C 536 IDEM *Messias Lassalle und seine Hamburger Jünger. Eine Abfertigung.* Hamburg, Carl Fischer's Buchdruckerei, 1863, in-8, 8 S.

Replik auf Audorfs C 75.

ASD BA C 537 MARTYNOW, A. *Ferdinand Lassalle und die deutsche Sozialdemokratie* in *Die Kommunistische Internationale,* Hamburg/Berlin, April 1925, Jahrg. VI, Nr. 4, S. 452-460.

ASD BA C 537a [MARX, KARL] *"Man erinnert sich noch [...]"* in *Neue Rhei-*
IISG KMH *nische Zeitung,* Köln, 4. März 1849, Nr. 237, S. 1-2.

Der "*Köln,* 3. März" datierte Artikel trägt keinen Titel, aber in der Inhalts-"Übersicht" der Nr. 237 wird er unter "Lassalle" angeführt. Marx kritisiert die behördliche Willkür bei der Instruktion von Lassalles Prozeß, u.a. "weil es sich um die Freiheit und das Recht eines Mitbürgers, eines unserer Parteifreunde handelt". Neugedruckt MEW Bd. VI, S. 320-322.

Die *NRhZ* vom 6. März 1849, Nr. 238, S. 2 denunziert in einem " *Köln,* 3. März" datierten Artikel die willkürliche Verschleppungsmethode der Gerichtsbehörden bei der

Instruktion des Prozesses gegen Lassalle. Der Artikel
ist in der "Uebersicht" unter "Lassalle's Prozeß" aufge-
führt. Die Redakteure der MEW haben ihn nicht als Marx-
Text aufgenommen.

BUL C 538 MARX, KARL *Erklärung* in *Berliner Reform*, 19. März 1865,
Nr. 67, Beilage S. 2.

In der vom 15. März 1865 datierten Erklärung setzt Marx
an Hand von Schweitzers Briefen an ihn auseinander, weshalb Engels und er sich am 23. Februar 1865 öffentlich
gegen den *Social-Demokrat* erklärt haben (diese letztere
Erklärung in MEW Bd. XVI, S. 79). Die *Erklärung* vom
15. März erschien in mehreren Tageszeitungen, und Schilling nahm sie auf in die Broschüre C 778 (S. 58-61). Der
Text der Erklärung in MEW Bd. XVI, S. 86-89. Eine zusätzliche Richtigstellung vom 18. März 1865 in MEW Bd.
XVI, S. 90.

ASD BA C 539 IDEM *Randglossen zum Programm der deutschen Arbeiterpartei* in NZ Januar 1891, Jahrg. IX, Bd. I, Nr. 18, S.
563-575.

Nach Kenntnisnahme des Programmentwurfs, der dem Eini-
gungskongreß der SDAP und des ADAV (22.-27. Mai 1875 in
Gotha) vorgelegt werden sollte, schickte Marx seine
Kritik am 5. Mai 1875 an W. Bracke, "zur Einsicht an
Geib und Auer, Bebel und Liebknecht". Er kritisiert vor
allem die auf Lassalle zurückgehenden Konzeptionen des
Entwurfs, der aber vom Gothaer Kongreß ohne Berücksichtigung der Marxschen Kritik angenommen wurde. Die *Randglossen* blieben bis zur Erstveröffentlichung durch
Engels 1891 unveröffentlicht. Seitdem sind sie unter
dem Titel "Kritik des Gothaer Programms" (zumeist zusammen mit mehreren Briefen von Marx und Engels zum selben Thema an die Führer der SDAP 1875 und an die der SPD
1891) vielfach neugedruckt und übersetzt worden, u.a.
in MEW Bd. XIX, S. 15-32.

ASD BA C 540 IDEM [*Über Lassalleanismus und Gewerkschaft*] in NZ 23.
September 1896, XV, Nr. 1, S. 7-10.

Brief an von Schweitzer vom 13. Oktober 1868, in dem
Marx eingangs hervorhebt: "Nach fünfzehnjährigem Schlum-
mer rief Lassalle - und dies bleibt sein unsterbliches
Verdienst - die Arbeiterbewegung wieder wach in Deutschland." Mit Vorbemerkung von Eduard Bernstein. Der Brief
ist neugedruckt in MEW Bd. XXXII S. 568-569.

Für *russische* Übersetzungen siehe C 125.

BA C 541 IDEM [*Urteil über Lassalle*] in *Sozialistische Auslands-
politik. Korrespondenz*, Berlin, 1. Mai 1918, Jahrg. IV,
Nr. 18, *Marx-Nummer* S. 2-4.

Brief Marx' an Louis Kugelmann vom 23. Februar 1865,
veröffentlicht und erläutert von Karl Kautsky in dem Artikel *Marx über Realpolitik* (S. 1-9). Kautsky hatte diesen Brief nicht aufgenommen in seine Erstveröffentlichung
der Briefe Marx' an Kugelmann (NZ April-September 1902),
weil ihn damals Marx' scharfes Urteil über Lassalle "besonders peinlich" berührt hatte. Inzwischen war durch

die Veröffentlichung (mit nicht unerheblichen Kürzungen und Abschwächungen) des Marx-Engelsschen Briefwechsels durch Bernstein (1913) ihr Urteil über Lassalle immerhin bekannt geworden. Da der Brief dieses dort verstreute Urteil "nur zusammenfaßt [...] und erläutert" sowie "begründet", entschloß sich Kautsky zur Veröffentlichung. Der Brief ist seitdem vielfach neugedruckt und übersetzt worden, u.a. in MEW Bd. XXXI, S. 451-455. Kautsky hat den Brief nochmals veröffentlicht und kommentiert in C 420.

IISG   C 542 MASARYK, THOMAS GARRIGUE *Lassalle-Studien* in *Zeitschrift für Socialwissenschaft*, Berlin 1905, Bd. VIII, S. 88-95.

Besprechung von C 669.

ASD BIW   C 543 MATULL, WILHELM *Ferdinand Lassalle.* Würzburg, Holzner-Verlag, [1964], in-8, 31-[1] S.

Schriftenreihe des Göttinger Arbeitskreises Heft 70.

C 543a IDEM *Ferdinand Lassalle (1825-1864)* in *Große Deutsche aus Schlesien* [hrsg. von Herbert Hupka], München 1969, S. 156-163.

JNUL   C 544 MAY, RICHARD *Lassalle* in *Der Weg. Zeitschrift für Fragen des Judentums*, Berlin, 28. Februar 1947, Jahrg. II, Nr. 9, S. 9-10.

ASD BA   C 545 MAYER, GUSTAV *Lassalle als Sozialökonom.* Berlin, Mayer & Müller, 1894, in-8, [2]-138 S.

Dissertation der Universität Basel.

Vgl. C 122.

ASD UBBa   C 546 IDEM *Die Lösung der deutschen Frage im Jahre 1866 und die Arbeiterbewegung* in *Festgaben für Wilhelm Lexis.* Jena 1907, S. 224-268.

Neugedruckt in C 574, S. 125-158.

ASD BA   C 547 IDEM *Johann Baptist von Schweitzer und die Sozialdemokratie. Ein Beitrag zur Geschichte der deutschen Arbeiterbewegung.* Jena, Verlag von Gustav Fischer, 1909, in-8, VII-[3]-448-VI S.

Ein Neudruck erschien 1969 bei Gustav Fischer in Frankfurt/M.

BA ASD   C 548 IDEM *Die Arbeiterbewegung* in *Geschichte der Frankfurter Zeitung. Volksausgabe. Herausgegeben vom Verlag der Frankfurter Zeitung.* Frankfurt a.M., 1911, S. 78-87.

Hauptsächlich über die Beurteilung Lassalles durch die *Frankfurter Zeitung.* Die begrenzte erste Auflage des Buches erschien 1906 außerhalb des Buchhandels anläßlich des 50jährigen Bestehens des Blattes.

ASD BA   C 549 IDEM *Die Trennung der proletarischen von der bürgerlichen Demokratie in Deutschland* in GRÜNBERG 1911, Bd. II, S. 1-67.

ASD BA
Auch als Separatausgabe (Leipzig, Hirschfeld, 1911), [4]-67[1] S.) erschienen. Neugedruckt in H.U. WEHLER *Radikalismus, Sozialismus, Bürgerliche Demokratie*. Frankfurt a.M. 1969, S. 108-178.

ASD BA C 550 IDEM *Lassalle Redivivus. (Zum 50. Sterbetag: 31. August 1914)*, in *Frankfurter Zeitung und Handelsblatt*, 1. September 1914, Jahrg. LIX, Nr. 242, Erstes Morgenblatt, S. 1 Feuilleton.

BA C 551 IDEM *Lassalle en de vrijmaking der liefde* in *Het Volk*, Amsterdam, 25. März 1922, Nr. 6734, Beilage Nr. 97, S. 1.

Zu A 24a, mit Auszügen.

BA C 552 IDEM *Lassalles erster Schritt in die Öffentlichkeit* in *Breslauer Zeitung*, 11. April 1922, Jahrg. CII, Ausgabe A/B, Nr. 189/90, Unterhaltungsbeilage S. 5.

Zu A 3.

AAS ASD C 552a IDEM *Marx och Lassalle* in *Tiden*, Stockholm, Mai 1922, Nr. 5, S. 288-295.

BA C 553 IDEM *Lassalle en Heinrich Heine* in *Het Volk*, Amsterdam 17. Juni 1922, Nr. 6801, Beilage Nr. 109, S. 2.

Deutsch in C 565 (S. 31-39) und C 574 (S. 119-124).

ASD BA C 554 IDEM *Eine bisher ungedruckte Rede von Lassalle über Arbeiterbildung* in *Volkswacht für Schlesien*, Breslau, 9. September 1922, Jahrg. XXXIII, Nr. 211, S. 11.

Vorabdruck eines Teils von A 44.

ASD BA C 555 IDEM *Ein Spitzelbericht Lassalles über sich selbst* in GRÜNBERG 1922, Bd. X, S. 398-410.

Vgl. A 25.

ASD C 556 IDEM *Marx und Lassalle* in *Sozialistische Politik und Wirtschaft*, Berlin, 27. März 1923, Jahrg. I, Nr. 12, S. 1-2.

Neugedruckt unter dem Titel *Marx und Lassalle im Urteil der Sozialdemokratie* in C 565 (S. 18-20) und C 574 (S. 65-66).

LBN C 557 IDEM *Lassalle und das Judentum (Nach einem Vortrag)* in *Der Jude*, Berlin, März 1924, Jahrg. VIII, Nr. 12, S. 727-736.

Auszugsweise in *Jüdische Rundschau*, Berlin, 24. April 1924, Jahrg. XXX, Nr. 32, S. 294-295.

ASD BA C 559 IDEM *Rodbertus und Lassalle* in *Die Gesellschaft*, Berlin, Juni 1924, Bd. I, S. 517-530.

Vorabdruck der Einleitung zum Rodbertus-Briefwechsel N VI S. 282-297.

ASD BA C 560 IDEM *Bemerkungen zu: Marx und Lassalle* in *Die Gesellschaft*, Berlin, April 1925, Jahrg. II, S. 323-339.

Mit Teilabdruck von A 24.

BA   C 561   IDEM *Ferdinand Lassalle* in *Hamburger Fremdenblatt*. 12. April 1925, Jahrg. XCVII, Nr. 102, Morgen-Ausgabe S. 3.

ASD BA   C 562   IDEM *Lassalles Weg zum Sozialismus. Festrede zu seinem 1oo. Geburtstage, gehalten vor der Arbeiterschaft seiner Geburtsstadt am 13. April 1925.* Berlin, J.H.W. Dietz, 1925, in-8, 25-[1] S.

Neugedruckt in C 574 (S. 79-87).

C 563   IDEM *Randbemerkungen Lassalles* in *Arbeiter-Zeitung,* Wien, 14. April 1925, Jahrg. XXXVII, Nr. 102, S. 5.

ASD UBK   C 564   IDEM *Gräfin Sophie von Hatzfeldt, Birmarck und das Duell Lassalle - Racowitz* in *Historische Zeitschrift,* München / Berlin 1925, Bd. 134, S. 47-56.

SSA   C 565   IDEM *Der Deutsche Allgemeine Arbeiterverein und die Krisis 1866* in *Archiv für Sozialwissenschaft und Sozialpolitik,* Tübingen 1927, Bd. LVII, S. 167-175.

Neugedruckt in C 574 (S. 159-164).

ASD BA   C 566   IDEM *Aus der Welt des Sozialismus. Kleine Historische Aufsätze.* Berlin, Weltgeist-Bücher, [1927], in-16, 63-[1] S.

Das Nachwort ist "Ende Januar 1927" datiert. Enthält C 553, C 556, C 567.

C 567   IDEM *Lassalle und die Monarchie.* Berlin 1927, S. 39-44 in C 565.

Verkürzte Bearbeitung von B 42, S. 181-197 (*V.A. Huber, Lassalle und die Monarchie*). Neugedruckt in C 574 (S. 89-92).

ASD BA   C 568   IDEM *Die Vorfahren Ferdinand Lassalles* in *Die Gesellschaft,* Berlin, Mai 1928, Jahrg. V, Nr. 5, S. 469-472.

Die für den Artikel benutzten Briefe von Lassalles Vorfahren sind veröffentlicht in C 886.

ASD BA   C 569   IDEM *Friedrich Engels. Eine Biographie.* Haag, Nijhoff, 1934, 2 Bde in-8, IX-[3]-393; VIII-585 S.

Der erste Band erschien in einer ersten Auflage 1920. Lassalle wird ausführlicher behandelt vor allem in Bd. II.

ASD JNUL   C 570   IDEM [*Lassalles Persönlichkeit*] in *Davar,* Tel Aviv, 29. April 1938, Nr. 3933.

BA   C 571   IDEM *Zum Verständnis der politischen Aktion Lassalles* in IRSH 1938, Bd. III, S. 89-104.

Neugedruckt in C 574 S. 67-78.

LBN   C 572   IDEM *Early German Socialism and Jewish Emancipation* in *Jewish Social Studies,* New York, 1939, Bd. I, S. 409-422.

ASD IISG   C 573   IDEM *Lassalle, Ferdinand* in *Encyclopaedia of the Social Sciences,* New York 1950, Bd. IX, S. 184-185.

242

ASD BA C 574 IDEM *Arbeiterbewegung und Obrigkeitsstaat. Herausgegeben von Hans-Ulrich Wehler.* Bonn, Verlag Neue Gesellschaft, [1972], in-8, 192 S.

Schriftenreihe des Forschungsinstituts der Friedrich-Ebert-Stiftung, Bd. 92.

Enthält einen Teilabdruck von B 81 und die Texte C 547, C 553, C 556, C 562, C 564, C 567, C 568, C 571.

ASD BA C 575 MAYER, HANS *Meisterwerke der deutschen Literaturkritik. Erster Band: Aufklärung, Klassik, Romantik.* Berlin, Rütten & Loening, 1956, in-8, XIV-[2]-938-[1] S.

Die Sickingendebatte zwischen Marx/Engels und Lassalle, S. 579-636.

UBBa C 576 MAYER, PAUL *Ferdinand Lassalle* in *Basler Nachrichten,* 9. April 1925, Jahrg. LXXXI, Nr. 99, 2. Beilage S. 1.

ASD C 577 IDEM *Die Anfänge der deutschen Arbeiterbewegung* in *Neuer Vorwärts,* Bonn, 1. Mai 1953, Nr. 17/18, Beilage "90 Jahre Sozialdemokratie", S. 35-36.

ASD C 578 IDEM *Mitbegründer und führende Funktionäre der ersten deutschen Arbeiterpartei* in *Neuer Vorwärts,* Bonn, 1. Mai 1953, Jahrg. VI, Nr. 17/18, Beilage "90 Jahre Sozialdemokratie", S. 37-38.

Kurzbiographien von Jacob Audorf jr., Bernhard Becker, Otto Dammer, F.W. Fritzsche, Hugo Hillmann, August Perl, Julius Vahlteich und Theodor Yorck.

ASD BA IISG C 579 MEHRING, FRANZ *Zur Geschichte der deutschen Socialdemokratie. Ein historischer Versuch.* Magdeburg, Druck und Verlag der Faber'schen Buchdruckerei A. & R. Faber, 1877, in-8, [2]-112 S.

Über Lassalle und den ADAV S. 1-44. Diesen antisozialistischen Text veröffentlichte Mehring in einer zweiten (erweiterten) Auflage unter dem Titel *Die deutsche Socialdemokratie. Ihre Geschichte und ihre Lehre. Eine historisch-kritische Darstellung* (Bremen, Verlag von C. Schünemann, 1877, in-8, XVI-213 S.). Sie enthält außer dem erweiterten Lassalle betreffenden Teil (S. 1-55) einen neuen Abschnitt *Theoretisches über Lassalle* (S. 133-174). Eine *Dritte durchgesehene und erweiterte Auflage* (Bremen, C. Schünemann's Verlag, 1879, in-8, XVI-347 S.) enthält nur "kleine Aenderungen und Erweiterungen" der Lassalle betreffenden Abschnitte (S. 3-59 und 207-256). Eine auszugsweise Wiederholung dieser letzten Fassung druckte Mehring noch von April - Juni 1879 und Februar - August 1880 in der Leipziger *Gartenlaube* (über Lassalle nur 1879, Nr. 21 und 25, S. 351-352 und 413-417). Eine *holländische* Übersetzung der dritten Auflage erschien mit Mehrings Zustimmung in Arnhem, H.W. van Marle, 1881 (übersetzt von J.A. Jungmann).

ASD BA C 580 IDEM *Bucher und Lassalle* in NZ, 2. August 1893, Jahrg. XI, Bd. II, Nr. 46, S. 577-581.

Zu B 20a.

Neugedruckt in MEHRING, F. *Gesammelte Schriften*, Berlin [DDR] 1963, Bd. IV, S. 327-333.

ASD BA   C 581   IDEM *Ferdinand Lassalle* in NZ, Oktober 1894, Jahrg. XII, Bd. II, Nr. 48, S. 673-676.

ASD BA   C 581a   IDEM *Zwei Schriftstücke Lassalles* in NZ 4. November 1896, Jahrg. XV, Bd. I, Nr. 7, S. 218-219.

Zu A 33d, mit kurzer Darstellung des Sachverhaltes und einigen Auszügen.

ASD BA   C 582   IDEM *Vor dreißig Jahren* in NZ 25. Februar 1897, Jahrg. XV, Bd. I, Nr. 23, S. 705-709.

Über den Streit der Hatzfeldtgruppe mit von Schweitzer und Liebknechts Stellung dazu.

ASD BA   C 583   IDEM *Ueber Krisen und Wetterzeichen* in NZ 5. Mai 1897, Jahrg. XV, Bd. II, Nr. 33, S. 193-197.

Über Lassalle und den preußischen Verfassungsstreit 1862.

ASD BA   C 584   IDEM *Die Geschichte eines Schlagwortes* in NZ 14. Juli 1897, Jahrg. XV, Bd. II, Nr. 43, S. 513-517.

Mehring polemisiert gegen Bernstein, der in der NZ vom 7. Juli 1897 (S. 502) das "falsche [...] Schlagwort von der 'einen reaktionären Masse' " erwähnt hatte, welche die anderen Parteien gegenüber der SPD bildeten. Marx hat diesen Ausdruck aus dem Gothaer Programm "Lassalle-sches Zitat vom reinsten Wasser" genannt (vgl. C 539).

Vgl. A 81.

ASD BA   C 585   IDEM *Geschichte der Deutschen Sozialdemokratie*. Stutt-gart, Verlag von J.H.W. Dietz Nachf., 1897 & 1898, 2 Bde. in-8, VI-[2]-568; VI-[2]-568 S.

Geschichte des Sozialismus in Einzeldarstellungen, Bd. III, 1 & 2.

Über Lassalle und den ADAV handeln Bd. I, 2. Abschnitt, Kapitel 2 und 7-9 sowie Bd. II, 3. Abschnitt, Kapitel 1-3 und 5. Das Werk hat zahllose Neuauflagen erlebt, zuletzt 1960 (Berlin [DDR], Dietz-Verlag). Mehring ver-öffentlichte unter dem Titel *Lassalles Anfänge* in der NZ vom 16. Juni 1897, Jahrg. XV, Bd. II, Nr. 39, S. 395-405, das Kapitel 2 des Abschnittes 2 aus Bd. I im Vor-abdruck.

Italienisch Rom, Mongini, 1900.

Russisch Moskau 1920 und 1922.

ASD BA   C 586   IDEM *Graf Paul Hatzfeldt* in NZ 13. November 1901, Jahrg. XX, Bd. I, Nr. 7, S. 193-197.

ASD BA   C 587   IDEM *Zur Biographie Lassalles* in NZ 11. Februar 1903, Jahrg. XXL, Bd. I, Nr. 20, S. 627-631.

Polemik gegen Onckens C 668.

ASD BA   C 588   IDEM *Ultramontaner Sozialismus* in NZ 18. Februar 1903, Jahrg. XXI, Bd. I, Nr. 21, S. 641-645.

Über Lassalle und Ketteler.

ASD BA   C 589   IDEM *Die dritte Märzrevolution* in NZ 11. März 1903, Jahrg. XXI, Bd. I, Nr. 24, S. 737-741.

Zu A 54.

ASD BA   C 590   IDEM *Zur Psychologie Lassalles* in NZ 8. Juli 1903, Jahrg. XXI, Bd. II, Nr. 41, S. 456-468.

Zu B 31.

Neugedruckt in MEHRING, F. *Gesammelte Schriften* Berlin [DDR] 1963, Bd. IV, S. 277-293.

ASD BA   C 591   IDEM *Die Leipziger Arbeiterbewegung 1862-1867* in *Die Gründung der Deutschen Sozialdemokratie. Eine Festschrift der Leipziger Arbeiter zum 23. Mai 1903*. Leipzig, Leipziger Buchdruckerei Aktiengesellschaft 1903, S. 22-41.

ASD   Eine zweite vermehrte Auflage erschien 1913 u.d.T. *Die Gründung und Entwicklung der deutschen Sozialdemokratie. Festschrift der Leipziger Arbeiter zum 23. Mai 1913*, herausgegeben vom Bezirksvorstand der sozialdemokratischen Partei Leipzigs.

Russisch St. Petersburg, Znanie, 1907 (übersetzt von Vera M. Veličkina).

ASD BA   C 592   IDEM *Julius Vahlteich, Ferdinand Lassalle und die Anfänge der deutschen Arbeiterbewegung* in NZ 24. Februar 1904, Jahrg. XXII, Bd. I, S. 708-710.

Vgl. C 895.

Zu C 895.

ASD BA   C 593   IDEM *Lassalle und Vahlteich* in NZ 25. Mai 1904, Jahrg. XXII, Bd. II, Nr. 35, S. 286-287.

Polemik gegen Vahlteich betreffend C 895.

ASD BA   C 594   IDEM *Von Lassalle* in NZ 28. September 1904, Jahrg. XXIII, Bd. I, Nr. 1. S. 1-4.

Einleitung zum Abdruck von A 29. Zu C 761 und C 775.

ASD BA   C 595   IDEM *Eine Biographie Lassalles* in NZ 11. Januar 1905, Jahrg.XXIII, Bd. I, Nr. 16, S. 519-523.

Besprechung von C 669.

ASD BA   C 596   IDEM *Schiller und die großen Sozialisten* in NZ [25. April] 1905, Jahrg. XXIII, Bd. II, Nr. 27, S. 153-155.

ASD BA   C 597   IDEM *Lassalle und die Budgetfrage* in NZ 30. September 1910, Jahrg. XXVIII, Bd. II, Nr. 53, S. 993-996.

C 597a IDEM *Ein Ehrentag* in NZ 12. April 1912, Jahrg. XXX, Bd. II, Nr. 29, S. 65-68.

Zum 50. Jahrestag von A 40.

ASD BA   C 598   IDEM *Eduard Rosenbaum, Ferdinand Lassalle* [...] in NZ
20. September 1912, Jahrg. XXX, Bd. II, Nr. 55, S. 997-
998.

Zu C 758. Bernstein veröffentlichte eine Besprechung desselben Buchs in GRÜNBERG 1912, Bd. III, S. 148-149.

ASD BA   C 599   IDEM *Alfred Schirokauer, Ferdinand Lassalle* [...] in NZ
20. September 1912, Jahrg. XXX, Bd. II, Nr. 55, S. 1000.

Zu C 780.

ASD BA   C 600   IDEM *H. Laufenberg, Hamburg und sein Proletariat* [...] in
GRÜNBERG 1912, Bd. III, S. 317-318.

Besprechung von C 477 und eines vorhergehenden Buches Lau-
fenbergs, in der Mehring vornehmlich über das Verhältnis
von Marx/Engels zu Lassalle handelt, der "einer gewissen
Renaissance entgegenginge."

ASD BA   C 601   IDEM *Ein Parteijubiläum* in NZ 28. Februar 1913, Jahrg.
XXXI, Bd. I, Nr. 22, S. 793-794.

Zum 50jährigen Jubiläum von A 54. Kautskys Kritik des Ar-
tikels in C 415 eröffnete die Polemik zwischen ihm und
Mehring über Marx' und Engels' Beurteilung Lassalles in
C 417, C 418, C 602, C 603.

ASD BA   C 602   IDEM *Über den Gegensatz zwischen Lassalle und Marx* in NZ
27. Juni 1913, Jahrg. XXXI, Bd. II, Nr. 39, S. 445-450.

Gegen Kautskys C 415.

ASD BA   C 603   IDEM *Mein Vertrauensbruch* in NZ 25. Juli 1913, Jahrg.
XXXI, Bd. II, Nr. 43, S. 592-600.

Gegen Kautskys C 417.

ASD BA   C 604   IDEM *Karl Marx. Geschichte seines Lebens*. Leipzig, Verlag
der Leipziger Buchdruckerei A.G., 1918, in-8, XII-544 S.

Lassalle sind zwei gesonderte Abschnitte gewidmet ("Der
Streit mit Lassalle", S. 278-285 und "Die Agitation
Lassalles", S. 311-320), und sein Name ist der nach En-
gels am häufigsten genannte. Das Buch erschien bis 1933
in fünf Auflagen in Deutschland, seitdem in zahlreichen
Auflagen im Ost-Berliner Dietz-Verlag. Eine *französische*
Übersetzung erschien 1974.

IZD   C 605   MEISELS, S. *Lassalles Liebesbriefe* in *Neues Wiener Journal*, Wien, 1o. April 1925, Jahrg. XXXIII, Nr. 11 274, S.
S. 6-7.

Zu N I.

            C 606   MEMMEN, WILHELM *Die nationalen Gedanken im französischen
und deutschen Sozialismus bei Buchez, Pecqueur, Vidal, Rodbertus und Lassalle*. Freiburg i.Br. 1922, in-4, IV-229
Maschinenseiten.

Dissertation.

ASD IISG   C 607   MENDE, FRITZ *Herr J.B. von Schweitzer und die Organisation des Lassalle'schen Allg. deutschen Arbeitervereins. Ein Antrag an den Vorstand.* Leipzig, Verlag des Lassalle-schen Allg. deutschen Arbeitervereins (Zu beziehen durch Julius Röthing, Leipzig, Neukirchhof 45), [Druck von Leopold & Bär in Leipzig], 1869, in-16, 71-[1] S.

ASD BA   C608   IDEM *Die Allgemeine Deutsche Arbeiter-Versicherungs-Ge-*
IMLB   *nossenschaft.* Leipzig, Verlag des Lassalle'schen Allgemeinen Deutschen Arbeiter-Vereins. Zu beziehen durch Jul. Röthing, Neukirchhof 45, [Druck von Hüthel & Legler in Leipzig], 1870, in-16, 21-[1] S.

UBBa BIF   C 609   MENGHINI, MARIO *Ferdinando Lassalle in Italia* in *Nuova Antologia,* Rom, 16. März 1935, S. 265-274.

                        Erschien auch als Separatdruck, Rom 1935, in-8, [2]-10-[1] S.

BM   C 610   MEREDITH, GEORGE *The Tragic Comedians. A study in a well-known story.* London, Chapmann & Hall, 1880, 2 Bde in-8, IV-200 und IV-184 S.

                        Der Verfasser romantisiert die Helene-von-Dönniges-Episode. Erweiterte Buchausgabe einer Artikelserie, die von Oktober 1880 bis Februar 1881 in der *Fortnightly Review,* London, erschien. Bis 1914 folgten noch 9 weitere Auflagen, darunter 1881 eine in *Tauchnitz's Collection of British Autors* (Nr. 1956) und in *The Warwick House Library* 1892

DLC   eine mit einer Einleitung über Lassalle, von Clement Shorter (S. I-XXXV).

                        Deutsch London, Siegle, Hill & Co., 1909, 280 S. (übersetzt von I.L. Benecke).

                        Französisch Paris 1926, 251 S. (übersetzt von Philippe Noel).

BA   C 611   MEYER, JÜRGEN BONA *Fichte, Lassalle und der Socialismus.* Berlin, Verlag von Carl Habel (T.G. Lüderitz'sche Verlagsbuchhandlung) 1878, in-8, 64 S.

                        Deutsche Zeit- und Streitfragen, Jahrg. VII, Heft 110/111.

IISG SUBD   C 612   MEYER, RUDOLPH *Die bedrohliche Entwickelung des Socialismus und Die Lehre Lassalles,* Berlin, Verlag von August Schindler, 1873, in-8, [2]-46 S.

                        Die beiden Aufsätze "Die drohende Entwickelung des Socialismus" und "Die Lassalle'sche Lehre" waren vorher in der *Berliner Revue* erschienen, deren Redakteur Meyer war. Der erste stellt die "unwesentlichen" Unterschiede der Marxschen und der Lassalleschen Gesellschaftsauffassungen dar. Der zweite gibt anhand von kommentierten Zitaten Lassalles Lehre wieder.

ASD BA C 613 IDEM *Der Emancipationskampf des vierten Standes, Bd. I.* Berlin, Verlag von August Schindler, 1874, in-8, [4]-422-2 S.

BA
BA

Besonders S. 200-230 "Lassalles Auftreten und Lehre"; eine *Volksausgabe* erschien im selben Jahre bei demselben Verleger; eine *Zweite vermehrte Auflage*, Berlin, Verlag Hermann Bahr, 1882, in-8, [10]-532 S.

ASD BA C 614 IDEM *Zwei Briefe von Dr. Rodbertus* in NZ 15. November 1894, Jahrg. XIII, Bd. I, Nr. 8, S. 244-250.

Briefe Rodbertus' über Lassalle an R. Meyer, vom 26. Mai 1872 und 25. April 1873.

Vgl. C 330.

ASD IZD C 615 MICHAELIS, P. *Ferdinand Lassalle* in *Vossische Zeitung*, Berlin, 2. September 1894, Nr. 410, Sonntagsbeilage Nr. 35, S. 2-3; 9. September, Nr. 422, Sonntagsbeilage Nr. 36, S. 2.

UBA C 616 MICHELET, [KARL LUDWIG] [*Lassalle: Das System der erworbenen Rechte*] in *Der Gedanke*, Berlin, 1862, Jahrg. II, Bd. III, Nr. 1, S. 34-39; Nr. 2, S. 65-88.

Der Verfasser und Redakteur der Zeitschrift war, wie Lassalle, Mitglied der Philosophischen Gesellschaft in Berlin, in deren Sitzung vom 26. Oktober 1861 er den ersten Band von A 37 besprach (S. 34-39), während er in der Sitzung vom 29. März 1862 über den Bd. II referierte (S. 65-88).

UBA C 617 IDEM *Nachwort* in *Der Gedanke*, Berlin, 1864, Jahrg. V, Nr. 3, S. 149-154.

Gegen Lassalle gerichtetes Nachwort zu C 775.

UBA C 618 IDEM *Nekrol. Lassalle's* in *Der Gedanke*, Berlin 1864, Jahrg. V, Nr. 3, S. 195-198.

ASD BA C 619 MICHELS, ROBERT *Eugenio Di Carlo. Della fisosofia della storia di Ferdinando Lassalle* in GRÜNBERG 1912, Bd. III, S. 173-174.

Besprechung von C 219.

PIB C 620 MIGRAY, JÓZEF *Lassalle történelmi jelentösége* in *Szocializmus*, Budapest, 1. Mai 1925, Jahrg. XV, Nr. 5, S. 180-185.

BM C 621 MILLER, BERNHARD *Die deutsche Arbeiterbewegung. Ein Beitrag zur Würdigung der Schulze-Delitz'schen Genossenschaften und der Lassalle'schen Bestrebungen.* Leipzig, Commissions-Verlag von Paul H. Jünger, 1863, in-8, 48 S.

ASD C 622 MILLER, SUSANNE *Das Problem der Freiheit im Sozialismus. Freiheit, Staat und Revolution in der Programmatik der Sozialdemokratie von Lassalle bis zum Revisionismusstreit.* Frankfurt a.M., Europäische Verlagsanstalt, [1964], 346-[1] S.

ASD

Ein Neudruck erschien Berlin/Bonn-Bad Godesberg, J.H.W. Dietz Nachf., [1974] (*Internationale Bibliothek* Bd. 78).

248

BIF | C 623 | MOLINARI, LUIGI *I collaboratori ignoti del nostro risorgimento. Ferdinando Lassalle.* Palermo, 1908, in-8, 11 S.

Sonderdruck aus *Vita Internazionale*, Mailand, 1908, Heft 4. Zu A 30.

ASD BA | C 624 | MOLKENBUHR, H[ERMANN] *Aus den Kinderjahren der Bewegung* in *Vorwärts. Berliner Volksblatt*, Berlin, 31. August 1904, Jahrg. XXI, Nr. 204, S. 3.

Über die Anfänge des ADAV in Hamburg-Altona.

SUBD | C 625 | [MOMMA, ISIDOR] *Erzählung einer höchst komischen Geschichte, welche vorgefallen sein soll, nach dem uns zugegangenen Berichte, im Jahre achtzehnhundert vierzig und neun. Worin eine bekannte Gräfin Hatzfeldt, für ein Paar lumpichte Thaler Geld Sich von ihrem Factotum, genannt Lassalle, Blamiren läßt über und überall.* o.O., [Druck Carl Rothmann, Köln], [1849], in-16, 23-[1] S. & Lithographie.

Von Edmund von Hatzfeldt bestellte Schmähschrift, mit einer Karikatur. Der Verfassername wird gegeben in C 889, S. 80.

ASD UBBa | C 626 | MOMMSEN, HANS *Lassalle* in *Sowjetsystem und demokratische Gesellschaft*, Freiburg/Berlin/Wien, Herder, 1969, Bd. III, Sp. 1332-1373.

ASD BA | C 627 | MOMMSEN, WILHELM *Bismarck und Lassalle* in *Archiv für Sozialgeschichte*, Hannover 1963, Bd. III, S. 81-86.

Zu C 640.

BIF | C 628 | MONDOLFO, RODOLFO *La filosofia della storia di F. Lassalle.* Milano 1909, 51 S.

ASD IISG | C 629 | IDEM *L'Opera di Lassalle* in *Critica Sociale*, Mailand, 16./30. April 1925, Jahrg. XXXV, Nr. 8, S. 107-108.

BRB | C 630 | MORAND, PAUL *Le Lion écarlate. Précédé de "La Fin de Byzance" et d' "Isabeau de Bavière". Théâtre. 6e éd.* Paris, Gallimard [1959], in-8, 361 S.

Das Lassalle betreffende Stück S. 299-361.

ASD BA | C 631 | MORGAN, ROGER *The German Social Democrats and the First International 1864-1872.* Cambridge, University Press, 1965, XV-[1]-280 S. passim

ASD BA | C 632 | MUCKLE, FRIEDRICH *Die Geschichte der sozialistischen Ideen im 19. Jahrhundert. Zweiter Teil*, Leipzig, B.G. Teubner, 1909, in-16, 152 S.

Kapitel "Ferdinand Lassalle" S. 135-140. Spätere Auflagen erschienen unter dem Titel *Die großen Sozialisten*.

UBF | C 633 | MÜLLER, MORITZ *Offenes Schreiben an die Deutschen Arbeiter in Sachen von Dr. Lassalle und Consorten.* Karlsruhe 1863, in-8, 6 S.

Die gegen Lassalle (insbesondere A 54) gerichtete Schrift erschien spätestens Anfang April 1863. Vgl. den Brief des Verfassers an Dammer, vom 6. April 1863, Dokument 89 in B 94.

ASD BA   C 634 MÜLLER, THEODOR *Die Geschichte der Breslauer Sozialdemokratie. Erster Teil: Bis zum Erlaß des Sozialistengesetzes. Zweite, vermehrte Auflage.* Breslau, Verlag des Sozialdemokratischen Vereins Breslau, 1925, in-8, 218 S.

Über den ADAV in Breslau S. 63-158. Die erste Auflage erschien 1914. Ein photomechanischer Neudruck beider Bände der zweiten Auflage erschien 1972 (Glashütten im Taunus, Auvermann).

IMLB   C 635 IDEM *45 Führer aus den Anfängen und den Heldengestalten der Breslauer Sozialdemokratie.* Breslau, Herrmann, 1925, in-8, 131 S.

BA   C 635a MUSCHG, ADOLF *Kellers Abend* in *Theater Heute,* Velber bei Hannover, Juni 1875, Jahrg. XVI, Nr. 6, S. 38-53.

Das Stück, in dem Lassalle eine zentrale Rolle spielt, setzt eine politische Diskussion bei einem für Lassalle organisierten Empfang in Szene, der am 22. September 1861 im Gasthof "Zum Schwan" in Zürich stattfand und an dem u.a. die Gräfin Hatzfeldt, die Herweghs und Gottfried Keller teilnahmen. Am Ende entstand ein Streit zwischen Keller und Lassalle, von dem eine Visitenkarte Lassalles im Keller-Nachlaß zeugt, auf die er schrieb: "Lieber Keller! Ihre Karte habe ich erhalten u. sehr bedauert, daß ich nicht zu Hause war, um Ihnen persönlich zu sagen, daß niemand besser weiß als ich: 'Wunderbar ist Bacchus' Gab'!' u. niemand also bereiter sein kann über etwas Weinlaune zur Tagesordnung überzugehen" (ZBZ *GK 790/6-7).* Das Stück wurde im Mai 1975 in Basel uraufgeführt. Der Text erschien auch im Frankfurter Jahrbuch *Spectaculum* 1975.

BIF   C 636 MUSSOLINI, BENITO *Per Ferdinando Lassalle (nel 40° anniversario della sua morte)* in *Avanguardia Socialista,* Mailand, 20. August 1904, Jahrg. II, Nr. 90, S. 1.

ZBZ   C 637 MÜTZELBURG, ADOLPH *Persönliches über Ferdinand Lassalle* in *Die Gegenwart,* Berlin, 17. März 1877, Jahrg. XI, Nr. 11, S. 164-166.

Mützelburg, der Verfasser historischer Erfolgsromane, gehörte zu Lassalles Berliner Umgang vom Sommer 1862 bis Herbst 1863.

N.N.N. Siehe C 42.

ASD BA   C 638 NA'AMAN, SHLOMO *Die theoretischen Grundlagen der Aktion Lassalles im Briefwechsel mit Rodbertus* in IRSH 1961, Bd. VI, S. 431-455.

BA   C 639 IDEM *Lassalle et la Révolution Française. Analyse de son oeuvre posthume. Histoire du développement social* in *Etudes de Marxologie,* Paris, Januar 1961, Nr. 4, S. 7-40.

zu A 24.

ASD BA	C 640	IDEM *Lassalles Beziehungen zu Bismarck - ihr Sinn und Zweck. Zur Beleuchtung von Gustav Mayers "Bismarck und Lassalle"* in *Archiv für Sozialgeschichte*, Hannover, 1962, Bd. II, S. 55-85.

Zu B 81 vgl. C 627.

ASD BA   C 641   IDEM *Lassalle - Demokratie und Sozialismus* in *Archiv für Sozialgeschichte*, Hannover, 1963, Bd. III, S. 21-80.

ASD BA   C 642   IDEM *Heine und Lassalle. Ihre Beziehungen im Zeichen der Dämonie des Geldes* in *Archiv für Sozialgeschichte*, Hannover, 1964, Bd. IV, S. 45-86.

ASD BA   C 643   IDEM *Zur Geschichte des Bundes der Kommunisten in Deutschland in der zweiten Phase seines Bestehens* in *Archiv für Sozialgeschichte*, Hannover, 1965, Bd. V, S. 5-82.

ASD BA   C 644   IDEM **Von der Problematik der Sozialdemokratie als demokratischer Partei. Zur Jubiläumsfeier des Jahres 1863** in *Archiv für Sozialgeschichte*, Hannover, 1965, Bd. V, S. 503-525.

BA   C 645   IDEM *Heinrich Heine als zentrales Problem einer Lassalle-Biographie* in *Heine-Jahrbuch*, Jahrg. VII, Düsseldorf, 1968, S. 18-31.

BA   C 646   IDEM *Ferdinand Lassalle. Deutscher und Jude. Eine sozialgeschichtliche Studie*. [Hannover, Niedersächsische Landeszentrale für politische Bildung, 1968], in-8, 151 S.

ASD IISG   C 647   IDEM *Demokratische und soziale Impulse in der Frühgeschichte der deutschen Arbeiterbewegung der Jahre 1862/63*. Wiesbaden, Steiner, 1969, in-8, 129 S.

Institut für europäische Geschichte Mainz. Vorträge, **Nr. 51.**

ASD BA   C 648   IDEM *Lassalle*. [Hannover], Verlag für Literatur und Zeitgeschehen, [1970], in-8, XV-[1]-890 S.

Veröffentlichung des Instituts für Sozialgeschichte Braunschweig.

Eine zweite Auflage erschien im gleichen Verlag 1971.

C 648a   IDEM *Der Fall Eichler. Zur Frühgeschichte der deutschen Arbeiterbewegung* in IRSH, Assen 1970, Bd. XV, Nr. 3, S. 347-374.

ASD BA   C 649   IDEM *Zur Kollektion Lassalle / ADAV (Nachlaß Mayer) im Internationalen Institut für Sozialgeschichte, Amsterdam (IISG)* in *Internationale wissenschaftliche Korrespondenz*, Berlin, August 1972, Nr. 16, S. 73.

ASD BA   C 650   IDEM *Otto Dammer, der erste deutsche Arbeiterfunktionär aus den Reihen der proletarischen Intelligenz* in *Jahrbuch des Instituts für Deutsche Geschichte*, Tel Aviv 1973, Bd. II, S. 287-320.

Mit den Zirkularen C 950 und C 951.

ASD BA C 651 IDEM *Mayer, Gustav: Radikalismus, Sozialismus und bür-gerliche Demokratie*[...] in *Internationale Wissen-schaftliche Korrespondenz*, Berlin, September 1974, Jahrg. X, Nr. 3, S. 384-386.

Besprechung von C 549 und C 574.

ASD BA C 652 IDEM *"Er soll an der Organisation festhalten": Zum Wortlaut von Lassalles Testament* in IRSH 1974, Bd. XIX, Nr. 3, S. 396-400.

Die Vermutung Na'amans, in dem Satz "Er soll an der Or-ganisation festhalten" beruhe "an der" auf einem Kopier-fehler für "die", stellte sich als unrichtig heraus (vgl. A 100).

BA C 652a IDEM *Von der Arbeiterbewegung zur Arbeiterpartei*, Berlin, Colloquium-Verlag, 1976, in-8, 186 S.

Über Lassalle und den ADAV hauptsächlich im "Rückblick auf das Bewegungsjahr 1862/63" (S. 9-23), ein kurzes Resümee von B 94.

JNUL C 653 NADEL, MENAHEM [*Ferdinand Lassalle*] in *Be-Ma'ale*, Tel Aviv 1939, Nr. 16/17, S. 3.

ASD IISG C 654 NATHAN, PAUL *Ferdinand Lassalles Ende* in *Die Glocke*, Berlin, 23. Juli 1923, Jahrg. IX, Bd. I, Nr. 17, S. 452-454.

Zu C 313.

UMPB C 655 NÁCHODSKÝ, JOSEF KRAPKA *O životu a působení Ferdinanda Lassalla přednesl při slavostni pořádáné "politickým klubem dělnickým" v Čechách dne 27. srpna 1893.* Prag, Sociálni demokrat, [1893], in-8, 31 S.

LAB C 656 NEUMANN, [HANS] *Über Franz Ziegler und Ferdinand Lassalle* in *55.-57. Jahresbericht des Historischen Vereins zu Brandenburg (Havel)*, Brandenburg (Havel), J. Wiesike, 1925, S. 41-43.

Am 1. März 1923 vor dem Verein gehaltener Vortrag. Nach Hinweis von Schumann.

ASD UBBa C 657 NEUMARK, FRITZ *Lassalles Steuer-Streitschrift, 1863-1963* in *Finanzarchiv*, Tübingen, 1963, Neue Folge Bd. XXIII, Heft 1 (Festgabe für Fritz Karl Mann), S. 66-81.

Zu A 70.

IMLM C 658 NEVSKIJ, V.I. [Hrsg.], *Istoriko-revoljucionnyj sbornik. T. II. Gruppa "Osvoboždenija Truda".* Leningrad, Gosizdat, 1924, 428 S.

Passim über den Einfluß Lassalles auf den russischen Sozialismus und die Verbreitung seiner Schriften in Rußland (nach JAK S. 44).

ASD BA C 658a NICOLOVIUS, G.H.F. *Anklageact gegen 1. Ferdinand
IISG Lassalle* [...] *und 2. Peter Wilhelm Weyers* [...] in *Neue Rheinische Zeitung*, Köln, 20. April 1849, Nr. 277, Zweite Ausgabe S. 1.

.Die von Nicolovius unterzeichnete Anklageschrift ist
"Köln den 24. März 1849" datiert. Sie beschuldigt die
beiden Angeklagten, "am 21. November 1848 in öffentlicher Versammlung zu Neuß die Bürger zur Bewaffnung
gegen die Königliche Gewalt direct aufgefordert zu
haben, ohne daß diese Aufforderung einen Erfolg gehabt
hat." Vgl. A 19c.

IMLM   C 659 NIKOLAEVSKIJ, B.I. *Programma pervogo v Rossii social-
demokratičeskogo kruška. Krušok Blagoeva* in *Byloe*,
Petrograd 1918, Nr. 13.

UBK   C 660 OBERWINDER, HEINRICH *Lassalle's Leben und Wirken.*
Wien, A. Pichler, 1868, in-8, 20 S.

BA HBSA   C 661 IDEM *Die gegenwärtige politische Situation und die sociale Bewegung in Deutschland. Ein Vortrag.* Hamburg,
Selbstverlag des Verfassers, [Druck von Aug. Pape, Eil-
beck, Ottostraße 11], [1875], in-8, 15 S.

HBSA   Ein Vorabdruck der S. 10-15 unter dem Titel *Ferdinand
Lassalle* erschien im Hamburger *Social-Demokrat*, 11. Sep-
tember 1875, Jahrg. III, Nr. 37, S. 1.

ASD BA   C 662 IDEM *Sozialismus und Sozialpolitik. Ein Beitrag zur
Geschichte der sozialpolitischen Kämpfe unserer Zeit.*
Berlin, Verlag von Elwin Staude, 1887, in-8, IV-163-
[1] S.

"Ferdinand Lassalle" (S. 6-46, Bearbeitung von C 660)
und "Die sozialistische Bewegung nach dem Tode Lassalle's"
(S. 47-62).

ASD ZBZ   C 663 IDEM *Die Anfänge der Arbeiterbewegung* in *Die Zukunft*,
Berlin, 14. August 1897, Bd. XX, S. 299-313.

Die S. 303-313 sind einer Verteidigung Lassalles gewidmet.

SBM   C 664 IDEM *Ferdinand Lassalle und seine Bedeutung für die Gegenwart* in *März*, München 1912, Jahrg. VI, Bd. II, S.
46-57, 88-95 und 126-133.

SLB   C 665 IDEM *Lassalle und Bismarck* in *Dresdner Anzeiger*,
10. April 1925, Jahrg. CXCV, Nr. 170, S. 4.

Die von seinem Sohn Walter veröffentlichte kurze Mitteilung über Lassalles Unterredungen mit Bismarck hat H.
Oberwinder 1876 nach einem Besuch bei S. von Hatzfeldt
niedergeschrieben.

UBJ   C 665a OELBERMANN, HUGO *Lassalles Todtenfeier in Hamburg* in
Deutsche Arbeiterzeitung, Leipzig, 15. Oktober 1864,
Nr. 29, S. 229-231.

Vgl. C 874. Hinweis von Toni Offermann.

SBM   C 666 OFFENSTETTEN, TH. *Helena von Racowitza, der "Goldfuchs"
Lassalles. Roman.* Heidenau 1924, 128 S.

253

ASD BA   C 666a OFFERMANN, TONI *Die Konstituierung der deutschen
                     Arbeiterbewegung 1862/63 -- Bemerkungen zu einer
                     neuen Dokumentenpublikation* in *Archiv für Sozialge-
                     schichte* Bonn 1976, Bd. XVI, S. 546-561.

                     Besprechung von B 94, mit Neudruck von C 892b und
                     C 892c (S. 560-561).

ASD BA   C 666b IDEM *Arbeiterbewegung und liberales Bürgertum in
                     Deutschland 1850-1863*, Bonn, Verlag Neue Gesellschaft,
                     1979, in-8, 623 S.

                     *Forschungsinstitut der Friedrich-Ebert-Stiftung. Reihe:
                     Politik und Gesellschaftsgeschichte*, Bd. 5.

                     Die ersten drei Abschnitte des Kapitels 4 gehen ausführ-
                     lich auf die Diskussion um A 54, die Gründung des ADAV
                     und A 66 ein.

ASD IMT   C 667 OLLIVIER, MARCEL *Ferdinand Lassalle* in *Les Cahiers du
                     Bolchévisme*. Paris, 1. April 1925, Jahrg. I, Nr. 6,
                     S. 1025-1031.

ASD ZBZ   C 668 ONCKEN, HERMANN *Die Rückkehr Lassalles nach Berlin (1857/
                     1858)* in *Preußische Jahrbücher*, Berlin, Februar 1903,
                     Bd. CXI, S. 303-314.

                     Vgl. C 128 und C 587.

ASD BA   C 669 IDEM *Lassalle*. Stuttgart, Frommanns Verlag (E. Hauff),
IISG UBK   1904, in-8, [8]-450 S.

                     Besprochen von Mehring in C 595.

ASD IISG   Es erschienen eine *Zweite durchgesehene Auflage* (Stutt-
                     gart 1912, VI-[2]-526 S., besprochen von Bernstein in
ASD BA   C 136), *Dritte, vollständig durchgearbeitete und erwei-
                     terte Auflage* (Stuttgart 1920, VI-[2]-540 S.), *Vierte
BA   Auflage* (Stuttgart 1923, 562 S. mit ausführlichem Lite-
ASD   raturnachweis S. 553-556), *5. neubearbeitete Auflage*
                     (herausgegeben von Felix Hirsch unter dem Titel *Zwi-
                     schen Marx und Bismarck*, Stuttgart 1966, 399 S., ohne
                     das letzte Kapitel).

                     Polnisch Lemberg 1908, XIII-476 S.

                     Russisch St. Petersburg, Izd. Popovoj, 1905 (nach der er-
                     sten Auflage übersetzt von A. Ivaskevic).

ASD BA   C 670 IDEM *Der Nationalverein und die Anfänge der deutschen
                     Arbeiterbewegung 1862/63* in GRÜNBERG 1911, Bd. II, S.
                     120-127.

ASD EBZ   C 671 IDEM *Bismarck, Lassalle und die Oktroyierung des gleichen
                     und direkten Wahlrechts in Preußen während des Verfas-
                     sungskonflikts* in *Preußische Jahrbücher*, Berlin 1911, Bd.
                     146, S. 107-140.

                     Auch in HERMANN ONCKEN *Historisch-politische Aufsätze
                     und Reden*. München/Berlin, Oldenbourg, 1914, Bd. II,
                     S. 157-192, mit dem Zusatz *Zu Bismarck und Lassalle*.
                     Schlußwort S. 193-197 (zuvor erschienen in *Preußische
                     Jahrbücher*, Berlin 1913, Bd. 152, S. 117-121).

ASD BA   C 672   IDEM *Publicistische Quellen zu den Beziehungen zwischen Bismarck und Lassalle* in GRÜNBERG 1914, Bd. IV, S. 90-99.

Nachdruck von Berliner Korrespondenzen, die in der *Breslauer Zeitung* vom 5., 12. und 26. April 1865 erschienen, sowie des Artikels C 39.

ASD ZBZ   C 673   IDEM *Marx und Engels* in *Preußische Jahrbücher*, Berlin 1914, Bd. CLV, S. 209-256.

Besonders über die Stellung Marx'/Engels' zu Lassalle aufgrund ihres 1913 von Bernstein und (nominal) Bebel veröffentlichten Briefwechsels. Auch aufgenommen in Onckens *Historisch-politische Aufsätze und Reden*. München/Berlin 1914, Bd. II, S. 323-379.

ASD SSA   C 673a IDEM *Carl Trautwein: Über F. Lassalle und sein Verhältnis zur Fichteschen Sozialphilosophie* in *Archiv für Sozialwissenschaft und Sozialpolitik*, Tübingen 1914, Bd. XXXVIII, S. 875-876.

Zu C 881.

ASD BA   C 674   IDEM *Aus dem Streit um Lassalles Erbe. Zwei Briefe der Gräfin Hatzfeldt aus dem Oktober 1864* in GRÜNBERG 1916, Bd. VII, S. 95-98.

Zwei Briefe vom 6. und 13. Oktober 1864 an Otto Dammer, über Lassalles Testament und B. Beckers Wahl zum Präsidenten des ADAV.

ZBZ   C 675   IDEM *Lassalle* in E. MARCKS & K.A.V. MÜLLER *Meister der Politik*. Stuttgart/Berlin, Deutsche Verlagsanstalt, 1922, Bd. II, S. 553-588.

In der zweiten Auflage (ibid 1924) Bd. III, S. 267-300.

Ein Auszug erschien unter dem Titel *Lassalle und Bismarck, die Väter des Reichstagswahlgesetzes* in *Die Grenzboten*, Berlin, 20. Januar 1922, Jahrg. LXXXI, Nr. 3, ¹. S. 90-91.

SUBD   C 676   IDEM *Ferdinand Lassalle* in *Schlesische Lebensbilder. Erster Band: Schlesier des 19. Jahrhunderts [...]. Herausgegeben von Friedrich Andrae, Max Hippe, Otfried Schwaizer, Heinrich Wendt*. Breslau, W.G. Korn, 1922 (in-8, 335 S.), S. 102-111.

USBF   C 677   OPPENHEIM, AD. *Ferdinand Lassalle und J.B. v. Schweitzer* in *Frankfurter Zeitung*, 7. August 1875, Nr. 219, S. 1-3 Feuilleton.

Tagebuchaufzeichnungen über Unterhaltungen mit von Schweitzer.

ASD UBK   C 678   OPPENHEIM, HEINRICH BERNHARD *Politischer Wochenbericht* in *Deutsche Jahrbücher für Politik und Literatur*, Berlin, Mai 1863, Bd. VII, S. 319-333.

Der vom 28. April 1863 datierte Bericht handelt kritisch über A 40 und A 54. Oppenheim druckte ihn nach in seinem *Vermischte Schriften aus bewegter Zeit* Stuttgart/Leipzig, A. Kröner, 1866, IV-388 S.), S. 205-224.

JNUL   C 679   OPPENHEIMER, FRANZ *Lassalle. (Zu seinem vierzigsten To-destage)* in *Die Welt. Zentralorgan der zionistischen Bewegung,* Wien, 2. September 1904, Jahrg. VIII, Nr. 36, S. 12-14.

Nachdruck aus *Die Zeit,* Wien, 31. August 1904.

IISG   C 680   ORANO, GINA *Gli Apostoli dell'avvenire. La Trinitá dell'arte socialista.* Rom, 1904, in-16, 93-[1] S.

Lassalle auf S. 19-24; eine zweite Auflage erschien 1905 in 20 000 Exemplaren.

Russisch Odessa, Slobodnaja Mysk', 1906.

IISG   C 681   ORANO, PAOLO *I Patriarchi del Socialismo.* Rom, Mongini, 1904, 218 S.

Lassalle auf S. 183-195. Neugedruckt in *Socialismo,* Rom, 10. Dezember 1917, Jahrg. III, Nr. 20, S. 315-317.

ASD BA   C 682   OSCHILEWSKI, WALTHER G. *Große Sozialisten in Berlin. Born/Marx/Engels/Lassalle.* Berlin, Arani [1956], in-8, 94 S.

ASD   C 682a   IDEM *"Mit dem Teufel Kirschen essen" - Bismarck und Lassalle* in *Die Neue Gesellschaft,* Bonn 1975, Bd. XXII, S. 484-486.

ASD IMLM   C 683   OSOBOVA, I.P. *I.F. Bekker i Lassal'janstvo* in *Iz istorii marksizma i meždunarodnogo raboego dviženija.* Moskau 1973, S. 221-271.

ASD IZD   C 684   OSSIETZKY, CARL VON *"Die Bahn, die uns geführt Lassalle"* in *Die Weltbühne,* Berlin, 17. Juli 1928, Jahrg. XXIV, Nr. 29, S. 77-80.

Zu B 81.

ASD IISG   C 685   OSTERROTH, FRANZ *100 Jahre Sozialdemokratie in Schleswig-Holstein. Ein geschichtlicher Überblick.* [Kiel, Landesverband Schleswig-Holstein der SPD, 1963], in-8, 142-[2] S.

Über Lassalle und den ADAV Ş. 5-18.

ASD BA   C 685a   IDEM *Biographisches Lexikon des Sozialismus. Band I: Verstorbene Persönlichkeiten* Hannover, J.H.W. Dietz Nachf., [1960], in-8, 368 S.

Lassalle (S. 177-180), B. Becker (S. 18-19), Bracke (S. 37-39), Hasenclever (S. 114-115), v. Schweitzer (S. 275-277, mit der falschen Titelangabe *Sozialdemokrat* statt *Social-Demokrat* und der ebenfalls falschen Angabe "1866" statt 1864 als Erscheinungsjahr der ersten Nummer), Tölcke (S. 331), Yorck (S. 339-340, mit der falschen Schreibweise "York" und ohne das Geburtsdatum 13. Mai 1830).

ASD BA   C 685b   IDEM *Die Lassalleaner von Neumünster* in *Archiv für Sozialgeschichte,* Hannover 1963, Bd. III, S. 425-433.

WLS	C 686	OSTWALD, PAUL *Lassalle und die Sozialdemokratie. Zu seinem 50. Todestag am 31. August 1914* in *Der Türmer*, Stuttgart, August 1914, Jahrg. XVII, Nr. 8, S. 130-135. 135.
HBSA	C 687	OTTO-WALSTER, A. *Ein Ostergruß an die deutschen Arbeiter*. Leipzig, im Selbstverlag des Verfassers, [Druck von Bär & Hermann in Leipzig], 1866, in-8, 16 S.

Dem Verfassernamen folgt: *Mitglied des allgemeinen deutschen Arbeitervereins*.

IMLB UBK	C 688	OUVRIER, JEAN *Die politische Giftmischerei in der Arbeiter-Frage. Aufgedeckt*. Berlin, Verlag von Eduard Beck (vormals Küntzel & Beck), Wilhelmstraße Nr. 115, [Gedr. C. Krämer, Potsdam], 1863, in-8, 18 S.
DLC	C 689	PAGANO, JOSÉ LEÓN *Lassalle. Drama histórico en cinco actos*. Buenos Aires, Ediciones del Carro de Tespis, 1963, in-8, 63 S.

Sociedad General de Autores de la Argentina, Nr. 61.

LAB	C 690	PAGEL, KARL *Der junge Lassalle* in *Der Neue Merkur*, München, 1922, Jahrg. VI, Heft 4, S. 242-249.
	C 691	PAKUL', N. *Ferdinand Lassal' i Obedenie Germanii* in *Znanie*, Moskau, 1924, Nr. 35

Nach JAK S. 67. Über Bismarck und Lassalle. Zu Pakul' vgl. auch MAKAROV, N.

BNF	C 692	PANTEO, TULLIO *Ferdinando Lassalle. Profilo e note*. Florenz, Nerbini, o.J. [ca. 1903], 23 S.
BNF	C 693	PARESCE, V. ENRICO *Intorno al Lassalle* in *Rivista Internazionale di Filosofia del Diritto*, Rom 1926, Jahrg. VI, Fasz. 3, S. 428-440.

Vgl. C 91.

BNF	C 693a	IDEM *Ancora Lassalle* in *Rivista Internazionale di Filosofia del Diritto*, Rom 1927, Jahrg. VII, Fasz. 3-4, S. 524-531.

Antwort auf C 91.

IMLM	C 694	PARVUS [= ALEXANDER HELPHAND] *V Rjadakh germanskoij social-demokratii*. St. Petersburg, Glagolev, 1906, 260 S.

Über Lassalles historische Rolle (S. 9-11) und seine Aktivität 1862-1864 (S. 162-187).

PATIENT siehe C 24.

UBBa	C 695	PAULSEN, INGWER *Victor Aimé Huber als Sozialpolitiker*. Berlin, Renner, 1956, in-8, 223 S.

Über Lassalles Verhältnis zu Huber S. 177-190. Die erste Auflage erschien in Leipzig (J.C. Hinrichs) 1931.

BM   C 696   PAWLICKI, KSIADZ STEFAN *Lassalle i Przyszłość socyalizmu.* Krakau, S.A. Krzyzanowski, 1874, in-8, 157 S.

IISG   C 696a PETER, HERMANN *Der Allgemeine Deutsche Arbeiterkongreß zu Berlin, vom prinzipiellen und praktischen Standpunkt beleuchtet.* Berlin, Im Selbstverlag, 1868.

Die Buchbinder Peter und Traute (vgl. C 866a) nahmen an dem von Fritzsche und v. Schweitzer auf den 26. September 1868 einberufenen Kongreß teil. Peter wurde mit anderen im April 1870 aus dem ADAV ausgeschlossen, weil er einen Aufruf "zu einem Kongreß der gesamten sozialdemokratischen Partei Deutschlands" unterzeichnet hatte, der zur Einheit aufrief, um der "Führerschaft bestimmter Personen [d.h. von Schweitzers] entbehren zu können" (S. 192 in C 134).

BM   C 697   PETRONE, IGNO *La Filosofia politica contemporanea.* Rom, Cooperativa poliografica editrice, 1904, in-8, 232-[1] S.

Über Lassalle S. 60-71. Die erste Auflage erschien 1903.

SUBD   C 698   PETZET, WOLFGANG *Lassalle. Tragische Komödie in 4 Akten.* München, G. Müller, 1925, in-8, 97 S.

              C 699   PFLUG, HANS *Die Entstehung des Sozialismus in Deutschland und die französische Revolution. Ihre Beurteilung durch Ferdinand Lassalle, Karl Marx und Friedrich Engels.* Marburg 1924, in-4, IX-130 S. Maschinenschrift.

Dissertation.

UBBa   C 700   PIETSCH, LUDWIG *Wie ich Schriftsteller geworden bin. Erinnerungen aus den fünfziger Jahren.* Berlin, F. Fontane & Co., 1893, in-8, 398 S.

Über Lassalle S. 286-389 passim.

BPU   C 701   PLEKHANOV, G.V. *Ferdinand Lassal'. Ego žizn i dejatekost. Čast pervaja.* Genf, Osvoboždenie truda, 1887, in-16, 66-[2] S.

Ein zweites Heft ist nicht erschienen. Neugedruckt Moskau, Proletariat, 1906; aufgenommen in Bd. IV (S. 1-52) von Plechanows Werken (Moskau 1923, herausgegeben von D. Rjasanov); in *Letopisi Marksizma,* Moskau, 1930, S. 159-199, mit Vorwort von Rjasanov.

Bulgarisch Plovdiv 1895, in-16, 94 S.

ASD IISG   C 702   PLENER, ERNST VON *Ferdinand Lassalle* in *Allgemeine Deutsche Biographie,* Bd. XVII, Leipzig 1883, S. 740-780.

BA   Erschien auch separat Leipzig, Duncker & Humblot, 1884, in-8, [6]-86 S.

BM   C 703   POLITIKUS *Marx oder Lassalle? Eine Entscheidung von grundlegender Bedeutung für die Arbeiterpolitik der Gegenwart.* Görlitz, Rudolf Dülfer, 1903, in-8, 56 S.

Eine ablehnende Besprechung in *Dokumente des Sozialismus,* Stuttgart 1903, Bd. III, Heft 6, S. 250-251 resümiert, der Verfasser trete ein für eine konsequente

Entwicklung des Bernsteinschen Revisionismus, die "zum Nationalsozialismus Naumanns führen" müsse. Eine zweite Auflage erschien 1904 im selben Verlag.

BM   C 704 IDEM *Bismarck oder Lassalle?* Görlitz, Rudolf Dülfer, 1904, in-8, 60 S.

Der Verfasser beider Broschüren ist wahrscheinlich Rudolf Dülfer.

Vgl. C 228.

ASD   C 704a POTTHOFF, HEINRICH *Die Sozialdemokratie von den Anfängen bis 1945. Kleine Geschichte der Sozialdemokratie,* Bd. 1, Bonn-Bad Godesberg, Verlag Neue Gesellschaft 1974, 3. Auflage 1978, 229 S.

BA   C 705 PRAGER, R.L. *Marx / Engels / Lassalle. Ein Verzeichnis ihrer Schriften und der Werke über ihre Ideen.* Berlin, R.L. Prager, 1924, in-8, 3 Bde., 260 S.

Erster Teil: Mit einem Aufsatz über Marx' letzten Aufenthalt in Berlin von Prof. Dr. Gustav Mayer und einer Einleitung von Ernst Drahn.

Zweiter Teil: Ihre Vorläufer und die von ihnen hervorgerufene Arbeiterbewegung. Mit Einleitung: Bruchstücke aus Forschungen über Marx - Engels - Lassalle, mitgeteilt von Ernst Drahn.

Dritter Teil: Anarchismus / Bolschewismus / Gegner des Sozialismus / Utopien und sozialistische Romane [...].

Die S. 26-32 des Antiquariats-Katalogs enthalten etwa 150 Ausgaben Lassallescher Texte und 20 Schriften über ihn. Im zweiten Teil (S. 71-74) der Text A 90, sowie (S. 102-105) etwa 30 Schriften des ADAV und solche über ihn.

UBA   C 705a PRINCE-SMITH, JOHN *Die sogenannte Arbeiterfrage* in *Vierteljahresschrift für Volkswirtschaft und Kulturgeschichte,* Berlin 1864, Jahrg. IV, Bd. II, S. 192-207.

Der Aufsatz ist auch gedruckt in PRINCE-SMITH *Gesammelte Schriften.* Hrsg. von O. Michaelis und K. Braun, Berlin 1877, Bd. I, S. 26-42.

IMLM   C 706 PROKOPOVIČ, S. *Rabočedviženie v Germanii. 2-e dopolnennoe izdanie.* St. Petersburg, Naša Žizn', 1908, S. 203-232.

Lassalle und der ADAV werden im Kapitel IX behandelt.

PROTOKOLLE

BM SLB   C 706a *Gründung des allgemeinen Deutschen Arbeitervereins* in *Deutsche Allgemeine Zeitung,* Leipzig, 27. Mai 1863, Nr. 120.

Neugedruckt in B 94 S. 538-542 und 864-865. Desgleichen
ASD BA   in: *Protokolle und Materialien des Allgemeinen Deutschen Arbeitervereins, inkl. Splittergruppen. Nachdrucke,* hrsg. von DIETER DOWE mit einer Einleitung von Cora Stephan, Berlin/Bonn, J.H.W. Dietz Nachf., 1980, S. [3]-[4]. *Reprints zur Sozialgeschichte bei J.H.W. Dietz Nachf.*

KG	C 707	*Tagesordnung der vom 27. Dezember ab zu Düsseldorf tagenden General-Versammlung des Allgemeinen Deutschen Arbeiter-Vereins.* Druck von F. Hofschläger in Berlin, [1864], in-8, [1] S.

Die Generalversammlung tagte vom 27. bis 30. Dezember 1864.

IISG	C 708	*Die erste General-Versammlung des allgemeinen deutschen Arbeiter-Vereins* in *Der Social-Demokrat*, Berlin, 30. Dezember 1864, Jahrg. I, Probe-Nr. 3, S. 1-4.
ASD BA		Neudruck in: *Protokolle und Materialien* (C 706a), S. [5]-[10].

IISG	C 709	*Protokoll der am 30. November und 1. Dezember 1865 zu Frankfurt a. Main stattgefundenen Generalversammlung des A.D.A.V. Nebst einem erläuternden Vorworte B. Beckers.* Frankfurt am Main, Im Selbstverlage des Verfassers, Druck von Reinhold Baist, 1865, in-8, 36 S.

Neugedruckt (S. 47-74 in dem Abschnitt "Die ersten deutschen Sozialistenkongresse") in *Aus der Waffenkammer des Sozialismus. Eine Sammlung alter und neuer Propaganda-Schriften, herausgegeben von der Volksstimme, Frankfurt*
BA
a.M. 6. Halbjahrs-Band (Januar bis Juni 1906). Frankfurt a.M., Druck und Verlag der Union-Druckerei, 1906, in-8, 206 S. Der Abschnitt erschien im gleichen Jahre im sel-
BA
ben Verlag separat gebunden.

ASD BA		Neudruck in: *Protokolle und Materialien* (C 706a), S. [11]-[46].

BA IISG	C 710	*Protokoll der am 18. Juni 1866 in Leipzig stattgehabten außerordentlichen Generalversammlung des Allgemeinen deutschen Arbeitervereins.* [Berlin, Druck von F. Hoffschläger in Berlin], [1866], in-8, 10 S.
ASD BA		Neudruck in: *Protokolle und Materialien* (C 706a), S. [47]-[56].

IISG IMLB SSB	C 710a	*Bericht über die General-Versammlung des Allgemeinen deutschen Arbeiter-Vereins am 27. December 1866 zu Erfurt* in *Der Social-Demokrat*, Berlin, 30. Dezember 1866, Nr. 192, S. 1-2; 1. Januar 1867, Nr. 1, S. 1-4.
ASD BA		Neudruck in: *Protokolle und Materialien* (C 706a), S. [57]-[66].

IMLB SSB	C 710b	*Die Generalversammlung des Allgemeinen Deutschen Arbeiter-Vereins* in *Der Social-Demokrat*, Berlin, 23. Mai 1867, Nr. 61, S. 1-2.

Die außerordentliche Generalversammlung fand am 19. und 20. Mai 1867 in Braunschweig statt. Die Tagesordnung wurde im *Social-Demokrat* Nr. 57 am 12. Mai 1867 (S. 3) veröffentlicht. Außer dem Kurzbericht in der Nr. 61 brachte das Blatt noch einen Nachtrag und eine Berichtigung am 26. Mai 1867, Nr. 63, S. 1 & 2. Ein an die Gemeinden versandtes Protokoll der Generalversammlung *(Social-Demokrat 9. Juni 1867, Nr. 68, Beilage)* wurde nicht gefunden.

ASD BA		Neudruck in: *Protokolle und Materialien* (C 706a), S. [67]-[69].

IMLB SSB	C 710c *General-Versammlung des Allg. deutschen Arbeiter-Vereins* in *Der Social-Demokrat*, Berlin, 29. November 1867, Nr. 139, S. 1-4 und 1. Beilage S. 1-4, 2. Beilage S. 1-2; 1. Dezember, Nr. 140, S. 1-2; 6. Dezember, Nr. 142, S. 1-3; 8. Dezember, Nr. 143, S. 1-3; 11. Dezember, Nr. 144, S. 1-3; 13. Dezember, Nr. 145, S. 2-3; 15. Dezember, Nr. 146, S. 1-3; 18. Dezember, Nr. 147, S. 2-3; 20. Dezember, Nr. 148, S. 1-2.

Die Generalversammlung fand vom 23.-25. November 1867 in Berlin statt. Die Tagesordnung und die zur Diskussion stehenden Anträge veröffentlichte der *Social-Demokrat* 1. November 1867, Nr. 129, S. 2; 13. November, Nr. 134, S. 2; 15. November, Nr. 135, S. 1-2; 17. November, Nr. 138, S. 2. Angesichts der sehr ausführlichen Berichterstattung im *Social-Demokrat* wurde aus Ersparnisgründen von einer Broschürenveröffentlichung abgesehen (vgl. *Social-Demokrat* 8. Dezember 1867, Nr. 143, S. 2).

ASD BA	Neudruck in: *Protokolle und Materialien* (C 706a), S. [71]-[107].

IMLB SSB SSB	C 710d *Die Generalversammlung des Allg. deutschen Arbeiter-Vereins* in *Der Social-Demokrat*, Berlin, 28. August 1868, Nr. 100, S. 1-3; 30. August, Nr. 101, S. 4 und Beilage S. 3-4; 4. September, Nr. 103, S. 1; 6. September, Nr. 104, S. 2-3; 9. September, Nr. 105, S. 2-3; 11. September, Nr. 106, S. 2; 13. September, Nr. 107, S. 3.

Die Generalversammlung fand vom 22.-26. August 1868 in Hamburg statt. Tagesordnung und zur Diskussion stehende Anträge veröffentlichte der *Social-Demokrat*, 10. Juli 1868, Nr. 80, S. 1-2; 12. August, Nr. 94, S. 2-3; 14. August, Nr. 95, S. 1-2; 16. August, Nr. 96, S. 2-3; 19. August, Nr. 97, S. 2-3; 21. August, Nr. 98, S. 1.

ASD BA	Neudruck in: *Protokolle und Materialien* (C 706a), S. [109]-[129].

IISG IMLB	C 711 *Protokoll der vom 28. bis 30. November 1868 zu Düsseldorf stattgefundenen General-Versammlung Delegirten- und Vorstands-Sitzungen des Lassalle'schen allgemeinen deutschen Arbeitervereins.* O.O., [Verlag von J. Röthing in Leipzig, Neukirchhof 45], [Druck von Hermann Müller in Berlin, Adlerstr. 7], [1869], in-4, 15-[1] S.

Unterzeichnet von Emil Försterling (Vizepräsident), Schröder (Vorstandsmitglied) und Fritz Mende (Präsident). Das Protokoll ist mit großer Verspätung erschienen, weil das Vorstandsmitglied Wegmann (Solingen) "seit Monaten seine Pflichten [...] nicht erfüllt hat".

ASD BA	Neudruck in: *Protokolle und Materialien* (C 706a), S. [567]-[582].

IMLB   C 711a *Die Generalversammlung zu Barmen-Elberfeld* in *Der Social-Demokrat,* Berlin, 2. April 1869, Nr. 39, S. 1-2; 4. April, Nr. 40, S. 1-2; 9. April, Nr. 42, S. 1-2; 11. April, Nr. 43, S. 1-2; 14. April, Nr. 44, S. 1-2; 16. April, Nr. 45, S. 1-2; 21. April, Nr. 47, S. 2; 23. April, Nr. 48, S. 1; 30. April, Nr. 51, S. 2; 2. Mai, Nr. 52, S. 1-2; 9. Mai, Nr. 54, S. 1-2; 12. Mai, Nr. 55, S. 2.

Die Generalversammlung fand vom 28. bis 31. März 1869 in Barmen statt. Einladung, Tagesordnung und die zur Diskussion stehenden Anträge veröffentlichte der *Social-Demokrat,* 15. Januar 1869, Nr. 7, S. 1-2; 3. Februar, Nr. 15, S. 1-2; 7. Februar, Nr. 17, S. 3; 14. Februar, Nr. 20, S. 2-3; 17. Februar, Nr. 21, S. 1; 21. Februar, Nr. 23, S. 1; 26. Februar, Nr. 25, S. 1; 3. März, Nr. 27, S. 1-2; 5. März, Nr. 28, S. 2; 7. März, Nr. 29, S. 2; 12. März, Nr. 31, S. 2; 14. März, Nr. 32, S. 2; 19. März, Nr. 34, S. 2-3; 21. März, Nr. 35, S. 4; 26. März, Nr. 37, S. 4. Die von Tölcke verfaßten Berichte in den Nr. 39-55 sind neugedruckt (ohne die Grußadresse) in C 872a (S. 57-93; der Bericht in Nr. 54 ist übersehen worden).

ASD BA   Neugedruckt in: *Protokolle und Materialien* (C 706a), S. [131]-[153].

BA IISG   C 712 *Protokoll der Generalversammlung des Allgemeinen deutschen Arbeiter-Vereins zu Berlin vom 5. Januar 1870 ab.* [Berlin, Druck von R. Bergmann in Berlin, Gitschinerstr. 17], [1870], in-8, 52 S.

Die Generalversammlung tagte vom 5. bis 11. Januar 1870.

ASD BA   Neugedruckt in: *Protokolle und Materialien* (C 706a), S. [155]-[206].

SBM   C 712a *Bericht über den am 23. und 24. Januar ds. Js. in Augsburg abgehaltenen sozialdemokratischen Arbeiter-Congreß* in *Der Proletarier,* München/Augsburg, 30. Januar 1870, Nr. 27, Beilage S. 213-216.

Gründungsversammlung des Allgemeinen Deutschen Sozialdemokratischen Arbeitervereins, einer Gruppe ehemaliger ADAV-Mitglieder, die unter der Leitung von J. Franz, Leo Tauscher u.a. in Opposition zum ADAV von Schweitzers und zum LADAV Mendes und Försterlings standen. Bebel nahm an dem Kongreß teil und versuchte vergeblich, ihn zum Anschluß an die SDAP zu bewegen (dieser erfolgte auf dem Stuttgarter Kongreß der SDAP, 4.-7. Juni 1870).

ASD BA   Neudruck in: *Protokolle und Materialien* (C 706a), S. [587]-[590].

IISG   C 713 *Protokoll der Generalversammlung des Allgemeinen deutschen Arbeiter-Vereins zu Berlin vom 19. bis 25. Mai 1871.* [Berlin, Druck von Ihring u. Haberlandt in Berlin], [1871], in-8, 64 S.

ASD BA   Neudruck in: *Protokolle und Materialien* (C 706a), S. [207]-[270].

BA IISG   C 714   *Protokoll der Generalversammlung des Allgemeinen deutschen Arbeiter-Vereins zu Berlin vom 22. bis 25. Mai 1872.* [Berlin, Druck von C. Ihring in Berlin], [1872], in-8, 68 S.

ASD BA   Ein photomechanischer Nachdruck erschien bei der Einhorn-Presse, Köln, 1974.

ASD BA   Neudruck in: *Protokolle und Materialien* (C 706a), S. [271]-[330].

IISG SBL   C 715   *Protokoll der Generalversammlung des Allgemeinen deutschen Arbeiter-Vereins zu Berlin vom 18. bis 24. Mai 1873.* [Berlin, Druck von C. Ihring, Dresdnerstr. 84], [1873], in-8, 102 S.

ASD BA   Neudruck in: *Protokolle und Materialien* (C 706a), S. [339]-[440].

IISG   C 716   *Protokoll der Generalversammlung des Allgemeinen deutschen Arbeiter-Vereins zu Hannover vom 26. Mai bis 5. Juni 1874.* [Berlin, Druck von C. Ihring Nachfolger (A. Berein) in Berlin], [1874], in-8, 124 S.

ASD BA   Neudruck in: *Protokolle und Materialien* (C 706a), S. [441]-[564].

HBSA   C 717   *Protokoll des Allgemeinen deutschen Arbeiter-Congresses zu Hamburg am 28., 29., 30. und 31. August 1875* in *Social-Demokrat,* Hamburg, September - Dezember 1875, Jahrgang III, Nr. 37, 39, 41, 44, 45, 47, 49-51.

                        Ein Aufruf *An die Arbeiter Deutschlands!* zu diesem Kongreß war im *Social-Demokrat* vom 10. Juni 1875, Jahrg. III, Nr. 25, S. 1, erschienen.

ASD BA   Neudruck in: *Protokolle und Materialien* (C 706a), S. [593]-[617].

IMLB BSA   C 718   *Protocoll der Ersten General-Versammlung des Allgemeinen deutschen Arbeiter-Vereins tagend zu Altona vom 28. bis 31. August in Meyer's Ballhaus.* Hamburg , Verlag des Allgemeinen deutschen Arbeiter-Vereins. [Druck von Aug. Schöne, Hamburg, St. Pauli, Herrenweide 17], 1876, in-8, 59- 1 S.

                        Das Protokoll war "Zu beziehen durch den Cassirer L. Hillenberg in Hamburg, Langergang 49 und durch den Secretair H. Langmaack, Altona, Adlerstr. 3".

ASD BA   Neudruck in: *Protokolle und Materialien* (C 706a), S. [619]-[647].

HBSA   C 719   *Protocoll der zweiten Generalversammlung des zu Hamburg domizilirenden Allgemeinen deutschen Arbeiter-Vereins, tagend in Hamburg (Conventgarten) vom Sonntag, den 2., bis Mittwoch, den 5. September 1877* in *Social-Demokrat,* Hamburg, 15. September 1877, Jahrg. V, Nr. 37 - 8. Dezember, Nr. 49.

                        Im Feuilleton derart gedruckt, daß die ausgeschnittenen und gefalteten Blätter eine Broschüre von 28 paginierten Seiten ergeben.

ASD BA   Neudruck in: *Protokolle und Materialien* (C 706a), S. [649]-[676].

IMLM

C 720 [PYPIN, A.N.] *Ferdinand Lassal'* in *Sovremennik*, St. Petersburg, August 1865, Bd. CIX, Nr. 8, S. 197-218.

IISG

C 721 QUACK, H.P.G. *De Socialisten. Personen en Stelsels. Vierde deel. In de tweede helft der XIXde eeuw.* Amsterdam, Van Kampen & Zoon, 1897, 1238 S.

BA

Biographie Lassalles (S. 252-406) und Darstellung seiner politischen Theorie (S. 618-634). In der zweiten Auflage des Werkes in dem 1900 erschienenen Bd. V (S. 233-371 und 547-566). Eine dritte Auflage dieses Bandes erschien 1912.

BHI

C 721a QUARCK, MAX *Lassalle als Vorbild* in *Volksstimme* Frankfurt/M., Juli 1928.

Gegen C 68a. Die Redaktion antwortete mit dem Abdruck eines Auszuges aus Engels' Brief vom 27. Januar 1865 an Marx, unter dem Titel "Engels über Lassalle". Hinweise von Toni Offermann.

R. siehe C 35.

R.P. siehe C 61.

R.Z. siehe ZANDER, R.

SBM

C 722 RAAB, L. *Lassalle's Charakter nach seinem Tagebuch* in *Ludendorffs Volkswarte*, München, 23. Juni 1929, Jahrg. I, Folge 8, S. 6-7.

JNUL

C 723 RABBI BENJAMIN [*Lassalles Niedergang*] in *Hashiloah*, Jerusalem 1926, Bd. XLV, Nr. 3/4, S. 380-383; Nr. 5/6, S. 543-549.

Aufgenommen in des Verfassers *Parzufim*, Tel Aviv 1934, Bd. I, S. 96-112. Der richtige Name des Verfassers ist Joshua Radler-Feldmann,

ASD BA

C 724 RACOWITZA, HELENE VON *Meine Beziehungen zu Ferdinand Lassalle*. Breslau, Druck und Verlag von S. Schottlaender, 1879, in-8, [4]-188 S.

Bis 1880 erschienen 10 Auflagen. Vgl. C 461.

Tschechisch Prag, Karels Stan Sokol, 1912, 168 S. (übersetzt von Adolf Gottwald).

BA

C 724a IDEM *Von Anderen und mir. Erinnerungen aller Art.* Berlin, Gebrüder Paetel, 1909, in-8, VII-[1]-311 S.

Über Lassalle S. 50-135. Die sechste Auflage erschien 1912.

Englisch London 1910 (übersetzt von Cecil Mar); New York 1911.

Französisch Paris o.J. [1912 ?].

Schwedisch Stockholm 1915.

ASD UBK   C 725   RADDATZ, FIRTZ *Marxismus und Literatur. Eine Dokumenta-*
                   tion in drei Bänden. Band I. [Reinbek], Rowohlt, [1969],
                   in-8, 374-[4] S.

                   Die Sickingendebatte zwischen Marx/Engels und Lassalle,
                   S. 53-97.

ASD BA   C 725a IDEM *Karl Marx. Eine politische Biographie.* [Hamburg],
                   Hoffmann und Campe, [1975], in-8, 539-[1] S.

                   Kapitel VII "Der 'jüdische Nigger' Lassalle" auf S.
                   256-291.

           C 726   RAMM, THILO *Staat und Recht. Eine Untersuchung der
                   Rechtstheorie Ferdinand Lassalles.* Marburg 1950, 291 S.
                   Maschinenschrift.

                   Dissertation.

İMLB   C 727   IDEM *Ferdinand Lassalle als Rechts- und Sozialphilo-
                   soph.* Meisenheim / Wien, Westkulturverlag Anton Hain,
                   1953, in-8, 225 S.

                   Schriften zur Geschichte und Theorie des Sozialismus,
                   Nr. 1.

ASD BA   Eine zweite Auflage erschien im gleichen Verlag 1956.

ASD BA   C 728   IDEM *Lassalle und Marx* in *Marxismusstudien. Dritte Folge,*
                   Tübingen, 1960, S. 185-221.

LBO   C 729   IDEM *Ferdinand Lassalles "Franz von Sickingen"* in *Olden-
                   burgisches Staatstheater. Programmhefte der Spielzeit
                   1968/69,* Heft 23, S. 2-5.

                   Einleitung zur Uraufführung von A 27, die am 9. April
                   1969 im Oldenburgischen Staatstheater stattfand.

UBGi   C 729a IDEM *Das Sickingendrama und Lassalles politische Theorie*
                   in *Gießener Universitätsblätter* 1972, Bd. V, Nr. 2, S.
                   57-71.

BA   C 730   [RAPPOPORT, CHARLES & CONSTANT A.A. COMPÈRE-MOREL]
                   *Encyclopédie Socialiste, Syndicale et Coopérative de
                   l'Internationale Ouvrière* [*Un peu d'Histoire*]. Paris,
                   Aristide Quillet, [1912], in-8, [14]-524 S.

                   Kapitel "Ferdinand Lassalle" S. 450-469. Die Enzyklopädie
                   erschien 1912-1921 in 12 Bänden.

USBF   C 731   RAU, K.H. *Gegen Lassalle aus wissenschaftlichem Standpunkte*
                   in *Süddeutsche Zeitung,* Frankfurt/M., 2. Mai 1863, Nr. 220.

                   Gegen das in A 54 aufgestellte "eherne Lohngesetz". Der Ar-
                   tikel wurde von mehreren anderen Blättern nachgedruckt, so
                   in der *Königlich priviligierten Berlinischen Zeitung,* 9. Mai
                   1863, Nr. 167, Erste Beilage und in der *Vossischen Zeitung,*
                   Berlin, 9. Mai 1863, Nr. 107, 1. Beilage S. 2-3. Lassalle
                   antwortete Rau mit dem Text A 65.

ASD BA   C 732 RAUBAUM, JÖRG *Die Auseinandersetzungen der oppositio-*
nellen Kräfte im Allgemeinen Deutschen Arbeiterver-
ein mit der Genossenschaftskonzeption Lassalles und
seiner Nachfolger in *Beiträge zur Geschichte der Ar-*
beiterbewegung, Berlin [DDR], 1974, Jahrg. XVI, Nr. 3,
S. 454-458.

SBB   C 733 RAUMER, KURT VON *Der junge Lassalle. Nach seinen Ju-*
gendbriefen (1840-1848) in *Archiv für Politik und Ge-*
schichte, Berlin, Mai 1923, Jahrg. I, Nr. 5, S.
496-521.

          Zu B 65 Bd. I. Hauptsächlich über die "Manuskript-
          briefe".

          C 734 RECHTLIEB, T. *Der Kölner Kassettendiebstahl und die*
Kriminalprozedur gegen Oppenheim. Köln 1847.

          Nach Schumann.

ASD BA   C 735 REICHARD, RICHARD W. *Crippled from Birth. German Social*
Democracy 1844-1870. Ames, Iowa, 1969, S. 129-260.

          C 736 REITZEL, ROBERT *Des Helden Schwäche* in C 323 S. 16-19.

          C 737 RENTZSCH, HERMANN *Der Staat und die Volkswirtschaft.*
Eine Parallele zwischen dem leitenden Grundsatze der be-
stehenden Gesetzgebung in den zeitgemäßen Forderungen
der Volkswirtschaftslehre. Leipzig, Gustav Mayer, 1863.

          Vgl. C 484.

SBM   C 738 RENZ, OTTO *Marx und Lassalle* in *Die deutsche Zukunft,*
München, 1. August 1931, Jahrg. I, Nr. 3, S. 8-13.

ASD BA   C 739 RENNER, KARL *Lassalles geschichtliche Stellung* in *Die*
Gesellschaft, Berlin, April 1925, Jahrg. II, Nr. 4,
S. 309-322.

ASD BA   C 740 IDEM *Zum 100. Geburtstag Ferdinand Lassalles* in *Der*
Kampf, Wien, April 1925, Jahrg. XVIII, Nr. 4, S.
121-125.

BA IISG   C 741 [REUSCHE, FRIEDRICH] *Der "Social-Demokrat" und seine*
Helfershelfer. (Als Manuscript gedruckt). O.O., [1867],
[Gedruckt bei Jean Gérand in Genf], in-8, 16 S.

          Von der Gräfin Hatzfeldt bei Friedrich Reusche bestell-
          te Schmähschrift gegen von Schweitzer. Das Exemplar im
          IISG trägt den handschriftlichen Vermerk von Gustav Mayer
          "Originalmanuskript von Reusches Hand". Erschien im Ja-
          nuar 1867 laut G. Mayer.

          C 742 IDEM *Ferdinand Lassalle und die Arbeiterfrage. Eine*
übersichtliche Darstellung der Lehre F. Lassalles.
Wien, M. Auer, 1868.

          Nach H. Steiner *Bibliographie zur Geschichte der öster-*
reichischen Arbeiterbewegung 1867-1918 Wien 1962, Nr. 33.

266

ZBZ	**C 743** RICHTER, ADOLF *Bismarck und die Arbeiterfrage im preußischen Verfassungskonflikt.* Stuttgart, Verlag von W. Kohlhammer, [1934], in-8, [8]-265 S.

Über Lassalle S. 1-62.

C 744 RICHTER, EUGEN *Die wirthschaftlichen Bestrebungen von Schulze-Delitzsch im Gegensatz zu den sozialdemokratischen Irrlehren von Lassalle.* Düsseldorf, Verlag von Theodor Stahl, 1863.

IISG **C 745** [IDEM] *Die Geschichte der Socialdemokratischen Partei in Deutschland seit dem Tode Ferdinand Lassalle's. (Zusammengestellt und actenmäßig belegt aus den beiden Organen der Partei, dem "Social-Demokrat" in Berlin und dem "Nordstern" in Hamburg).* Berlin, Th. Lemke's Buchhandlung, Sebastianstraße 19, [Berl. Associations-Buchdruckerei (Urbat u. Gen.) Kommandantenstr. 53], 1865, in-16, 62 S.

Die anonym erschienene Broschüre wird Hugo Weise oder Eugen Richter zugeschrieben von G. Mayer in C 458, S. 444.

ASD BA **C 746** IDEM *Jugend-Erinnerungen.* Berlin, Verlag Fortschritt, 1892, in-8, [4]-197 S.

Kapitel 14 "Gegen Ferdinand Lassalle" auf S. 95-102.

SSB **C 747** RIEKEL, AUGUST *Ferdinand Lassalle* in *Westermanns Monatshefte.* Braunschweig, April 1926, Jahrg. LXX, Bd. CXL, Nr. 4, S. 166-172.

ASD UBK **C 748** RITTER, GERHARD *Ferdinand Lassalles nachgelassene Briefe und Schriften herausgegeben von Gustav Mayer* in *Historische Zeitschrift,* München / Berlin 1923, Bd. 127, S. 315-320; 1925, Bd. 132, S. 323-329.

Besprechung von B 65 Bd. I und III (Bd. 127), Bd. II, IV und V (Bd. 132).

IMLM **C 749** RJAZANOV, D. [= D.B. GOLDENDAKH], *Marks i Engels'. Lekcii, čitannye na kursakh po marksizmu pri Soč. Akademii.* Moskau, Moskovskij Rabočij, 1923, 258 S.

Eine zweite Auflage erschien in Moskau 1928. Die sechste der acht Vorlesungen behandelt Lassalle und Marx' und Engels' Verhältnis zu ihm.

ASD BA *Deutsch* Berlin, Rotbuch, [1973], 189-[1] S. (mit einer kurzen Biographie Rjazanovs von Bernd Rabehl).

BA *Englisch* New York, Intern. Publishers, [1927], 224 S. (übersetzt von Joshua Kunitz); New York /London, Monthly Review Press, [1973], 231 S. (dieselbe Übersetzung, mit Einleitung von Dirk Struik).

BA *Französisch* Paris, Editions Sociales Internationales, [ca. 1930], 226 S.; Paris, Anthropos, [1967], 226 S.

ASD BA **C 750** RODBERTUS, [CARL] *Offener Brief an das Comité des Deutschen Arbeitervereins zu Leipzig.* Leipzig, Druck von KMH Otto Wigand, 1863, in-8, 15 S.

Lassalle hat die Abfassung und den Druck des Briefes
veranlaßt und die Korrekturen gelesen, wobei er eine
nicht unwichtige Zeile strich. Die Auflage von 5000
Exemplaren erschien in der letzten Aprilwoche 1863.
Der Text wurde später in den ADAV-Versammlungen empfohlen und vertrieben. Er wurde neugedruckt in Rodbertus'
Kleine Schriften (Berlin 1890) als Text Nr. 10. Jetzt
auch in B 94 (S. 501-513).

C 751   IDEM *"No. 1 hat augenscheinlich nur den Werth [...]"*
in N VI S. 260-263.

Fragment eines kritischen Gutachtens vom 12. Januar 1866
über drei später von Lothar Bucher vernichtete ökonomische Manuskripte Lassalles (vgl. A 82b). Rodbertus kommt
zu dem Schluß, daß "Lassalle hier [...] alles von Proudhon [...] entlehnt [...], den er doch in seinem Bastiat-
Schulze so sehr angreift."

Das Original des Fragments in BA.

ASD UBK   C 752   RODE, JOHANNA *Der Streit zwischen Lassalle und Schulze-
Delitzsch im Lichte der ökonomischen Theorie.* Bückeburg,
Prinz, 1934, in-8, II-165-X S.

Dissertation der Universität Frankfurt a.M., 1932.

SUBD   C 753   RODEGG, CHRISTIAN *Lassalle, der tragische Liebhaber* in
Düsseldorfer Zeitung, 10. April 1925, Nr. 100, S. 2.

Ebenfalls in der *Oldenburger Landeszeitung,* am 15. April
1925.

BIW   C 754   RÖHRICH, WILHELM *Offenes Sendschreiben an die deutschen
Arbeiter betreffend das "Offene Antwortschreiben des
Herrn Ferdinand Lassalle"und den "Offenen Brief" des
Herrn Rodbertus an das Central-Comité zur Berufung eines
allgemeinen deutschen Arbeiter-Congresses zu Leipzig.*
Coburg, F. Streit's Verlagsbuchhandlung, 1863, in-8,
22 S.

Das Sendschreiben ist datiert "Frankfurt a.M., 2. Mai
1863". Es ist gegen A 54 und C 750 gerichtet. Der Verleger Fedor Streit war Geschäftsführer des Nationalver-
eins.

HBSA   C 755   ROLLER, HEINRICH *Die Dr. Max Hirsch-Duncker'schen Muster-
Statuten populär beleuchtet.* Berlin, Selbstverlag des
Verfassers, [Druck von F. Thiele in Connewitz], 1868,
in-8, 36 S.

C 756   IDEM *Zum Todestage Lassalle's.* Hannover o.J., S. 4 in
C 879.

Gedicht.

ASD ÖNB   C 757   RÓNAI, ZÓLTAN *Lassalle und das Problem unserer Zeit*
in *Arbeit und Wirtschaft,* Wien, 15. April 1925, Jahrg.
III, Nr. 8, Sp. 313-318.

ASD BA   C 758   ROSENBAUM, EDUARD *Lassalle. Studien über historische
und systematische Zusammenhänge seiner Lehre.* Jena, Verlag Gustav Fischer, 1911, in-8, VIII-217-[2] S.

DLC   Erweiterte Fassung einer Dissertation der Universität Kiel (gedruckt in Weimar, R. Wagner & Sohn, 1911, VIII-123-[1] S.). Besprochen von Mehring in C 598.

BA   C 759   ROSENBERGER, LUDWIG *Judaica. A short-title catalogue of the books, pamphlets and manuscripts relating to the political, social and cultural history of the jews and to the jewish question. In the Library of Ludwig Rosenberger. Chicago, Illinois.* Cincinnati, Hebrew Union College Press, 1971, in-4, 495 S.

Bibliographica Judaica 2.

Der Katalog verzeichnet 116 A- und B-Texte, sowie 64 C-Titel. Ein 1974 erschienenes *Supplement* (Ibidem 54 S.), verzeichnet weitere 7 A- und B-Texte und 4 C-Titel.

ASD LBN   C 760   IDEM *Ferdinand Lassalle. A Historiographical Meditation* in *Publications of the Leo Baeck Institute. Year Book IX.* London/Jerusalem/New York, 1964, S. 122-130.

BM   C 761   ROSENKRANZ, KARL *Epilegomena zu meiner Wissenschaft der logischen Idee. Als Replik gegen die Kritik der Herren Michelet und Lassalle.* Königsberg, Verlag der Gebrüder Bornträger, 1862, in-8, [4]-140 S.

Das Nachwort ist datiert vom 26. Oktober 1861. Rosenkranz war Mitglied der Philosophischen Gesellschaft, vor der Lassalle seinen Vortrag A 29 gehalten hat, der 1861 in *Der Gedanke* veröffentlicht wurde, nachdem Michelet Rosenkranz in einem vorhergehenden Heft schon kritisiert hatte. Rosenkranz erklärt dazu: "Auf die Kritik des Herrn Professors Michelet würde ich geschwiegen haben, aber die viel intensivere Kritik des Herrn Lassalle bewegt mich, mein Stillschweigen zu brechen" (S. 11).

ÖNB   C 762   ROSNA, J. *Ferdinand Lassalle und die Krankenkassen* in *Arbeiterschutz [...] Publikationsorgan der Krankenkassen Österreichs,* Wien 1925, Jahrg. XXXVI, S. 104-105.

NSA   C 762a   ROSSMÄSSLER, E[MIL] A[DOLF] *Ein Wort an die deutschen Arbeiter,* Berlin 1863, in-8, 16 S.

Das Vorwort ist vom 16. Dezember 1862 datiert. Die Broschüre stellt die Programmschrift des Leipziger Zentralkomitees dar. Neugedruckt in B 94, S. 353-367. Roßmäßler legte am 22. März 1863 sein Amt als Vertrauensmann des Zentralkomitees nieder (vgl. seinen Brief "An die deutschen Arbeiter!" in *Arbeiter-Zeitung* Coburg, 12. April 1863; neugedruckt in B 94 S. 405-410).

Vgl. C 23c.

IISG   C 762b   IDEM *Von der Leipziger Warte. Auch eine Arbeiterfrage* in *Mitteldeutsche Volkszeitung,* Leipzig, 16. April 1863, Nr. 85.

Zu A 54. Neugedruckt in B 94, S. 553-555.

ASD ZBZ   C 763   ROTHFELS, HANS *Lassalle und die Gräfin Hatzfeldt* in *Preußische Jahrbücher,* Berlin, November 1924, Bd. CXCVIII, Nr. 2, S. 185-192.

Zu N IV.

C 764 RÖTHING, JULIUS *Der Lassalleaner. Sammlung sozialdemo-*
kratischer Lieder und Gedichte. Leipzig 1870.

Nach Schumann.

SAD   C 765 IDEM *Ein Abend mit Ferdinand Lassalle* in *Volksblatt*
für Anhalt, Dessau, 3. November 1903, Nr. 257, S. 1
Feuilleton; 4. November, Nr. 258, S. 1-2 Feuilleton; 5.
November, Nr. 259, S. 1-2 Feuilleton.

Nachdruck eines 1873 oder 1874 in der Chemnitzer *Neuen*
Freien Presse erschienenen Erinnerungsartikels von Dr.
Heyner, mit Kommentaren von Röthing. Heyner beschreibt
Lassalles Vortrag der Rede A 59 am 16. April 1863 in
Leipzig und eine anschließende Abendunterhaltung Lassalles
mit ihm, Eduard Simons und Wuttke.

ASD BA C 766 RÜHLE, OTTO *Karl Marx. Leben und Werk.* Hellerau, [1928 ?],
S. 272-286.

Das Kapitel "Lassalle" beschreibt Marx' Verhältnis zu
Lassalle.

Englisch New York, Viking, 1935.

RUSANOV, N.S. siehe KUDRIN

BM   C 767 RUSSELL, BERTRAND *German Social Democracy* [...] *With an*
appendix on social democracy and the woman question in
Germany, by Alys Russell. London, Longmans, 1896, in-8,
XIV-204 S.

Sechs im Februar und März 1896 in der London School of
Economics gehaltene Vorträge, deren erster Marx und deren zweiter Lassalle behandelt.

BRB   Neugedruckt New York, Simon and Schuster, 1965,
IV-184 S.

ASD   *Deutsch* Berlin/Bonn, J.H.W. Dietz Nachf., 1978 (übersetzt
von Achim von Borries).

Russisch Moskau, S. Skirmunt, 1906 (übersetzt von V. Kan-
del).

IISG   C 768 S. *Het stelsel van Lassalle* in *Katholiek Weekblad,* Den
Bosch, 16. Juni 1906, Jahrg. V, Nr. 24, S. 284-286.

Artikel II der Serie "Het socialisme".

IISG   C 769 [SACHS, FELIKS] *Ferdynand Lassalle.* Warschau, Nakład
Towarzystwa Wydasnictw Ladowych, 1906, in-8, 16 S.

Der Verfassernamen ist nur mit den Initialien F.S. an-
gedeutet.

SSA   C 770 SALOMON, ALICE *Soziale Führer, ihre Leben, ihre Werke.*
Leipzig, Quelle und Meyer, 1932, 151 S.

Artikel "Lassalle" auf S. 77-93.

SALOMON, SIMON siehe SALTER

ASD IMLB   C 771   SAENGER, S. *Ferdinand Lassalle und Sophie von Hatzfeldt,* in *Die Neue Rundschau,* Berlin, Februar 1924, Jahrg. XXXV, Heft 2, S. 173-180.

Zu B 65 Bd. IV.

UBK   C 772   SALTER, SIEGBERT [= SIMON SALOMON] *Anekdoten aus dem Leben berühmter Männer. Band III: Ferdinand Lassalle.* Berlin, Arnold Hegner, [1906], in-16, 96 S.

BNF   C 773   SANTONASTASO, GIUSEPPE *Studi di pensiero politico.* Udine, 1939, in-8, 113 S.

IISG UBT   C 773a   [SCHÄFFLE, ALBERT EDUARD] *Schulze-Delitzsch und Lassalle* in *Deutsche Vierteljahresschrift* Stuttgart 1863, Jahrg. XXVI, Nr. 103, S. 305-348.

Korrespondenz vom 16. Mai 1863. Schäffle wird als Verfasser bezeichnet in *Deutsche Arbeiter-Zeitung* Leipzig, 8. Juli 1864, Nr. 15, S. 118 (nach Mitteilung von Toni Offermann).

ZBZ   C 774   IDEM *Bourgeois- und Arbeiterinational-Ökonomie, mit besonderer Rücksicht auf Kapitalprofit, Kredit und Produktivgenossenschaft aus Anlaß von Lassalle's "Oekonomischen Julian" und der sonstigen neueren Literatur über die Arbeiterfrage* in *Deutsche Vierteljahresschrift,* Halle (Saale), 1864, Bd. II, S. 245-358.

In seinem Brief vom 21. Juli 1864 an den Vereinssekretär Willms bittet Lassalle ihn, den Verleger auf diese lobende Besprechung von A 87 aufmerksam zu machen.

UBA   C 775   SCHELLWIEN, ROBERT *Sendschreiben an Herrn Ferdinand Lassalle, in Veranlassung seiner Schrift "Herr Bastiat-Schulze von Delitzsch"* in *Der Gedanke,* Berlin 1864, Jahrg. V, S. 133-149.

Michelet fügte dieser Kritik Lassalles ein scharfes Nachwort hinzu (vgl. C 617).

BA   C 776   SCHEM, ALEXANDER J. *Deutsch-amerikanisches Conversations-Lexicon. Mit specieller Rücksicht auf das Bedürfnis der in Amerika lebenden Deutschen* [...] New York, Commissions-Verlag von E. Steiger, 1872, Bd. VI, S. 418-419.

Artikel "Lassalle, Ferdinand".

C 777   SCHEU, ANDREAS *Was ist uns Ferdinand Lassalle gewesen?* Wien 1904, S. 3 in C 261.

IMLB   C 778   SCHILLING, CARL *Die Ausstoßung des Präsidenten Bernhard Becker aus dem Allgemeinen Deutschen Arbeiter-Verein und der "Social-Demokrat". Bericht über die am 27. und 30. März in der Berliner Gemeinde abgehaltenen Versammlungen.* Berlin, Im Selbstverlage des Verfassers. Alexandrinenstr. 25, [Druck von Urbat u. Gen. in Berlin], 1865, in-8, 64 S.

Eine zweite Auflage erschien 1869.

ASD BA   C 779   SCHILLMANN, FRITZ *Zum Streit um das Erbe Lassalles. Briefe aus dem Nachlasse von Gustav Schoenberg* in GRONBERG 1915, Bd. V, S. 464-470.

Drei Briefe Buchers an Schoenberg vom 9. und 12. September 1864, 12. Juli 1865 sowie ein Brief der Gräfin Hatzfeldt an Schoenberg vom 9. Juli 1865.

ASD BA   C 780   SCHIROKAUER, ALFRED *Lassalle. Ein Leben für Freiheit und Liebe. Geschichtlicher Roman.* Berlin, Verlag Bong, [1912], in-8, [6]-408 S.

Wurde noch 1930 als "63. - 68. Tausend" gedruckt.

Besprochen von Mehring in C 599.

Dänisch Kopenhagen 1913 (übersetzt von Viggo Petersen "für Dänemark und Norwegen").

Russisch Leningrad 1924.

Schwedisch Stockholm 1917.

BA   C 781   SCHIROKAUER, ARNO *Lassalle. Die Macht der Illusion. Die Illusion der Macht.* Leipzig, Paul List Verlag, [1928], in-8, 370 S.

Englisch London 1931.

NN   C 782   SCHLESINGER, ALEXANDER *Ferdinand Lassalle, der Arbeiter-Agitator. Eine Studie. - Separat-Abdruck aus dem "Philadelphia Sonntagsblatt".* Philadelphia. Zu beziehen durch den Verfasser, care of "Philadelphia Tageblatt", 613 Callowhill Str., 1880, in-8, 16 S.

ASD BA   C 783   SCHLESINGER, THERESE *Lassalle und die Frauen* in *Der Kampf*, Wien, August 1924, Jahrg. XVII, Nr. 8, S. 329-334.

ASD   C 784   SCHLINGMANN, AGNES *Zur Totenfeier.* Frankfurt 1865 in B 2 (S. 60).

Gedicht.

ASD UBD   C 785   SCHLINGMANN, REINHOLD *Die geistige Fortentwickelung unter der Speculation. Eine Rede gehalten in der Berliner Gemeinde des Allgemeinen Deutschen Arbeiter-Vereins.* Berlin, Verlag von Reinhold Schlingmann, [Druck von R. Gensch in Berlin], 1864, in-8, 20 S.

IISG   C 786   IDEM *"Ich mache Ihnen die vertrauliche Mitteilung [...]"* [Berlin 1864], in-8, [1] S.

Vom 20. Dezember 1864 datierte Subskriptionseinladung an die Gemeinden des ADAV für B 1. Das Exemplar in IISG liegt dem Briefe Schlingmanns an Moses Heß vom 28. Dezember 1864 bei. Es ist gedruckt in WOLFGANG MÖNKE *Neue Quellen zur Heß-Forschung* [...] Berlin [DDR], Akademie-Verlag, 1964, S. 112.

DSB   C 787   IDEM *Epilog zur Lassalle-Tragödie* in *Der Zeitgeist, Bei-blatt zum "Berliner Tageblatt"*, 20. Oktober 1902, Nr. 42, S. 2-3; 27. Oktober, Nr. 43, S. 3; 3. November, Nr. 44, S. 3.

Auch als Separatdruck, in-4, 12 S., erschienen (SPD, Nr. 4227).

C 788   SCHMETTAU, H. VON *Der Socialismus und seine Propheten. Kurz zusammengestellt.* Berlin, In Commission bei Löw, 1863, in-8, 39 S.

Nach Schumann.

ASD BA   C 789   SCHMID, CARLO *Ferdinand Lassalle und die Politisierung der deutschen Arbeiterbewegung* in *Archiv für Sozialge-schichte*, Hannover 1963, Bd. III, S. 5-20.

ASD IISG   C 790   SCHMIDT, CONRAD *Ueber das eherne Lohngesetz* in *Soziali-stische Monatshefte*, Berlin, Mai 1896, Jahrg. II, Nr. 5, S. 206-212.

ASD UBW   C 791   IDEM *Altes und Neues von Ferdinand Lassalle* in *Volks-wacht für Schlesien*, Breslau, 26. November 1921, Jahrg. XXXII, Nr. 277, S. 9.

ASD BA   C 792   IDEM *Nach der Lassalle Jahrhundertfeier* in *Sozialistische Monatshefte*, Berlin, 18. Mai 1925, Jahrg. XXXI, Bd. LXII, Nr. 5, S. 259-263.

ASD IISG   C 792a SCHMIERER, WOLFGANG *Von der Arbeiterbildung zur Arbei-terpolitik. Die Anfänge der Arbeiterbewegung in Württem-berg 1862/63-1878.* Hannover, Verlag für Literatur und Zeitgeschehen, 1969, in-8, 312 S.

Schriftenreihe des Forschungsinstituts der Friedrich-Ebert-Stiftung Bd. 69.

ASD BA   C 793   SCHMITZ, HEINRICH KARL *Anfänge und Entwicklung der Arbei-terbewegung im Raum Düsseldorf. Die Arbeiterbewegung in Düsseldorf 1859-1878 und ihre Auswirkungen im linken Nie-derrheingebiet.* Hannover, Verlag für Literatur und Zeit-geschehen, [1968], in-8, 167 S.

Schriftenreihe des Forschungsinstituts der Friedrich-Ebert-Stiftung B. Historisch-politische Schriften.

C 794   SCHMITZ, JOSEF *Ferdinand Lassalle im Urteil der Presse* in *Oberschlesische Volksstimme.* Gleiwitz, 26. April 1925.

Nach C 208 (Nr. 995). Das Blatt wurde nicht aufgefunden.

ASD ZBZ   C 795   SCHMOLLER, GUSTAV *Die Arbeiterfrage* in *Preußische Jahr-bücher*, Berlin 1864, Bd. XIV, S. 393-424 und 523-547; 1865, Bd. XV, S. 32-63.

BIW   C 796   IDEM *Oncken, Hermann: Lassalle [...]* in *Jahrbuch für Ge-setzgebung, Verwaltung und Volkswirtschaft im Deutschen Reich*, Leipzig 1904, Bd. XXVIII, S. 1525-1528.

Besprechung von C 669.

BIW   C 797   IDEM *Harms, Bernhard: Ferdinand Lassalle* [...] in *Jahrbuch für Gesetzgebung, Verwaltung und Volkswirtschaft im Deutschen Reich,* Leipzig 1911, Bd. XXXV, S. 2036-2040.

                     Besprechung von C 324.

SAF   C 799   [SCHNEIDER, DIETER] *Zwischen Römer und Revolution. 1869-1969: Hundert Jahre Sozialdemokratie in Frankfurt am Main.* [Frankfurt a.M., Buchhandlung Bund-Verlag], [1969], in-8, 139-[4] S.

                     Über Lassalle, von Schweitzer und ADAV S. 16-28.

ASD   C 800   SCHNEIDER, ERICH *Die Anfänge der sozialistischen Arbeiterbewegung in der Rheinpfalz 1864-1899.* Mainz 1956, in-4, IV-216-22 S.

                     Dissertation.

BIW   C 801   SCHÖLER, HERMANN *Ferdinand Lassalle als Schutzpatron einer nationalen Arbeiterpartei? Eine sozialwissenschaftliche und politische Streitschrift gegen Bernhard Harms und seine Schrift: Ferdinand Lassalle und seine Bedeutung für die deutsche Sozialdemokratie.* Berlin, Schnürpel, 1910, in-8, 31 S.

UBK   C 802   SCHORN, KARL *Lebenserinnerungen. Ein Beitrag zur Geschichte des Rheinlandes im neunzehnten Jahrhundert. Erster Band (1818-1848).* Bonn, P. Hanstein, 1898, in-8, VIII-346 S.

                     Über Lassalle S. 221-230.

SSA   C 803   SCHRAMM, C.A. *Mein offener Brief an Dr. Max Hirsch nebst Antwort und Rückantwort (aus der Demokratischen Zeitung)* [Berlin] Verlag von C. Lübeck, Druck von P. Stankiewicz, Centralstr. 5, [1872], in-16, 48 S.

BA   C 804   IDEM *Rodbertus, Marx, Lassalle. Sozialwissenschaftliche Studie.* München, Verlag von L. Viereck [1885], in-8, 74 S.

ASD BA   C 805   SCHRÖDER, WILHELM *Geschichte der sozialdemokratischen Parteiorganisation in Deutschland.* Dresden, Druck und Verlag von Kaden & Comp., 1912, in-8, 106 S.

                     Abhandlungen und Vorträge zur sozialistischen Bildung, Heft 4/5.

                     Enthält einen Geschichtsabriß des ADAV (S. 5-13) sowie die Texte A 56 (S. 60-62) und A 68 (S. 62-63, in der etwas veränderten Fassung, die von der Generalversammlung des ADAV im Mai 1867 angenommen wurde).

SLB   C 805a   SCHRÖDER, WOLFGANG / SCHAUER, ROLF *Der Kampf um eine revolutionäre Massenpartei und die Rolle Ferdinand Lassalles* in *Sächsische Heimatblätter,* Dresden 1963, Bd. IX, S. 303-313.

274

             C 806 SCHUHMACHER, W. *Lassalle – ein nationaler Realpolitiker* in *Wormser Zeitung*, 17. April 1925.

Die Nummer der *Wormser Zeitung* wurde nicht gefunden. Der Titel wird angeführt in C 208 (Nr. 918).

BA   C 807 SCHULER VON LIBLOY, FRIEDRICH *Der Socialismus und die Internationale nach ihren hervorragendsten Erscheinungen in Literatur und Leben. Drei Vorträge.* Leipzig, Erich Koschny, 1875, in-8, 69-[2] S.

Über Lassalle S. 60-69.

          C 807a SCHULTE, HANS *Der Einfluß einer Aristokratin auf den allgemeinen deutschen Arbeiterverein.* Graz 1968, 119 S.

Maschinenschriftliche Dissertation.

Politische Biographie der Gräfin Hatzfeldt.

ASD IMLB   C 808 SCHULZ, FRIEDRICH OTTO HERMANN *Jude und Arbeiter. Ein Abschnitt aus der Tragödie des deutschen Volkes.* Berlin / Leipzig, Nibelungen-Verlag, 1934, in-8, 191 S.

SBB   C 809 IDEM *Herkunft und rassische Bestimmung Ferdinand Lassalles* in *Deutschlands Erneuerung. Monatsschrift für das deutsche Volk*, München, Februar 1935, Jahrg. XIX, Heft 2, S. 93-99.

ASD VGA   C 810 SCHULZ, HUGO *Der apostolische Führer* in *Arbeiter-Zeitung*, Wien, 11. April 1925, Jahrg. XXXVII, Nr. 100, S. 2.

BA   C 811 SCHULZE-DELITZSCH [HERMANN] *Capitel zu einem deutschen Arbeiterkatechismus. Sechs Vorträge vor dem Berliner Arbeiterverein.* Leipzig, Verlag von Ernst Keil, [Druck von Alexander Wiede in Leipzig], 1863, in-6, VI-170 S.

Das Vorwort ist datiert "im Mai 1863". Der letzte Vortrag ist gegen A 54 gerichtet. Er erschien auch separat: *Die Rede des Abg. Schulze-Delitzsch, gehalten im Berliner Arbeiterverein, die Broschüre Ferdinand Lassalle's betreffend, zusammengestellt von L.W.* Landshut, Druck von F.
ASD   Rietsch, o.J., 32 S.

ASD IMLB   C 812 IDEM *Die Abschaffung des geschäftlichen Risico durch Herrn Lassalle. Ein neues Kapitel zum Deutschen Arbeiterkatechismus.* Berlin, Verlag von Franz Duncker, [Druck von Franz Duncker's Buchdr. Berlin], 1866, in-16, 49 S.

Schulzes Antwort auf A 87. Neugedruckt in seinen *Schriften und Reden*, Bd. II (Berlin 1909), S. 173-242. Von Schweitzer antwortete mit C 821.

DLC KMH   C 813 SCHUMACHER, ADOLF *Ferdinand Lassalle as a novelistic subject of Friedrich Spielhagen.* Philadelphia 1914, in-8, 180 S.

Dissertation der Universität Philadelphia, 1910.

ASD UBK   C 814   SCHUMACHER, KURT *Der Kampf um den Staatsgedanken in der deutschen Sozialdemokratie. Herausgegeben von Friedrich Holtmeier. Mit einem Geleitwort von Herbert Wehner.* Stuttgart, W. Kohlhammer, [1973], in-8, 144 S.

Kohlhammer Urban-Taschenbücher Reihe Nr. 80. Dissertation der Universität Münster, 1920. Über Lassalle und Rodbertus S. 37-41.

C 815   SCHUMANN, HANS-GERD *Marx oder Lassalle? Das deutsche Lassalle-Bild von Bernstein bis Oncken. Mit einer Lassalle-Bibliographie.* Marburg 1954, in-4, V-208, S. Maschinenschrift.

Staatsexamens-Arbeit. Die Bibliographie war zum Zeitpunkt ihres Abschlusses die bei weitem vollständigste.

IISG   C 816   SCHUSTER, RICHARD *Die Social-Demokratie nach ihrem Wesen und ihrer Agitation quellenmäßig dargestellt.* Stuttgart, Druck und Verlag von J.F. Steinkopf, 1875, in-8, XII-236 S.

Im Anhang S. 220-232 "Einiges aus dem Leben Ferdinand Lassalles". Dasselbe in der zweiten Auflage (Stuttgart,
BA   Steinkopf, 1876, 260 S.) auf S. 241-253.

SBMa SPKM C 817   SCHWEITZER, J[OHANN] B[APTIST] VON *Lucinde oder Capital und Arbeit. Ein social-politisches Zeitgemälde in drei Bänden.* Frankfurt, Im Selbstverlag des Verfassers. In Commission bei Reinhold Baist, [Druck von Reinhold Baist in Frankfurt a.M.], 1863 und 1864, 3 Bde. in-8, VII-182, VII-296, VI-250 & VII-288 S.

Die sozialistischen Bekenntnisse beruhen auf den bis dahin erschienenen Reden Lassalles, dem von Schweitzer den Roman widmete (Bd. I, S. III). In Bd. I (S. VI-VII) ein Brief von Schweitzers an Lassalle, datiert "im Septemper 1863" (auch gedruckt im *Nordstern*, Hamburg, 19. September 1863, Nr. 230, S. 4). Lassalle war"besonders begierig, den Roman weit verbreitet zu sehen unter den Arbeitern", und er wollte "30-40 Exemplare [...] mit einem Cirkular an die Bevollmächtigten versenden, denselben die eifrigste Verbreitung zur Pflicht machend" (Lassalle an von Schweitzer, 2. Oktober 1863, gedruckt in B 93).

Der *Nordstern* druckte 1864 einige Auszüge. Von Schweitzer fing in dem von ihm redigierten *Social-Demokrat*, Berlin, am 1. Januar 1871 (Jahrg. VII, Nr. 1) einen Abdruck des Buches im Feuilleton an, der in dem Nachfolger des Blattes, *Neuer Social-Demokrat*, Berlin, am 19. April 1872 (Jahrg. II, Nr. 40) abgeschlossen wurde.

Vgl. C 848.

ASD BA   C 818   IDEM *Die Partei des Fortschritts als Trägerin des Stillstands. Rede, gehalten [...] in der Versammlung der Mitglieder des Allgemeinen Deutschen Arbeitervereins zu Leipzig am 13. October 1863. (Nach stenographischer Aufzeichnung).* O.O., [Druck von Ferber & Seydel in Leipzig], o.J., in-16, 16 S.

IISG   C 819   IDEM *Die österreichische Spitze. Ein Beitrag zur Bespre-chung der nationalen Frage.* Leipzig, Verlag von Otto Wigand, [Druck von Otto Wigand in Leipzig], 1863, in-8, VIII-117-[3] S.

ASD IISG   C 820   IDEM *Ferdinand Lassalle* in *Der Social-Demokrat,* Berlin, 15. Dezember 1864, Jahrg. I, Nr. 1, S. 1.

Dem Artikel ist als Motto ein leicht verändertes Zitat aus dem Kondolenzbrief Marxens an die Gräfin Hatzfeldt vom 12. September 1864 vorangestellt (MEW Bd. XXX, S. 673: "Er ist jung gestorben, im Triumph, als Achilles"). Der erste Jahrgang des von J.B. von Hofstetten und von Schweitzer redigierten Blattes führte den Untertitel "Organ des Allgemeinen deutschen Arbeitervereins", der später abgeändert wurde in "Organ der social-demokrati-schen Partei". Der Artikel ist neugedruckt in C 826, S. 35-36.

ASD IMLB   C 821   [IDEM] *Der todte Schulze gegen den lebenden Lassalle* in *Social-Demokrat,* Berlin, 26. Januar bis 18. März 1866, Jahrg. II, Nr. 21-23, 25a, 30, 32, 33, 39, 42, 47, 51, 52, 58, 59, 61, 64 und 65.

Antwort auf Schulze-Delitzsch's C 812. Der Text wurde aufgenommen in C 824. Der *Social-Demokrat,* Hamburg, ver-öffentlichte den Text, ebenfalls anonym (31. Januar bis

HBSA   23. Mai 1874, Jahrg. II, Nr. 5-7 und 9-21). Die *Social-demokratische Bibliothek,* Heft VIII, druckte den Text

BA   nach C 824, (Hottingen-Zürich, Verlag der Volksbuchhand-lung, 1886, in-8, 71 S.).

ASD IISG   C 822   IDEM *Arbeiter des Wahlkreises Barmen-Elberfeld!* O.O., [Gedruckt bei Friedrich Staats in Barmen], [1867], in-4, [2] S.

Der Wahlaufruf ist datiert und unterzeichnet "Barmen-Elberfeld, 29. Januar 1867. J.B. von Schweitzer."

IISG   C 823   IDEM *Der Kapitalgewinn und der Arbeitslohn. National-ökonomische Abhandlung. Den Arbeitern von Barmen-Elber-feld gewidmet.* Berlin, Selbstverlag des Verfassers, [Druck von F. Hoffschläger in Berlin], 1867, in-8, 63 S.

IISG   Die Broschüre sollte der Agitation im Reichstagswahlkampf 1867 dienen, bei dem von Schweitzer im Wahlkreis Elber-feld-Barmen kandierte. Die Broschüre wurde verboten, aber von Schweitzer in den Reichstag gewählt. Der Text wurde wiederveröffentlicht im *Social-Demokrat,* Hamburg,

HBSA   8. August bis 21. September 1874, Jahrg. II, Nr. 32-47.

SBB ⋆   C 824   [IDEM] *Aus dem "Social-Demokrat". Leitartikel und Auf-sätze aus dem Organ der social-demokratischen Partei.* Berlin, Selbstverlag von W. Grüwel, [Druck von R. Berg-mann in Berlin, Hellweg 7], 1868, in-8, 148 S.

Enthält C 821 auf S. 1-88.

IISG   C 825   IDEM *An die Arbeiter Deutschlands. Herausgegeben von Hamburger Mitgliedern des Allgemeinen Deutschen Arbei-tervereins.* Hamburg, Druck von H.A. Kahlbrock, Hütten 63, Dezember 1872, in-16, 8 S.

Der Titel ist von den Herausgebern gewählt worden, an
die der "Berlin, im November 1872" datierte Brief gerichtet ist mit der Anschrift *An meine persönlichen
Freunde im Allgemeinen Deutschen Arbeiterverein.* Das
politische Testament von Schweitzers empfiehlt die Einberufung eines Einigungskongresses der SDAP und des
ADAV.

BA   Auch unter dem gleichen Titel als Flugblatt (o.O.,
o. Druckvermerk, o.J., in-4, [2] S.) erschienen in
10.000 Exemplaren.

Von Schweitzer schickte "anfangs November" dem *Volksstaat* in Leipzig denselben Text, der in einigen Punkten
leicht abweicht von dem Hamburger (u.a. fehlt ein Absatz über die Abschaffung des Präsidentenamtes) und
als erster Text gelten darf. Der *Volksstaat* veröffentlichte diesen Text am 8. Januar 1873 (Nr. 3, Beilage S. 1) unter dem Titel *An die Arbeiter Deutschlands.* Der Hamburger Text ist neugedruckt in C 826 S.
BA   315-321.

Vgl. C 477 S. 506-511.

BA ASD   C 826   IDEM *Politische Aufsätze und Reden von J.B. von Schweitzer.
Mit Einleitung und Anmerkungen herausgegeben von Fr. Meh-
ring.* Berlin, Buchhandlung Vorwärts, Paul Singer G.m.b.H.
(Hans Weber), 1912, in-8, 327 S.

Sozialistische Neudrucke Nr. V.

Eine Besprechung von Gustav Mayer in GRÜNBERG 1912,
Bd. III, S. 546-659.

IISG   C 827   IDEM *Die Gewerkschaftsfrage. Aufsätze. Herausgegeben von
Friedrich Hartneck.* Berlin, Weltgeist-Bücher, [1928 ?],
in-8, 54-[1] S.

ASD BA   C 828   SEIDEL, JUTTA *Wilhelm Bracke. Vom Lassalleaner zum Mar-
xisten.* Berlin [DDR], Dietz Verlag, 1966, in-8, 193-[1] S.

BPU   C 829   SEILLIÈRE, ERNEST *Études sur Ferdinand Lassalle, fonda-
teur du Parti Socialiste Allemand.* Paris, Librairie Plon,
1897, in-8, XVI-398-[2] S.

UBK   C 830   SEINGUERLET, EUGÈNE *Organisation du crédit populaire.
Les Banques du Peuple en Allemagne.* Paris, Librairie
internationale A. Lacroix, Verboeckhoven & Cie, 1865,
in-16, [2]-266-[29] S.

Verteidigt Schulze-Delitzsch gegen Lassalle.

Vgl. C 485.

ASD BA   C 831   SICLÓS-VINCZE, EDIT *Der Kampf der ungarischen Arbeiterbewegung gegen den lassalleanischen Einfluß (1867-1872)*
in *Beiträge zur Geschichte der deutschen Arbeiterbewegung,* Berlin [DDR], 1960, Jahrg. II, Heft 2, S. 314-331.

UBK   C 832   SIEBOLD, P.F. *Aufklärung für Jedermann, namentlich für
die Mitglieder des allgemeinen deutschen Arbeitervereins*
[Hamburg 1863], in-8, 8 S.

Der Verfasser war ein Gegner des Redakteurs des *Nord-stern* Karl Bruhn, gegen den er im gleichen Jahre veröffentlichte *Karl Bruhn als Politiker und Mensch* (Hinweis von Toni Offermann).

OCH

C 833 SILBERNER, EDMUND *Ferdinand Lassalle. From Maccabeism to Jewish Anti-Semitism* in *Hebrew Union College Annual,* Cincinnati 1953, Bd. XXIV, S. 151-186.

BA

In umgearbeiteter Form in des Verfassers *Sozialisten zur Judenfrage,* Berlin, Colloquium Verlag, 1962, S. 161-180.

ASD BA

C 834 IDEM *Moses Hess. Geschichte seines Lebens,* Leiden, E.J. Brill, 1966, in-8, XVIII-691 S.

Über Lassalle und den ADAV besonders S. 445-470 und 507-516.

C 835 ŠIŠKO, Z. *Oščestvennoe dviženie a 60-kh i pervoj polovine 7o-kh g.* Moskau, Gosizdat, 1921.

Über den Einfluß Lassalles auf die russischen Revolutionäre der 60er und 70er Jahre (nach JAK S. 46).

SSA

C 836 SMOLJANSKI, G. *Die Ideen Lassalles in der Gewerkschafts-bewegung* in *Die Rote Gewerkschafts-Internationale,* Moskau/Berlin, Mai 1925, Jahrg. V, Nr. 5 (52), S. 283-286.

BIF

C 837 SOREL, GEORGE *I diritti acquisiti secondo Lassalle* in *Divenire Sociale,* Rom, 16. April 1906, Jahrg. II, Nr. 8, S. 115-118.

ASD UBT

C 838 SPEIER, HANS *Die Geschichtsphilosophie Lassalles* in *Archiv für Sozialwissenschaft und Sozialpolitik,* Tübingen, 1929, Bd. LXI, S. 103-127 und 360-388.

ASD UBT

C 839 IDEM *Lassalles Nachlaß* in *Archiv für Sozialwissenschaft und Sozialpolitik,* Tübingen, 1929, Bd. LXII, S. 153-162.

Zu B 65.

ZBZ

C 840 SPIELHAGEN, FRIEDRICH *In Reih' und Glied. Ein Roman in neun Büchern.* Berlin, Druck und Verlag von Otto Janke, 1866-1867, in-16, 9 Bde., 1166 S.

Der Roman erlebte 12 Auflagen bis 1910. Spielhagen hatte schon 1864 in "Die von Hohenstein" Lassalles Züge an Thomas Münzer geliehen. In "Reih' und Glied" ist der Held Leo Gutmann Lassalle nachgebildet. Spielhagen läßt Lassalle noch einmal, als Nebenfigur, auftreten 1900 in "Frei geboren", wo der Kassettenprozeß A 19 eine Rolle spielt, dem Spielhagen beigewohnt hatte.

Vgl. C 271, C 813 und FRANZ MEHRING "Friedrich Spielhagen" in NZ, Februar 1909, Jahrg. XXVII, Bd. I, Feuilleton, Nr. 13, S. 789-791.

Russisch vor 1890 (eine Besprechung der Übersetzung in SKABIČEVSKIJ *Socinenija.* St. Petersburg 1890, Bd. I, S. 86-111); Moskau, Krasny Novi, 1924.

ICN	C 841	STAËL-HOLSTEIN, A. VON *Ueber Lassalle's Theorien in der Arbeiterfrage.* Freiburg i.B., [Wiesbaden, C. Schellenberg'sche Hof-Buchdr.], 1870, in-8, VI-68 S.

SPKM   C 842   STAUDINGER *Schulze-Delitzsch oder Lassalle?* in *Bodenreform. Deutsche Volksstimme. Frei Land. Organ der Deutschen Bodenreformer,* Berlin, 20. November 1908, Jahrg. XIX, Nr. 22, S. 685-690.

ASD BA
IMLM   C 843   STEGMANN, CARL & C. HUGO *Handbuch des Socialismus.* Zürich, Verlags-Magazin (J. Schabelitz), [1893-] 1897, in-8, IV-878 S.

Das Werk erschien in Lieferungen ab Juni 1893. Artikel "Lassalle" S. 458-467. Ein photographischer Neudruck erschien in Genf, Minkoff, 1975.

Holländisch Amsterdam, J.F. Sikken, [1894-] 1897 (übersetzt von "Socius", d.h. Cornelius Croll und Henri
BA   Polak; S. 429-439); zweite Auflage 1898.

Russisch St. Petersburg, Golos, 1906 (übersetzt von V. Ja. Bogucarskij und G.Z. Markovic).

IISG   C 844   STEIN, VIKTOR *Ferdinand Lassalle (Zur Wiederkehr seines Todestages)* in *Österreichischer Arbeiter-Kalender für das Jahr 1904.* Wien, Wiener Volksbuchhandlung, [1903], S. 48-53.

Dem Kalender ist ein farbiges Porträt Lassalles beigegeben.

SBM   C 845   STEINBÜCHEL, THEODOR *Ferdinand Lassalle, der Mensch, der Politiker, der Philosoph* in *Hochland,* München, August 1922, Jahrg. XX, Bd. II, Nr. 11, S. 468-484; September, Nr. 12, S. 634-649.

ASD UBB   Neugedruckt in STEINBÜCHEL *Sozialismus.* Tübingen 1950, S. 124-170.

UBB   C 846   IDEM *Die Philosophie Ferdinand Lassalles mit besonderer Berücksichtigung ihres Verhältnisses zum deutschen Idealismus, unter Benutzung des neu erschienenen Quellenmaterials* in *Synthesen in der Gegenwart. Festgabe Adolf Dyroff* [...] *Herausgegeben von Erich Feldmann und Martin Honecker.* Bonn, Kurt Schroeder Verlag, 1926, S. 164-203.

ASD   Neugedruckt in STEINBÜCHEL *Sozialismus.* Tübingen 1950, S. 171-217.

ASD IMLB   C 847   STEINIGER, PETER ALFONS / KLENNER, HERMANN *Die Überwindung der Lassalleschen Staatsideologie. Eine Voraussetzung für die demokratische Lösung der deutschen Frage in den 60er Jahren des 19. Jahrhunderts.* Berlin [DDR], VEB Deutscher Staatsverlag, 1955, in-8, 108-[2] S.

Deutsches Institut für Rechtswissenschaft. Schriftenreihe Staats- und Rechtstheorie, Heft 3.

Enthält C 436. Besprochen in C 445.

ASD   C 848   STEPHAN, CORA *"Genossen, wir dürfen uns nicht von der Geduld hinreißen lassen!" Aus der Urgeschichte der Sozialdemokratie 1862-1878*, Frankfurt, Syndikat, 1977, 320 S.

ASD   C 849   STERNBERGER, DOLF *Gerechtigkeit für das neunzehnte Jahrhundert. Zehn historische Studien* Frankfurt/M. 1975.

                     Zu C 817: S. 136-148 "Kolportage, Revolution und der Snobismus der Gewalt".

UBBa   C 850   STERNFELD *Ferdinand Lassalle und Richard Wagner* in *Allgemeine Musikzeitung*, Berlin, 24. Juli 1925, Jahrg. LII, Nr. 30/31, S. 667-668.

            C 850a   STIRNER, HARTMUT *Ferdinand Lassalles Rethorik. Der Widerspruch zwischen idealistischer Gesellschaftstheorie und sozialistischer Agitation und dessen rethorischer Niederschlag* in *Rethorik, Ästhetik, Ideologie. Aspekte einer kritischen Kulturwissenschaft*. Stuttgart 1973, S. 195-217.

                     Der Verfasser hat dasselbe Thema bedeutend ausführlicher behandelt in seinem Buch *Die Agitation und Rethorik Ferdinand Lassalles*. Marburg, Verlag Arbeiterbewegung und Gesellschaftswissenschaft, 1979, 298 S.

UBB   C 851   STOEWER, R. *Nationale und royalistische Gedanken Ferdinand Lassalles* in *Neue Preußische (Kreuz-)Zeitung*, Berlin, 11. April 1925, Jahrg. LXXXVII, Nr. 170, Beilage Nr. 2, S. 2.

ÖNB   C 852   STRAAS, EDUARD *Ferdinand Lassalle. (Ein Gedenkwort)* in *Arbeit und Wirtschaft*. Wien, 1. September 1924, Jahrg. II, Nr. 17. Sp. 713-716.

ASD IHF   C 853   STRÖBEL, HEINRICH *Der "nationale" Lassalle* in *Volksstimme*, Frankfurt a.M., 11. April 1925, Jahrg. XXXVI, Nr. 85, S. 2.

SUBH   C 854   IDEM *Die tragische Idee des "Franz von Sickingen"* in *Hamburger Echo*, 11. April 1925, Jahrg. XXXIX, Nr. 101, Sonderbeilage S. 2.

                     Der Artikel erschien am gleichen Tage in der *Brandenburger Zeitung* und in der *Volkswacht für Schlesien*, Breslau.

SIH   C 855   STRUVE, P.V. *F. Lassal'* in *Mir Božij*, St. Petersburg, November 1890, Jahrg. IX, Nr. 11, S. 294-299.

SIH   C 856   IDEM *Na raznye Temy. Russkij demokrat g. Surkov i prussij monarkhist Lassal'. V čem smysl moego "Prizyva"* in *Mir Božij*, St. Petersburg, März 1901, Jahrg. X, Nr. 3, S. 108-113.

                     Gegen C 861.

KHB C 857 STUDEMUND, W. *Lassalle, der Organisator der deutschen Arbeiterbewegung* in *Der alte Glaube. Evangelisch-lutherisches Gemeindeblatt für die gebildeten Stände,* Leipzig, 28. Februar 1902, Jahrg. III, Nr. 22, S. 518-522; 7. März, Nr. 23, S. 542-548; 14. März, Nr. 24, S. 564-570.

SUBH C 858 STURM, OSWALD *Der Mensch. (Ferdinand Lassalle, dem Kämpfer für Recht und Freiheit, zum Gedächtnis)* in *Hamburger Echo,* 11. April 1925, Jahrg. XXXIX, Nr. 101, Sonderbeilage S. 2

Gedicht.

SBM C 859 STURMANN, MANFRED *Heroen des Ehrgeizes* in *Bayerische israelitische Gemeindezeitung,* München, 28. Juni 1929, Jahrg. V, Nr. 13, S. 208-210.

Über Lassalle und Disraeli.

ZBZ C 860 STUTZER, EMIL *Bismarck und Lassalle* in *Neue Jahrbücher für das klassische Altertum, Geschichte und deutsche Literatur,* Leipzig, 16. Januar 1905, Jahrg. VIII, Bd. XV, Heft 1, S. 63-70.

Zu C 669.

    C 861 SURKOV, A. *Ferdinand Lassal'. K 75-tiletiju so dnja ego roždenija* in *Žizn'* 1900, Nr. 12.

Vgl. C 856.

UBW C 862 SURMAN, ZDZISŁAW *Ferdynand Lassalle* in *Ludzie dawnego Wrocławia,* 1958, S. 93-96.

ASD BA C 863 SUSMAN, MARGARETE *Der Briefwechsel zwischen Lassalle und Marx* in *Frankfurter Zeitung und Handelsblatt,* 21. Juni 1923, Jahrg. LXVII, Nr. 449, Erstes Morgenblatt, S. 1-2 Feuilleton.

Besprechung von B 65 Bd. III.

IMLM C 864 SVJATLOVSKIJ, V.V. *Očerki po istorii ekonomičeskikh vozzrenij na Zapade i v Rossii.* St. Petersburg 1913, S. 442-447.

Kurzbiographie Lassalles, die der Verfasser wieder aufnahm in die zweite Auflage (S. 245-272) seiner *Istorija socializma* (Petrograd 1924).

ASD UBB C 865 SYBEL, HEINRICH VON *Die Lehren des heutigen Socialismus und Communismus.* Bonn, Cohen & Sohn, 1872, in-16, 93 S.

Der erste Teil (S. 3-51) ist gegen Marx, der zweite (S. 52-93) gegen Lassalle gerichtet.

UBH C 866 TALMON, J.L. *Lassalle between Fichte and Hegel.* Heidelberg, Institut für politische Wissenschaft an der Universität Heidelberg, o.J., in-4, 20 S. Maschinenschrift.

Vortrag im Kolloquium "Die politische Philosophie Hegels", das am 11. und 12. September 1970 stattfand.

ZBG   C 866a TAUTE, W[ILHELM] *Geschichtliche Beiträge über die Ent-*
       wicklung der modernen Arbeiterbewegung in *Buchbinder-*
       Zeitung. Stuttgart, 1887, Jahrg. III, Nr. 29-45.

       Hinweis von Toni Offermann. - Der Buchbinder Taute hat-
       te 1862 dem Initiativkomitee zur Gründung des ADAV ange-
       hört. An dem Eisenacher Kongreß (7.-9. August 1869) nahm
       er als Vertreter einer IAA-Gruppe teil (Nr. 234 der Teil-
       nehmerliste im Protokoll). Ende 1874 nahm Taute mit W.
       Liebknecht und anderen Leipziger Sozialdemokraten an
       einer Besprechung mit Marx teil (H. MAUR *Marx-Engels.*
       Gedenkstätten, Berlin [DDR], 1978, S. 48).

ASD BA C 867 THALHEIMER, A. *Eugenio Di Carlo. Per la filosofia della*
       storia di Ferdinando Lassalle in NZ, 20. Januar 1911,
       Jahrg. XXIX, Bd. I, Nr. 17, S. 593.

       Besprechung von C 219.

WLL   C 868 THEILHABER, F.A. *Judenschicksal.* Tel Aviv, Olympia,
       [1949], in-8, 112 S.

       "Lassalle - Irrsal der Gefühle" auf S. 23-69.

ASD IMLB C 869 THIER, ERICH *Rodbertus, Lassalle, Adolf Wagner, ein*
       Beitrag zur Theorie und Geschichte des deutschen
       Staatssozialismus. Jena, Fischer, 1930, in-8, [4]-
       128 S.

UBK   C 870 THOMANEK, HANS KARL *Wilhelm Emmanuel von Kettelers*
       Produktivassoziation. Berlin, [Ernst-Reuter-Gesell-
       schaft], 1961, in-8, 131 S.

       Über Lassalle und Schulze-Delitzsch (S. 29-35), über
       Lassalle und Ketteler (S. 53-60) mit Nachdruck ihres
       Briefwechsels (vgl. B 25).

BA   C 871 [THOMPSON, PAUL] *Ferdinand Lassalle, 11. April 1825 -*
       31. August 1864. Berlin, R.L. Prager, 1925, in-4, 15 S.,
       & 12 Abbildungen.

       Bibliophile Ausgabe in 400 Exemplaren. Die einzige
       Lassalle-Ikonographie, mit Vorwort und Chronologie.
       "Paul Thompson" ist das Pseudonym von Paul Telegdil.

ASD IMLB C 872 TÖLCKE, C.W. *Zweck, Mittel und Organisation des All-*
       gemeinen Deutschen Arbeiter-Vereins. Ein Leitfaden
       für die Agitatoren, Bevollmächtigten und Mitglieder
       des Vereins. Berlin, Im Selbstverlage des Vereins,
       Druck von C. Ihring, 1873, 2 Bde., in-16, 106; 111 S.

BA   C 872a IDEM *Carl Wilhelm Tölckes Presseberichte zur Entwick-*
       lung der deutschen Sozialdemokratie 1848-1893. Quellen
       zur Geschichte der deutschen Arbeiterbewegung. Bear-
       beitet von Arno Herzig. München, Verlag Dokumentation,
       1976, in-8, 278 S.

       Dortmunder Beiträge zur Zeitungsforschung Bd. 22.

ASD   C 872b   IDEM *Korrespondenz aus den Jahren 1848-1893. Herausgegeben von Arno Herzig und Konrad Rosenthal, bearbeitet von Arno Herzig.* Iserlohn 1977, in-8, 1485.

Beiträge zur Geschichte Iserlohns. Schriftenreihe Haus der Heimat, Bd. 16.

BA   C 873   TØNNESEN, EJNAR H. *Ferdinand Lassalle.* Kopenhagen, Socialdemokratiets Forlag "Fremad", 1932, in-8, 32 S.

TOTENFEIERN

siehe auch B 2, C 99, C 99a, C 361.

ASD IISG   C 874   *Programm zur Todten-Feier für den Präsidenten des Allgemeinen Deutschen Arbeiter-Vereins Herrn Ferdinand Lassalle. In Hamburg, im großen Saale des Colosseums. Am 24. September 1864.* Hamburg, Druck von J.E.M. Köhler, Steintwiete 13, [1864], in-8, [4] S.

Auf S. [3-4] der erste Druck von C 76, ohne Titel, aber mit Verfassernamen.

Vgl. C 655a.

SBB*   C 875   *Programm zur Todtenfeier für den verstorbenen Präsidenten und Gründer des Allg. Deutschen Arbeiter-Vereins, Ferdinand Lassalle, abseiten der Hamburger Gemeinde des Vereins, im großen Saale des Conventgartens, am 9. September 1865.* [Hamburg], Druck von W.G. Nagel. St. Pauli, [1865], in-8, [4] S.

ASD BA IISG   C 876   *Zur Todtenfeier Ferdinand Lassalles am 31. August 1865 im grossen Saale der Central-Halle zu Dresden.* [Dresden, Druck von Liepsch und Reichardt], [1865], in-8, [2] S.

Auf S. [2] C 940.

C 877   *Programm zur Totenfeier Ferdinand Lassalle's. Sonntag, den 19. September 1869.* Chemnitz o.J.

Nach Schumann.

SBB*   C 878   *Allgemeiner deutscher Arbeiter-Verein. Programm zur Todtenfeier F. Lassalle's am Sonnabend, den 18. September 1869. Abends 9 Uhr, in Tütge's gr. Salon, Valentinskamp.* Druck von W.G. Nagel, St. Pauli, [1869], in-8, [3] S.

Auf S. [2-3] der Text von C 75.

KG   C 879   *Zum Todestage Ferdinand Lassalle's.* [Schlüter'sche Hofbuchdruckerei in Hannover], o.J., in-8, 4 S.

Enthält die Gedichte C 163, C 403, C 756, C 784, C 940.

BA   C 880   TODT, RUDOLF *Der radikale deutsche Socialismus und die christliche Gesellschaft.* [...] Wittenberg, Verlag von E. Rust, 1877, in-8, XII-479 S.

Über das "eherne Lohngesetz" S. 236-297, Kapitel IV "Abschaffung des Lohnsystems und Ersetzung desselben durch den vollen Arbeitsertrag." Eine *zweite verbesserte und vermehrte Auflage* erschien 1878 (Wittenberg, Herrosé,

ASD BA   XVI-514 S.).

ASD BA   C 881   TRAUTWEIN, CARL *Über Ferdinand Lassalle und sein Verhältnis zur Fichteschen Sozialphilosophie.* Freiburg i.Br.,
Hammerschlag & Kohle, 1912, in-8, 239 S.

Dissertation der Universität Freiburg i.Br. Gekürzt neugedruckt: Jena, Gustav Fischer, 1913, in-8, [4]-169 S.

Vgl. C 140 und C 673a.

SSA   C 882   TREITSCHKE, HEINRICH VON *Der Socialismus und seine Gön-
ner. Nebst einem Sendschreiben an Gustav Schmoller.* Berlin, Druck und Verlag von Georg Reimer, 1875, in-8, 142 S.

Neugedruckt in H.v. TREITSCHKE *Zehn Jahre Deutscher
Kämpfe. Schriften zur Tagespolitik. Hrsg. von M. Cornelius.* Berlin 1913, S. 93-170.

ASD IISG   C 883   TREVES, ANGELO *Nel centenario di Ferdinando Lassalle* in
Critica Sociale, Mailand, 16./30. April 1925, Jahrg.
XXXV, Nr. 8, S. 101-103.

BA   C 884   TROLLUX, EUGÈNE *Ferdinand Lassalle, un des fondateurs
du socialisme allemand tué en duel près de Genève, au
"Bois carré"* in *La Tribune de Genève,* 11. September 1963,
Nr. 212, S. 1.

WLS   C 885   TROST, KARL *Sozialismus und Sozialpolitik. Kritischer
Rück- und Vorblick.* Stuttgart, Verlag der C.J. Cotta'-
schen Buchhandlung, 1887, in-8, 117 S.

Behandelt vor allem Lassalle.

UBA   C 886   TSCHERIKOWER, A. *Jiddische Brief fon Lassalles Misch-
poche* in *Historische Schriften. Erster Band.* Warschau,
Kultur-Liga, 1929, S. 348-374.

Die dem Herausgeber von Gustav Mayer aus Lassalles Nachlaß zur Verfügung gestellten siebzehn Briefe von Lassalles Großeltern väterlicherseits (1799-1803) hat Mayer
resümiert, mit einigen Auszügen, in C 567.

JNUL   C 887   TSUR, Y. *[Ferdinand Lassalle]* in *Mishmar,* Tel Aviv, 1.
September 1944, Nr. 327; 8. September, Nr. 333.

ASD IMLB   C 888   UEXKÜLL, GÖSTA VON *Ferdinand Lassalle* in VENOHR, WOLF-
GANG [Herausgeber] *Ungeliebte Deutsche.* [Hamburg], Hol-
sten-Verlag, [1971] (229 S.), S. 25-51.

ASD BA   C 889   IDEM *Ferdinand Lassalle in Selbstzeugnissen und Bild-
dokumenten.* Reinbek bei Hamburg, Rowohlt, 1974, in-16,
157-[1] S.

Rowohlts Monographien Nr. 212.

ASD IMLB   C 890   UNGER, ALFRED H. *Ferdinand Lassalle and the Foundation
of the General German Workers' Union* in REHFISCH, HANS
J. [Herausgeber] *In Tyrannos. Four Centuries of Struggle
against Tyranny in Germany. A Symposium.* London, Lindsay
Drummond, 1944 (in-8, XIX-[5]-364 S.) S. 219-243.

C 891 UNGER, OSWALD *Staatsrechtliche Anschauungen Lassalles, eine Quelle sozialdemokratischer Wahl- und Parlaments-illusionen in der deutschen Arbeiterbewegung.* Potsdam 1956, 176-28 S. Maschinenschrift.

Dissertation.

V.K Siehe V.F. KORŠ

ASD BA C 892 VAHLTEICH, JULIUS *Arbeitsgenossen und Freunde!* in GRÜN-BERG 1922, Bd. X, Nr. 2/3, S. 393-397.

Der um Weihnachten 1862 verfaßte, aber unveröffentlicht gebliebene Aufruf lädt zu einem Arbeiter-Kongreß ein, der beweisen soll, "daß der deutsche Arbeiterstand mündig geworden ist." Die Veröffentlichung in GRÜNBERG durch Ernst Drahn enthält einige Ungenauigkeiten. Das Dokument ist neugedruckt nach der Originalabschrift, die auch Drahn benutzt hatte (jetzt in IISG),in B 94, Dokument 54 (S. 259-264).

IISG C 892a IDEM *An die deutschen Arbeiter* in *Mitteldeutsche Volks-Zeitung,* Leipzig, 15. November 1862, Nr. 266.

Datiert und unterzeichnet "Das Centralcomité zur Berufung eines Allgemeinen Deutschen Arbeitertages. *Leipzig,* November 1862. *J. Vahlteich* als Vorsitzender". Aufruf zur Bildung örtlicher Komitees und zur Ernennung von Delegierten zum für März 1863 in Leipzig vorgesehenen "Arbeitertag". Der Text dürfte auch als Sonderdruck erschienen sein: Das infolge des Aufrufs gegründete Hamburger Komitee begrüßte "Ihren in alle Theile Deutschlands gesandten Aufruf" (Schreiben an das Zentralkomitee vom 13. Dezember 1862, in **B 94** S. 250-251). Das Hamburger Komitee veröffentlichte einen entsprechenden "Aufruf an Hamburg's Arbeiter" im *Nordstern* Hamburg, 20. Dezember 1862, Nr. 192 (neugedruckt B 94 S. 440-442). Vahlteichs Aufruf neugedruckt in B 94 S. 342-343.

UBT C 892b IDEM *An die deutschen Arbeiter* in *Der Beobachter* Tübingen, 27. März 1863, Nr. 72, S. 288.

Datiert und unterzeichnet "Das Centralkomité zur Berufung eines allgemeinen deutschen Arbeitertages. *Leipzig,* den 18. März 1863. *Julius Vahlteich, Otto Dammer*". Begleitschreiben zum Versand von A 54. Neugedruckt in C 666b (S. 560-561).

SLB C 892c IDEM *An die Deutschen Arbeiter* in *Deutsche Allgemeine Zeitun* Leipzig, 5. Mai 1863, Nr. 103, S. 1033.

Ohne Datum, unterzeichnet "Für das Comité zur Gründung des Deutschen Arbeiter-Vereins *Julius Vahlteich Otto Dammer*". Offizielle Einladung zur Gründungsversammlung des ADAV, die auch im Frankfurter *Volksfreund für das Mittlere Deutschland* vom 8. Mai 1863, Nr. 55 erschien. Neugedruckt in C 666b (S. 561).

BA C 893 IDEM *Der Parteikampf zwischen den Sozialisten in Deutschland. Separatabdruck aus der "Chemnitzer Freie Presse".* Chemnitz, Druck von C.G. Schubert u. Co. (Commandit-Gesellschaft), o.J., in-8, 19-[1] S.

Erschien um 1871.

IISG	C 893a	IDEM *Die Anfänge der deutsch-socialistischen Bewegung* in *Pionier. Illustrirter Volks-Kalender für 1901* New York [1900]. S. 45-50.

Über den Leipziger Arbeiterbildungsverein von seiner Gründung im Februar 1861 bis zur Gründung des ADAV.

ASD BA   C 894   IDEM *Das Leipziger Zentralkomitee und Ferdinand Lassalle* in *Die Gründung der Deutschen Sozialdemokratie. Eine Festschrift der Leipziger Arbeiter zum 23. Mai 1903.* Leipzig, Verlag der Leipziger Buchdruckerei Aktiengesellschaft, [1903], in-8, (64 S.) S. 15-21.

BA

Eine zweite vermehrte Auflage erschien im gleichen Verlag unter dem Titel *Die Gründung und Entwicklung der deutschen Sozialdemokratie* 1913 (76 S.) mit Vahlteichs Beitrag auf S. 11-17.

Russisch St. Petersburg, Znanie, 1907 (übersetzt von Vera M. Veličkina).

ASD BA   C 895   IDEM *Ferdinand Lassalle und die Anfänge der deutschen Arbeiterbewegung.* München, Verlag von G. Birk & Co., o.J., in-8, 86 S.

Erschien 1903. Vgl. C 592 und C 593.

Ein Neudruck mit einer Einleitung von Toni Offermann erschien 1978 bei J.H.W. Dietz Nachf. in Berlin/Bonn. Er enthält auch C 592.

BDIC   C 896   VALBERT, G. [= VICTOR CHERBULIEZ] *Les Amours de Ferdinand Lassalle* in *Revue des Deux Mondes,* Paris, 1. Oktober 1879, Jahrg. XLIX, Dritte Folge, Bd. XXXI, S. 697-710.

Zu B 11.

ASD IZD   C 897   VALENTIN, VEIT *Lassalle und die Gräfin Hatzfeldt* in *Die Weltbühne,* Berlin, 14. April 1925, Jahrg. XXI, Nr. 15, S. 547-551.

Besprechung von N IV.

ASD   C 897a   VAN CLEVE, MARY GRACE *Ferdinand Lassalle: the Inception of the German Workingmen's Party 1862-1864* Texas Christian University 1976. V, 245 S.

Dissertation.

BA   C 897b   *"Vaterlandslose Gesellen". Kurze Biographien der verstorbenen hervorragenden Sozialisten des 19. Jahrhunderts,* Stuttgart, Verlag und Druck von J.H.W. Dietz Nachf. (G.m.b.H.), 1901, in-16, 105 S.

"Lassalle": S. 62-65. Die Biographien B. Becker (S. 15-16), Bracke (S. 22-23), Hasenclever (S. 47), v. Schweitzer (S. 89-90), Tölcke (S. 93), Yorck (S. 105).

Vgl. C 384a.

SIH   C 898   VATSON, Z.K. *Ob uluščenii byta rabočnikh v Germanii* in *Sovremennik,* Moskau 1863, Nr. 8, S. 441-490; Nr. 9, S. 251-291.

Wiederveröffentlicht in des Verfassers *Etjudy i oĕerki po obšĕestvennym voprosam*. St. Petersburg 1892, S. 48-143.

IISG   C 899   VENEDEY, J[ACOB] *Die Arbeiterbewegung nach ihren Hauptrichtungen.* Kaiserslautern, Commissionsverlag von Philipp Rohr, Druck von J.P. Eichelsdörfer in Mannheim, [1869], in-8, 20 S.

S. 15-16: "Die Lassalle'sche Theorie ist im Ganzen und in allen ihren Theilen haltlos."

IMLM   C 900   VINOGRADSKAJA, A. *Neskol'ko poprakov k stat'e A. Bernšteina o Lassale* in *Pod znamenem Marksizma*, Moskau 1925, Nr. 3, S. 239-246.

Gegen den Artikel C 115. Bernštein antwortete in derselben Zeitschrift 1925, Nr. 6 und 7.

BM   C 901   VINOGRADSKAJA, P. *Ferdinand Lassal'*. Moskau / Leningrad, Gos. Izdat., 1920, in-8, 249-[2] S.

HBSA   C 902   VOGEL, HEINRICH *Die Cholera und die Staatshülfe. Ein Vortrag, gehalten in der Versammlung der Essener Mitglieder des Allgemeinen Deutschen Arbeiter-Vereins am 6. Oktober 1867.* [Druck von C.W. Haarfeld in Essen], [1867], in-8, 16 S.

ASD BA   C 903   VOGEL, PAUL *Hegels Gesellschaftsbegriff und seine geschichtliche Fortbildung durch Lorenz Stein, Marx, Engels und Lassalle.* Berlin, Pan Verlag Rolf Heise, 1925, in-8, VII-[1]-384 S.

Kant Studien Ergänzungsheft Nr. 59. Reprint Vaduz, Topos, 1978.

C 904   VOLKOVIČER *Naĕalo socialistiĕeskogo dviženija v Pol'se.* Moskau, Gosizdat, 1925.

Über die Verbreitung der Lassalleschen Lehren im Anfang der polnischen sozialistischen Bewegung und ihren Einfluß auf das Programm der Polnischen Sozialistischen Partei (Nach JAK S. 44).

ASD BA   C 905   VORLÄNDER, KARL *Marx, Engels und Lassalle als Philosophen.* Stuttgart / Berlin, J.H.W. Dietz Nachf., 1920, in-8, 84 S.

Eine *Zweite durchgesehene Auflage* (1923) und eine *Dritte bedeutend vermehrte Auflage* (1926) erschienen im gleichen Verlag.

Ungarisch Wien, Vita Nova, 1921, 96 S.

ICN   C 906   WACKERNAGEL, WILHELM *Offener Brief eines Urwählers dritter Classe, der nicht "Arbeiter", an Herrn Ferdinand Lassalle.* Elberfeld, Druck und Verlag der Bädeker'schen Buch- und Kunsthandlung (A. Martini & Grüttefien), 1863, in-8, 40 S.

Datiert "Elberfeld 1. Mai 1863". Gegen A 54.

ASD IZD   C 907   [WAGENER, HERMANN] *Bastiat-Schulze – der ökonomische Julian* in *Neue Preußische (Kreuz-) Zeitung*, Berlin, 1. Mai 1864, Nr. 101, Beilage S. 1; 8. Mai, Nr. 106, Beilage S. 1; 29. Mai, Nr. 123, Beilage S. 1.

Auf die sehr ausführliche Besprechung von A 87 antwortete Lassalle mit A 97.

SBM   C 908   WAGNER, ADOLPH *Lassalle und Rodbertus* in *Allgemeine Zeitung*, München, 9. Oktober 1878, Jahrg. IV, Nr. 282, S. 4149-4150.

BA   C 909   *Wahlprogramm des Lassalleschen "Allg. deutschen Arbeitervereins"* [Druck von Hüthel & Legler in Leipzig], [1871], in-16, 1 S.

Der Handzettel wurde wahrscheinlich anläßlich der Reichstagswahl vom 3. März 1871 verbreitet. Die Druckerei arbeitete für die Leipziger Organisation des ADAV von 1870-1872 (vgl. A 33, A 39, A 40, A 41).

BA   C 909a   *Wahlprogramm des Lassalle'schen Allgem. deutschen Arbeitervereins* [Druck von Ferdinand Bär in Leipzig], [1871], in-8, 1 S.

Der Text ist identisch mit dem von C 909.

SUBD   C 910   WARTBURG, WOLFGANG VON *Revolutionäre Gestalten des 19. und 20. Jahrhunderts*. Bern, Francke, [1958], in-8, 369 S.

Über Lassalle S. 242-264.

OIT   C 911   WASHINO, HAYATARO [*Lassalles Staats- und Arbeitstheorie*]. Tokyo 1926, 174 S.

UBK   C 912   WEBER, PETER *Die Einheit von politischer und ästhetischer Kritik in Marx' und Engels' Stellungnahme zu Lassalles Drama "Franz von Sickingen"* in *Weimarer Beiträge. Zeitschrift für Deutsche Literaturgeschichte*, Weimar 1966, Jahrg. XII, Nr. 5/6, S. 828-861.

Neugedruckt in C 370 S. 291-339.

ASD IISG   C 913   WEHLER, HANS-ULRICH *Sozialdemokratie und Nationalstaat. Die deutsche Sozialdemokratie und die Nationalitätenfrage in Deutschland von Karl Marx bis zum Ausbruch des ersten Weltkriegs*. Würzburg, 1962, in-8, 281 S.

Abschnitt "Ferdinand Lassalle und die Nationalitätenfrage" auf S. 34-48. Eine zweite *vollständig überarbeitete Auflage* erschien 1971 in Göttingen.

ASD IISG   C 914   WEISS, FRANZ *Il socialismo di Lassalle* in *Critica Sociale*, Mailand, 16./30. April 1925, Jahrg. XXXV, Nr. 8, S. 105-107.

ASD DSB   C 915   [WEISS, GUIDO] *Lassalle* in *Berliner Reform*, 6. September 1864, Nr. 209, S. 1.

BA   C 916   [IDEM] *Lassalle, ein literarisches Charakterbild* in *Die Wage*, Berlin, 9. März 1877, Jahrg. V, Nr. 10, S. 150-156; 16. März, Nr. 11, S. 168-174; 23. März, Nr. 12, S. 177-187; 30. März, Nr. 13, S. 195-198.

Besprechung von C 168, mit großen Auszügen aus den Briefen Lassalles an Lewy (vom 9. März 1863) und an V.A. Huber (vom 28. Juni 1863 und 24. Februar 1864).

BA   C 917 [IDEM] *Eine Liebeswerbung Lassalle's* in *Die Wage*, Berlin, 15. Februar 1878, Jahrg. VI, Nr. 7, S. 101-104.

Zu B 11 *französisch.*

ASD IHF   C 918 IDEM *Über Lassalle* in *Frankfurter Zeitung*, 5. Juli 1896, Nr. 185, 1. Morgenblatt S. 1-3; 7. Juli, Nr. 187, 1. Morgenblatt, S. 1-3.

ZBL   C 919 WEISSHEIMER, WENDELIN *Erlebnisse mit Richard Wagner, Franz Liszt und vielen anderen Zeitgenossen, nebst deren Briefen.* Stuttgart, Deutsche Verlags-Anstalt, 1898, in-8, X-408 S.

Über Lassalle S. 289-311.

BIW   C 920 WENCKSTERN, ADOLPH VON *Aus dem literarischen Nachlaß von Karl Marx, Friedrich Engels und Ferdinand Lassalle [...]* in *Jahrbuch für Gesetzgebung, Verwaltung und Volkswirtschaft*, Leipzig 1905, Jahrg. XXIX, S. 1159-1166.

Besprechung von B 29.

ASD BA   C 921 WENDEL, HERMANN *Lassalle in Frankfurt* in NZ, 16. Mai 1913, Jahrg. XXXI, Bd. II, Nr. 33, S. 241-244.

Zu A 66.

ASD UBBa   C 922 IDEM *Lassalle und Marx* in *Die Glocke*, Berlin 1922, Jahrg. VIII, Nr. 1, S. 17-21.

ASD IISG   C 923 IDEM *Rund um Lassalle* in *Die Glocke*, Berlin, 3. Septempber 1923, Jahrg. IX, Bd. I, Nr. 23, S. 601-604.

Zu B 65.

ASD UBK   C 924 IDEM *Der Tribun Lassalle. Zu seinem hundertsten Geburtstag* in *Frankfurter Zeitung und Handelsblatt*, 10. April 1925, Jahrg. LXIX, Nr. 268, Erstes Morgenblatt, S. 1-2, Feuilleton.

ASD IISG   C 925 IDEM *Der lebende Lassalle* in *Die Glocke*, Berlin, 11. April 1925, Jahrg. XI, Bd. I, Nr. 2, S. 33-35.

ASD IHF   C 926 IDEM *Lassalles Persönlichkeit in seinen Briefen* in *Volksstimme*, Frankfurt a.M., 11. April 1925, Jahrg. XXXVI, Nr. 85, S. 2-3 Feuilleton.

Zu B 65.

ASD SUBD   C 927 WENTZCKE, PAUL *Ferdinand Lassalles Lehrjahre am Niederrhein (1846-1857)* in *Düsseldorfer Jahrbuch. Beiträge zur Geschichte des Niederrheins.* Düsseldorf 1951, Bd. XLV, S. 241-262.

SUBD	C 928	WESTEN, WILLY *Ein Münchener Kind in der Fremde.* München, Druck und Verlag von Georg Pollner, 1882, in-8, 43 S.

Titelergänzung auf dem Umschlag *Helene von Racowitza.* Separatdruck aus dem Feuilleton der *Süddeutschen Post.*

ASD BA	C 929	WETTE, WOLFRAM *Kriegstheorien deutscher Sozialisten. Marx, Engels, Lassalle, Bernstein, Kautsky, Luxemburg. Ein Beitrag zur Friedensforschung.* Stuttgart, Verlag W. Kohlhammer, [1971], in-8, 255 S.

Besonders Kapitel III "Die Kriegstheorie Ferdinand Lassalles" S. 102-124.

ASD BA	C 930	WIJNKOOP, DAVID J. *Ferdinand Lassalle en de Oprichting der Duitsche Arbeiderspartij* in *De Nieuwe Tijd*, Amsterdam, Jahrg. VIII, 1903, S. 371-387.

ASD IISG	C 931	WILLMS, EDUARD *Ferdinand Lassalle* [*Als Manuscript gedruckt*]. [Druck von Otto Wigand in Leipzig], [1863], in-8, 3-[1]S.

Datiert und unterschrieben "Solingen, 1. April 1863. Eduard Willms, Schwerdtarbeiter." Gedicht zum Geburtstag Lassalles, das Willms Lassalle auf dessen Aufforderung am 1. Dezember 1863 in Abschrift übersandte, der wohl den Druck veranlaßt hat. Neugedruckt in B 94 (S. 798-799).

	C 932	IDEM *An das Centralcomité zur Bildung eines deutschen Arbeiter-Vereins in Leipzig* in B 94 (S. 298-300).

Das "Den 6. April 1863. Solingen Eduard Willms" datierte Gedicht beginnt "Lassalles Antwort sei jetzt Euer Kompaß!" Es wurde damals nicht gedruckt. Jetzt in B 94 S. 298-300.

IISG	C 933	IDEM *Dem Präsidenten des Allgemeinen Deutschen Arbeitervereins Ferdinand Lassalle gewidmet zu seinem Geburtstage am 11. April 1864.* [Druck von R. Gensch in Berlin, Kronenstraße 36], [1864], in-8, [1] S.

Dieses Gedicht ("Dein Schild ist Wissenschaft") auch, ohne Druckvermerk, auf himmelblauem Kunstdruckpapier
IISG in-fol., Silberdruck in goldener Zierleiste.

DLC	C 934	WILSON, EDMUND *To the Finland Station. A study in the writing and acting of history.* New York, Harcourt, Brace & Co., [1940], in-8, [4]-509 S.

Über Lassalle der Abschnitt 13 des Kapitels II. Dieselbe Ausgabe auch mit dem Verlagsvermerk "London, Secker & Warburg". Mehrere Neuauflagen, u.a. New York 1953 und London 1972.

Französisch Paris, Stock, 1965, 446 S. (übersetzt von Georgette Camille).

IISG   C 935   WINARSKY, LEOPOLD *Ferdinand Lassalle* in *Österreichischer Arbeiter-Kalender 1914*, Wien [1913], S. 64-69.

USBF   C 936   WIRTH, MAX *Arbeitslohn und Staatshülfe. Eine Rede in der Versammlung der Arbeiter des Maingaues zu Rödelsheim am 20. April 1863. Veröffentlicht im Auftrag des Centralvorstandes der Arbeitervereine des Maingaues.* (Extrabeilage zur "Neuen Frankfurter Zeitung"), [Druck von Reinhold Baist in Frankfurt a.M.], [1863], in-4, 8 S.

Ein Exemplar ohne die Beilage-Erwähnung in SBK.

Vgl. A 66 und C 184.

UBK   C 937   IDEM *Die Arbeiterfrage.* Frankfurt a.M., Verlag der Expedition des "Arbeitgeber", 1863, in-8, 56 S.

Flugschrift des volkswirthschaftlichen Vereins für Südwest-Deutschland, **Nr.** 5.

C 937a   WOHLGENANNT, HERBERT *Ökonomische Theorien bei Ferdinand Lassalle,* Wien 1953, 193 S.

Dissertation.

SLB   C 938   WOLTER, THEO *Ferdinand Lassalle. Zum 100. Geburtstag des ersten "Nationalsozialisten" am 11. April 1925* in *Dresdner Anzeiger,* 10. April 1925, Jahrg. CXCV, Nr. 170, S. 3-4.

Der Artikel erschien auch in der *Königsberger Allgemeine Zeitung* am 10. April 1925.

BA   C 939   WOROBJOWA, A.K. *Aus der Geschichte der Arbeiterbewegung in Deutschland und des Kampfes von Karl Marx und Friedrich Engels gegen Lassalle und das Lassalleanertum 1862-1864* in [IMLM] *Aus der Geschichte des Kampfes von Marx und Engels für die proletarische Partei. Eine Sammlung von Arbeiten.* Berlin [DDR], Dietz, 1961, S. 235-346.

Die *russische* Ausgabe des Sammelbandes erschien in Moskau 1955.

ASD   C 940   WÜRKERT, LUDWIG *Arbeitertreue.* Dresden 1865 S. [2] in C 876.

Das Gedicht auf Lassalle auch in B 2 und C 262.

BA   C 940a   IDEM Druck von C.A. Hager in Chemnitz, o.J., in-8, 1 S.

Mit der Angabe: "Melodie: Es zogen drei Burschen wohl" usw. Das Gedicht mit derselben Angabe auch in C 879.

Der Verfasser war ehemaliger protestantischer Pfarrer, laut B 10, S. 306; dort auch Nachdruck des Textes.

SUBD   C 941   WURZBACH, ALFRED VON *Ferd. Lassalle.* Wien / Pest / Leipzig, A. Hartleben's Verlag, 1871, in-16, 96 S.

Zeitgenossen, Heft III.

Enthält das Gedicht Lassalles *An Georg Pritzel* (S. 33-34), das G. Mayer nach dem Konzept gedruckt hat in N VI (S. 400).

AAS | C 942 | YVE, HERBERT *Banbrytare och stridsmän.* Stockholm, Frihets förlag, 1939, Bd. II, S. 73-90.

BRB | C 943 | Z[ANDER], R. *Meine Jugenderinnerungen an Ferdinand Lassalle* in *Die Gartenlaube,* Leipzig 1877, Nr. 41, S. 688-690.

IMLM | C 944 | ZASLAVSKIJ, D. *Lassal'.* Leningrad, Priboij, 1925, 116 S.

Der letzte Teil der Broschüre handelt über "Lassalle und die russische sozialistische Bewegung".

IMLB | C 945 | ŻBIKOWSKA-MIGOŃ, ANNA *Książka w życiu i działalności Ferdinanda Lassalle'a* in *Studia o książe,* Wrocław 1971, Nr. 2, S. 163-188.

ZIRKULARE

IISG | C 946 | *Circular an sämtliche Vorstandsmitglieder und Bevollmächtigte des Allgemeinen Deutschen Arbeitervereins.* In-4, [2] S. Handschrift vervielfältigt.

Die einleitenden Zeilen sind datiert und gezeichnet "Berlin den 2ten September 1864. Der Secretair E. Willms." Es folgt der "Berlin den 2ten September 1864. Das Präsidium des Allg. Deutschen Arbeitervereins. Otto Dammer" datierte und unterzeichnete Aufruf *Freunde! Parteigenossen!* Teilt kurz den Tod Lassalles mit und kündigt die Einberufung einer Generalversammlung "jedenfalls im Laufe des Novembers" an. Der Text ist nachgedruckt auf S. 301-302 in B 10.

HA | C 947 | *Circular an die Vorstandsmitglieder und Bevollmächtigte des Allgemeinen Deutschen Arbeitervereins.* In-4, [2] S. lithographierte Handschrift.

Das Zirkular ist datiert und unterzeichnet "Leipzig den 9ten September 1864. Das Präsidium des Allg. deutschen Arbeitervereins. Otto Dammer." Es macht vorläufige Mitteilungen über "die letzten Lebensschicksale unseres verstorbenen Präsidenten" und gibt den deutschen Text von C 99 wieder. Der Text ist nachgedruckt auf S. 302-303 in B 10.

ASD IISG | C 948 | *Circular an sämtliche Vorstandsmitglieder und Bevollmächtigten des Allgemeinen Deutschen Arbeitervereins.* In-8, [1] S. Handschrift vervielfältigt.

Datiert und unterzeichnet "Berlin, den 23ten September 1864. Der Secretair des Allgemeinen Deutschen Arbeitervereins Eduard Willms." Teilt mit, daß Dammer ab 27. September in Hildburghausen wohnhaft und Willms in Solingen erreichbar sein wird.

ASD IISG | C 949 | *Circulare* [sic] *an sämtliche Vorstandsmitglieder und Bevollmächtigte des Allgemeinen Deutschen Arbeiter-Vereins.* In-8, [1] S. Handschrift vervielfältigt.

Datiert und unterzeichnet "Solingen den 10ten October 1864. E. Willms, Secretair." Gibt den Ausschluß Vahlteichs "durch Beschluß des Vorstandes mit *allen* Stimmen gegen *zwei*" bekannt.

HA

C 950 *Verfügung an sämmtliche Bevollmächtigte des Allgemeinen Deutschen Arbeiter-Vereins.* In-4, [1] S. vervielfältigte Handschrift.

Datiert und unterzeichnet "Hildburghausen den 15. October 1864. Das Präsidium des Allgem. Deutschen Arbeitervereins. Otto Dammer". Teilt die den ADAV betreffenden testamentarischen Bestimmungen Lassalles mit, von denen Dammer durch einen Brief der Gräfin Hatzfeldt vom 13. Oktober 1864 (vgl. C 674) Kenntnis erhalten hatte. Nach dem ihm von ihr überlieferten Text zitiert Dammer falsch "Er soll die Organisation festhalten" anstatt "Er soll an der Organisation festhalten" (vgl. A 100). Neugedruckt in C 650 (S. 313-314).

Vgl. C 652.

HA

C 951 *Circular an sämmtliche Vorstandsmitglieder und Bevollmächtigte des Allgemeinen Deutschen Arbeitervereins.* In-4, [1] S. Handschrift vervielfältigt.

Datiert und unterzeichnet "Hildburghausen den 2ten November 1864 Otto Dammer." Teilt die Wahl Bernhard Beckers zum Präsidenten des ADAV mit.

Neugedruckt in C 650 (S. 315).

ASD IISG

C 952 *Manifest des neuen Präsidenten an den Allgemeinen Deutschen Arbeiterverein.* Fol., [2] S. Handschrift vervielfältigt.

Datiert und unterzeichnet "Berlin den 12ten November 1864. Bernhard Becker Präsident."

ASD IISG

C 953 *Ausschreiben an sämmtliche Bevollmächtigte und Vorstandsmitglieder des Allgemeinen Deutschen Arbeitervereins.* In-4, [1] S. Handschrift vervielfältigt.

Datiert und unterschrieben "Berlin den 13ten November 1864 (Hotel Windsor, Behrenstraße). Das Präsidium Bernhard Becker." (Die Adresse ist die der Gräfin Hatzfeldt.) Kündigt die Generalversammlung "gegen Mitte Dezember" in Düsseldorf an.

ASD IISG

C 954 *Ausschreiben an den Allgemeinen Deutschen Arbeiterverein in Betreff der Generalversammlung.* Fol., [1] S. Handschrift vervielfältigt.

Datiert und unterzeichnet "Frankfurt a/M. [...] den 5ten Dezember 1864. Das Präsidium Bernhard Becker." Beruft die Generalversammlung zum 27. Dezember 1864 ein.

ASD IISG

C 955 *[Zirkular]*, in-8, [3] S. Handschrift.

Abschrift des Zirkulars, das datiert und unterzeichnet ist "Frankfurt a.M. den 31 Januar 1865. Der Präsident B. Becker." Warnung vor der "Untergrabung des bestehenden Präsidiums" durch den am 27. Dezember 1864 seines Postens enthobenen Sekretär Eduard Willms.

HA   C 956   *An die Herren Bevollmächtigten des Allgem. Deutschen Arbeiter-Vereins.* In-4, [1] S. Handschrift vervielfältigt.

> Datiert und unterzeichnet "Frankfurt a./M. 19/3 65. Bernhard Becker, Präsident." Teilt die vom Barmer Rheinisch-Westfälischen Arbeitertage am 12. März angenommene Resolution gegen die "von Karl Marx, Friedrich Engels und Konsorten [...] erlassene Erklärung" (vgl. C 538) mit und empfiehlt, die Resolution auch durch die ADAV-Gemeinden annehmen zu lassen.

ASD IISG   C 957   *An die Vorstandsmitglieder des Allgemeinen Deutschen Arbeiter-Vereins, ebenfalls an die Bevollmächtigten des Vereins zur Bekanntmachung in sämmtlichen Gemeinden.* Fol., [4] S. Handschrift vervielfältigt.

> Datiert und unterschrieben "Elberfeld, d. 28. Decbr. 1865. Hugo Hillmann." Das gegen den *Social-Demokrat* gerichtete Zirkular teilt eingangs den Antrag der Leipziger Gemeinde vom 19. Dezember 1865 mit, "dem Social-Demokrat den Titel Vereinsorgan zu entziehen."

KG   C 958   *An die Bevollmächtigten und Vorstands-Mitglieder des Allgemeinen deutschen Arbeiter-Vereins.* Gedruckt bei Sam. Lucas in Elberfeld, in-4, [1] S.

> Im Kopf: "Circular IV nebst anliegender Denkschrift". Datiert "Elberfeld, den 7. Juni 1866". Unterzeichnet von Hugo Hillmann und Willms. Aufruf zur Vereinspräsidenten-Wahl.

KG   C 959   *An das Vice-Präsidium des Allgemeinen Deutschen Arbeiter-Vereins.* O.O., [Druck von R. Bittner in Berlin, Leipziger Straße 10], [1866], in-4, [4] S.

> Datiert "Leipzig, den 21. Juni 1866" und unterzeichnet von 26 ADAV-Gemeinden. Das Zirkular beschuldigt Perl (Hamburg) und Hillmann (Barmen), auf der Leipziger Generalversammlung vom 18. Juni 1866 (vgl. C 710) zu hohe Mitgliederzahlen für ihre Gemeinden angegeben zu haben. Weiter wird erklärt, v. Schweitzer habe zu Unrecht behauptet, die Gemeinde Erfurt zu vertreten, da er nach Aberkennung der bürgerlichen Ehrenrechte durch Berliner Gerichtshöfe keine Mandate mehr erfüllen könne.

ASD IISG   C 960   *Circular. An die Bevollmächtigten und Vorstands-Mitglieder des Allg. Deutschen Arbeiter-Vereins.* Fol., [10] S. Handschrift vervielfältigt.

> Datiert und unterschrieben "Elberfeld, den 31. August 1866. Das Vice-Präsidium des Allg. Deutschen Arbeiter-Vereins Hugo Hillmann." Über das Protokoll von 1865, das "von vielen Seiten als *ungehörig und unpassend zusammengestellt und gefälscht*" bezeichnet worden sei. Ficht die Wahl Perls zum Präsidenten an und beschuldigt ihn und von Schweitzer des Doppelspiels.

SBB*   C 961   *Circular an die Mitglieder des Allgemeinen Deutschen Arbeiter-Vereins.* Berlin, [Druck von F. Hofschläger in Berlin], 1867, in-8, 4 S.

> Unterzeichnet J.B. v. Schweitzer. Nach der Kartothek-Karte.

IISG C 962 *Circular an die Bevollmächtigten des Lassalle'schen allgemeinen deutschen Arbeitervereins.* O.O., o.J., in-4, [1] S.

Ohne Druckvermerk. Ohne Datum unterzeichnet "Der Präsident: Fritz Mende." Ordnet an, alle Korrespondenz an den Vizepräsidenten Emil Försterling zu senden und Abrechnungen "vom 15. März [1868] ab."

KG C 963 *Circular an die sämmtlichen Mitglieder des Lassalle'schen Allgemeinen Deutschen Arbeiter-Vereins.* [Hamburg, Druck von Gustav Krüger], [1868], in-4, [3] S.

Datiert "Solingen, den 15. Juni 1868" und unterzeichnet von Eduard Willms. Gegen Fritz Mende gerichtet.

ASD IISG C 964 *Lassalle'scher Allgemeiner Deutscher Arbeiter-Verein. [...] Circular an sämmtliche Vorstands-Mitglieder und Bevollmächtigte.* O.O., [Druck von Wilh. Brummer. Töpferg. 11], in-4, [2] S.

Datiert und unterschrieben "Dresden, am 30. Juni 1868. Fritz Mende." Gegen die ausgeschlossenen Hirsekorn, Lässig und Willms, mit einem Schreiben Försterlings gegen Willms.

ZBZ C 965 ZOLLING, THEOPHIL *Lassalle, Herwegh und der Sozialismus* in *Die Gegenwart*, Berlin, 12. Dezember 1896, Nr. 50, S. 373-377.

Besonders über das Entstehen von C 345, das reproduziert ist; gegen Eugen Dührings Behauptung, es handle sich um ein Plagiat an Shelley. Mit längerem Auszug eines Briefs von Emma Herwegh, die Herweghs Verfasserschaft von C 349 bestreitet.

Register

Titel und Themen

Fremdsprachliche Veröffentlichungen

Bulgarisch A 40, 41; B 59; C 70, 433, 701

Dänisch A 40, 41, 49, 54, 66, 87; B 8; C 76, 81, 168, 191, 193, 207, 420, 421, 525, 780, 873

Englisch A 27, 40, 49, 54, 66, 87; B 36, 77; C 66, 76, 89, 101, 102, 117, 168, 192, 203, 213, 217a, 250, 265, 362, 378, 480, 481, 497, 517, 573, 610, 631, 724a, 735, 749, 759, 760, 767, 781, 883, 865, 890, 934

Finnisch A 40, 41, 45; C 168, 349

Flämisch A 40, 41, 87; C 264, 392

Französisch A 37, 40, 41, 45, 49, 54, 73, 77, 87, 91, 94; B 11, 34, 65; C 17, 99, 117, 154, 158, 161, 165, 194, 204, 214, 216, 217, 227, 254, 264, 355, 356, 373, 391, 394, 467, 480, 496, 499, 515, 516, 523, 604, 630, 639, 667, 724a, 730, 749, 830, 813, 884, 896

Hebräisch A 40, 70; C 5, 83, 105, 107, 198, 426, 434, 505, 506, 507, 570, 653, 723, 887

Holländisch C 21, 22, 53, 89, 225, 226, 290, 420, 551, 553, 579, 721, 768, 843, 930

Italienisch A 14, 22, 28, 30, 33, 39, 40, 41, 42, 45, 49, 51, 52, 53, 54, 59, 66, 70, 73, 77, 87, 91, 94, 98; B 3a, 11, 28, 83; C 72, 90, 91, 92, 108, 162, 196, 212, 218, 219, 220, 463, 464, 465, 493, 494, 514, 526, 585, 609, 619, 623, 628, 629, 636, 680, 681, 692, 693, 693a, 697, 773, 837, 867, 883, 914

Japanisch A 40, 41, 49, 54, 70; B 77; C 168, 240, 329, 410, 422, 444, 450, 911

Jiddisch A 40, 41, 45, 49, 54; B 56; C 325, 886

Lettisch C 89

Norwegisch A 40

Polnisch A 40, 41, 45, 49, 53, 54, 66, 70, 87; B 19; C 309, 393, 500, 669, 769, 862, 945

Rumänisch A 41

Russisch A 2, 22, 25, 27, 28, 29, 30, 33, 37, 39, 40, 41, 42, 43, 45, 49, 51, 52, 53, 54, 56, 59, 61, 65, 66, 70, 73, 77, 87, 91, 94, 97, 98; B 5, 11, 14, 29, 37, 39, 40, 59, 64, 65, 81; C 31, 74, 79, 88, 89, 93, 115, 115a, 117, 125, 133, 134, 141, 168, 195, 208, 222, 234, 266, 282, 302, 313, 389, 390, 399, 433, 438, 447, 455, 471, 480, 481, 495, 520, 522, 523, 527, 528, 585, 591, 658, 659, 669, 683, 691, 694, 701, 706, 749, 767, 780, 835, 843, 855, 856, 861, 864, 898, 900, 901, 904, 944

Schwedisch A 40, 45; C 73, 168, 211, 552a, 724a, 942

Serbokroatisch A 40, 41

Spanisch A 41; C 67, 689

Tschechisch A 30, 40, 41, 49, 54, 61, 70; B 30, 84, 111; C 451, 655, 724

Ukrainisch A 40, 41; B 75, 117.

Ungarisch A 40, 41, 45, 49, 53, 54, 59, 73; B 26, 52; C 620

Namenregister

Die *kursiv* gedruckten Nummern zeigen Herausgabe von Lassalleschen Texten oder Briefen an. Ein der Nummer folgendes (Ü) verweist auf Übersetzungen. Die in der Abteilung *C* in alphabetischer Ordnung erscheinenden Verfassernamen sind nur aufgenommen worden, wenn sie auch anderweitig vorkommen. Zahlen außerhalb der Abteilungen A, B und C beziehen sich auf die Seitenzahlen der Einleitung und der Vorbemerkung.

On the Lake

by Liane Onish • illustrated by Rusty Fletcher

SCHOLASTIC INC.

New York   Toronto   London   Auckland   Sydney
Mexico City   New Delhi   Hong Kong   Buenos Aires

Developed by Kirchoff/Wohlberg, Inc., in cooperation with Scholastic Inc.

"Let's go, Kim," called Dad.

"Are you talking to your new boat? Or do you mean me?" Kim asked.

"Both!" Dad said. "Come on. Let's take Kim out for a sail!"

Dad had named his new sailboat after her. That felt good. Kim helped Dad pull the boat into the lake.

Kim loved the water. She liked to
swim and dive. She liked to jump in the
waves. Last summer she went on
canoe rides. They were so much fun.
Would she like sailing? she wondered.

"Here," said Dad. "Put this on. Then hop in."

Kim asked, "Do I have to wear a vest? You know that I can swim!"

"Yes, you have to," said Dad. "I have to, too. Safety comes first!"

Dad stepped into the boat. He picked up a board. He slid it into place.

"The board helps make the boat go straight," Dad said.

Dad knew so much.

Dad held the tiller in one hand. It
was a handle made of wood.

"Is that how you steer?" Kim
asked.

"Yes. The tiller moves the rudder,"
said Dad. "The rudder is in the water."

Dad moved the boom with his
other hand. The sail caught the breeze.

tiller

rudder

KIM

6

"Hey! We're sailing!" cried Kim.
The boat cut through the water.
They sailed across the lake. Then Dad
showed Kim how to hold the tiller. The
wind changed direction. They moved
to the other side of the boat. The
sail caught the breeze.

boom

bow

Kim saw three friends on a raft.
She waved.

"Hi, sailor!" they called. Then they
dove off. Kim watched them race to the
dock. The lifeguard watched too.

The wind picked up. It filled the
sails. "Here we go!" said Dad. They
sailed away. Soon the wind died down.
Dad moved the boom to the left. No
wind. Dad moved the boom to the
right. Still no breeze.

"What do we do now?" Kim asked.

"We enjoy the quiet," Dad said.
The boat rocked a little. The water was
still and not too deep. Soon Dad's eyes
were closed.

"Great!" said Kim. "What do I do
now? Dad wants to rest."

She looked around. Her friends were far away. There were no other boats nearby. Kim had some crackers.

"I can feed the fish!" she said. Kim broke a cracker. She threw the pieces into the water.

"Snack time, little fish," she said. Suddenly Kim did not feel so alone. Lots of fish were near. They ate the crackers. Then they swam away.

"Come back, fish!" said Kim.

Kim leaned over the side. She wanted to get a better look. There were little fish and big fish. There were red fish and blue fish. Kim giggled. She thought of the book, *One Fish, Two Fish, Red Fish, Blue Fish*. As she laughed, she lost her balance and . . .

SPLASH!

"Kim! What are you doing?" cried
Dad. He was wide awake now.
"Feeding the fish," she said.

"Good thing you have your life vest on! Let's get you back in the boat," said Dad.

The wind came up. They sailed back to shore.

Mom was there. "Did you have fun on the lake?" she asked.

"Yes," said Kim. "I also had fun in the lake."

"In the lake?" Mom asked.

"I fell in while feeding some fish!" said Kim.

"Oh, no!" said Mom. "Kim, are you all right?"

"Yes, fine," said Kim. "Can we go again, Dad?"

Dad, Kim, and Mom got into the boat. A soft wind carried them across the lake. They all stayed on the lake this time!